集 刊 名：形象史学
主办单位：中国社会科学院古代史研究所文化史研究室
主　　编：刘中玉

2021年秋之卷

委员会（以姓氏笔画为序）

主　任　孙　晓（中国社会科学院古代史研究所）

编委

卜宪群（中国社会科学院古代史研究所）
马　怡（中国社会科学院古代史研究所）
王子今（中国人民大学）
王月清（南京大学）
王亚蓉（中国社会科学院考古研究所）
王彦辉（东北师范大学）
王震中（中国社会科学院古代史研究所）
尹吉男（中央美术学院、广州美术学院）
成一农（云南大学历史与档案学院）
仲伟民（清华大学）
扬之水（中国社会科学院文学研究所）
李　旻（美国洛杉矶加州大学）
李　零（北京大学）
杨爱国（山东博物馆）
沙武田（陕西师范大学）
沈卫荣（清华大学）

张先堂（敦煌研究院）
陈支平（厦门大学）
陈星灿（中国社会科学院考古研究所）
尚永琪（宁波大学）
罗世平（中央美术学院）
金秉骏（韩国首尔大学）
郑　岩（北京大学艺术学院）
耿慧玲（台湾朝阳科技大学）
柴剑虹（中华书局）
黄厚明（南京大学）
谢继胜（浙江大学）
臧知非（苏州大学）
熊文彬（四川大学）
池田知久（日本东方学会）
渡边义浩（日本早稻田大学）

编辑部主任　宋学立

编辑部成员

王艺　王申　刘中玉　刘明杉　纪雪娟　安子毓　李凯凯　宋学立　杜艳茹　张沛林　杨宝
徐林平　常文相　黄若然　翟金明

本辑执行编辑

宋学立　李凯凯

总第十九辑

教育部、国家语委甲骨文研究与应用专项资助集刊

CSSCI 来 源 集 刊

创刊十周年纪念专号

形象史学

中国社会科学院古代史研究所文化史研究室 主办

刘中玉 主编

2021年
秋之卷
（总第十九辑）

中国社会科学出版社

图书在版编目(CIP)数据

形象史学. 2021年. 秋之卷：总第十九辑 / 刘中玉主编. —北京：中国社会科学出版社，2021.8

ISBN 978-7-5203-9229-7

Ⅰ. ①形… Ⅱ. ①刘… Ⅲ. ①文化史-中国-文集 Ⅳ. ①K203-53

中国版本图书馆 CIP 数据核字(2021)第 197464 号

出 版 人	赵剑英
责任编辑	夏 侠　李凯凯
责任校对	闫 萃
责任印制	王 超

出　　版	中国社会科学出版社
社　　址	北京鼓楼西大街甲 158 号
邮　　编	100720
网　　址	http://www.csspw.cn
发 行 部	010-84083685
门 市 部	010-84029450
经　　销	新华书店及其他书店
印刷装订	北京君升印刷有限公司
版　　次	2021 年 8 月第 1 版
印　　次	2021 年 8 月第 1 次印刷
开　　本	787×1092　1/16
印　　张	22.25
字　　数	411 千字
定　　价	138.00 元

凡购买中国社会科学出版社图书，如有质量问题请与本社营销中心联系调换
电话：010-84083683
版权所有　侵权必究

目 录

一 考古与文明传承 　　　　　　　　　　　　栏目主持　刘中玉

早期艺术研究中图像的使用问题　　　　　　　　　韩　鼎　　003

汉水文化视野下的陕南三教关系与图像学研究
　　——以汉中城固出土的钱树为例　　　　　　罗　胜　　026

四川通江古佛洞一贯道石窟的考古调查与图像研究
　　　　　　　　　　　　罗洪彬　刘志强　邓夫平　　047

试论可乐式剑　　　　　　　　　　　　　　　　　毕　洋　　084

二 汉画研究 　　　　　　　　　　　　　　　　栏目主持　练春海

图像学视野下的汉画像石整体研究　　　　　　　　武利华　　103

墓室里的名士图　　　　　　　　　　　　　　　　杨爱国　　130

川渝地区的汉代龙虎衔璧图像初探　　　　　　　　伍秋鹏　　145

传播与叙述
　　——对打鼓墩樊氏墓和曹庙祝圩汉画像石的几点认识
　　　　　　　　　　刘　冠　徐呈瑞　郑亚萌　陈佳星　　167

三 器物与图像 　　　　　　　　　　　　　　　　　栏目主持　王　申

广元旺苍唐代银器窖藏知见录 　　　　　　　　　扬之水　　191

世情与物理：昭陵六骏的社会生命史 　　　　　　黎镜明　　203

"乘舆象驾"：元代蒙古统治者对驯象的认知与利用 　张　博　　220

晚明《程氏墨苑》中《周易》图像考论 　　　　　　陈居渊　　238

四 地理图像 　　　　　　　　　　　　　　　　　栏目主持　成一农

卫匡国《中国新图志》的山川绘制 　　　　　　　　林　宏　　261

浙江图书馆藏《万里海防图》绘制年代新探 　　贾富强　吴宏岐　292

"大清万年一统"系地图研究
——以地图特征、性质及功用的渐变为核心 　　　陈　旭　　310

附　《形象史学》1—18辑目录 　　　　　　　　　　　　　　　337

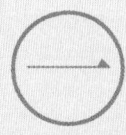

考古与文明传承

早期艺术研究中图像的使用问题[*]

■ 韩 鼎（河南大学历史文化学院古代文明研究中心，黄河文明与可持续发展研究中心）

美术考古学的研究离不开对发掘报告、图录等资料中图像的观察和运用，以图像为论据能直观地展示观点，恰当地引证可胜过大段的文字论述。如何选择、运用图像，属于图像的使用问题（偏技术层面）；如何认识、思考图像，属于图像的理解问题（偏研究层面）。这两方面对于在研究中如何更合理、准确地运用图像资料都非常重要。限于篇幅，本文将集中讨论第一方面，即美术考古研究中的图像使用问题（图像的理解问题将另文专述）。下文中笔者将以早期艺术研究为例，从器物图像、墓葬图像以及图像使用的常见问题这三个方面展开讨论。

一 关于器物图像

器物及其纹饰是早期艺术研究的基础性材料，观察、转引器物图像这看似简单的过程，实则也有不少值得注意的地方，为在研究中能够更全面、准确地使用器物图像，我们应注意以下五个方面。

（一）结合文字说明

对于发掘报告、图录中的器物图像，一定要在其文字说明的配合下进行观察。目前，有个别研究在引用图像时明显没有结合文字说明，观察图像后就急于判断、解释、引申，有时这种判断甚至与器物图像的文字说明相违，在这样的认识基础上，很难保证研究的质量。

发掘报告中的文字说明提供了完备的器物信息，在标本号、所属墓葬、出土位置、保存状况、器类归属、型式类别、出土数量、材质、尺寸、重量、厚度、颜色、铭文、特殊细节、残留痕迹、器物组合、器物内部情况、与墓主人位置关系、对应图片索引等方面均有详细的介绍。如果只观察图像，是无法获取上述全部信息的，而这些信息对于全面、准确认识器物，了解器物所属"原境"都是至关重要的。因

---

[*] 本文为国家社科基金一般项目"三代青铜礼器纹饰整理与研究"（18BKG015）、河南省高等学校青年骨干教师培养计划（2020GGJS041）阶段性研究成果。

此，引用器物图片前仔细阅读文字说明是非常必要的。

（二）重视比例尺和剖面图

通过观察发掘报告或图录中的器物图像，人们一般会不自觉地在脑海中建构一个基于图像的立体模型，但这一模型往往是根据个人以往对此类器物的大体认识而形成的，就某一具体器物来说则不够准确。这时，就要结合发掘报告中的比例尺和剖面图对构想的模型进行修正（即使如此，待到看见实物时还常会有与设想存在较大差异的感觉）。

对于比例尺：由于刊印纸张尺寸所限，发掘报告中的多数器物难以1∶1呈现，因此，比例尺是确定图中器物尺寸的最重要手段。之所以要重视比例尺，是因为器物的大小与其功能直接相关，在开展基于图像的具体研究之前，按照比例尺对器物进行原大"复原"是非常重要的工作。以殷墟妇好墓出土的两件圆鼎为例：小型鼓腹鼎（M5∶835）（见图1∶1a）[1]和亚弜铜圆鼎（M5∶808）（见图1∶1b）[2]，两鼎造型有相近之处，线图所占页面也差别不大，但两者比例尺不同，若以同比例尺观察，两者尺寸上的巨大差异便一目了然（见图1∶1c）。虽均为妇好墓所出铜圆鼎，但尺寸的差别决定了两者的具体使用模式必然不同。再以三星堆祭祀坑出土的两件青铜面具为例：面具K2②∶154（见图1∶2a）和面具K2②∶148（见图1∶2b）[3]，如果忽略比例尺，很可能会误判两者大小差异不大，但实际上前者宽10.8厘米、高17.6厘米；后者宽138厘米、高66厘米，就宽度而言后者是前者的13倍多。将比例尺统一，就可以看到两者间尺寸的巨大差异（见图1∶2c），故在讨论三星堆青铜面具的用途前，必须将尺寸的差异纳入思考范畴。

对于剖面图：剖面图的主要功能是呈现"被画物体的内部复杂结构"[4]，同时，对表现器物的立体弧度也非常重要。对于一些弧度较小的器物，正视角度的照片往往难以体现弧度，基于"投影"原理的线图也有相同的问题，如二里头出土的镶嵌绿松石铜牌饰（M11∶7）（见图9），仅从照片和线图难以明确其是否有弧度，但结合线图下方的剖面图，便可了解镶嵌绿松石铜牌饰其实呈微弧状，这对于进一步判断铜牌饰的功能和用法都是非常重要的[5]。

---

[1] 中国社会科学院考古研究所：《殷墟青铜器》，文物出版社，1985，线图八∶3。

[2] 中国社会科学院考古研究所：《殷墟妇好墓》，文物出版社，1980，第41页。

[3] 四川省文物考古研究所编：《三星堆祭祀坑》，文物出版社，1999，第175、197页。

[4] 马鸿藻：《考古器物绘图》，北京大学出版社，2008，第140页。

[5] 如杨美莉就曾根据铜牌饰的弧状造型推测铜牌饰是系于手臂，而非平贴缝于衣物上，这一见解颇有新意。杨美莉：《二里头文化的嵌绿松石铜牌》，《MIHO museum 研究纪要》（3），2002，第33页。黄翠梅也有相近的看法，参见黄翠梅《功能与源流：二里头文化镶绿松石铜牌饰研究》，《故宫学术季刊》（卷33-1），2015。

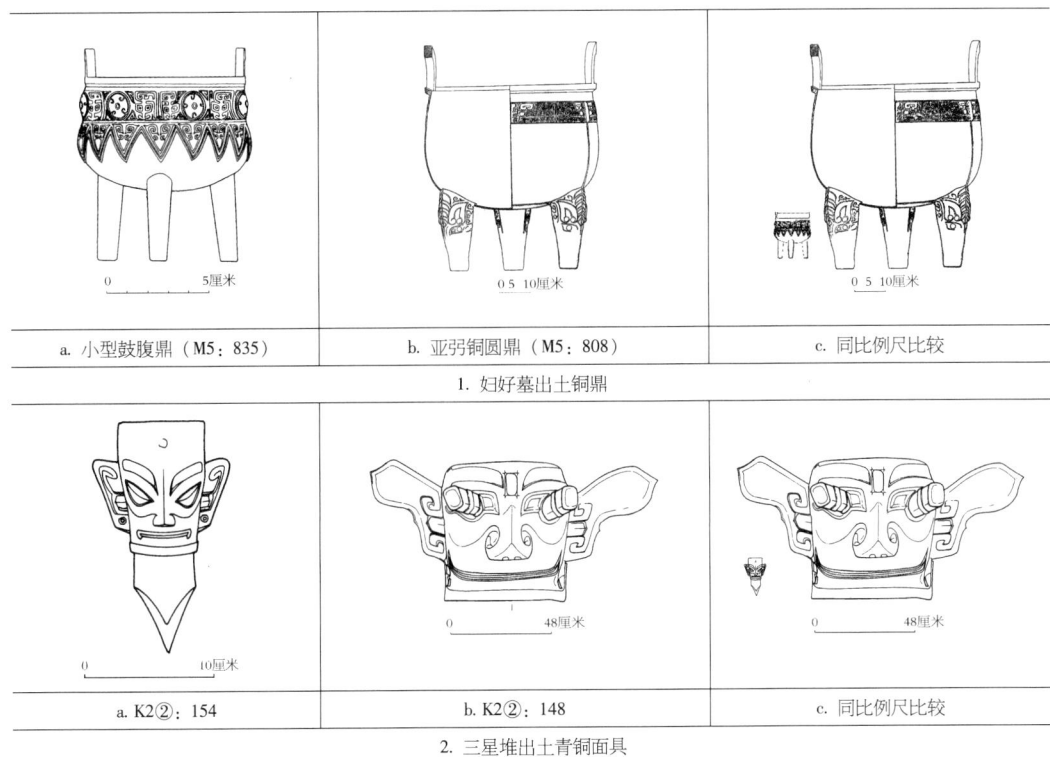

图 1　比例尺与器物大小的考察

总之，通过比例尺和剖面图构设器物原大和立体形态是器物研究的重要前提。

（二）确定纹饰方向

纹饰方向影响到我们如何看待、理解纹饰内容，是正确解读纹饰的重要前提。作为器物的一部分，纹饰方向直接与器物的放置模式有关，所以，判断纹饰方向时应与器物的安置方式相结合。

以内蒙古敖汉旗大甸子出土的彩绘陶鬲（M371：7）为例，当鬲足置于地面时，其纹饰似几何线条的组合（见图2：1）[1]。若以此来诠释纹饰内涵则会有所偏差，因为该鬲在墓中是作为器盖覆扣于罐上的，这种情况在大甸子墓地较为常见，陶鬲与陶罐的组合模式可参考M1115和M1137的器物出土图（见图2：2）[2]。发掘者认为该

---

[1] 中国社会科学院考古研究所编：《大甸子——夏家店下层文化遗址与墓地发掘报告》，科学出版社，1996，彩版五：1。

[2] 中国社会科学院考古研究所编：《大甸子——夏家店下层文化遗址与墓地发掘报告》，科学出版社，1996，图版一一、一二。

纹饰"是画师按该器陈放的习惯设计做画的"[1]，因此，大甸子的先民看到的图像应为该纹饰倒置的形式（见图2：3）[2]。如此一来，图像内容就呈现为较抽象的神面纹，中间是对称的臣字目（◐）、双目上方有菱形额饰（◆）、双C形冠饰（⦵）、两端有内卷纹（⦆）。如果将此神面纹置于龙山时代以来神面纹的系统中[3]，就会发现臣字目、菱形额饰、两侧内卷纹、额上双C形等特征。在早于大甸子的山东龙山文化、后石家河文化、石峁文化中均能发现其渊源，与时代相近的新砦期花地嘴遗址、二里头文化的神面纹以及早商的饕餮纹也有关联。通过复原大甸子陶鬲（M371：7）的安置方式（倒置覆扣），可以正确审视陶鬲纹饰的方向（倒置）和内容（神面纹），进而将其融入龙山时代以来的神面纹系统之中，这对于研究区域文化间的互动与传承，以及意识形态领域多元一体模式的早期形成都有重要意义。

| 1. 陶鬲（M371：7） | 2. 作为器盖的陶鬲 | 3. 陶鬲纹饰倒置 |

图2　大甸子墓地陶鬲（M371：7）的纹饰方向问题

纹饰方向也可以反过来辅助确定器物的放置方向。以青铜器为例，器身上常见绕器一周的几组纹饰，通过器型、铭文、纹饰完整度等可确定其中一组是正面纹饰，面向"观者"，以此便可以确定器物的摆放朝向。如岳洪彬曾对殷墟青铜器纹饰的方向性进行研究，认为"通过青铜器纹饰的方向和正面形象的辨识，可以对该墓埋葬时青铜礼器的放置情况做一个大致的复原"，并"能够了解商代祭祀活动中有关礼

---

[1] 中国社会科学院考古研究所编：《大甸子——夏家店下层文化遗址与墓地发掘报告》，科学出版社，1996，第104页。

[2] 中国社会科学院考古研究所编：《大甸子——夏家店下层文化遗址与墓地发掘报告》，科学出版社，1996，第105页。

[3] 参见邓淑苹《新石器时代神祖面纹研究》，杨晶、蒋卫东主编：《玉魂国魄——中国古代玉器与传统文化学术讨论会文集（五）》，浙江古籍出版社，2012。

器放置方式的部分信息"。[1] 这对于更全面地认识商人使用、陈列青铜礼器的模式是非常重要的。

总之，纹饰的方向对于研究纹饰意义和器物放置位置都有重要的作用，使用器物图片时应先结合器物安置模式对纹饰方向进行判断。

（四）全面认识器物纹饰

照片和线图往往侧重于展示器物的正面像，因为这部分纹饰最为精彩，也最为重要。但这并非器物的全部纹饰，以器物及其纹饰为研究对象，应该对该器各位置的纹饰都有全面的认识。研究者应尽量收集著录该器图像的各类图录、发掘简报、报告和专题研究，以期对器物纹饰有更全面的认识。

以青铜器为例，通过器物的文字描述可知，部分青铜器的外底、器钮与器盖铆接处（器盖内）有特殊的纹饰或装饰。由于位置特殊，这些区域的纹饰在一般的图录中常被忽略，少有专门表现，甚至在博物馆展出时都难以被观察。如果有机会近距离观摩实物，或联系收藏单位申请协助拍摄[2]，当然是最好；否则只能通过广泛收集刊有该器的不同图录，发掘报告，并参阅相关专题研究，这需要平日的持续关注和积累。下面以青铜器外底装饰和器内装饰为例。

外底装饰：在一些商周青铜器的器外底（放置时朝下的面）有特殊的装饰，具体可分为纹饰与悬铃两类。

外底纹饰在商代常以单线构成，不像器表纹饰那样繁缛华美，纹饰内容主要有龙、龟、蛙、蝉等与地下、水（黄泉）观念相关的动物纹饰。如殷墟出土寝小室盉、鸮卣的外底都具有龙纹。但《中国青铜器全集》收录两器时仅有器身照片（见图3：1a，2a）[3]，只是在文字说明中提及器底有纹饰。因此，要全面认识器物纹饰，就需要查阅相关发掘报告，以获得器底纹饰的资料（见图3：1b，2b）[4]。

悬铃器指在下方圈足或器座内悬挂铜铃的青铜器。由于被遮挡，悬铃从外部难以观察，如山西石楼出土的商代青铜觚，陕西宝鸡竹园沟出土的西周早期方座簋。《中国青铜器全集》收录两器时并未刊登器底照片（见图3：3a，4a）[5]。近年出版的《中国出土青铜器全集》中对石楼觚器底悬

---

[1] 岳洪彬：《殷墟青铜器纹饰的方向性研究》，《考古》2002年第4期。

[2] 各博物馆是否提供此类服务，以及具体要求、手续、收费也不尽相同，需依具体情况处理。

[3] 中国青铜器全集编辑委员会编：《中国青铜器全集》3 商3，文物出版社，1997，第178、137页。

[4] 李济、万家保：《殷墟出土五十三件青铜容器之研究》，"中研院"史语所，1972，图版伍叁：3，插图二十八：1；中国社会科学院考古研究所：《殷墟青铜器》，文物出版社，1985，图五九：2。

[5] 中国青铜器全集编辑委员会编：《中国青铜器全集》4 商4，文物出版社，1998，第63页；中国青铜器全集编辑委员会编：《中国青铜器全集》6 西周2，文物出版社，1997，第156页。

铃进行了特写（见图3：3b）[1]，突出展示了这一重要特征；而方座簋的悬铃情况则需查阅发掘报告（见图3：4b）[2] 才能了解。

器内纹饰：器内纹饰常出现在器盖与盖钮，或器身与錾的连接处，实为分铸技术的产物[3]，就性质而言属于铆接式（后铸法）铸接盖钮而形成的铆头（先铸器盖，在钮处留孔；后铸钮，浇注时金属液流过孔溢出形成锁死结构），由于自然溢出形成的铆钉状凸起不规则、不美观，故将之铸成纹饰。纹饰内容主要有蝉纹、涡纹，如鸢方彝（见图3：5）[4]、铜觯（HPKM1022：R1075）（见图3：6）[5]。

通过器物图录的文字说明，我们了解

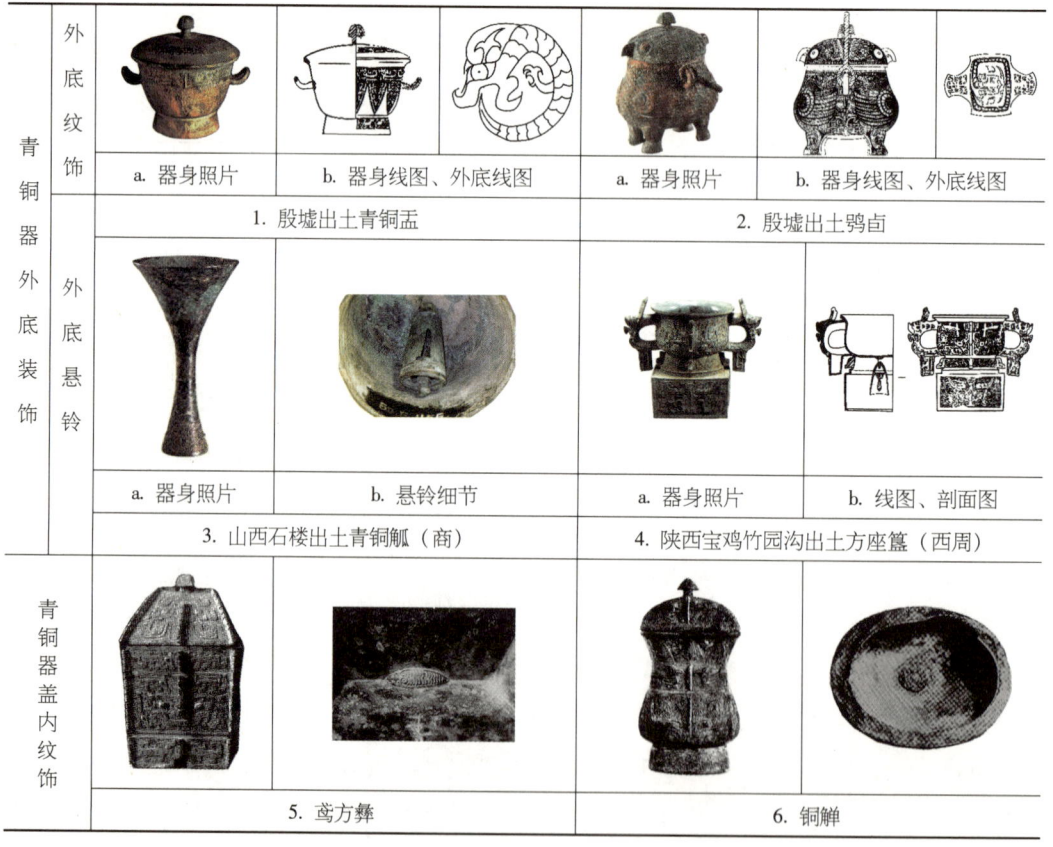

图3 青铜器特殊位置装饰

---

1 马昇、谢尧亭主编：《中国出土青铜器全集》3（山西上），科学出版社、龙门书局，2018，第61页。
2 卢连成、胡智生、宝鸡市博物馆编：《宝鸡㳽国墓地》（上），文物出版社，1988，第57页。
3 刘煜：《试论殷墟青铜器的分铸技术》，《中原文物》2018年第5期。
4 李学勤、［美］艾兰：《欧洲所藏中国青铜器遗珠》，文物出版社，1995，第41器。
5 李济、万家保：《殷墟出土五十三件青铜容器之研究》，"中研院"史语所，1972，图版叁捌。

到该器在特殊位置具有纹饰。虽然图录中可能未有展示，但可以通过查阅发掘报告全面了解器物各位置纹饰。如果想进一步了解此类器物，除平日的搜集和积累外，还可以参考一些专题研究，如杨晓能对商周青铜器上的器外底纹饰有过梳理[1]；张昌平、孙明对悬铃器进行过专题研究[2]；苏荣誉曾从铸造技术角度对器盖内纹饰有过讨论[3]。这些专题研究多会对器物进行梳理，研究者可结合日常搜集的材料加以补充，以此作为进一步研究的基础。

总之，以青铜器为例，我们看到部分器物在不易观察的位置（器外底、器盖内）也常有纹饰，通过广泛搜集器物资料，如对各种图录、发掘简报、发掘报告、专题研究的图像梳理，可以更全面认识器物纹饰[4]。

（五）留意残留痕迹

器物在制作、使用过程中，常会留下一些痕迹。如近期在央视播出的《国家宝藏》中，文物摄影师赵震就分享了他发现兵马俑脸部留有工匠指纹的故事，在公众中反响热烈[5]。这些痕迹虽多是先民在制作、使用时无意间留下的，却可提供有关制作工具、制作模式、使用方法等方面的重要信息，应在观察图像时予以重视。

制作过程中所留痕迹：如半坡遗址出土的部分陶器底部留有席纹痕迹（见图4：1）[6]，应是制作陶器过程中陶坯未全干时将其放在席子上留下的痕迹，这从一个侧面反映了半坡先民的编织技艺。再如从兴隆洼玉玦玦口的造型和磨痕，就可判断玦口所采用的切割技术，如王家营子水泉玉玦（见图4：2a）[7] 玦口中的弧状痕迹可证明其为线切割（湿绳加砂，往复拉动以切割玉石），而兴隆洼M108玉玦（见图4：2b）[8] 玦口外宽内窄可证明其为片切割（以锯片从外侧向内侧切）。又如从青铜器

---

1 ［美］杨晓能：《另一种古史：青铜器纹饰、图形文字与图像铭文的解读》，生活·读书·新知三联书店，2008，第五章。

2 张昌平：《商、西周时期带铃青铜器及其南传》，李永迪主编：《"周边"与"中心"：殷墟时期安阳及安阳以外地区的考古发现与研究》，"中研院"史语所，2015；孙明：《商周时期悬铃青铜礼器研究》，中国人民大学北方民族考古研究所、中国人民大学历史学院考古文博系：《北方民族考古》第2辑，科学出版社，2015。

3 苏荣誉、董韦：《盖钮铸铆式分铸的商代青铜器研究》，《中原文物》2018年第1期。

4 随着三维扫描、展示技术的发展，以及文物数字化展示模式的普及，相信以后可以更容易获取对器物纹饰的全方位认识，但目前阶段，仍需广泛收集器物相关材料以获得更全面的研究基础。

5 贾亮：《兵马俑上的指纹，也是"国家宝藏"》，《北京晚报》2020年12月17日第31版。

6 中国科学院考古研究所、陕西省西安半坡博物馆：《西安半坡——原始氏族公社聚落遗址》，文物出版社，1963，第161页。

7 杨虎、刘国祥、邓聪：《玉器起源探索——兴隆洼文化玉器研究及图录》，中国考古艺术研究中心，2007，第115页。

8 杨虎、刘国祥、邓聪：《玉器起源探索——兴隆洼文化玉器研究及图录》，中国考古艺术研究中心，2007，第108页。

残留范线，可考察铸造时的分范模式，如商代铜鼎底面上有 Y 形和圆形两种范线（见图 4：3a，3c），Y 形范线表明该区域是由三块造型相近的外范组成（见图 4：3b），而圆形范线表明是由三块外范和一块圆形底范组成（见图 4：3d）。这些痕迹对探讨器物的制作工艺至关重要。

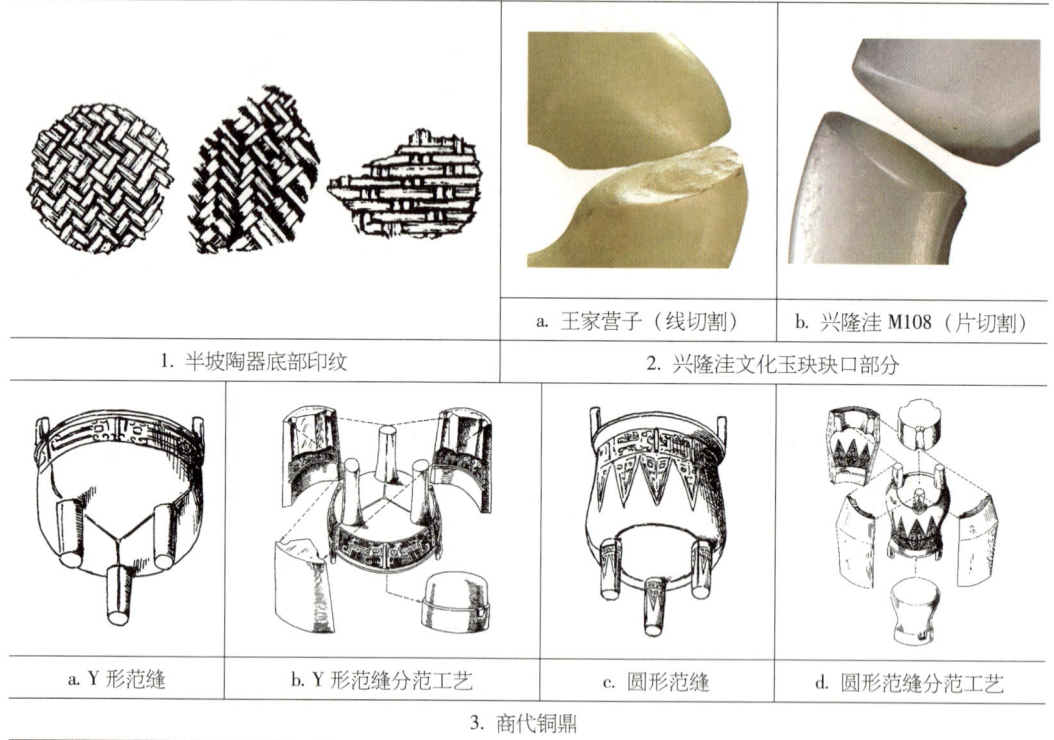

图 4　器物制作痕迹

使用过程中所留痕迹：长时期重复使用，常会在特定区域留下使用的痕迹，如器底的烟炱（可推知该器曾在火上加热）、不同区域的磨损（可推测其使用模式）、绳索捆绑的磨痕（可复原捆绑模式）等。这些痕迹对推测器物的功能有着重要的启示作用。

以青铜酒器爵的功能为例。若按《说文解字》"所以饮器象爵者，取其雀鸣节节足足也"的观点，爵的功能为"饮器"；明清时期的仿古玉爵、瓷爵也确实为饮器。但对于早期铜爵，如二里头遗址（八区）铜爵[1]、郑州商城铭功路[2]、白家庄出土的

1　中国科学院考古研究所二里头工作队：《河南偃师二里头遗址三、八区发掘简报》，《考古》1975 年第 5 期。

2　郑州市博物馆：《郑州市铭功路西侧的两座商代墓》，《考古》1965 年第 10 期。

铜爵[1]底部都有火烧的烟炱痕迹，这就证明早期铜爵是用于加热的。但加热后爵身滚烫，并不适合直接就饮。基于烟炱痕迹的证据，孙机推测爵最初的功能是将酒加热沸腾，以香气敬神[2]，该说从烟炱痕迹入手重新阐释了爵的功能，颇有见地。

再以良渚玉钺的钺身与木柄的固定模式为例。出土时瑶山玉钺M7：32仅剩钺身（见图6：1），木质钺柄已朽，我们无法确定钺身是如何安置于木柄之上的。但由于钺身长期用线绳捆缚于柄上，因此在钺身"圆孔两侧各有一组向两侧端角延伸的细密的线痕，这表明，钺的顶端原本嵌入柄内，再以某种线状物斜向捆扎、加固"[3]。因此，基于线绳痕迹（见图6：3），有学者就复原了良渚单孔玉钺钺身和钺柄的组合模式（见图6：6）。

关于器物上所留痕迹，一般在发掘报告的器物文字说明中会有描述，有些痕迹在照片上表现得较明显，有些则会在线图上绘出。因此，要在仔细研读文字描述的基础上，细致观察不同类型图片，以期更清楚地发现痕迹线索。随着微痕分析技术的发展，痕迹对于器物功能的研究将会越来越重要。[4]

上述五个方面均是基于"器物图像"层面的分析，但研究器物不能仅着眼于器物，正如理解一个词的具体含义要结合"语境"一样。若要更全面地理解器物，也必须结合作为"原境"的出土环境。

二 关于墓葬图像[5]

器物并非零散无序地散落于某一时代地层，考古所见的绝大多数情况均是有设计地将一系列器物进行组合、安置于特定的埋藏环境（多为墓葬或窖藏），用以表达某种意义，这一过程反映出先民的生死观、宇宙观等意识形态层面的内容。因此，想要更全面地理解器物，就不应忽视与出土环境相关的图像，如墓葬的平面图、剖面图、器物分布图等，这些图像为认识器物提供重要的"原境"（Context）。

（一）完整认识墓葬内容

墓葬并不仅是依照某种墓葬形式，将墓主人、随葬器、牺牲、葬具等进行简单

---

1 河南文物工作队第一队：《郑州市白家庄商代墓葬发掘简报》，《文物参考资料》1955年第10期。
2 孙机：《说爵》，《文物》2019年第5期。
3 浙江省文物考古研究所：《瑶山》，文物出版社，2003，第80页。
4 如刘莉等学者就通过微痕分析指出昆山出土的三角形石器可能具有铲、刀等多种功能，但可以肯定它们不是犁。刘莉、陈星灿、潘林荣、闵泉、蒋乐平：《新石器时代长江下游出土的三角形石器是石犁吗？——昆山遗址出土三角形石器微痕分析》，《东南文化》2013年第2期。
5 由于目前发现的早期艺术品绝大多数来自墓葬，下文将以墓葬为例探讨器物出土环境图像。

组合。墓地的选择，墓葬的方向、形制、结构，葬具、葬式的特征等，都体现出族群习俗、文化传承、生死观念、宇宙观念、宗教信仰、祭祀模式等方面的影响。通过对墓葬的平面图、剖面图、不同层位器物分布图的观察，可对墓葬形成整体性认识，为理解墓葬所出器物建构认知背景。如郜向平曾对商系墓葬（墓地、墓葬形制、结构、方向、葬具、葬式、用器制度等）进行过系统研究[1]，对理解商人的墓葬特征、生死观念、文化互动等信息有着重要的意义。

以晚商时期殷墟的墓葬为例，从平面图来看，墓葬形制可分为："亞"字形（4 条墓道，一般认为是商王墓葬，如 M1001）（见图 5：1）[2]、"申"字形（2 条墓道，如武官大墓）（见图 5：2）[3]、"甲"字形（1 条墓道，如武官北地 M260）（见图 5：3）[4] 和无墓道墓葬（如郭家庄 M160）（见图 5：4）[5]。

从墓葬方向来看：这些墓葬并非处于正方向，常偏向东北，这种设定可能表达了以东北为尊的观念，大概与利用太阳定位有关[6]。从墓道数量来看：一般认为，墓道的数量与墓主人身份等级相关。从墓道的功能和象征性来看：墓道除实用功能外（取土出土、运送葬具等），其形制应有一定的象征意义。以商王的"亞"字形大墓为例，"亞"字形（甲骨文✢或✢）在商代是非常重要的标志符号。除商王墓葬外，青铜器圈足上也常见"亞"字形孔、商代族徽铭文常以"亞"字形为框，艾兰推测✢的原型与龟腹甲的"亞"形造型有关，象征了商代的"四方"观念[7]。因此，商王墓的四条墓道可能象征着商王对"四方"的统治，墓道递减则反映了等级差异。总之，平面图所展示的墓葬方向、形制，表现出商人对方向的认定、对等级差异的重视，以及"四方"观念的融入，对相关研究具有启发性。

---

1 郜向平：《商系墓葬研究》，科学出版社，2011。

2 梁思永、高去寻：《侯家庄第二本·1001 号大墓》上册，"中研院"史语所，1962，插图三。

3 中国社会科学院考古研究所安阳工作队：《安阳殷墟奴隶祭祀坑的发掘》，《考古》1977 年第 1 期。

4 中国社会科学院考古研究所安阳工作队：《殷墟 259、260 号墓发掘报告》，《考古学报》1987 年第 1 期。

5 中国社会科学院考古研究所：《安阳殷墟郭家庄商代墓葬（1982 年—1992 年考古发掘报告）》，中国大百科全书出版社，1998，第 71 页。

6 相关讨论见郜向平《商系墓葬研究》，科学出版社，2011，第 90、91 页。

7 [美] 艾兰：《"亞"形与殷人的宇宙观》，《中国文化》1991 年第 1 期。

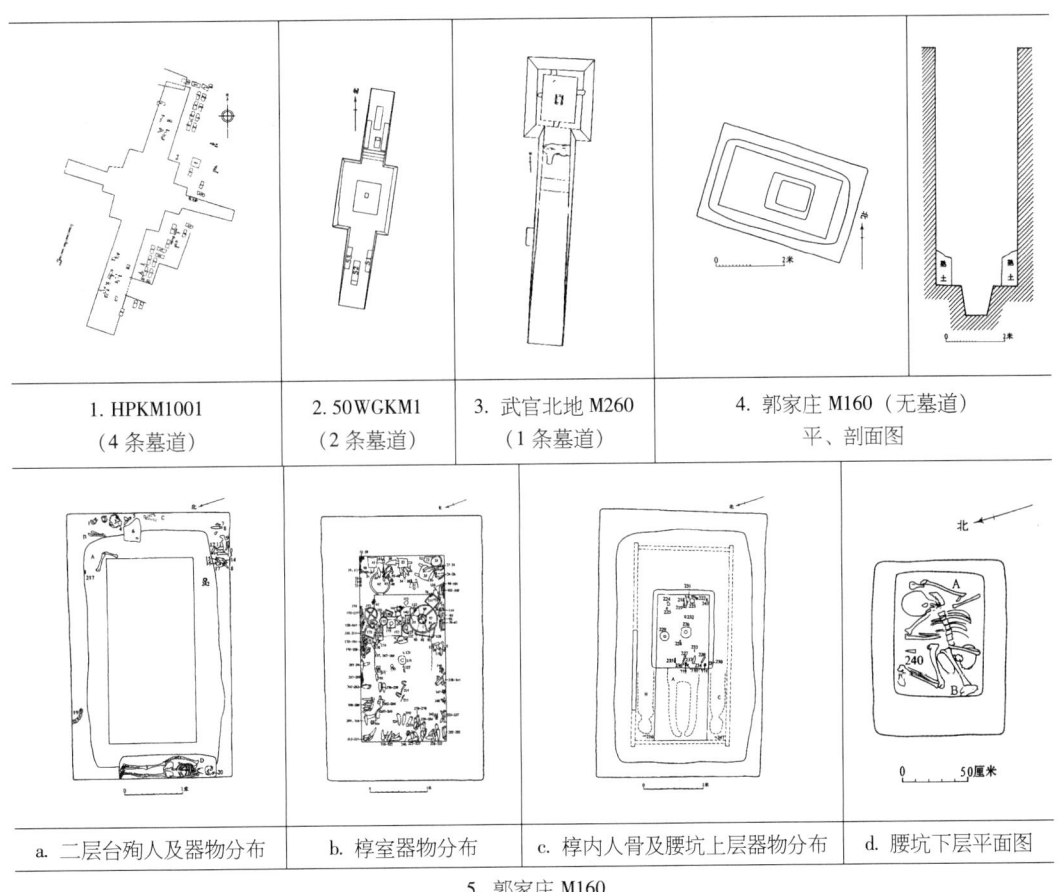

图5 商代墓葬相关图像

墓葬的剖面图、器物分布图等图像对理解墓葬结构有重要的作用，仍以郭家庄M160为例。

通过M160剖面图（见图5：4）我们了解了墓葬的深度、腰坑的尺寸和深度，二层台的建构模式。该墓葬"墓底距地表8米"，腰坑"距地表9米"[1]。而离郭家庄墓葬区较近的"安钢大道以南区域的商代水井总深度普遍在12米以上，水位线大致在地表以下7—8米，井水深4米左右"[2]。比较M160的腰坑深度与该区域商代水井深度，我们可以推测M160应和王陵区的大型墓葬一样，"墓葬底部在下葬时基本都可见

---

[1] 中国社会科学院考古研究所：《安阳殷墟郭家庄商代墓葬（1982年—1992年考古发掘报告）》，中国大百科全书出版社，1998，第70页。

[2] 岳洪彬：《再论商代的"黄泉观念"——从殷墟王陵和水井深度的比较得来的启示》，《中原文物》2018年第5期。

地下水"[1]，这对研究黄泉观念的形成是非常重要的考古证据。

通过M160"二层台殉人及器物分布图"（见图5：5a）、"椁室器物分布图"（见图5：5b）、"椁内人骨及腰坑上层器物分布图"（见图5：5c）和"腰坑下层平面图"（见图5：5d）[2]，我们可以看到在墓葬的不同层位，椁室、椁内，以及腰坑上下层的随葬品都有品类差异，"成组陶器、石磬、部分铜戈、漆器及牛、羊牲骨等放于二层台上；全部青铜礼器、乐器、工具和大部分青铜兵器及小件陶器等置于椁内棺外；玉器主要放于棺内"[3]。除器物的差异，不同位置殉人的性质也有不同，如腰坑中的殉人是被捆绑活埋的，二层台的殉人身涂朱砂，椁内棺外的殉人则与墓主人"相伴"。虽然我们都将其视为"殉人"，但身份和性质应具有较大差异。通过上述墓葬图像，可以发现商代墓葬不同位置上的器类和殉人都存在差异，反映出商人对墓葬空间及其功能的不同认识。

通过综合运用平面图、剖面图、器物分布图等墓葬图像，可较全面地认识墓葬的立体构设，以及商人对墓葬空间不同区域的不同对待，这些信息构成了器物重要的"原境"。

（二）重视在"原境"中认识器物

器物的"原境"包括出土层位、位置、方向、组合、与墓主人关系等方面，体现出在墓葬规划和安葬过程中有意的布置和设计。结合墓葬图像认识"出土原境"，可增进对器物的原貌、功能、用法等方面的理解。

首先，"原境"有助于器物的复原。以瑶山M7为例，通过器物分布平面图（见图6：1）[4] 观察玉钺M7：32的位置，可发现钺身的上方和下方各有一件端饰，距端饰不远处还各有一件呈立方体的小琮。几件器物空间位置如图6：2所示[5]，这几件器物的空间位置给了判断玉钺原貌的重要线索：钺身（见图6：3）[6]、上下端饰（按功能可称为"钺瑁"和"钺镦"）（见图6：4）[7] 应由已朽的钺柲（柄）相连接，根据钺身的捆缚磨痕可知它是如何被安插、捆

---

1 岳洪彬：《再论商代的"黄泉观念"——从殷墟王陵和水井深度的比较得来的启示》，《中原文物》2018年第5期。

2 中国社会科学院考古研究所：《安阳殷墟郭家庄商代墓葬（1982年—1992年考古发掘报告）》，中国大百科全书出版社，1998，第71—75页。

3 中国社会科学院考古研究所：《安阳殷墟郭家庄商代墓葬（1982年—1992年考古发掘报告）》，中国大百科全书出版社，1998，第72页。

4 浙江省文物考古研究所：《瑶山》，文物出版社，2003，第74页。

5 浙江省文物考古研究所：《瑶山》，文物出版社，2003，第76页。

6 浙江省文物考古研究所：《瑶山》，文物出版社，2003，第80页。

7 浙江省文物考古研究所：《瑶山》，文物出版社，2003，第81页。

绑于柄（上文已述）；上、下端饰间的距离大体就是柄的长度，再根据端饰器型的榫卯特征，可推知钺瑁和钺镦是如何固定于柄的。至于两小琮（见图6：5）[1] 的作用，上方的"应是玉钺装柄后缚系的附件"，下方的"是钺杖镦的附件"[2]。总之，结合平面图中的器物分布、相对位置、器型结构、缚系磨痕等细节提供的"原境"，可以全面复原器物的全貌（见图6：6）[3]。

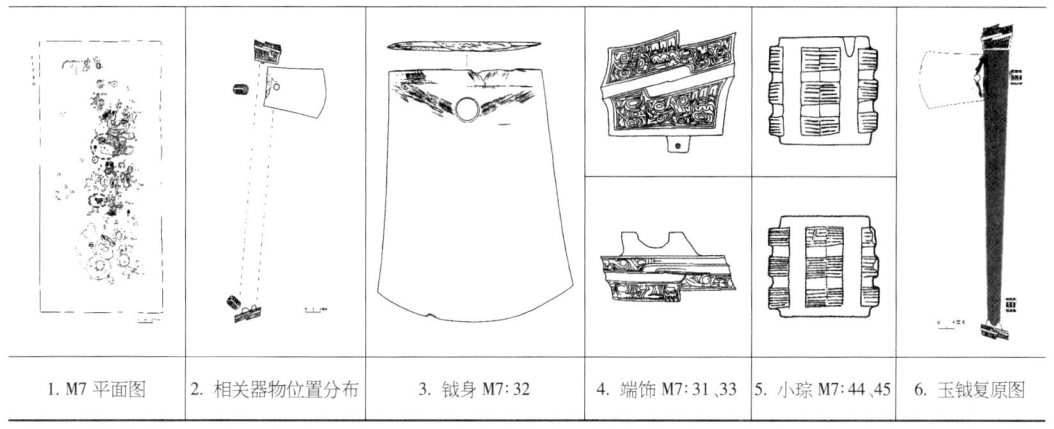

图6　瑶山M7玉钺

其次，"原境"有助于明确器物功能。在棺内的很多器物，本是穿戴于墓主人身上一同下葬的，虽然衣物、发肤等有机质会腐朽，但这些器物仍处于原位附近，因此出土位置很大程度上反映了器物的佩戴方式。如兴隆洼M135出土的作为耳饰的玉玦（见图7：1）[4]，出土位置正在墓主人双耳附近；红山文化牛河梁遗址N2Z1M25出土的玉镯（见图7：2）[5]，出土时位于墓主人手腕上。这些器物的佩戴模式与当今相近，较容易理解。但有些饰品则属于该文化所特有，这就需要结合出土位置、器物形态等综合判断。以良渚文化复杂的头饰为例，通过瑶山M10平面图（见图7：3）[6]

---

[1] 浙江省文物考古研究所：《瑶山》，文物出版社，2003，第88、89页。

[2] 方向明：《良渚玉器线绘》（增补版），浙江古籍出版社，2019，第191页。

[3] 方向明：《良渚玉器线绘》（增补版），浙江古籍出版社，2019，第191页。

[4] 杨虎、刘国祥、邓聪：《玉器起源探索——兴隆洼文化玉器研究及图录》，中国考古艺术研究中心，2007，第5页。

[5] 辽宁省文物考古研究所：《牛河梁红山文化遗址发掘报告1983—2003年度》（下），文物出版社，2012，图版五七-3。

[6] 浙江省文物考古研究所：《瑶山》，文物出版社，2003，第131页。

可以发现在墓主人头部附近有镯形器（见图7：5)[1]、冠形器（见图7：6)[2]、三叉形器（见图7：7)[3]和11件锥形器（见图7：8)[4]，出土时叠压在一起（见图7：4)[5]。对比良渚文化瑶山和反山的其他相关墓葬，可知这些器物是良渚大墓中墓主人的常见头饰：冠形器实为玉梳背（通过榫卯结构将其与下方梳齿相结合，梳齿为有机质材质，已朽），除梳发外，还作为头饰插在头发之中。至于成组锥形器，系良渚文化所特有，通过出土原境可发现成组的锥形器是由"底部的榫卯销在有机质载体上，作为男性权贵的头饰使用。成组锥形器多以3、5、7、9、11奇数件为一组，与墓地和墓主人的等级有关"[6]。锥形器常表现为中间一根稍长、其他略短的配置

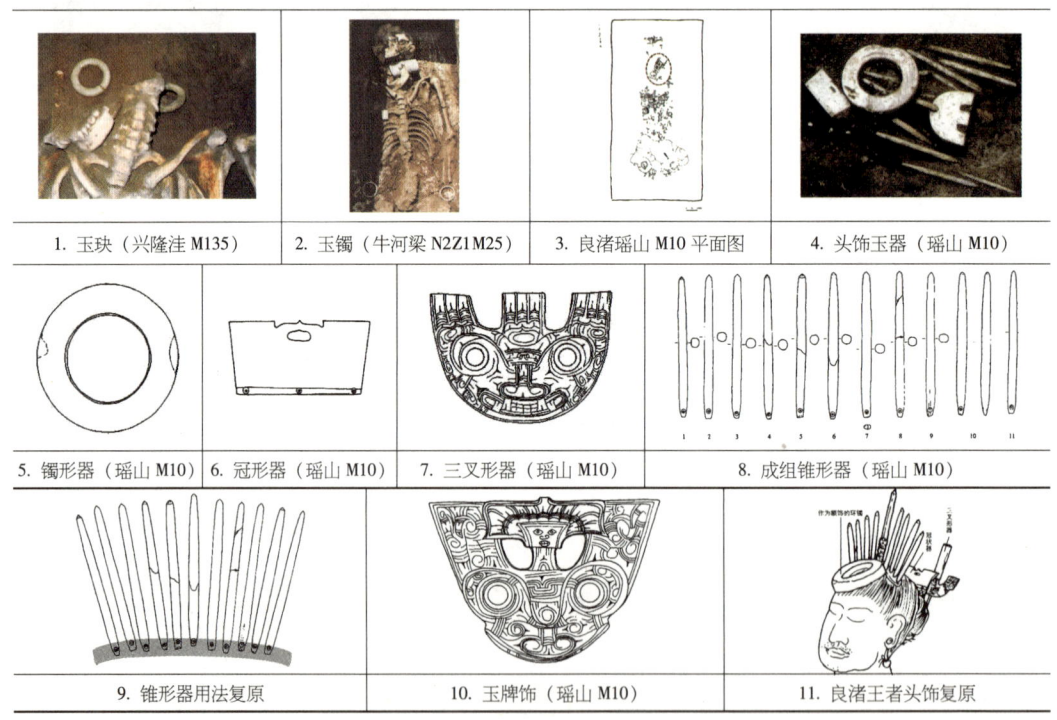

图7　结合出土原境认识器物

1　浙江省文物考古研究所：《瑶山》，文物出版社，2003，第140页。
2　浙江省文物考古研究所：《瑶山》，文物出版社，2003，第132页。
3　浙江省文物考古研究所：《瑶山》，文物出版社，2003，第133页。
4　浙江省文物考古研究所：《瑶山》，文物出版社，2003，第133页。
5　浙江省文物考古研究所：《瑶山》，文物出版社，2003，第278页。
6　方向明：《良渚玉器线绘》（增补版），浙江古籍出版社，2019，第37页。

（此墓中的不太明显），与良渚文化神面纹带尖的羽冠相近（见图7：10）[1]，考虑结构和装饰位置的相近性，可推测成组锥形器很可能模仿了羽冠成排地排列（见图7：9自绘图）。方向明曾结合上述诸头饰的出土位置、叠压关系和器物形态特征，绘制了良渚王头饰的安插复原假想图（见图7：11）[2]，这一复原是很有启示性的。

通过上述例证可知，结合器物的平面分布图、墓葬发掘图等图像提供的出土"原境"，考察器物组合以及器物与墓主人关系，有助于器物的复原、功能、用法的研究。

三 图像使用中的常见问题

上文主要针对如何更合理使用器物和墓葬两类图像展开讨论，下文将从整体上对图像使用中的一些常见问题进行剖析，并提出相应的建议。

（一）照片、线图、拓片的选择问题

1. 三种类型图像的特征

在运用图像进行研究时，最常接触到

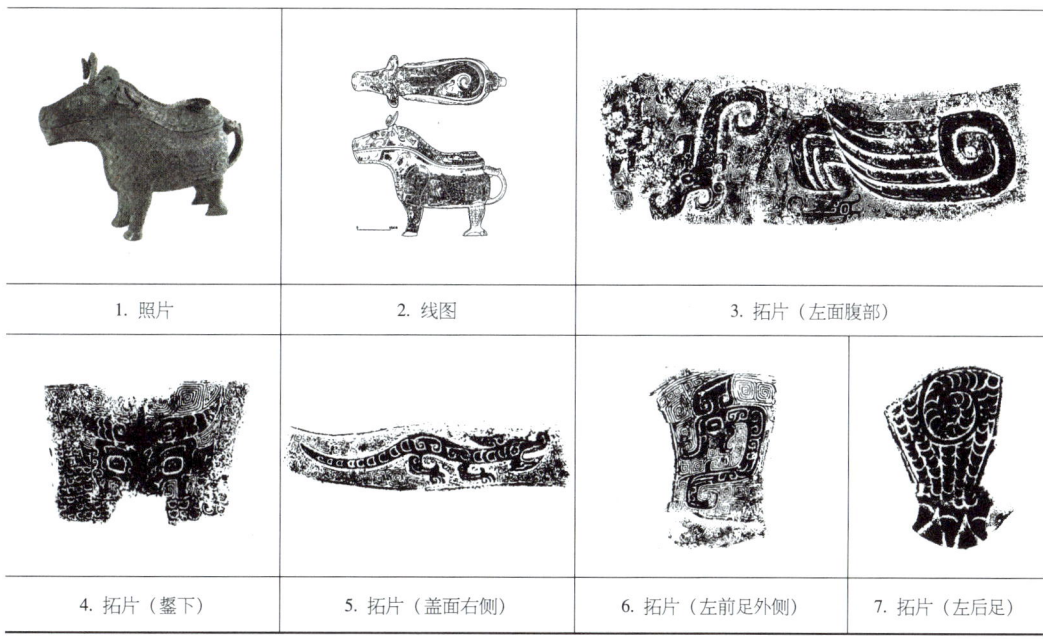

图8 司母辛四足觥（M5：803）

---

[1] 浙江省文物考古研究所：《瑶山》，文物出版社，2003，第142页。
[2] 方向明：《良渚玉器线绘》（增补版），浙江古籍出版社，2019，扉页。

的是照片、线图、拓片这三类图像资料，这些图像使我们在无法近距离观察实物的情况下，对器物及其纹饰可以有较清晰且完整的认识。

以妇好墓出土的司母辛四足觥（M5：803）[1]为例，照片（见图8：1）、线图（见图8：2）、拓片（见图8：3—8：7）三类图像分别表现出如下特征：照片，从侧前方展示了觥的整体形态，但器身纹饰细节却因锈蚀难以清楚观察，同时上方、后方纹饰未能展示；线图，通过侧视图和俯视图清晰展示了部分器身纹饰，所附比例尺则可帮助复原器物尺寸；拓片，真实表现了器身部分纹饰的细节，但纹饰凸出器表的效果（"三层花"）不明显。结合上例，从色彩、立体层次、客观性、准确性、清晰度等方面审视照片、线图、拓片等各类型图像资料的特征，各自的优势和劣势可总结为表1。

总的来说，照片、线图、拓片这三者在表现角度、色彩、细节、立体感、纹饰层次、完整度、准确性和客观性等方面各有优劣、相互补充，需全面考察、综合运用，以获取更为契合研究内容的图像资料。

2. 线图的"准确性"问题

由于线图可以清晰、完整地表现纹饰特征，是学者们在研究中较为偏好使用的图像类型。但因线图本质上是基于器物（纹饰）的再创作，虽然清晰明确、方便识读、使用，但不可避免地有一定的主观性，因此在使用时应在结合文字描述的基础上，与照片或拓片相比较，确认两者一致后再使用会更为稳妥。

表1	器物表现中照片、线图、拓片的不同特点	
图像类型	优势	劣势
照片	真实再现器物现貌	1. 沁色、锈蚀会影响表面纹饰清晰度 2. 焦距问题，往往造成立体器物的后部模糊
线图	绘图者可细致观察器物，尽可能将沁色、锈蚀等干扰因素排除	1. 人参与"创作"，有一定主观性，或多或少会失真 2. 缺失色彩信息 3. 纹饰的立体性表现力不强
拓片	客观表现器物纹饰细节，排除沁色，黑白对比明显	1. 使立体器型和浮雕纹饰平面化，纹饰层次不明显 2. 无法表现器物全貌[2] 3. 锈蚀影响拓片质量 4. 无色彩信息

1　照片：中国青铜器全集编辑委员会编：《中国青铜器全集》3 商3，文物出版社，1997，第150页。线图、拓片：中国社会科学院考古研究所：《殷墟青铜器》，文物出版社，1985，图五、图三二。

2　全形拓其实可视为基于透视原理结合拓片技法的有一定主观性的创作，并非客观表现器物立体全貌。

由于当前考古发掘项目与日俱增，考古绘图的工作量大大超出以前，因而也使得一部分线图不够完善，如马鸿藻曾指出当前考古器物绘图中的常见问题：投影概念的问题、视图选择的问题、用线准确的问题、体例统一的问题等[1]，这些问题的确值得绘图者重视。而上述问题的提出，其实已假设线图准确描绘了器物和纹饰，但这一假设前提其实也并非所有线图都满足。如果线图的"准确性"出了问题，基于它的研究就会受到影响。

以二里头出土的镶嵌绿松石铜牌饰（M11：7）为例，图9中分别为铜牌饰的照片（见图9：1）[2]、发掘报告中的线图（见图9：2）[3]、学者重绘线图（见图9：3）[4]。两线图最大的差别在于绿松石片的排布和兽面下方两侧外框上的突出部分（箭头所指），发掘报告中的绿松石片均是方形，排布过于整齐，但对比照片可以发现，其实绿松石片有大有小，排列上也是错落有致，并非一排排整齐镶嵌。再看箭头所指的突出部分，两者对称的模式证明绝非铸造瑕疵，而是有意为之，但发掘报告中的线图却忽视了这点。笔者认为这是兽面分裂的下颚，与"剖展"的表现模式有关，自石峁遗址、花地嘴遗址，再到二里头，以及大甸子遗址中均发现有"剖展"下颚的神面纹（将另文详述）。这是非常重要的一个细节特征，如果我们不与照片对照而只观察最初的线图，就会忽视这一细节，对研究造成影响。

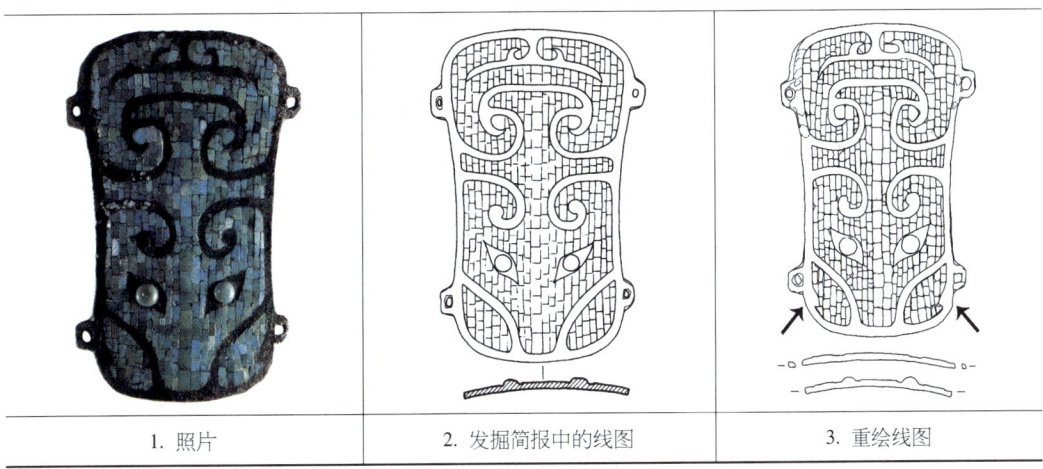

| 1. 照片 | 2. 发掘简报中的线图 | 3. 重绘线图 |

图9　镶嵌绿松石铜牌饰（M11：7）

1　马鸿藻：《考古器物绘图》，北京大学出版社，2008，第195—213页。
2　中国青铜器全集编辑委员会编：《中国青铜器全集》1 夏商，文物出版社，1996，第21页。
3　中国社会科学院考古研究所二里头工作队：《1984年秋河南偃师二里头遗址发现的几座墓葬》，《考古》1986年第4期。
4　[日]宫本一夫、白云翔：《中国初期青銅器文化の研究》，九州大学出版会，2009，第172页。

另外，由于部分器物收藏于海外，研究时并没有条件对各个细节进行测量，因而学者常基于照片描绘临摹线图[1]。虽不如测量后绘制的精准，但也能大体上反映器物特征，为研究提供便利。这种情况下，所据照片的质量就会对线图的准确性造成影响，不清晰的照片可能会误导线图的绘制。

仍以镶嵌绿松石铜牌饰为例，王青曾对海内外见诸报道的 16 件铜牌饰进行整理、研究，并为它们绘制了线图。[2] 这些线图材料极大地促进了学界对铜牌饰的探讨，大批学者结合这些图像展开对铜牌饰内容、功能、意义等方面的讨论。但其中一件保罗·辛格藏铜牌饰的线图却存在一定的问题，该器现藏于美国华盛顿弗利尔 – 赛克勒美术馆（存于库房，未展览）。21 世纪初文物数字化尚未广泛普及，研究者难以看到原器，所以王青所绘线图依据的是 1976 年出版图录中的照片（见图 10：1）[3]。但这张黑白照片在对比度和清晰度上都不尽理想，以此为蓝本的线图也就未能精准表现器物原貌（见图 10：2），丢失了多处重要细节（如兽面上的鼻、眉、舌、冠上内卷纹等）。后随着文物数字化的普及，该馆网站上公布了其高清照片（见图 10：3）[4]。王青随后结合此照片重新绘制了精确的线图（见图 10：4），并在近出论文集中对原文章中线图进行了更正[5]，如此严谨的学风非常值得我们学习。这也从一个侧面反映出线图在"准确性"上可能存在的问题，我们使用前应尽可能对照照片予以核实。

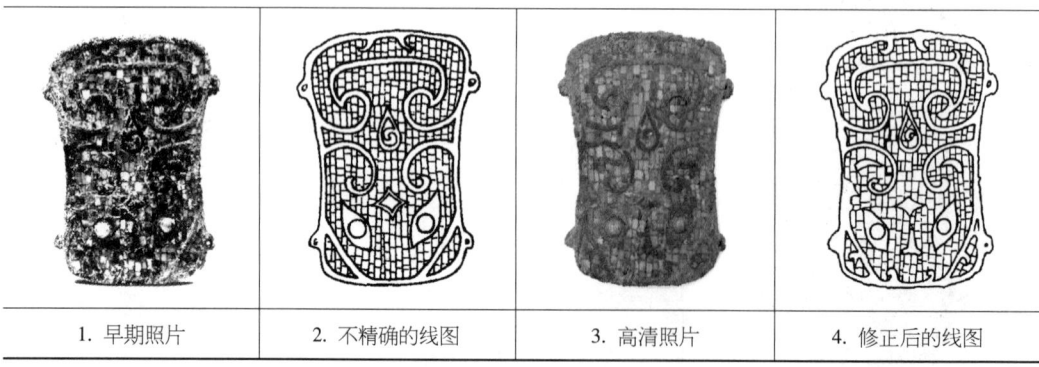

| 1. 早期照片 | 2. 不精确的线图 | 3. 高清照片 | 4. 修正后的线图 |

图 10　保罗·辛格藏镶嵌绿松石铜牌饰

1　虽然线图应通过观察测量器物，运用投影法结合坐标纸准确绘制，但部分海外藏品不具备上述条件，需要运用线图时，对照片的临摹则成了无奈之举。

2　王青：《镶嵌铜牌饰的初步研究》，《文物》2004 年第 5 期。

3　Max Loehr. *Relics of Ancient China：From the Collection of Dr. Paul Singer*. Arno Press 1976.

4　After Plaque with taotie, https：//asia. si. edu/object/S2012. 9. 569/.

5　王青：《远方图物——早期中国神灵考古探索》，上海古籍出版社，2019，第 218 页。

综上，我们看到在表现器物和纹饰时，照片、线图、拓片各有优势，在研究中应根据具体需要合理选择。另外，需要强调的是，线图虽然纹路清晰、内容明确，但本质上仍有一定主观创作的成分在内，应与照片、拓片对照后使用，以免错过重要细节。

(二) 图像的来源问题

研究器物（纹饰）最理想的图像来源是考古发掘报告中的图片，除了准确性和权威性有保证外，发掘报告中的出土信息，为美术考古研究提供了重要的"原境"。因此，对于发掘品，应尽可能利用发掘报告中的图片，在此基础上辅以相关图录作为研究的基础材料。

当前，个别学者在进行早期美术考古研究时，有用自拍图、新闻图、视频截图，甚至网上的一些仿品图的情况。姑且不说图片的质量和准确性，如此将器物孤立于其所出环境，仅依照图片开展研究本就是很容易出现问题的[1]。因此，我们建议尽可能使用发掘报告中的图像，原因如下：第一，发掘报告为器物提供了准确的图像和翔实的说明。第二，呈现器物的出土"原境"。第三，有助于认识器物间、器物与墓主人间的关系。第四，在研究中准确提供公开出版的图像出处，就可以与其他学者建立共有的讨论平台。第五，在发掘报告的结语部分，常会提及与该遗迹相关的考古发现，有助于研究视野的拓展。

需要指出，一方面，个别学者参观完发掘现场或者库房后，在考古材料还未公布之前就使用自己拍摄的图片进行研究，并公开发表，这是不合适的。另一方面，有些简报迟迟不出，而发掘者却以研究论文的形式公开新材料，这也是欠妥的。这些做法都让读者无法了解到器物的出土"原境"，失去了作为科学发掘品很重要的一部分信息。

(三) 相关图像的收集问题

孤证不立，对于图像的解读也是一样。如果仅基于一件器物或纹饰就展开讨论，研究很容易变得主观。如有学者将后石家河文化谭家岭遗址所出侧视玉人的S形头发视作蛇，并用《山海经》中"珥蛇"的神话来解读，命名为"双人首连体蛇神并珥蛇形玉玦"[2]，但通过收集新石器时代末期相关神面纹图像，可明确耳部的S形并非"蛇的简化形象"，而是一种垂发外卷的发式，在新石器时代晚期的多例神面纹上都有表现[3]。可见，广泛收集相关材料可以很大程度上弥补早期艺术研究的主观性，但也要注意以下几点：

第一，"相关"证据。有些学者常跨文化、跨时代、跨大洲地搜索相近图案，并

1　韩鼎：《早期艺术研究中考古资料的解读问题》，《形象史学》2017年下半年。

2　杨骊、叶舒宪：《四重证据法研究》，复旦大学出版社，2019，第181页。

3　邓淑苹：《古代玉器上奇异纹饰的研究》，《故宫学术季刊》（台北）第4卷第1期，1986。邓淑苹：《论雕有东夷系纹饰的有刃玉器》（上）（下），《故宫学术季刊》（台北）第16卷第3、4期，1999。

相互启发，互相说明。但这样研究的风险很大，基于相隔数千年、遥距几万里的相似图案，就将纹饰在他文化中的意义移植于我国早期艺术中，这样的研究有多大说服力，是非常值得深思的。此类材料是否可视为"相关"证据，应该谨慎对待。第二，尽可能以发掘品为主要证据，辅助以传世品或非科学发掘所出的馆藏品。第三，打破材质的樊篱。很多艺术品实为观念的外化，各种材质的器物都是承载观念的载体。因此，研究应按纹饰主题搜集材料，而不是将研究局限于如"青铜器纹饰""玉器纹饰""陶器纹饰"之类的材质枷锁之中。第四，收集材料应按历时性和共时性两条脉络来梳理。历时性材料的梳理解决的是纹饰主题的源流问题，共时性的材料反映了不同区域的互动和影响。将材料安置于这两条脉络中，动态地思考纹饰间的相互关系，可建构坚实的研究基础。

（四）图像的选择问题

不同图录、发掘简报、发掘报告中所刊载同一件器物的图像可能存在角度、类型（照片、线图、拓片）的差异。部分发掘简报出版较早，印刷质量不佳，这时就应该对图像有所选择，用更精确、清晰、更能突出所论内容的图片。部分研究中对图片出处不加审视（仿品混入）、对清晰度不作要求（图像模糊）、对图片背景不加任何处理（背景有原书文字）、对相似器型缺乏甄别（存在张冠李戴的情况），我们在研究中应尽量避免。

以《天神与天地之道——巫觋信仰与传统思想渊源》这部颇具影响力的著作为例[1]，该书基于早期器物、纹饰、古文字、人类学等证据在早期信仰和思想史研究领域提出了一系列新观点，颇有创意。但笔者在研读过程中，发现若干图片的使用存在一定的问题，相对于此书的成就虽瑕不掩瑜，但还是让人略感遗憾。此处洗垢求瘢，只是期望大作再版时可以进一步完善，让此书真正成为"一本精雕细刻之作。"[2] 整体来说，该书图片使用问题可分为以下三个方面：

第一，所用图片与所论器物不符。在以三星堆祭祀坑出土龙虎尊作为例证时，所用拓片来自三星堆龙虎尊无误，但照片用的却是安徽阜南龙虎尊的图片（见图11：1a）[3]。将之与三星堆龙虎尊照片相对比（见图11：1b）[4]，可发现两器虽主题相近，但细节差异还是比较大的。再如书中讨论大禾方鼎鼎耳纹饰时，所用图像并非该鼎鼎耳（见图11：1c）[5]，文章也未标注

---

[1] 参见郭静云《天神与天地之道——巫觋信仰与传统思想渊源》，上海古籍出版社，2016。

[2] 郭静云：《天神与天地之道——巫觋信仰与传统思想渊源》，上海古籍出版社，2016，序，第3页。

[3] 郭静云：《天神与天地之道——巫觋信仰与传统思想渊源》，上海古籍出版社，2016，第252页，图一四七。

[4] 四川三星堆博物馆、三星堆研究院编：《三星堆出文物全记录·青铜器》，天地出版社，2009，第264页。

[5] 郭静云：《天神与天地之道——巫觋信仰与传统思想渊源》，上海古籍出版社，2016，第552页，二八五：2。

出处，但相比于笔者于湖南省博物馆拍摄的实物图（见图 11：1d）[1]，差异较大。

第二，混入仿品图片。在以著名的四羊方尊为例时（见图 11：2a）[2]，所用器物图并非原物图片，而是"中国工艺美术大师"宋定国于 2008 年创作的湘绣《四羊方尊》的照片。虽然较为写实，但毕竟属于艺术创作，与实物差异较大（见图 11：2b）[3]。另外，在"大禾人面方鼎之谜"一节中，使用方鼎的图片也应为仿品（见图 11：2c）[4]，人物的耳、眉、爪均与原器（见图 11：2d、2e）[5] 有差异，而且几字形角下的菱形纹更是后人臆造。针对大禾方鼎的专题研究，却是基于现代工艺品开展的，这不免会对研究基础造成很大影响。另外，书中所用阜南龙虎尊的图片[6]，从圈足十字镂孔、扉棱、以及圈足饕餮纹的牙齿等细节来看，都与真品有差异，也似为仿品。

第三，未使用更好的图片。在引用现藏于泉屋博古馆的神人纹双鸟鼓时，所用图片为一张潦草的线图（见图 11：3a）[7]，大量细节遗失（身旁羽纹、腿侧龙纹、鱼纹、男根、底纹等），对比原物拓片（见图 11：3b）[8]，可发现准确度也存在问题。而这件器物的拓片早在 1961 年的《日本搜储支那古铜精华》[9] 就已刊载，1986 年又由林巳奈夫在其巨著《殷周时代青铜器纹样の研究》中刊登，而且林巳奈夫这本书正在《天神与天地之道》的参考文献中[10]，不知何故不用更清楚的拓片而用模糊线图。另外，使用司母戊鼎耳图像时（见图 11：3c）[11]，也有相近的情况，所用线图不清楚（也未标出处），细节不准确，其实早在 1984 年出版的《商周青铜器纹饰》一书中就发表了清晰的拓片（见图 11：3d）[12]。

---

1 为体现大禾方鼎的鼎耳细节，所用图片为笔者于湖南省博物馆拍摄的鼎耳细节图。

2 四羊方尊现藏于中国国家博物馆，而非书中所言湖南省博物馆。郭静云：《天神与天地之道——巫觋信仰与传统思想渊源》，上海古籍出版社，2016，第 293 页，图一九九。

3 深圳博物馆、中国国家博物馆：《国家宝藏中国国家博物馆典藏精品展图录》，文物出版社，2008，第 57 页。

4 郭静云：《天神与天地之道——巫觋信仰与传统思想渊源》，上海古籍出版社，2016，第 548 页，图二八三。

5 上海博物馆青铜器研究组编：《商周青铜器纹饰》，文物出版社，1984，第 343 页；中国青铜器全集编辑委员会编：《中国青铜器全集》4 商 4，文物出版社，1998，第 24 页。

6 郭静云：《天神与天地之道——巫觋信仰与传统思想渊源》，上海古籍出版社，2016，第 312 页，图二一三。

7 郭静云：《天神与天地之道——巫觋信仰与传统思想渊源》，上海古籍出版社，2016，第 241 页，图一三八。

8 [日] 林巳奈夫：《殷周时代青铜器纹样の研究——殷周青铜器综览二》，吉川弘文馆，1986，图录，第 304 页。

9 [日] 梅原末治：《日本搜储支那古铜精华》(4)，大阪市山中商会，1961，二八二、二八三。

10 郭静云：《天神与天地之道——巫觋信仰与传统思想渊源》，上海古籍出版社，2016，第 894 页。

11 郭静云：《天神与天地之道——巫觋信仰与传统思想渊源》，上海古籍出版社，2016，第 552 页，二八五：1。

12 上海博物馆青铜器研究组编：《商周青铜器纹饰》，文物出版社，1984，第 209 页。

024 考古与文明传承

a. 误将阜南龙虎尊视作三星堆龙虎尊	b. 三星堆出土龙虎尊	c. 非大禾方鼎鼎耳	d. 大禾方鼎鼎耳纹饰

1. 所用图片与所论器物不符

		 c. 大禾方鼎仿品 	
a. 四羊方尊仿品	b. 四羊方尊	d. 大禾方鼎拓片	e. 大禾方鼎

2. 混入仿品图片

	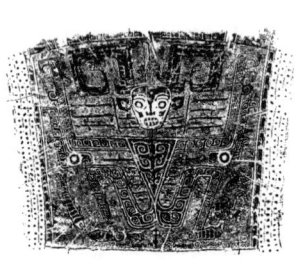		
a. 神人纹双鸟鼓（不准确线图）	b. 神人纹双鸟鼓纹饰拓片	c. 司母戊鼎耳（不准确线图）	d. 司母戊鼎耳拓片

3. 未使用更好的图片

图 11　《天神与天地之道》中的图片问题

上述图片使用中的瑕疵，可能是因为《天神与天地之道》一书的图片使用量巨大（共313幅图，其中不少图中不止一器），个别图片的来源和使用未做到尽善尽美，也可以理解，相信再版时会进一步完善。因此，在进行美术考古研究时，应在广泛收集相关材料的基础上，尽量选择真实、准确、清晰的图像进行研究。

上文从不同类型图像（照片、线图、拓片）的使用问题、图像的来源问题、相关图像的收集问题、图像的选择问题四个方面探讨了在运用图像进行研究时常遇见的问题，并提出了相应的建议。除此之外，图片的版权问题也非常重要，中外期刊对图片版权的要求、获取版权的方式[1]、各个博物馆对馆藏品图片使用规定都不尽相同[2]，需要研究者以期刊、博物馆等版权方要求为准[3]。

像时，应尽可能做到以下几点：观察图像时要结合文字描述，重视比例尺和剖面图对器物尺寸的复原作用，通过器物摆放方式确定纹饰方向，全面认识器物纹饰（尤其是器底、盖内等位置的纹饰），重视残留痕迹对复原器物制作、功能等方面的作用。对于墓葬图像，通过墓葬平面图、剖面图、器物分布图、墓葬发掘图等图像完整认识器物的出土环境，并将其作为"原境"考察器物与器物、器物与墓主人、器物与墓葬之间的关系。另外，对于图像使用过程中的常见问题，如照片、线图、拓片的使用问题，图像的来源问题，相关图像的收集问题，图像的选择问题、版权问题等，也应在图像使用过程中予以重视。

结　语

美术考古学的研究离不开对图像的使用。以早期艺术研究为例，在利用器物图

1　如果所投期刊与所引期刊属同一出版社，一般只需标注图片出处。如果所投期刊与所引期刊属于不同出版社，则要看两个出版商之间是否有允许互引的约定。若有，可通过编辑协助；若无，则需要与版权所有者联系，以获得授权。可登录该期刊网址，找到"Rights & Permissions"或者"ⓒ"的链接按要求获取图片授权。至于是否需要书面授权，以及是否需要提供授权证明等，则要看各期刊要求。

2　目前，美国大都会博物馆、史密森宁学会等45家西方著名博物馆加入了CCO协议，免费向公众开放版权，该协议可理解为："是对自己所拥有的作品的版权和其他权利放弃的一种声明协议，一旦某作品被声明为CCO，则任何人可以以任何方式和任何目的使用该作品。"（张春景等：《关联数据开放应用协议》，《中国图书馆学报》2012年第1期）。可通过 search.creativecommons.org 网站来搜索这些博物馆中适用CCO协议的藏品。

3　流程可参考唐红炬《向博物馆申请使用版权照片的经历》，《中国文物报》2019年6月25日第5版。

汉水文化视野下的陕南三教关系与图像学研究*
——以汉中城固出土的钱树为例

■ 罗 胜（南京大学哲学系，南京大学中华文化研究院）

神树崇拜是一种古老的文化现象，在古代的埃及、希腊、印度和中国都有神树崇拜的传统。随着历史演进，不同的神树文化又相互牵连，形成了一些复杂的文化现象，让学者们在研究课题中多有纠结。中国陕南地理位置独特，各民族文化在此碰撞，造就了汉中地域文化的多元性特色，从汉中城固发掘的钱树造像就能窥见其一二。

图1. 陕西城固汉墓钱树顶部佛像线描图

一 城固钱树与神树崇拜

学界对于钱树器物的研究，起步较晚。国内钱树研究代表性的学者有钟坚、邱登成、王建纬、何志国、江玉祥、罗二虎、周克林等。[1] 目前主要在四川、重庆、贵州等西南地区有一定数量的钱树考古发掘，西北地区也有少量发掘。汉中城固出土的钱树经美术学家何志国考证指出："陕西南部城固和汉中的东汉砖室墓中出土的摇钱树枝和树干上面分别发现佛像以及莲花图案，这是陕西省目前发现的最早的佛像，

---

* 本文为陕西省社科界2020年重大理论与现实问题研究项目"思想史视野下的钱穆关学研究"（2020Z073）的阶级性成果。

1 邱登成：《西南地区汉代摇钱树研究》，巴蜀书社，2011，第43页。

也是我国发现的最早的佛像之一。"[1] 根据何志国、罗二虎等学者的报告,城固钱树造像还包括一只凤鸟图案和一个跪拜伺者形象等(见图1)[2]。在此可以看出城固钱树的文化背景比较复杂,并不一定是受到佛教文化的单一影响。

国外尚没有钱树器物发现,但钱树崇拜作为神树观念崇拜的一个类型,后者的历史在古代埃及、希腊、印度的文物志中都有一定的记载。古代西亚两河流域北部亚述人的圣树就很有特色。亚述圣树(见图2)[3] 不但装饰性强,而且体现了西亚文化发展的复杂性。维也纳美术史学派的大师李格尔曾经将亚述圣树同埃及、美索不达米亚圣树进行比较,认为美索不达米亚和亚述圣树的图饰主要受埃及棕叶饰的影响,包括后来希腊盛行的卷须也是由埃及棕叶饰演化而来。[4] 图3[5] 为李格尔描述受埃及棕叶饰影响的石柱初期变化,图4[6] 为

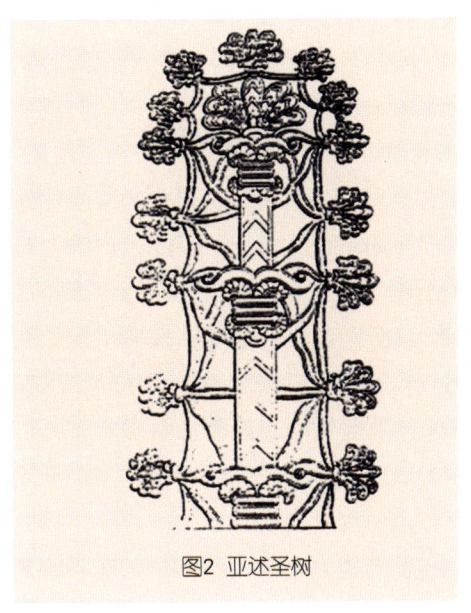

图2 亚述圣树

受埃及棕叶饰影响的塞浦路斯岛棕叶饰石柱头。

李格尔的这种研究观念被西方学者进一步推进,如美国史学家乔治·伍德库克

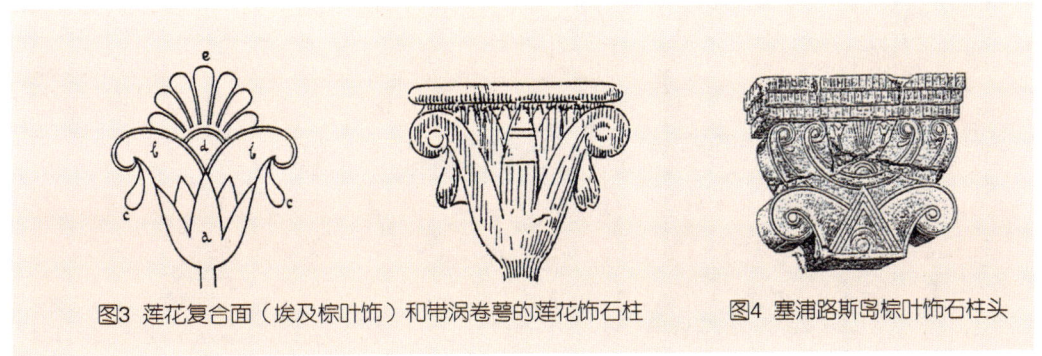

图3 莲花复合面(埃及棕叶饰)和带涡卷莩的莲花饰石柱   图4 塞浦路斯岛棕叶饰石柱头

---

1 何志国:《陕南出土的摇钱树佛教图像》,《中原文物》2008年第5期。
2 罗宏才主编:《艺术模式与样式》,上海大学出版社,2017,第5页
3 [奥]阿洛伊斯·李格尔:《风格问题》,邵宏译,中国美术学院出版社,2016,第99页。
4 [奥]阿洛伊斯·李格尔:《装饰艺术》,邵宏译,中国美术学院出版社,2016,第98页。
5 [奥]阿洛伊斯·李格尔:《风格问题》,邵宏译,中国美术学院出版社,2016,第64页。
6 [奥]阿洛伊斯·李格尔:《风格问题》,邵宏译,中国美术学院出版社,2016,第103页。

认为：印度佛教艺术的演进受希腊艺术的影响。希腊艺术通过与印度本土艺术融合，从而又形成了新的犍陀罗艺术，同时犍陀罗艺术通过佛教向外传播，影响了中国、日本和朝鲜艺术。埃及、亚述的棕叶饰经希腊转化后是否又影响了印度佛教某些母题的造像，在学术上还是一个值得探讨的问题，这类问题也给印度佛教美术中的树神崇拜母题研究带来了困扰。在印度秣菟罗和犍陀罗时期的佛教美术中确实有类似圣树的母题。比如说图5[1]母题为"梵天劝请"的造像现藏拉合尔博物馆，被认为是印度早期的佛教石刻。石刻描写释尊成佛后在菩提树下禅坐的情景。据说释迦牟尼在菩提树下成佛之后不愿说法，大梵天王得知释迦的心思后，顿生惶恐。大梵天王带着众神从天而下，劝请佛祖拯救众生向世人说法，最后释迦牟尼被感动，向世人说法。图6[2]为公元前2世纪佛教造像石刻菩提树礼佛图，出土于巴尔胡特，现藏加尔各答印度博物馆。图像中间是一棵高大的菩提树，相传释尊悟道成佛后只留下高大的菩提树和禅座，此图描写禅座前左右两个头戴礼帽的人双腿跪地，双手合十，正在虔诚礼佛。菩提树旁是两位尊者，一位尊者是摩诃伽叶，另一位尊者为阿难。图7[3]也是公元前2世纪的佛教造像石刻，母题为"龙王礼佛图"，出土于巴尔胡特，此幅石像为不对称构图，描绘释尊成佛化身而去，龙王跪在空无一人的菩提树下释尊的禅座旁，头戴礼帽双手合十，虔敬礼佛的场景。龙王身后的侍男侍女前呼后拥，相随向前欲乞求跪拜，主仆分明，形象生动，禅座上的莲蓬石刻图案清晰可见。

图5 梵天劝请图

图6 礼佛图

图7 龙王礼佛图

1　[日]宫治昭：《犍陀罗美术寻踪》，李萍译，人民美术出版社，2006，第58页。

2　奈良国立博物馆编：《ブツダ釈尊——その生涯と造形》，昭和59年，第46页。

3　[日]后藤茂树：《ニューデリー国立博物馆ほか》，《原色世界の美术》第13卷，株式会社小学馆，昭和45年，第110页。

图8 秣菟罗佛坐像（释尊说法）　　图9 犍陀罗佛像（释尊说法，旅顺博物馆藏）

到底希腊文化中圣树形象是否影响到印度佛教中的菩提树造像，同时又是否通过印度佛教影响东亚，这一问题目前还未得到根本解决，但学界在此相关方面的研究也有一些突破性说法。学者何志国在《汉晋佛像来源路径》一文中指出，由于出土钱树上的人物造像与印度秣菟罗和犍陀罗佛像"结跏趺坐于装饰有狮子的台座上，背后是菩提树"的特征相似，可能来自佛教艺术造像，[1] 同时何志国认为，圣树崇拜以后成为印度教和佛教的传统，从孔雀王朝到巽伽王朝（Sunga）（公元前4世纪—前1世纪）时期的金属铸币上继续流行以树为崇拜对象的图案这一点上就可见一斑。

并且，佛教产生以后，古代印度崇树的传统也被佛教所继承。[2] 图3[3]和图4[4]为该说法列举的印度秣菟罗和犍陀罗时期释尊在菩提树下说法的图像。

古代中国是一个自给自足的农耕国家，人们常对上天寄予厚望，祈望得到上天更多的关照，同时也期盼在黄泉世界得到更多的庇护，使人鬼都能幸福生活。中国人对社树崇拜有着悠久的历史。据赵沛霖先生研究，鸟类兴象的起源与鸟图腾崇拜有关，树木兴象的起源与社树崇拜有关。[5] 从中不难看出，中国人的社树崇拜至少可以追溯到原始文化时期。《墨子·明鬼》中说："且惟昔者虞、夏、商、周三代之圣

1　何志国：《汉晋佛像综合研究》，上海人民出版社，2017，第250页。

2　何志国：《摇钱树佛像的初步研究》，南京师范大学文博系编：《东亚古物》（B卷），文物出版社，2007，第221页。

3　何志国：《摇钱树佛像的初步研究》，南京师范大学文博系编：《东亚古物》（B卷），文物出版社，2007，第220页。

4　何志国：《摇钱树佛像的初步研究》，南京师范大学文博系编：《东亚古物》（B卷），文物出版社，2007，第222页。

5　赵沛霖：《兴的源起》，中国社会科学出版社，1987，第21—23页。

王，其始建国营都日，必择国之正坛，置以为宗庙，必择木之修茂者，立南以为菆位。"[1] 墨子认为，在三代时期，建国祭坛的宗庙都要选修茂之丛木立于宗庙的南方标识社祀。《周礼·大司徒》说："大司徒之职……而辨其邦国都鄙之数，制其畿疆而沟封之，设其社稷之壝而树之田主，各以其野之所宜木，遂以名其社与其野。"[2] 意思是周代设大司徒一职，负责王畿的疆界，国主和邦国的祭坛四周用矮墙隔开，用相关的树木把田主进行区分标识，按其树名其社分其野。《墨子》和《周礼》都强调社树以修茂繁盛为宜。《汉书》卷25《郊祀志上》也曾记载："高祖祷丰、枌榆社。"杨树达在《汉书窥管》引前人注解解释此句："郑氏云：'枌榆，乡名也，社在枌榆。晋灼曰：枌，白榆也，社在丰东北十五里。师古曰：以此树为社神，因立名也。'"[3] 无疑，这里的白榆树也是社树，说明社树的种类不限于一个树种。《路史·余论六》中认为，社树是具有神灵的，其本源来自原始社会的木石崇拜。[4]《太平经》认为，人皆有命树生于天上，依人出生之春夏秋冬季节不同而命树各异。命树在天界的荣枯关系到人的生命兴衰，并由神所主使。[5]

古代先民还把他们心中吉祥的神树带到墓地和墓中，为的是继续祈福。汉代画像石中表现的神树，往往具有通过祭祀实现主人愿望的功能。也就是说，社树和命树除了负有主人长生不老、长生不死的期望外，还寄予了主人祈求社树福佑子孙繁荣昌盛的美好心愿。著名文学家张衡作《冢赋》一文，就描述了人死后的安葬理想是"幽墓既美"，其中谈到"构大梓""树灵木"，建"玄室""立厥堂"，造"广坛"等。《冢赋》所说"乃树灵木，灵木戎戎"，这种灵木是汉代墓旁常见的社树。图10[6]为山东沂南汉画像石微山沟南村石椁侧板送葬图，图里不仅描述送葬的场面，而且还描绘了死者在生前相好的风水宝地前很多高大的林木，类似柏树的树木也很多。在汉代人看来，首先这种树与死者的灵魂和气息相通，具有神秘的法力，祖先可以通过神树来干预子孙们的生活；其次"灵木戎戎"具有护持功能，可以护佑子孙兴旺发达。[7] 从发掘的汉代画像石来看，当

1　周才珠、齐瑞端：《墨子全译》，贵州人民出版社，1995，第276页。

2　杨天宇：《周礼译注》，上海古籍出版社，2004，第145—146页。

3　杨树达：《汉书窥管》，商务印书馆，2015，第138页。

4　赵沛霖：《兴的源起》，中国社会科学出版社，1987，第40—41页。

5　《太平经》中写道："人有命树，生天土各过。其春生三月命树桑，夏生三月命树枣李，秋生三月命梓梗，冬生三月命槐柏。此俗人所属也。皆有主树之吏，命且欲尽，其树半生；命尽枯落，主吏伐树，其人安从得活？欲长不死，易改心志，传其树近天门，名曰长生。神吏主之，皆洁静光泽，自生天之所，护神尊荣。"参见佚名《太平经合校》卷110，中华书局，1960，第578页。

6　[美]巫鸿：《黄泉下的美术》，生活·读书·新知三联书店，2016，第205页。

7　费振刚：《全汉赋》，北京大学出版社，1993，第470页。

时社树的种类繁多,有扶桑、柏树、松树、槐树等表现不同宗教观念的树种。汉代人渴望长生,重视保护尸身不受鬼怪侵害,除了崇拜具有强烈宗教信仰的社树类神木之外,还有一些神力较大的灵木被用来协调个人信仰,期望通过这些灵木实现个人愿望。常见的灵木有"常青树""枣树""木连理"等。常青树亦称不死树,传说能使人长生不死,亦可使死者复活[1];枣树寓意非常丰富,汉人认为食枣有助于升仙。

汉镜铭文中常见有"尚方作镜真大好,上有仙人不知老,渴饮礼(醴)泉饥食枣,飞回名山采芝草"[2] "上大(太)山,见神人。食玉央(英),食澧泉,驾文龙,乘浮云,宜官秩,保子孙,贵富昌,乐未央兮"[3] 这样的字样;木连理又称"连理树""连理枝""连理木",是汉画像石和画像砖里常见的树种,寓意夫妻恩爱以及善男信女爱情永恒,同时汉人认为,连理木是吉祥的征兆、德政和孝悌的瑞应[4]。山东嘉

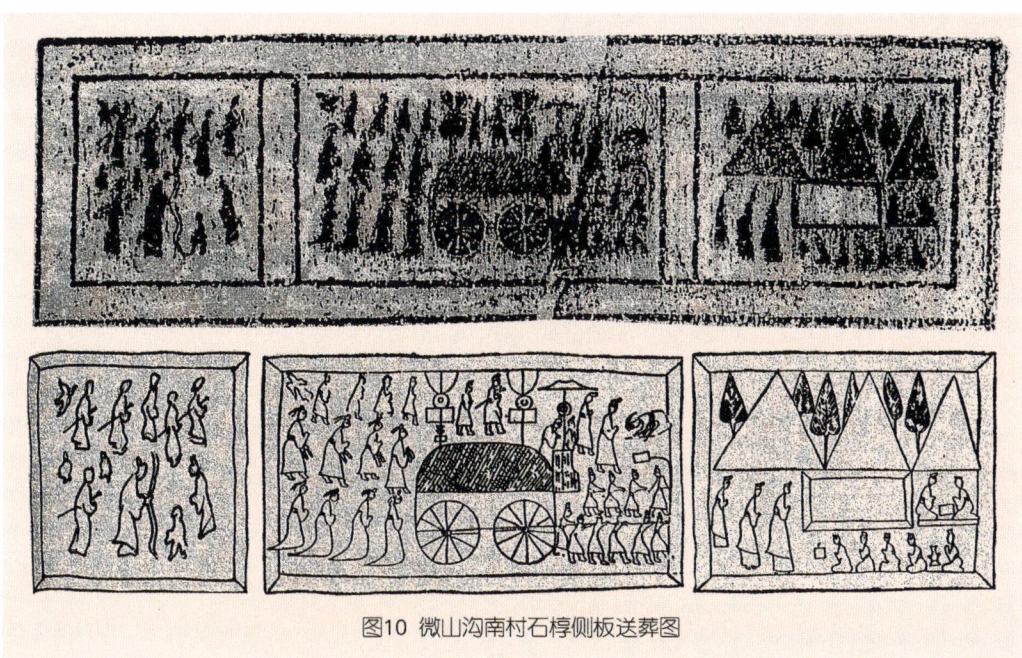

图10 微山沟南村石椁侧板送葬图

---

1 《山海经·大荒南经》中有"有盈民之国,于姓,黍食。又有人方食木叶。有不死之国,阿姓,甘木是食"的记载。参见方韬译注《山海经》,中华书局,2009,第240页。郭璞认为,"甘木即不死树,食之不老。按:不死树在昆仑山上",参见苗中泉校注《山海经》(图绘全像版),万卷出版公司,2018,第310页。当代学者袁珂在《山海经全译》注第38条时进行了考证,"郭璞云:'有员丘山,上有不死树,食之乃寿;亦有赤泉,饮之不老。'按《淮南子·地形篇》有不死民,高诱注云:'不死,不食也。'"与郭说稍有违异。参见袁珂《山海经全译》,北京联合出版公司,2016,第163页。

2 陕西历史博物馆编:《陕西历史博物馆新入藏文物精萃》,三秦出版社,2011,第98页。

3 宋彦泉、宋爱贞:《山东临沂银雀山发现古代铜镜》,《考古》1990年第11期。

4 《宋书》载:"木连理,王者德泽纯洽,八方合为一,则生。"(梁)沈约:《宋书》第三册,中华书局,1974,第853页。

祥武梁祠画像石就有"木连理"榜题："木连理，王者德（洽，八方为一）家，则连理生。"[1] 其实很多汉画像表达的并不是故事的本身，而是期望获得某种超越的力量，从而实现人生愿景。

在现代彝族部落中，树也有着很丰富的象征意蕴。彝族人认为树与祖先相连，刻灵台代祖灵用指定的红心树。在彝族，神树分为家族树、社树等。神树崇拜祭祀类型有四种：一是村社公共神树，以椎栗树为标准神树，彝经记为"伯尺则"，农历正月第一个午日、丑日或二月初二在此进行村祭，名为祭龙；二是家族神树，以麻栗树为准，每年节庆享祭；三是个人神树，诸如摔跤力士、斗牛士均自选棠梨树为神树，摔跤前或节庆时享祭；四是幼婴神树，人丁不旺、子女易得而难养成人的家庭，生婴儿满13天时，为其选神树负子祭拜，子女长大呼其树为父母，名与树联。[2]

通过以上表述，我们可以总结出社树具有如下神异功能：

1. 社树是天人感应信仰与祖先神信仰的合体，人们相信祖先能通过社树显灵，给予后人某些帮助和启示。

2. 社树具有灵性，社树的修茂预示着祖先死后在彼岸的平安以及在彼岸物质生活的充足。

3. 社树是祖先的化身，具有某种神力和生殖机能，社树的繁茂预示着家族子孙繁荣昌盛。

这些具有宗教观念的社树与钱树的功能有一致的地方，不同之处是钱树具有浓厚的仙佛思想，同时还拥有汉代后期儒、道、释融合发展的文化特征。

二 钱树研究现状与汉中城固钱树形象

（一）关于钱树的研究

2012年，周克林在所著《东汉六朝钱树研究》中认为：从考古发现来看，钱树主要出土于四川、重庆、云南、贵州和陕西南部地区，另外在甘肃武威、甘谷，宁夏固原，青海大通、乐都，湖北房县、郧县、秭归也有发现。[3] 同时指出，现挖掘发现钱树有236件，有200件地点明确；钱树座有235件，其中有204件地点明确（见表1）。

---

1 ［美］巫鸿：《武梁祠》，柳扬译，生活·读书·新知三联书店，2015，第259页。

2 师有福：《红河彝族辞典》，云南民族出版社，2002，第202页。

3 周克林：《东汉六朝钱树研究》，巴蜀书社，2012，第183页。

表1			汉代钱树发掘分布情况		
行政区域	钱树体	钱树座	行政区域	钱树体	钱树座
广汉郡区	41件	56件	巴郡区	33件	50件
蜀郡区	37件	36件	南中区	25件	7件
犍为郡	41件	43件	汉中郡区	23件	12件

关于中国各地出土的钱树文化特征，学界目前有以下几种代表性观点。

1. 佛、道交融说

首先，吴焯、阮荣春、李正晓等学者认为钱树造像源出于孙吴时期佛教徒康僧会"设像行道"；其次，赵殿增、袁曙光对忠县以及蜀汉钱树佛像进行了专门研究，认为这一带的钱树造像体现了早期佛教与道教交融后并走向独立发展的过程；最后，罗世平、孙机、温玉成等学者认为，钱树造像多为神仙形象，因此提出了"仙佛模式"说。日本学者曾布川宽和入泽崇则提出"西王母佛说"和"神仙佛陀说"。这几种观点很接近北传佛教史的主张。佛、道交融说和荣新江提出的汉代佛教分两个系统的说法相似，荣新江认为汉代佛像是从宫廷到地方各级官吏盲目崇拜的结果。

2. 民间宗教说与道教主体说

晁华山认为钱树佛像与正传佛教无关，至多算是低层次的鬼神，只有石窟佛像才是真正的佛像。巫鸿认为，钱树佛像为道教造像。许理和受巫鸿早期观点的影响，认为钱树佛像只是"对于佛教要素的广泛借用"，即借鉴了犍陀罗艺术的"图像学特征"，具有"佛教因素"，但"丧失了原有功能"，这种说法接近西南中心说。罗二虎认为钱树是汉代西南文化圈的主要特征之一。罗二虎《论中国西南地区早期佛像》一文对钱树佛像进行了研究，除了指出它与神仙思想关系密切外，还强调佛是作为这一仙境中的一个组成部分而出现，因而带有较强的与死后世界相关的巫术性质。江玉祥指出，钱树分布于西南丝绸之路上，具有民俗特点。

3. 儒、道、释综合形象说

美国学者艾素珊在论文《东汉时期的钱树》中对钱树有较为全面的论述。该文认为，钱树盛行汉代的西王母、神兽、灵芝以及表现吉兆和辟邪等题材，这些表现神仙思想的题材和钱树独特的垂直构图方式，表明它是人们飞升天国的天梯；钱树直观、形象地表现了通往天国的汉代观念，它的主题是追求长生不死和来世幸福。

4. 佛教北传影响说和佛教南传影响说

阮荣春、何志国等学者认为钱树佛像具有中印度秣菟罗佛像风格，具体而言，它融合了印度犍陀罗和秣菟罗艺术风格；其来源印度，是从印度经滇缅道直接传入中国，而非学术界传统上认为的是从西域"丝绸之路"传入；钱树佛像代表中国南方早期佛教艺术，总体上存在着一个从长江上游到长江下游从早到晚、从少到多的传播趋势。吴焯的观点与阮荣春、何志国等人的观点相反，认为钱树佛像具有犍陀罗艺术特征，其来源于西域丝绸之路，从甘青地区传入四川。吴焯这个观点与第一类、第二类认识比较接近。

从西南成都中心说可以大致归纳出钱树造像是以三蜀为中心向外传播的，一方面是在西南地区内传播，另一方面是由西南向区域外传播。那么钱树又是沿着哪些路线传播的呢？周克林研究指出：钱树的传播方向大体以成都地区为中心向东、南、北三个方向发展；其他地区的钱树主要是受成都钱树风格的影响。他们的这种经验来源于西南地区钱树出土分布的图像志研究。[1]

但通过以上的各种说法又造成了巨大的图像流传路线研究差异，有的甚至本末倒置。

首先，"西南中心说"和"南丝绸之路说"两类研究者大多以西南地区发掘钱树器物为考证依据，有一定的现实性，但是两类研究者都把钱树文化与成都地区文化捆绑起来。以汉中地区为中心发展起来五斗米道教文化也被全部转移到了成都，同时把其他地区发掘的钱树都当成成都钱树的文化陪衬，这样的研究结论实在难以使人信服。可以肯定地说这种认识方法是有一定局限性的。其次，"民间宗教说"和"道教主体说"看似论证很充分，但是否接近事实真相也很难说。从当代的汉墓发掘和汉画像石、画像砖的南北文化交流来看，陕南地区和成都地区都是东汉和西汉朝廷的主要行政辖区，在两汉时期以儒家文化为核心的汉文化在关中地区和中原地区通过陕南三地与四川盆地交往密切。硬把汉代陕南地区和成都地区发生的文化现象，完全排除在儒家文化之外也是不恰当的。最后，"佛道交糅说"把钱树放在中国文化的总体背景之下进行考察，是传统文化研究方法之一，有一定的合理性，但区域文化的独特性也不可以被疏忽和大意，文物的区域文化特色也应经得起严密的逻辑考察和分析。

在钱树研究领域，如何能找到一种合理的研究方法，是当前学者应重点观照的问题。如果一直纠结于图像志的分析方式，势必会带来更多的技术分歧。为了缩小这种分歧，钱树的探究在研究方法上应该有所改变。

（二）汉中城固钱树形象

据罗二虎详述，城固县文管所同志介绍，摇钱树出土于县境内一座东汉广公砖室墓中，墓葬情况现已不详。这株摇钱树由树座和树体两大部分组成，树座为釉陶制作，树体为青铜制作。[2] 青铜树体由双范合铸，顶部佛像为分段铸造，然后再相接、插合而成。青铜树体插在陶树座上。佛像头顶上有肉髻，肉髻上的头发依次向上叠

---

[1] 周克林：《东汉六朝钱树研究》，巴蜀书社，2012，第186页。

[2] 参见罗宏才《佛教艺术模式与样式》，上海大学出版社，2017，第7页。

成半同心圆形状，即贵霜秣菟罗（蜗牛壳）式肉髻，其下半部的头发用平行的纵线表现，额际上有白毫相，上唇有两撇略向上翘的髭须，项光为两个同心圆构成，两个同心圆之间有 6 个小圆圈。佛像身着通肩衣，外翻领缘镶饰变形的莲瓣纹，其左手施无畏印，右手握住衣角下裾。佛像的左侧有一人呈胡跪姿向佛揖拜，其头戴"异形高冠"，鼻下有胡髭，着袍，领口部分也有一个用平行纵线构成的装饰，坐佛和揖拜人物都位于一个特大的壁上。关于此形象的身份，罗二虎认为，其与成都附近出土的西王母仙境画像砖上揖拜人物的形象相似。画像砖上的形象清晰，手中持笏，背上插幡，显然是一个道士（在西汉时期称为"方士"），他的作用在于沟通人神，助人升仙。因此城固摇钱树上的这个形象也应属道士类的人物。[1]

目前大部分学者把城固的钱树归类到西南文化圈，把它与秦岭以北的文化区别对待，虽然有一定的合理性，但不得不承认其研究的视角有一定的局限。结合前面的阐述，结合目前汉代画像石分布区域可以看出：首先，汉画像石和汉画像砖在西南地区与钱树发掘的地区相重叠；其次，北方汉画像石和汉画像砖文化对南方经济较发达的汉朝行政管辖区影响较为广泛（在西汉和东汉，成都地区和陕南地区都是汉廷行政区内的发达地区，两区域要比长江中下游的很多地区都要发达）；最后，西南地区汉画像石和汉画像砖的发掘面积和数量都要比钱树大和多，根本不在一个体量层次上，其中谁影响谁也值得探究的。

1. 桑树、钱树和扶桑树

赖永海先生撰文指出："中国先秦思想文化自孔子起出现一重大转折，如果说，孔子之前的思想界所强调的是对于'天''帝'的信仰，那么，自孔子起就开始把视野转向现实世界，把眼光转向人。"[2] 孟子比孔子晚生近二百年，他的老师是子思的门人，说起来，孟子要算孔门的第四代学生了。孟子曾向梁惠王阐述他的理想："五亩之宅，树之以桑，五十者可以衣帛矣。鸡豚狗彘之畜，无失其时，七十者可以食肉矣；百亩之田，勿夺其时，八口之家可以无饥矣。"[3] 这是春秋战国时期作为亚圣的孟子的理想，在他看来如能实现这样的理想已经是很高的标准了，在这个理想中桑树承载着一定的责任。古代统治者对桑织都十分重视，《吕氏春秋》记载："后稷曰：'所以务耕织者，以为本教也'。是故天子亲率诸侯耕帝籍田，大夫士皆有功业。……后妃率九嫔蚕于郊，桑于公田，是以春秋冬夏皆有麻枲丝茧之功，以力妇教也。是故丈夫不织而衣，妇人不耕而食，男女贸功以长生，此圣人之制也。"[4] 吕氏

---

1 参见罗宏才《佛教艺术模式与样式》，上海大学出版社，2017，第 8 页。

2 赖永海：《佛教对中国传统思维模式的影响》，《中国社会科学》1992 年第 1 期。

3 （宋）朱熹：《四书集注》，凤凰出版社，2016，第 204 页。

4 张双棣等译注：《吕氏春秋》，中华书局，2007，第 281 页。

认为重视桑织是圣人的教导,历代帝王必须谨记。在我同古代丝绸和黄金等价,常常充当货币流通。在历史上丝绸总和桑蚕劳动联系到一起,桑蚕种植是古代桑农和小地主阶级发家致富的门道,织丝成绸通过货币交换使其钱财滚滚而来,所以桑树在古眼里成了摇钱树的代名词。

桑树在古人眼里还是圣洁无比的神树,我国古代桑蚕业发达,桑树品种繁多,有鲁桑、地桑、白桑、鸡桑、湖桑、荆桑、黄桑、青桑、火桑、拳桑等。[1] 曾有学者考证完整的桑树图画最早见于河南辉县琉璃阁战国墓出土的铜壶盖上,盖上有圈采桑纹[2],属地桑树的一种(见图11)[3]。故宫博物院收藏的一件战国铜钫上刻画有采桑、狩猎的情景,[4] 树冠略高于人,可能是经过剪枝的高干桑(见图12)[5]。故宫博物院收藏的一件战国铜壶,壶颈部有采桑图

图11 辉县战国墓铜壶盖上的采桑图　　图12 战国铜钫上的采桑图

图13 故宫博物院藏战国铜壶上的采桑图　　图14 成都百花潭战国墓出土铜壶上的采桑图

1　刘兴林:《历史与考古——农史研究新视野》,生活·读书·新知三联书店,2013,第295页。
2　张芳、王思明:《中国农业科技史》,中国农业科技出版社,2001,第76页。
3　刘兴林:《历史与考古——农史研究新视野》,生活·读书·新知三联书店,2013,第297页。
4　徐中舒:《古代狩猎图象考图》,闵宗殿等主编:《中国古代农业科技史图说》,农业出版社,1989,第170页。
5　刘兴林:《历史与考古——农史研究新视野》,生活·读书·新知三联书店,2013,第298页。

（见图13）[1]，图中有两株桑树，树冠展开；妇人攀爬到高大的树冠采摘桑叶，右边树上两个女子对坐合作采桑，树上悬一筐，树下一人提筐准备接送桑筐，表现了当时高干桑的常见采桑法。这种形象与四川成都百花潭战国墓出土铜壶的采桑图非常相似（见图14）[2]。不过百花潭这幅画场面更为宏大，不但树上有人，而且树下还有一大群人载歌载舞，庆祝采桑活动，规模气氛不亚于一般祭祀场面。

另外山东嘉祥武梁祠画像石中亦一棵高大的桑树，树冠上承坐二三人不成问题，有一匹马拴在树下，有一个小人站在马车顶上抓大鸟，还有一个人站在更高的地方用箭射桑树丛中的大鸟，大鸟惊慌失措飞走了，桑树略与二层楼顶等高，树枝相互连接（见图15）[3]。

从这里看汉代的桑树非常高大，坐在上面劳动是没有问题的。《汉书·外戚传》记载："广国去时虽少，识其县名及姓，又尝与其姊采桑，堕，用为符信，上书自陈。皇后言帝，召见问之，具言其故，果是。"[4] 写窦广国幼时与姊采桑，一次不小心，竟从桑树上掉下了来。窦广国爬到树上采桑，说明这种桑树很高大。汉墓画像石的桑树形象是汉人现实生活的写照，也是汉人发家致富的象征。古人以为人死之后会继续生活，很多财富也可以通过巫术手段转运到灵魂所在的世界。他们把现实生活中依赖的土地和房产都通过图画

图15 山东嘉祥武梁祠画像石中的桑树

1　刘兴林：《历史与考古农史研究新视野》，生活·读书·新知三联书店，2013，第298页。
2　何颐康：《从战国采桑图看四川养蚕及丝织业的历史》，《四川文物》1991年第1期。
3　［美］巫鸿：《礼仪中的美术》，生活·读书·新知三联书店，2016，第172页。
4　（汉）班固：《汉书》（下），岳麓书社，2009，第1138页。

的方式转移到墓室,墓主人借此以求获得更美满的生活。

巫鸿的研究论证了汉人的以上想法:在汉代以前,死后世界的最高的理想形式归根到底是死前生活的镜像,贵族的墓葬通常包含了舒适生活所必需的美食、美酒和各种奢侈品,这一身后的幸福家园进而由镇墓者加以守护,首先是殉葬的士兵,而后是雕刻和图绘的地下神祇。[1] 公元2世纪的汉代,汉人死后的家园被设想富裕的家居或大型庄园以及官员豪华的官邸。汉人对死后幸福家园的设计,常常以现实生活为蓝本作为墓葬壁画创作的母题。图16[2]为公元1世纪山西平陆东汉墓壁画:死者把自己生前喜欢的田园和山川图绘于墓室,壁画中的小山和临近地区都有可农耕和畜牧的环境。有学者研究认为"这幅壁画确保了死者在死后世界里拥有一片广袤的田地"[3]。图17[4]为公元2世纪河南密县打虎亭汉墓壁画,描绘了一个大型的宴乐场景,男性宾客和墓主人在宴会上观看杂技表演,场面非常奢华。

结合前文,从汉人采桑生活和墓葬思想,我们可以作如下推断:钱树的形象很可能随着扶桑树崇拜南移,到陕南和四川一些地方,在举行祭祀活动时把桑树(桑树在汉代南方的种植已经逐渐超过北方,特别是在汉文化普及的南方地区发展很快)

图16 山西平陆东汉墓壁画　　图17 河南密县打虎亭汉墓壁画(2世纪)

1　[美]巫鸿:《黄泉下的美术——宏观中国古代墓葬》,生活·读书·新知三联书店,2016,第54页。

2　[美]巫鸿:《黄泉下的美术——宏观中国古代墓葬》,生活·读书·新知三联书店,2016,第40页。

3　[美]巫鸿:《黄泉下的美术——宏观中国古代墓葬》生活·读书·新知三联书店,2016,第39页。

4　[美]巫鸿:《黄泉下的美术——宏观中国古代墓葬》,生活·读书·新知三联书店,2016,第41页。

与扶桑树和社树结合起来举行祭祀（因为桑树是家庭主要的经济来源，是发家致富之本）是有可能的，最后形成儒、释、道三教合一的祭祀崇拜形象。

以上的说法并不是没有历史线索可依的，朱存明在《汉画像之美：汉画像与中国传统审美观念研究》一书中指出"《淮南子》说：'日出汤合，浴乎咸池，拂于扶桑，是谓晨明；登于扶桑，始爰将行，是谓月出明。扶桑是太阳所从出和太阳神鸟（三足乌）所栖息的神树。'"[1]说明了中国古代神话传说中，有宇宙树的模式，这就是扶桑树与太阳树的神话。马王堆1号汉墓的T形帛画的右上方有"九阳"在藤状若木中飞动的描绘。在汉画像中，日中有鸟、扶桑树以及扶桑树上有群鸟飞翔的图像是极典型的。而石椁画像中的独树、独鸟可能是这种图像的简约形式。汉代扶桑树是灵木和神树崇拜的典型。里面包含太阳树，太阳鸟形象是东方神树的象征元素。图18[2]、图19[3]、图20[4]、图21[5]是现代考古发掘的扶桑树和太阳鸟图案，我们把它们和马王堆的日出扶桑图与汉中城固的钱树做比较，会发现有很多传承因素。其中尤其是以图18、图20的扶桑树和凤鸟与城固钱树的特征最为相似。可以推断随汉末佛教的逐渐兴盛，佛像和圣树形象也可能被综合进来。汉王室在各诸侯国和郡县都修筑家祠，并要求诸侯国子孙和地方官员定期祭祀。以扶桑树、太阳鸟为图式的社树崇拜也可能被推广到汉廷统治的各个郡县，以至当地的大户人家也跟风崇拜。汉文化衰落后，地方宗教兴盛起来，地方宗教可能把地方上具有巫术色彩的灵木与朝廷崇拜的图腾和佛教中的圣树形象撮合到一起来传达神意，形成多神崇拜的宗教特征。

2. 人物造像与汉墓室画像文化

汉代中后期，由于经学的衰落，代之而起的是儒、释、道三教争胜。佛教在卅始阶段为了适应中土的文化信仰，逐渐融入道教的神仙方术和儒家义理。当时人们常常把释迦牟尼、黄帝、老子、孔子并列，出现了一种三教合一的偶像崇拜特征。这种形象的典型就是汉末流行的西王母像和东王公像。巫鸿在《礼仪中的美术》一书中指出："佛像与西王母和东王公像之间不但对应，而且可以互相置换。一些互换的例子表明，在公元二三世纪时，佛不仅在道教神圣和儒家贤哲当中占有一席之位，而且也还与一些地方性信仰合而为一。"[6]

---

1 朱存明：《汉画像之美：汉画像与中国传统审美观念研究》，商务印书馆，2017，第241页。

2 白剑：《释读金沙——重建巴蜀先秦史》，西南交通大学出版社，2015，第212页。

3 湖南省文物事业管理局编：《考古耕耘录：湖南中青年考古学者论文选集》，岳麓书社，1999，第306页。

4 张庆、方敏：《楚国丝绸中"扶桑凤鸟纹"造型的象征意义》，《丝绸》2012年第7期。

5 张庆、方敏：《楚国丝绸中"扶桑凤鸟纹"造型的象征意义》，《丝绸》2012年第7期。

6 [美]巫鸿：《礼仪中的美术》，生活·读书·新知三联书店，2016，第297页。

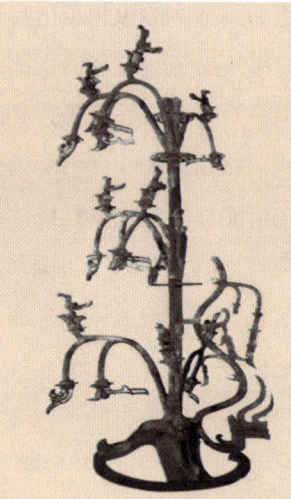

图18 三星堆出土的青铜扶桑树

图19 长沙马王堆的日出扶桑图（局部）

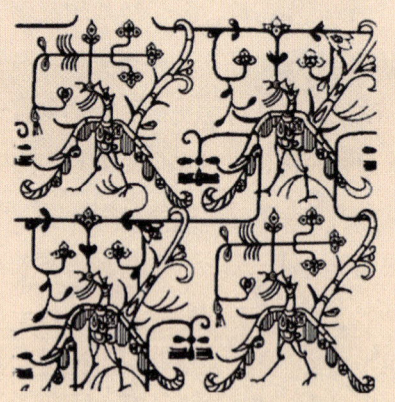

图20 马山一号墓扶桑凤鸟纹

图21 曾侯乙墓中的扶桑树

在山东 2 世纪的沂南汉墓画像石中（见图22）[1]，墓葬后室有东王公、西王母和两尊带项光石像：东王公头戴平顶冠，西王母着精致的花冠，双手均插于宽大的袍袖之中，怀中皆拥一扁平状法器，端坐在昆仑山上，头上方张悬着华盖。另外有两尊带有项光的立像与东王公、西王母相对应位置，身着窄袖上衣，下穿带流苏的短裙，一尊立于神龙之上，另一尊立站在一株灵芝上。头顶光圈是佛教特征，神龙、灵芝又是道教的形象，显然是一种混合特征。该柱南面的坐像背部生有一对羽翼，如同东王公和西王母，并为一个羽人所托举，但其右手明显上举作施无畏印状，左手有执衣袍的手势。头顶上的一个突起物表示

---

[1] ［美］巫鸿：《武梁祠》，柳扬、岑河译，生活·读书·新知三联书店，2015，第137页。

图22 山东沂南汉墓画像石中的造像（2世纪）

肉髻，但是上面又有一小冠或丝带。这里的东王公坐像和四川麻濠墓中的佛像右手施无畏印、左手执衣袍角的形态极为类似，同时还与四川彭山汉墓的泥质摇钱树座上佛像造像类似（见图23、表2）[1]；其次沂南汉墓画像石中的有翼坐像还与城固钱树的人物造像也具有相同的特征，同时沂南汉墓造像中的伞盖与城固钱树的伞盖也相似；最后，也可以看出沂南汉墓的造像也与城固钱树人物造像更为接近。

除以上的近似比较之外，城固钱树的造像特征与南阳出土的汉画像石《逆行成仙》中的东王公形象亦有相似之处（见图24）[2]；甚至其手的动态与公元前1世纪末满城汉墓中的俳优形象亦十分近似（见图25）[3]。所以到现在很难说汉中钱树的这只手是受南传佛教的影响，或说其未受北方汉墓室壁画造像的影响。

通过对以上列举这些造像与城固钱树上的人物造像进行比较会发现，它们都有近似的造像特征。换句话说，以上图像大部分具有儒、释、道相互交融的痕迹。所以，很难确定城固钱树上的人物造像是佛教形象。同时，从汉末陕南的时代背景来看，也应是三教融合的造像特征多于佛教造像的单一特征的影响。所以它既与东王公造像有相似的地方，又与佛祖在菩提树下成佛的造像特征相似的地方。

图23 四川彭山汉墓出土的泥质摇钱树座

表2		图像比较	
山东沂南汉墓画像石中的有翼坐像	四川彭山汉墓出土的泥质摇钱树座	城固钱树伞盖与人物造像	山东沂南汉墓画像石（局部）

---

1 ［美］巫鸿：《礼仪中的美术》，生活·读书·新知三联书店，2016，第297页。
2 中国美术分类全集领导工作委员会编：《中国画像石全集》第6集，河南美术出版社，2000，第102—103页。
3 王朝闻、邓福星总主编：《中国美术史》第3卷，北京师范大学出版社，2011，第143页。

图24 汉画像石"逆行成仙"

图25 满城汉墓的俳优形象

三 从钱树形象看陕南汉中的区域文化特色

陕南位居汉水的中上游，是汉水文化的核心区域。该区域以汉中盆地、南阳盆地和襄阳盆地等广义的秦巴地域为认可空间。陕南文化的外围还包括内陆腹地的甘、陕、鄂、豫、川、渝交界的广大地区。正因为地理位置独特，所以陕南在民俗传统、经济体系、宗教信仰、文学艺术、社会组

陕南儒学的第一个高峰出现在东汉，其后或因长期战乱，或因世家大族的衰落而衰落。南北朝时安康人何妥也曾撰《周易讲疏》十三卷、《孝经议疏》三卷，受到周武帝器重，授太学博士。西汉成帝时期"齐地的方士甘忠可将道家学说与儒家谶纬结合起来编造了《天官历》《包元太平经》十二卷，……巴蜀地区，张道陵、张衡、张鲁祖孙三代创立了'天师道'：受其道者辄出米五斗，故谓之'米贼'。陵传子衡，衡传于鲁，鲁遵自号'师君'。其来学者，初名为'鬼卒'，后号'祭酒'"[1]。三国两晋时，陕南先为蜀汉军事前沿，后为南北双方争锋之地，常受双方交替控制，战乱频仍，儒学不振。在魏晋时，南北文化开始对立，其中玄学和经学合流，由中原沿陕南三地转战荆襄进入江左。另一部分中原文化则沿陕南三地向西南转向与南传佛教和五斗米道教杂会，进入巴蜀地区。同时在汉中地区发展起来的五斗米道教又随曹操北上，其后形成天师道，再转折南下龙虎山发展成道教的大宗南天师道。

西晋末年，著名汉僧帛法祚曾到汉中（当时称梁州）传教。帛法祚出身于儒学世家，其父万威达是河南北部隐居的名儒，其兄是名震朝野的著名僧人帛远，僧俗弟子近千人。帛法祚为《放光般若经》作注，还撰写了迄今为止发现的首篇中国人写的佛教论文《显宗论》。张辅因看中了帛远的才能，想勒令他还俗为自己效命，遭到帛远拒绝后将其杀害。据出土文物记载，汉中城西5公里处（南郑县龙岗寺）遗迹中出土有南北朝时期佛僧用物。根据杜小安、聂亮《陕南佛教的发展及其特征》一文论证："南郑县中梁山旁有一座龙岗寺，建于南朝刘宋时期，宋废帝永光年间（465）这里的香火十分旺盛。"[2] 又据《高僧传》记载，佛图澄曾在洛郡（今商南县）传教，并在商南县三潭相连的花子潭传扬佛法。受佛图澄影响，陕南东部也建起了许多佛寺，如商南县的沐河寺等。

《汉书·地理志》云："楚有江汉川泽山林之饶……饮食还给，不忧冻饿，亦无千金之家。信巫鬼、重淫祀。而汉中淫佚枝柱，与巴蜀同俗。"这证明，汉中与巴、蜀同信巫鬼、重淫祀，说明汉中与巴、蜀有共同的文化认同传统。根据现有的研究，巴蜀文化和巴楚文化以及关中文化都曾在陕南接力周转。可以推论，汉以后儒、道、释三教在中原地区已经开始流行，来到汉中这个地方与当地的原始巫术和民间宗教糅合到一起，形成一个文化周转箱，再分散流通到各个地方。李泽厚、刘纲纪的《中国美学史》第一卷中说："汉代文化在发展上的一个很值得注意的情况，那就是南方楚文化的传入北国。……给北方文化注入了还保存在楚文化中的那种和原始巫

---

[1] 张立文：《中国学术通史》，人民出版社，2004，第264页。

[2] 杜小安、聂亮：《陕南佛教的发展及其特征》，《汉中师范学院学报》（社会科学版）2001年第1期。

术、神话相联系的热烈的浪漫精神。"[1] 按李泽厚、刘纲纪的逻辑,陕南地区也是楚文化中原始巫术、神话向北国输送的重要通道,很多历史证明这一推理的合理性。魏晋南北朝时期,五斗米教从汉中流传到北方,后面又从荆楚转移到江左则是一个很好的见证。

根据当代美术考古学者发现,在2世纪四川宝子山石棺上画像上有后羿射日形象和《诗经》中牛郎织女的形象出现。在芦山王晖石棺前挡画像上已有类似山东苍山墓前室,送葬环节的类似表现,比如灵魂接引的侍奉形象就极其相似,见图26[2]、图28[3]。

通过图27和图28中两组人物形象的比较,可以看出在2世纪四川成都一带的丧葬系统,受到北方儒家丧葬礼仪的影响也是非常大的。

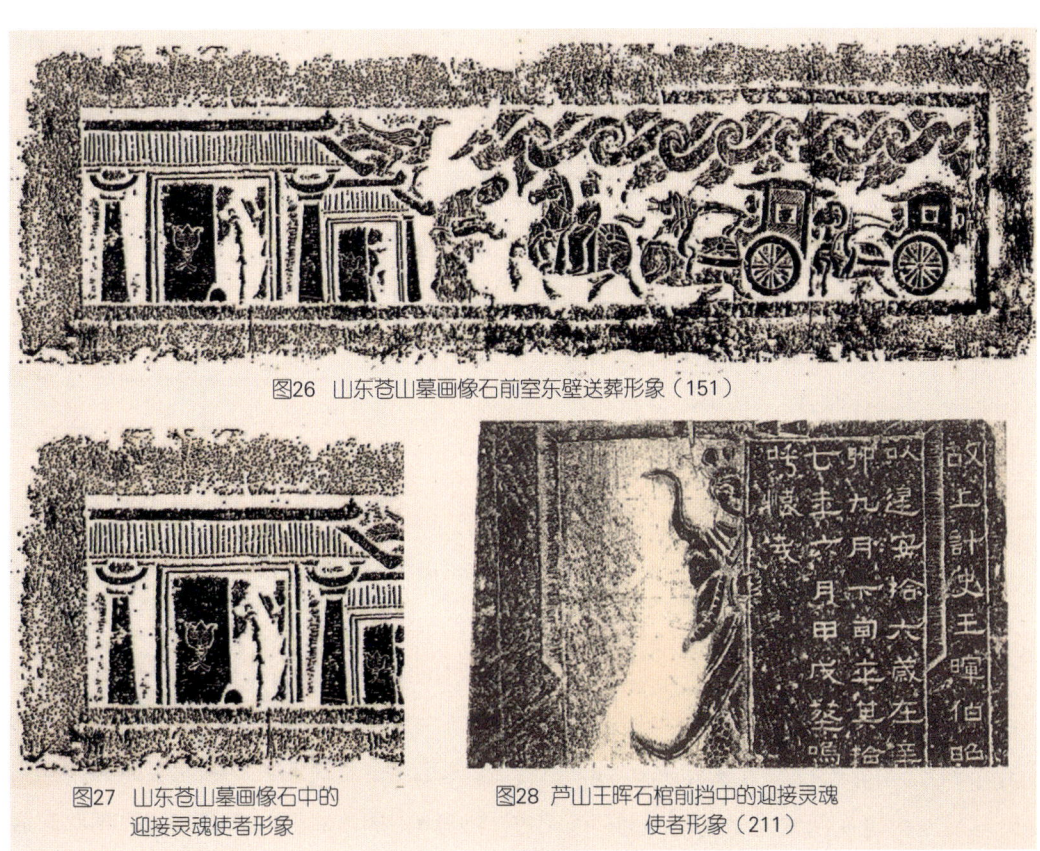

图26 山东苍山墓画像石前室东壁送葬形象(151)

图27 山东苍山墓画像石中的迎接灵魂使者形象

图28 芦山王晖石棺前挡中的迎接灵魂使者形象(211)

---

1 李泽厚、刘纲纪:《中国美学史·先秦两汉编》,安徽文艺出版社,1999,第420页。
2 [美]巫鸿:《礼仪中的美术》,生活·读书·新知三联书店,2016,第172页。
3 [美]巫鸿:《礼仪中的美术》,生活·读书·新知三联书店,2016,第174页。

汉代的儒学中心在长安和洛阳，儒家文化以长安、洛阳为据点向巴蜀传播，主要路径还是由长安、洛阳经汉中盆地、南阳盆地、襄阳盆地和江汉平原等区域传入。由于与陕南地域文化相似，"捎带"一些本地的巫术文化和地方宗教因素传入蜀地也是有可能的。同时也是当地士族阶层乐于接受的，如汉末后期发展的五斗米教的南传和东传就是一个典型案例。现在还有一些学者认为，陕南钱树与同时期在中原和四川地区流行的画像砖、画像石以及汉墓室画像之间，在图像内容、表现技法、象征意义诸方面，虽然存在着一定的差异，但也明显存在着较大的共性，这说明它们应当是同一文化的遗物，是同一个民族的文化产物。汉代墓室画像首先在中原地区发展起来，并从西汉晚期开始逐渐向我国的其他地区发展。也就是说在东汉陕南和四川的汉代墓室壁画造像系统，也多受到汉画像石和画像砖的影响。

结　语

本文以城固钱树研究为切入点，推断钱树造像与三教的关系。首先，试图把钱树放在中国文化的总体背景之下加以分析，排除当前钱树研究视域的局限。其次，再把钱树放在基于汉水文化视野下的陕南三教关系下考察。分析城固发掘的钱树并非是纯粹的佛教造像，而是汉末儒、释、道三教合一的产物。它是传统扶桑树、太阳鸟与桑树和五斗米教以及巫术造像的多元结合，同时又可能把佛教造像因素糅合进来，形成多神崇拜的特征。最后，钱树的形成不但跟道教关联，而且还和汉中盆地与四川盆地的蚕桑种植和手工业发展相关联。这一形象也与中国人早期的社树崇拜、扶桑树崇拜和灵木崇拜相关。《吕氏春秋·顺民》："汤克夏，大旱七年，洛川竭。汤乃以身祷于桑林，剪其爪发，自以为牺牲，祈福于上帝。于是大雨即至，洽于四海。"[1]《吕氏春秋》所说的桑林即是社树。春秋战国时期，蚕桑的种植主要在以齐鲁为中心沿黄河流域的北方地区，两汉时期其重心快速南移，桑树种植区的拓展速度南方逐渐赶超北方。当时汉中盆地、南阳盆地和襄阳盆地以及四川盆地都是著名的桑蚕之乡，现在在陕南还保留着许多桑蚕种植的传统工艺；桑树在汉中曾经长期作为一种古老的经济作物保留至今，现在仍然有一定的栽种面积。因此桑树、扶桑树与社树形象合而为一，成为民间宗教崇拜新神树形象是可能的。同时汉中和西南地区的钱树形象也有可能是汉代桑树和灵木崇拜的结合，同时在三教合一的背景下杂糅进佛教和道教的观念，形成三教合一的形象也是有可能的。目前此方面的研究主要是基于图像志的研究视角，尚有很多值得商榷的地方。本文尝试用图像学的研究方法来研究钱树，尚有许多地方没有展开和深入。论文主要是想起到抛砖引玉的作用，期望能为钱树研究提供一种新的思路。

---

[1]（战国）吕不韦：《吕氏春秋》，万卷出版公司，2017，第87页。

四川通江古佛洞一贯道石窟的考古调查与图像研究[*]

■ 罗洪彬（四川大学考古文博学院）

刘志强（四川大学考古文博学院）

邓天平（通江县文物局）

2019年7月，笔者及所在的考古团队对四川省通江县境内现存的唐宋摩崖造像进行了拉网式考古调查和记录。在云昙乡开展考古调查期间，意外地发现一处与一贯道关系密切的清代石窟。此类石窟，在国内还是第一次发现，具有重要的学术价值。兹将此次考古调查及我们的初步研究报告如下。不妥之处，敬请批评指正。

一 古佛洞石窟概况

古佛洞石窟位于四川省通江县云昙乡东南约700米的云昙洞西侧（见图1），2012年被公布为四川省第八批省级文保单位。该石窟开凿于一东西向的红砂岩崖壁上，东距云昙洞约20米，崖壁布满青苔，浸水严重。窟外及云昙洞外均建有现代保护性木构建筑（见图2），周围林木环绕，植被茂密。

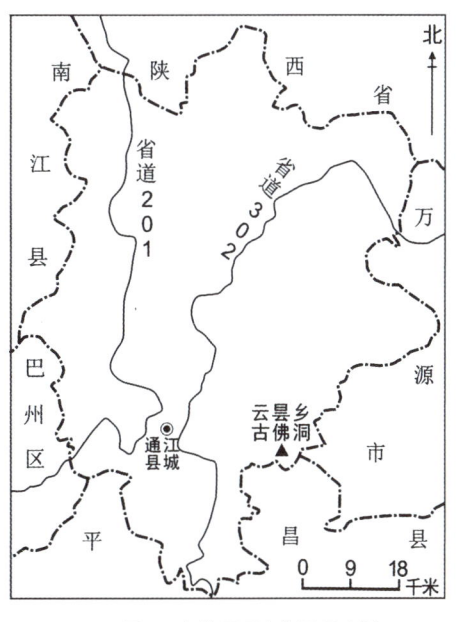

图1 古佛洞石窟位置示意图

---

[*] 本成果得到国家社科基金重大项目"西南唐宋石窟寺遗存的调查与综合研究"（项目编号：13ZD&101）资助。

图 2　古佛洞石窟外景（南—北）

石窟为人工开凿的单层长方形窟，高 450 厘米、宽 445 厘米、深 420 厘米（见图 3、图 4），编号 K1。窟内三壁及窟口左、右共分布 12 个小龛。[1] 正壁从上至下依次编为 K1-1、K1-2、K1-3（见图 5）；左壁从上至下依次编为 K1-4、K1-5、K1-6（见图 8）；右壁从上至下依次编为 K1-7、K1-8、K1-9（见图 9）。K1-1 至 K1-9 皆为单层长方形龛，平面呈长方形。左壁近窟口处中上部有一小龛，编为 K1-10；K1-6 左侧有一小龛，打破 K1-6 左壁，编为 K1-11；右壁近窟口处中上部有一小龛，编为 K1-12。窟内现存摩崖造像 96 身，通高 41—75 厘米，整体保存较好，局部残损，残存妆彩，另有摩崖碑刻 2 通（编号：古 B1、古 B2，见图 6、图 7）。窟内造像于 20 世纪 80 年代妆彩，部分造像左侧有阴刻身份榜题，榜题内曾填墨，少数残存墨迹。

1　本文所述左、右等方向，皆以窟龛或造像本身（而非观者）所处方向为基准。

四川通江古佛洞一贯道石窟的考古调查与图像研究　049

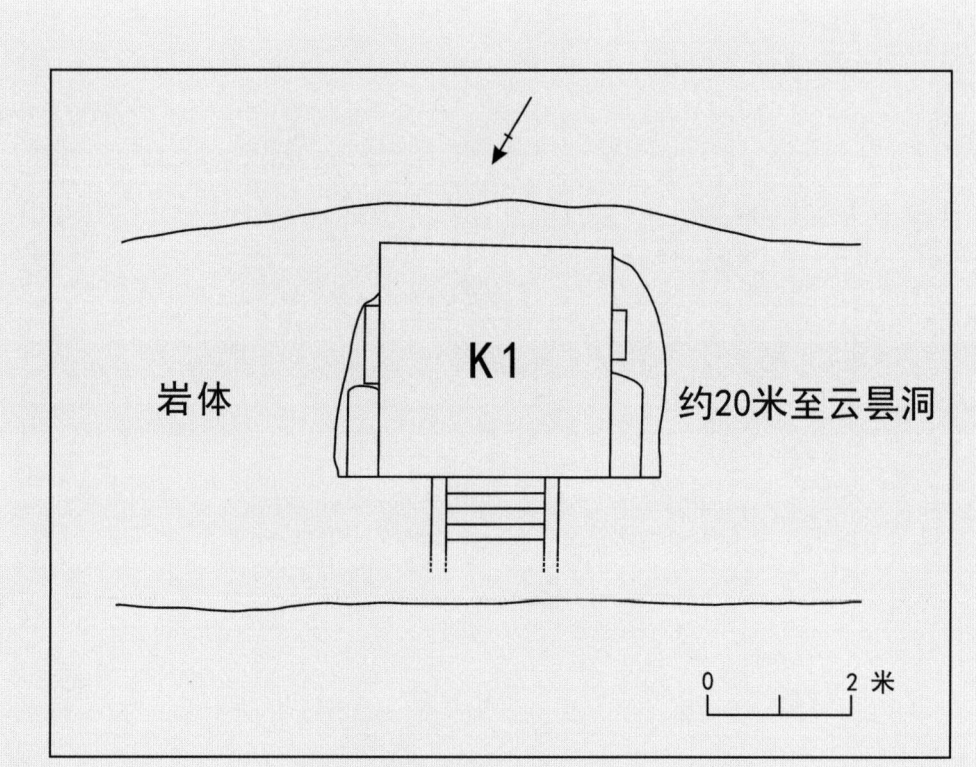

图3　古佛洞石窟立面示意图

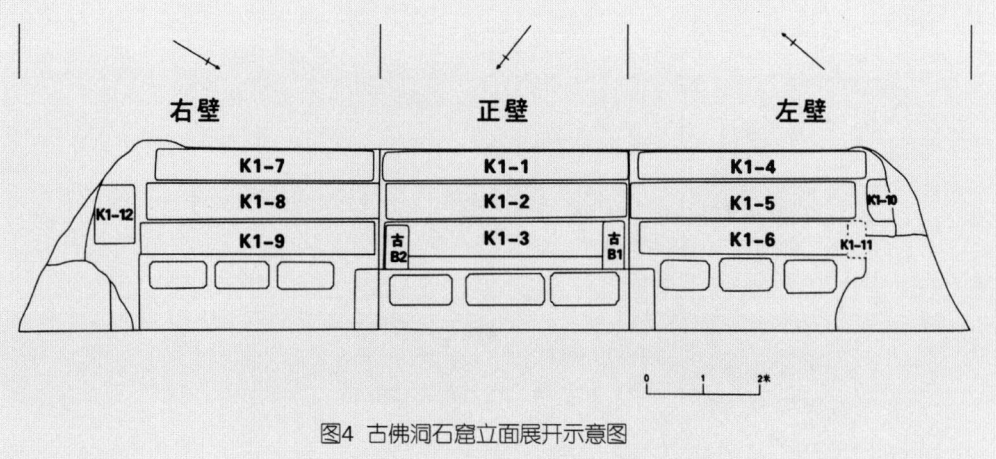

图4　古佛洞石窟立面展开示意图

二 造像形象特征

(一) K1-1

K1-1位于石窟正壁上部，K1-2上、K1-4右、K1-7左。龛宽445厘米、高55厘米、深7厘米，龛向215度。龛内造像共11身，皆双耳较大，左起第2至第10身像均倚坐于同一长方形台座上。除第7身"无极"造像外，其余造像胸部或腹部均有一圆孔。造像左侧均有阴刻榜题，楷体（见表1）。

表1			K1-1造像形象特征一览			
编号	姿势	体态	头部	着装	持物	榜题
1	跏趺坐	双手合十，脚掌外翻	螺发	着双领下垂式袈裟，肩披巾		十方诸佛
2	倚坐	左手托物，右手抚膝	束高髻	着广袖长袍，肩披巾，腰束带，足着翘头鞋	莲叶状物	紫薇
3		左手握腰带，右手抚膝	戴高冠，冠前有一圆形饰，面相老态，前额及眼角有皱纹，双眼圆瞪，扎髯			元始
4		左手托物，右手抚膝	束高髻，鬓角翘起，面相老态，前额及眼角有皱纹，双眼圆瞪，扎髯		瓶状物，上有三个凸圆形饰物	鸿钧
5		左手抚膝，右手托物	束髻，戴多边形高冠，冠前有五个圆形饰，面部饱满	内着高领衣，外着广袖长袍，肩披巾，胸前束带，下着裙，足着翘头鞋	如意状物	瑶池
6		双手捧一璧状物于腹前，左手在上，右手在下	头顶发辫梳成三股，鬓角翘起，皱眉，眼角有皱纹，怒目圆瞪	上着铠甲，下着战裙，跣足	璧状物，发出两道云气，中有圆形饰	盘古
7		双手捧一圆形物于腹前，左手在上，右手在下	头顶发辫梳成三股，鬓角翘起，皱眉，双眼圆瞪，尖嘴	肩覆荷叶形披肩，上身赤裸，下着战裙，裙腰外翻，衣角呈"V"形，跣足	圆形物，上饰两仪图	无极

续表

编号	姿势	体态	头部	着装	持物	榜题
8		左手抚膝，右手托麈尾	束高髻，面相老态，扎髯	内着齐胸衣，外着双领下垂式广袖长袍，于腹前扣结，上有一圆形饰。肩披巾，衣摆下垂及地，足着翘头鞋	麈尾	老君
9	倚坐	左手托物，右手置膝上	束高髻，三绺胡须垂于胸前	着双领下垂式广袖长袍，于腹前扣结，上有一圆形饰。肩披巾，腰束带，衣摆下垂及地，足着翘头鞋	如意状物	通天
10		左手抚膝，右手抚须	束髻，发上覆一巾，扎髯	着双领下垂式广袖长袍，肩披巾，腰束带，腰带前有一圆形饰，下挽蝴蝶结。下身似着蔽膝，足着圆头鞋		苍颉
11	跏趺坐	左手掌心向上置于左膝上，右手竖掌于身前	戴僧冠	着双领下垂式袈裟，袈裟下摆覆于身前		万寿

（二）K1-2

K1-2 位于窟内正壁中部，K1-1 下、K1-5 右、K1-7 左。龛宽 430 厘米、高 60 厘米、深 11 厘米，龛向 215 度。龛内造像共 11 身，皆双耳较大，胸部或腹部有一圆孔。除首尾二身外，中间九身造像左侧均有阴刻榜题，楷体。左起第 1、3—5、7—9 身像皆结跏趺坐于荷叶形座或莲座上，第 2、6、10 身像皆倚坐于方形台座上，第 11 身像盘坐于虎身上（见表 2）。

表2　K1-2造像形象特征一览

编号	姿势	体态	头部	着装	持物	榜题
1	跏趺坐	双手合十，脚掌外翻	螺发，额顶肉髻明显	着双领下垂式袈裟		
2	倚坐	双手捧圆形物	戴冠，两绺胡须	着双领下垂式广袖长袍，下着裙，腰带下垂及地，足着翘头鞋	圆形物，外饰火焰纹，下垫圆巾	太阳
3		左臂上举，右手抚膝，脚掌外翻		着双领下垂式袈裟，内着齐胸衣		准提
4	跏趺坐	左手竖掌，右手置于腹前，脚掌外翻	螺发，额顶肉髻明显	着双领下垂式袈裟，肩披巾		牟尼
5		双手为补塑				如来
6	倚坐	左手托物，右手抚膝	发辫梳成两股，垂于脑后，鬓角微翘，双耳较大，扎髻	肩部覆荷叶形披肩，上着荷叶衣，下着荷叶裙，衣下垂腰带，跣足	圆形物	伏羲
7		双手合十，脚掌外翻				燃灯
8	跏趺坐	左手置腹前，右手竖掌，脚掌外翻	螺发，额顶肉髻明显	着双领下垂式袈裟，内着齐胸衣，肩披巾		弥勒
9		左手抚膝，右手竖掌，脚掌外翻				接引
10	倚坐	双手捧月	戴冠	肩披云纹披肩，着广袖长袍，下着裙，足着翘头鞋	圆形物，下垫圆巾	太阴
11	盘坐	左腿自然下垂，右腿盘坐于虎身，头顶盘旋一龙。左手上举握龙颈，右手残	戴冠，唇上两绺胡须垂于胸前，两耳下各伸出一绺头发搭于肩前	着圆领广袖长袍，袍上饰云纹，腰束带，足着靴		

（三）K1-3与古B1、古B2

K1-3位于窟内正壁下部，K1-2下、K1-6右、K1-9左。龛宽430厘米、高60厘米、深7厘米，龛向215度。龛内造像共9身，皆双耳较大，胸前均有一圆孔。除第8身像外，余皆倚坐于长方形台座上，其中第4身至第9身像共享一长条形台座，台高14厘米。第2—4身像唇上各有两绺、颔下一绺胡须，垂于胸前，两耳后各伸出一绺头发搭于肩前，皆足着圆头鞋。除第 7、8 身像外，其余造像左侧均有阴刻榜题，楷体（见表3）。

表3			K1-3 造像形象特征一览			
编号	姿势	体态	头部	着装	持物	榜题
1	倚坐	左手抚膝，右手托物	戴幞头，三目	着圆领广袖长袍，腰束带，足着翘头鞋	水滴状物	川主
2		左手抚须，右手托宝剑	戴纯阳巾，额前戴宝冠	着广袖长袍，腰束带	宝剑	吕祖
3		左手抚膝，右手握腰带	戴冠	着圆领广袖长袍，腰束带，腰带下垂及地		文昌
4		左手抚膝，右手托一拂尘		着圆领广袖长袍，腰束带，腰带中间有一长方形銙片	拂尘	轩辕
5		左手抚膝，右手托一圆形物	发辫梳成两股，发梢垂于脑后，鬓角微翘，络腮胡	肩披荷叶形披肩，上着荷叶衣，下着荷叶裙，腰带垂于衣下，跣足	圆形物	神农
6		左手抚膝，右手握腰带	戴冠，五绺胡须垂于身前	着圆领广袖长袍，腰束带，腰带中间有一长方形銙片，足着圆头鞋		禹王
7		左手抚须，右手抚膝	头戴兜鍪，五绺长须并成一束，垂于胸前	内着铠甲，外着袒右肩长袍，下着战裙，腰束带，腰带中间有一方形銙片，足着靴		
8	盘坐	左足踏龟，右足盘起，右腿下伸出一蛇。左手抬于腹上部，右手置右腿上，握拳，中空	头发梳于脑后	系领巾，上着铠甲，人字形甲片，甲外着护腰，与衣襟相交呈十字形，相交处有一圆形饰。腰束带，腰带中间有一长方形銙片，下着战裙	不存	
9	倚坐	双手捧物	戴冠，皱眉，双目圆瞪，唇上刻两根上翘胡须	着圆领广袖长袍，下着裙，足着圆头鞋	圆形物，上覆圆巾	土主

图 5　窟内正壁（从上至下依次为 K1-1、K1-2、K1-3，南—北）

K1-3 龛左下角碑，高 84 厘米、宽 40 厘米，编号古 B1，碑额右起横书"千古桃源"四字，碑文阴刻，左起竖书，楷体，8 列，内容如下：

　　白云深处起景华，结就佛缘/信不差。十六洞天真宛在，此/中谁识有仙家。/杨柳枝头露正浓，洪钟响处/起仙风。春莺巧向仙人语，何/日飞升到上宫。/巴州举人蒲敏赠题，/青云斋后学程正果敬书。[1]

K1-3 龛右下角碑，高 75 厘米、宽 40 厘米，编号古 B2，碑文阴刻，左起竖书，楷体，7 列，内容如下：

自古广积阴功，首推司马。从来岩遗佛像，预让公输。于兹/杨老先生，名大理，字正心，号洪春，老师者，真大善人也。清/斋数十年，方围修许多桥路。凝神几度秋，道团境培无限/庙容。今古佛洞功兴三载而告竣，银费数百以方成，予按/实叙，以垂不朽之云。门徒程映高敬书，丹青张大元，/杨先生之子国顺、次国成，孙正联、正科、正举、正人，曾孙青龙、凤。/光绪十六年岁次庚寅孟冬月中浣吉旦，工师杨大有造。

K1-3 底部高台外立面浅浮雕 3 个倭角长方形图画框，框内刻龙、麒麟、双鹿、

---

[1] "/"表示碑刻文字换行，下同。

图 6　古 B1（南—北）

图 7　古 B2（通江县文物局供图，南—北）

荷叶、云纹等图案，表面妆彩，略有风化。

（四）K1-4

K1-4 位于窟内左壁上部、K1-1 左、K1-5 上。龛宽 410 厘米、高 50 厘米、深 10 厘米，龛向 315 度。龛内造像共 10 身，均呈倚坐式，着圆头鞋。从内向外第 1 身至第 8 身均似戴僧帽，着双领下垂式袈裟，双手合十于胸前。除第 2 身至第 4 身外，其余各身造像胸部或腹部均有一圆形孔洞。第 7 身至第 10 身均倚坐于方形台座上。第 5 身至第 9 身造像身左侧均有阴刻榜题，楷书（见表 4）。

表4　K1-4造像形象特征一览

编号	姿势	体态	头部	着装	持物	榜题
1	倚坐	双手合十	似戴僧帽	着双领下垂式袈裟		
2						
3						
4						
5						惧留
6						道德
7			似戴僧帽，颈戴念珠		念珠	灵宝
8			似戴僧帽			太乙
9		左手托拂尘，右手抚膝	戴方巾，唇上两绺、颌下一绺胡须，耳后两绺头发，颈戴念珠	着圆领广袖长袍，腰束带	拂尘、念珠	赤精
10		左手抚膝，右手抚腰带	头戴兜鍪，装饰云纹	着高领广袖长袍，衣饰云纹，腰束带		

（五）K1-5

K1-5位于窟内左壁中上部，K1-2左、K1-4下、K1-10右。龛宽405厘米、高65厘米、深12厘米，龛向315度。龛左壁残损，龛内造像共11身，胸部或腹部均有圆形孔洞。除内起第1身像外，皆倚坐于长条形台座上，台座高约12厘米，均足着圆头鞋。第2、4、6、8、10身像衣服上饰云纹。第2身至第11身像身左侧均有阴刻榜题，楷书（见表5）。

（六）K1-6

K1-6位于古佛洞左壁中部、K1-3左、第1-5下、K1-11右，龛左壁被K1-11打破。龛残宽404厘米、高55厘米、深15厘米，龛向315度。龛内造像共9身，衣上均饰云纹，均腰束带，足着圆头鞋，胸部或腹部均有圆形孔洞。从内向外第1身至第8身均倚坐于长条形台座上，台座高约12厘米。像左侧均有一阴刻榜题，楷书（见表6）。K1-6下方高台外立面浅浮雕3幅倭角横长方形图画框，框内雕刻花卉图案，画面残存彩绘。

表5			K1-5造像形象特征一览			
编号	姿势	体态	头部	着装	持物	榜题
1	立姿	双手合十	似戴僧帽	着交领广袖长袍，腰带自双腿间下垂及地		
2	倚坐	双手抚膝	束圆髻，唇上两绺、颌下一绺胡须	着左衽广袖长袍，腰束带		八祖
3		左手抚腰带，右手托拂尘		着右衽广袖长袍，腰束带	拂尘	七祖
4		左手抚膝，右手托拂尘			拂尘	惠能
5		双手合十	似戴僧帽，双耳较大	着双领下垂式袈裟		黄枚
6						曹洞
7		左手横置于腹前，掌心向上，右手于胸前立掌				普庵
8		左手抚膝，右手置于膝上，似屈指握拳				神光
9		双手合十	似戴僧帽	着广袖长袍，肩披巾，腰系带，衣带垂于双腿间		达摩
10			束髻，发髻已毁	着双领下垂式袈裟		道行
11			似戴僧帽	着广袖长袍，肩披巾		玉鼎

图8　窟左壁全景（从上至下依次为K1-4、K1-5、K1-6，西—东）

表6　K1-6 造像形象特征一览

编号	姿势	体态	头部	着装	持物	榜题
1	倚坐	左手抚膝，右手持拂尘	束髻，唇上两绺、颔下一绺胡须，耳后两绺头发垂于胸前	着右衽广袖长袍	拂尘	十六祖
2		左手抚腰带，右手持拂尘			拂尘	十五祖
3		左手抚膝，右手持拂尘			拂尘	十四祖
4		左手绕袖抚膝，右手掌心向上置于右膝上，拇指按于中指上	束莲花髻，双耳较大			虚无
5		左手掌心向上置于左膝上，拇指按于中指上，右手置于右膝上持拂尘	束莲花髻，发髻中央装饰尖桃形饰，皱眉，三绺胡须垂于胸前		拂尘	退安
6		左手持拂尘，右手抚膝	束髻，皱眉，扎髻		拂尘	何祖
7		左手掌心向上置于左膝上，拇指按于中指上，右手置于胸前，手腕倒挂拂尘	束髻，发髻中央饰尖桃形饰，面部狰狞，怒目圆睁，三绺胡须垂于胸前	着广袖长袍	拂尘	吴十
8		双手抚膝	有发，梳向脑后			黄九
9	盘坐	右腿盘坐于长条形台座上。左手持如意，右手向下撑于右膝上	束圆髻，皱眉，怒目圆睁，扎髻	着右衽广袖长袍	如意	东岳

（七）K1-7

K1-7位于窟内右壁上部，K1-8上、K1-1右。龛宽285厘米、高55厘米、深12厘米，龛向124度。龛内造像共10身，胸部均有一圆形孔洞。由内向外第1身至第3身、第8身至第10身均倚坐于长方形台座上，足着尖头鞋。造像左侧均有阴刻榜题，楷书（见表7）。

表7　K1-7 造像形象特征一览

编号	姿势	体态	头部	着装	持物	榜题
1	倚坐	左手抚膝，右手托如意形物	戴莲花冠	着广袖长袍，肩披莲瓣形云肩，腰束带，腰带中部下垂于两腿间	如意形物	女娲
2		左手抚膝，右手持拂尘	戴莲花冠，面相老态	内着衣，外着双领下垂式广袖长袍	拂尘	老母
3			束髻，戴花冠，耳后各有一条缯带自肩前垂下	着广袖长袍，肩披花瓣形云肩，腰束带，裙腰外翻	拂尘	麻姑

续表

编号	姿势	体态	头部	着装	持物	榜题
4	盘坐	右腿盘坐于狮身,左手竖掌于胸前,拇指直伸,四指弯曲于胸前,右手抚膝	戴花冠	内着齐胸衣,外着双领下垂式袈裟,肩披巾,下着裙,足着鞋		文殊
5	跏趺坐	左手于腹前托宝瓶,右手竖掌于胸前,四指弯曲	戴僧冠	内着高领衣,外着双领下垂式袈裟,肩披巾	宝瓶	观音
6	盘坐	右腿盘坐于象身,左手抚膝,右手竖掌于胸前,四指弯曲	戴花冠	内着齐胸衣,外着双领下垂式袈裟,肩披巾,足着尖头鞋		普贤
7		右腿盘坐于狮身,左腿自然下垂。双手抚膝				势至
8	倚坐	左手抚腰带,右手抚膝	戴高冠,冠饰珠链	内着齐胸衣,外着双领下垂式广袖长袍,肩披巾,腰束带		斗母
9		左手抚膝,右手举于胸前,小指直伸,四指相抵作拈花状	戴云纹宝冠,缯带自双肩垂下	着广袖长袍,肩披花瓣形云肩,腰系带		九天圣母
10		双手置于膝上,各托一身盘坐状小孩像	戴云纹宝冠	着广袖长袍,肩披花瓣形云肩,腰系带		送子

(八) K1-8

K1-8位于窟内右壁中上部,K1-7下、K1-3右。龛宽410厘米、高65厘米、深17厘米,龛向124度。龛内造像共11身,胸部均有一圆孔。从内向外第1身至第6身均有发,皆倚坐于龛底,第7身至第11身均盘坐于龛底,足着圆头鞋。第2身至第11身造像左侧均有阴刻榜题,楷书(见表8)。

(九) K1-9

K1-9位于窟内右壁中下部,K1-8下、K1-3右。龛宽412厘米、高60厘米、深15厘米,龛向124度。龛右下侧略残,龛内造像共11身,胸部均有一圆孔,腰部均束带。由内向外第1身至第10身像身后贯穿一长条形台座,台高11厘米。除第6身右腿盘坐于虎身、第11身倚坐于龛底外,其余造像均倚坐于台座之上。除第6身外,其余造像衣上均装饰云纹。除第6、第 8 身外，其余造像均足着圆头鞋。第 2 至第 5、第 7、第 9、第 10 身造像左侧均有阴刻榜题，楷体。第 8、第 11 身造像左侧榜题为墨书，楷体（见表 9）。K1-9 正下方浅浮雕 3 个倭角长方形图画框，框内雕刻花卉图案，残存妆彩。

表 8			K1-8 造像形象特征一览			
编号	姿势	体态	头部	着装	持物	榜题
1	倚坐	双手合十	有发	着交领广袖长袍，腹前中部垂一衣带于双腿间		
2		左手上举至胸侧，稍残，右手抚膝	有发，额有皱纹，面相老态，有长须	着广袖长袍，腰束带，足着圆头鞋		水法
3		双手抚膝				火精
4		左手抚膝，右手置于右膝，呈握拳状				木成
5		左手抚须，右手托一圆形物			圆形物	金秘
6		左手抚膝，右手托一圆形物			圆形物	土道
7	盘坐	左手抚膝，右手呈握拳状，置于右膝	束髻，三绺胡须，耳后两绺头发，皆垂于胸前	着右衽广袖长袍		鬼谷
8		右腿盘屈坐于龛底。右脚掌心向上，左手抚膝，右手掌心向上置于右腿上，拇指按压中指	束髻，戴冠，三绺胡须，耳后两绺头发，皆垂于胸前	着圆领广袖长袍，腰束带，下着裙		陈团
9		左脚置于右脚之上，掌心上翻。左手立掌于胸前，右手置于腹前，托一圆形物	束高髻，戴花冠，口微张	着圆领广袖长袍	圆形物	度厄
10		左脚掌心上翻，双手抚膝	束高髻，戴莲花冠	着交领广袖长袍		菩提
11		左腿自然下垂，右脚掌心外翻。左手掌心朝外置于左膝，右手立掌于胸前	束髻，髻前饰桃形饰，怒目圆睁，扎髻	着广袖长袍		南岳

表9　K1-9造像形象特征一览

编号	姿势	体态	头部	着装	持物	榜题
1		左手抚膝，右手立掌于胸前	戴方巾，鼻稍残，唇上两绺胡须垂于胸下	着交领广袖长袍		
2		左手抚膝，右手持如意	束髻，髻前有装饰物，三绺胡须，耳后两绺头发，皆垂于胸前	着广袖长袍	如意	雷祖
3	倚坐	左手抚须，右手持棍状物	戴冠，唇上两绺胡须垂于胸前		棍状物	李靖
4		双手托元宝形物	戴冠，扎髻	着广袖长袍，下着裙	元宝	灶君
5		左手抚膝，右手抚须	戴冠，扎髻，耳后两绺发辫自两肩前垂下	着广袖长袍		高王
6	盘坐	右腿盘屈于虎身上。左手握元宝，右手执鞭	戴璞头，怒目圆睁，扎髻，耳后两绺发辫自两肩前垂下	上着战甲，下着战裙，足蹬靴，腰带中部饰兽面纹腹吞，腰带中部垂鱼鳞纹裈甲，飘带绕双肩垂于体侧	元宝、钢鞭	
7		左手抚膝，右手持如意	戴璞头，唇上两绺胡须、耳后两绺头发，皆垂于胸前	着广袖长袍	如意	太白
8		左手执衣摆，右手托棍状物	猴面	着交领广袖长袍，下着裙，跣足	棍状物	孙口
9	倚坐	左手执腰带，右手执书卷状物置于右膝上	戴璞头，额前戴冠，面相老态，扎髻	着对襟广袖长袍，腰带中部垂二衣带于双腿间，下着裙	书卷状物	陆压
10		左手似托一物，右手抚膝	面部及左手残损，仅存轮廓	着双领下垂式广袖长袍	不详	云仲
11		左手抚膝，右手执腰带	戴冠	着广袖长袍		土地

图 9　窟右壁全景（从上至下依次为 K1-7、K1-8、K1-9，东—西）

（十）K1-10

K1-10 位于 K1-5 外侧窟口处。单层龛，龛形不识。龛残宽 46 厘米、高 75 厘米、深 14 厘米，龛向 310 度。龛左壁及龛顶左部残。龛内造像 1 身，局部残损，残存妆彩。

造像左腿垂地，右腿盘坐于座上。左手及鼻残，胸前有一圆孔。戴双尖耳冠，三目，怒目圆睁，面部狰狞，张口露齿，戴领巾。内着圆领衣，外着对襟衣，下着战裙，裙腰外翻，内穿裤，腰前鱼鳞纹裈甲垂于双腿间，足着圆头靴，靴头饰云纹，左手置于胸前，右手持一束腰锭形物举于头侧。

（十一）K1-11

K1-11 位于 K1-6 外侧，打破 K1-6 左壁。单层长方形龛。龛右壁及左壁下部残损，残宽 33 厘米、高 64 厘米、深 15 厘米，龛向 312 度。龛内造像 1 身，保存较好，残存妆彩。

造像立于龛底，胸部有一圆孔。头戴兜鍪，顶部饰宝珠，鍪檐饰云纹，面部略残，戴领巾，领巾于胸前打结，领巾上有垂饰垂及腹前，其下端有一圆形装饰物。上着铠甲，下着战裙，裙腰外翻，内穿裤，腰束兽面腹吞，鱼鳞纹裈甲自腰前垂于双腿间。足着圆头靴，饰云纹。左手倒持铜状法器斜挂于地，右手托一山形物于腰侧。

（十二）K1-12

K1-12 位于 K1-8、K1-9 外侧窟口处（见图 10）。单层圆拱形龛。龛左侧及下侧有残损，残宽 70 厘米、高 100 厘米、深 16 厘米，龛向 135 度。龛内造像 1 身，保存较好，残存妆彩。

造像立于龛底，胸部有一圆孔。头戴高冠，面有三目，怒目圆睁，张口露齿，扎髻。上身着战甲，下着战裙，裙腰外翻，腰束带，腹前饰一圆形饰，腰带中央有一鱼鳞纹裈甲垂于双腿间。足蹬翘头靴，饰云纹，飘带自头后两侧各绕一圈，复绕双肩垂于体侧，左手持一椭圆形物于腹前，右手持鞭高举于头顶。

图10　K1-12（东—西）

三　开凿年代及相关人物

据窟内的造像碑记编号古B2所记，该石窟由"杨大理"出资，工师"杨大有"开凿，自光绪十三年（1887）始凿，"功兴三载而告竣"，至光绪十六年（1890）冬月中浣正式完工。

值得注意的是，窟内造像似非一次性雕凿而成。古佛洞石窟历时三年凿成，其造像内容、体量及布局等必然经过仔细规划，绝非随意为之。K1-1至K1-9为窟内主体，其龛形、造像风格、装饰技法及造像体量等大体相同，且三壁各开三龛，布局合理，应是开窟时统一规划雕凿的首批造像。K1-9第11身榜题为"土地"的造像，体量明显小于该龛内的其他造像，且打破了K1-9右壁下侧，其榜题亦为墨书而非阴刻，故不排除为后来补刻。K1-10及K1-12分别位于窟口左右，从位置上看似为整个石窟的护法神龛，但此二龛大小有别，位置不对称，龛形亦不规整，雕刻相对粗糙，其开凿年代应稍晚于窟内其他造像。K1-11打破K1-6左壁，其时代必然晚于后者。整窟造像的开凿虽有先后之分，但造像风格、装饰技法等具有较高趋同性，因此年代相差不会太大。窟内两通碑刻中，古B1无明确纪年，但其与光绪十六年（1890）所刻之古B2分别位于K1-3左右两侧，大小相当，形制相同，应同为开窟时专门预留刻碑之用，因此二者刊刻年代也应相同。

窟外左侧约2米处的崖壁上刻有"古佛洞"三大字，并刻"杨大礼造""杨大友刊"等文字，惜纪年信息残泐不清。对比前述碑记，此处的"杨大礼"应即古B2中所述之"杨大理"，"杨大友"亦同"杨大有"，故其刊刻年代应大致与古佛洞开凿完成年代相同，约在光绪十六年（1890）。

据古B2内容可知，石窟捐造者"杨大

理"为清末通江云昙乡一带的著名善士，然其生平事迹及家族等信息，笔者查诸清代方志等文献皆未见载，仅1998年版《通江县志》有零星记载，然亦语焉不详。所幸，笔者调查发现少量清末功德碑刻及杨氏家族墓碑记载了不少有价值的信息，可补史缺。参照其次子杨国臣墓碑及《通江县志》所记判断，古B2中之"杨大理"当为刊刻时同音误写，其姓名的正确写法应为"杨大礼"。[1] 杨大礼为云昙乡杨家洞人，现属云昙乡穿石梁村。其地距离古佛洞石窟仅约1.5千米，至今仍为杨氏聚居之地，且多为杨大礼直系后裔。据1998年版《通江县志》记载，杨大礼生于清道光七年（1827），卒年不详。自幼弃文就耕，尤精石工，晚年热心铺路修桥，建庙刻佛。光绪六年（1880）至光绪七年（1881），杨大礼先后捐资整修云昙乡至甜竹坝红岩子及麻石场的道路。[2] 其子杨国臣的墓碑上亦记曰："以大礼为父，好善乐施，佛像则囗之，庙宇则培之，崎岖则补之。"[3] 古B2中"清斋数十年，方围修许多桥路；凝神几度秋，道团境培无限庙容"所指当即此也。据笔者调查，其出资整修的道路至今仍有部分保留。

值得注意的是，杨大礼在开凿古佛洞之前，还于光绪十一年（1885）出资在距古佛洞直线距离仅约900米的云昙乡杨家坡修建了一座玉皇庙，庙内所奉70余身石刻造像皆由杨大礼精心设计雕刻而成。[4] 笔者调查发现，现玉皇庙建筑已全部毁圮，庙内造像大多亦于20世纪80年代被盗卖。余者仅三四身，皆破坏严重，题材难辨。所幸，笔者在废墟一侧乱石堆中，发现四方碑一通（编号：玉B1，见图11），记载了杨大礼在此建庙造像之事。此碑斜置于地，高77厘米，宽26.5厘米，两面刻字，其中仰面向上的碑文为：

洪君、灶王府君、观音、太白、寒林、震轮、/伏羲、瑶池金母、文圣、达摩、诸天、陈奇、/神农、黎山老母、武圣、地藏、菩提、护法、/轩辕、女娲圣母、吕祖、龙王、张爷、正新、/弥勒、九天圣母、二郎、三官、雷公、十王、/陈团、李氏夫人、□□、八仙、闪电。

东侧面碑文为：

丹青张大源书，/善士杨大礼、男国顺、国臣，孙正缵。/大清光绪乙酉年二月十五谷旦。

1　通江县志编纂委员会编纂：《通江县志》卷五十二《人物传》，四川人民出版社，1998，第900页。

2　通江县志编纂委员会编纂：《通江县志》卷五十二《人物传》，四川人民出版社，1998，第900页。

3　杨国臣墓位于通江县云昙乡穿石梁村杨家洞附近，为杨大礼次子杨国臣及夫人陈氏合葬墓。笔者调查发现，此墓前碑刻众多，内容丰富，详述当地杨氏之世系、姻亲等重要信息，其间偶有涉及杨大礼者。2019年，杨国臣墓已被四川省人民政府公布为省级文物保护单位。

4　通江县志编纂委员会编纂：《通江县志》卷五十二《人物传》，四川人民出版社，1998，第900页。

从外观看，此碑并无破损，但内容显然不全。笔者推测庙内原应有多通碑刻，共记其事，此仅其中之一也。尽管此碑内容不全，但证实了光绪十一年（1885）杨大礼在此建庙造像之事，且指明了庙内所奉造像之题材，故颇具价值。

无独有偶，笔者在古佛洞左侧之云昙洞内也发现一通四方残碑（编号：云B1，见图12）。此碑已断为上、下两截。上截破损严重，仅东、北两面残存文字，东面碑文为：

地号云昙……/台前……/多佛像……/共望……/摩……像……

北面碑文为：

法……/伏羲……/弥陀……/神农……/轩辕……

下截南面靠墙，东、北、西三面刻字，东面碑文为：

……不胜数，金费若干，先塑像于度生/……观音、川主偕灵官，维五谷之堂，无/……齐辉，诸天合八仙共联上堂、下堂/……瑶池、女娲及老母巍巍并座，陈团、达/摩……望然，龙王爷、张夫子，何敢□观/……谓，仁人名号大礼，人神共鉴心田。

北面碑文为：

……师、寿星……/……祖师、三官……/……老祖、地藏、龙王/……府君、太白、诸天，正新、洪春、寒林/……夫人、张爷、金刚、土地。

西面碑文为：

……大源书，丹青更□……/杨国臣，孙男杨正联/……日谷旦，工师杨保中，/雕工程映斗，/住持谢昌林。[1]

据碑文可知，上述二碑皆为杨大礼一家三代所立，碑文内容亦有诸多相似，恐非巧合。云B1虽纪年不存，但从碑文内容看，当与玉B1时代相近，约在光绪十一年（1885）前后。值得注意的是，云B1中有"地号云昙……台前……多佛像""先塑像于度生……"等内容。"云昙"应指云昙洞；"台前……多佛像"及"先塑像于度生……"二句则明确指出云昙洞内原本就有造像，且为塑像而非摩崖造像。云昙洞至迟在明末即成为当地名胜，时称"荣昙洞"，洞中至今保存有明末崇祯至清同治年间碑刻多通。道光《通江县志》载："云昙洞，在县东九十里，洞中方广十丈，塑佛像九十余位"[2]，可见至迟在道光时

---

[1] "□□"表示缺字且知道缺字数，"……"表示缺字但不知具体字数，"昙"表示字迹残缺，据前后文补出缺字，下同。

[2] （清）锡檀修，陈石麟等纂：道光《通江县志》卷二《舆地志·古迹》，清道光二十八年刻本。

图11 玉B1（上—下）

图12 云B1（东—西）

期，云昙洞已成为香火兴盛的宗教场所。而云 B1 中提到的洞内佛像，或即道光《通江县志》中所述的九十余身塑像。[1]

玉 B1 和云 B1 皆描绘了儒、释、道三教诸神及民间神祇汇聚一堂的盛况，其中伏羲、弥陀、神农、轩辕、女娲、瑶池、老母、观音、达摩、陈团、太白、灶王、土地等，在古佛洞石窟中亦有发现。但寿星、三官、龙王、诸天、八仙、张爷、金刚、地藏、十王、闪电等造像在古佛洞石窟中并未发现。云 B1 所记云昙洞原有塑像之时代明显早于玉皇庙造像和古佛洞石窟，三者题材有相似之处，但又有差异。笔者推测，杨大礼家族在修建玉皇庙和开凿古佛洞石窟造像时，可能借鉴了云昙洞内所塑神像的部分题材内容，且可能对这些塑像进行过修缮或妆彩，故刊刻此四方碑以记其事。

云昙洞碑刻中，还有两通同治年间的摩崖碑刻（编号：云 B2、云 B3，见图13、图14）值得注意。二碑均保存较好，文字清晰，其中云 B2 全文为：

　　大清二百二十七年，值同治九年上／元庚午正月十五，监贡生张大霖、王／氏，为母何氏祈寿，捐施田地一

---

[1] 遗憾的是，碑刻中提到的云昙洞内原有之九十余身塑像在 20 世纪 60 年代全部被毁，洞内现存的 132 身神像均为 1985 年重塑。此数据由通江县文物局提供。

 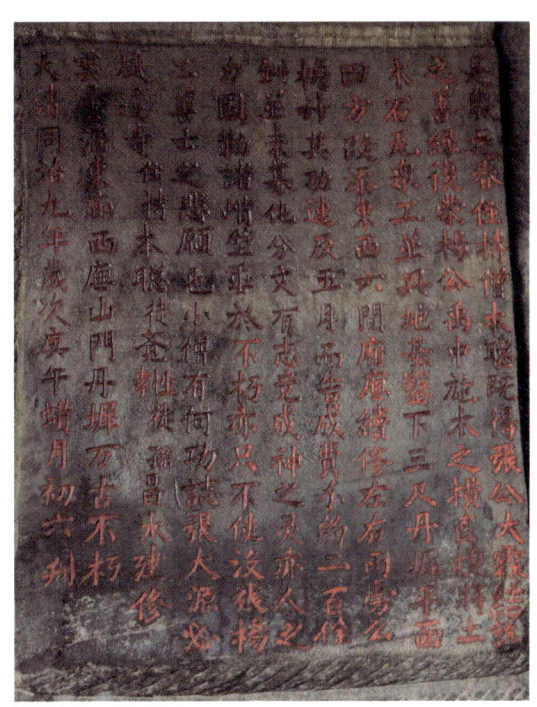

图13 云B2（东—西）　　　　图14 云B3（东—西）

分，在/洞前沟边梁上，四至有界。旧粮四分、/新载粮六分，共十分，不准僧道当卖，/永作佛洞香火之资。此田地旧主人/正宗亦同有功德，同子正绅、正纯，孙/大泟、大江、大泽、大沧同施。正宗之子/张大源书，监院谷本聪、道士严永林。

云B3全文为：

是岁之春，主持僧本聪既得张公大霖结就/之善缘，复蒙杨公禹中施木之横直，擅将土、/木、石、瓦，众工并兴，地基凿下三尺，丹墀平面/四方，改添东西六间厢庑，续修左右两

旁么/檐，计其功，连及五月而告成，费钱约二百余/钏，并未募化分文。有志竟成，神之灵亦人之/力，因勒诸峭壁，垂于不朽，亦只不使没张、杨/二善士之悲愿也，小僧有何功志？张大源书，/风透寺住持本聪，徒觉性、孝，徒孙昌木建修。/云昙洞东廊、西庑、山门、丹墀万古不朽。/大清同治九年岁次庚午蜡月初六刊。

此二碑皆刊刻于清同治九年（1870），碑文中之"张大源"在玉B1、云B1中皆有出现，古B2中的"张大元"亦应为"张大源"之同音误刻。上述碑刻大多由张大源书写丹青，可见其是当地一位丹青好

手。据考，张氏家族亦为云昙大姓，距离古佛洞不远的云昙乡木顶寨一带是张氏聚居之地。据上述碑刻推断，杨、张两姓家族在云昙洞的活动至少可上溯至清同治年间。而笔者据杨国臣墓碑上所刻之杨氏世系发现，清末杨、张二姓还有姻亲关系。两大家族交往甚密，俱多善举，且常常相互助力，共成其美。如张大霖除在云昙洞捐田施粮外，还曾捐资助力杨大礼修路。[1] 杨禹中则施木培修庙宇，以助张大霖施田之善举。[2] 光绪年间古佛洞之开凿，亦可视作杨、张二姓在云昙洞善事活动之延续。

云 B2、云 B3 中还有一则信息值得注意，即同治年间云昙洞内有一寺院，名为风透寺。同治九年（1870），"谷本聪"先后担任风透寺的监院、住持。而云 B1 中的住持"谢昌林"，疑即云 B3 中谷本聪之徒孙"昌木"。谷氏亦为云昙大姓，且据杨国臣墓碑所记，谷氏与杨氏亦多结姻亲。如杨大礼之母、其子杨国林之妻，及杨大礼的一位女婿、一位孙女婿俱为谷氏。笔者推测云昙洞风透寺住持谷本聪很可能就是云昙谷氏族人。云 B2 中张大霖捐田施粮时，明确规定不准"僧道"当卖，题刻落款亦佛道并题，既有风透寺"监院谷本聪"，又有"道士严永林"，可见同治年间的云昙洞已是佛道并兴之地。

窟内古 B1 为巴州举人蒲敏所题诗碑。蒲敏其人，文献记载极少，仅民国《巴中县志》记其于"光绪壬午"（1882）科中举，[3] 其余生平事迹等皆未见史载。有学者据口述史料研究，蒲敏系清代巴州喜神滩人（今巴中市平昌县江家口镇北部，原属喜神乡），幼时曾求学于通江恩贡向元调。[4] 中举之后，曾受聘出任通江县垂云书院专馆教师。[5] 从地理位置上看，喜神乡位于巴州东部边远之地，远州治而近通江，故蒲敏虽为巴州人，但其幼时就近求学于通江向元调亦通情理，可能属实。另据相关报道，在通江三合乡老爷坝建于光绪年间的王元卿墓旁，亦发现蒲敏所撰碑铭，计 48 句，192 字，并提到其身份为"巴州光绪举人补选知县"[6]。笔者暂未见到此碑实物，留待今后调查核实。蒲氏为巴州喜神乡之大姓，文风昌盛。蒲敏之前，有同

---

[1] 通江县志编纂委员会编纂：《通江县志》卷五十二《人物传》，四川人民出版社，1998，第 900 页。

[2] 据杨国臣墓碑所载，杨禹中为杨天奎之子，与杨大礼属同宗但不同房系。

[3] 张仲孝等修，马文灿等纂，余震等续纂：民国《巴中县志》第二编《科第》，中国地方志集成编委会：《中国地方志集成·四川府县志辑》第 62 册，巴蜀书社，1992，第 871 页。

[4] 李瑞明：《蒲敏的〈教学作难〉》，氏著：《斗山集》卷四《通江古今人物传略》，中国文史出版社，2015，第 88 页。

[5] 向溥泉：《百年垂云书院》，《巴中日报》2019 年 6 月 1 日第 A2 版。

[6] 向思第：《通（江）达（县）古道话沧桑》，《巴中日报》2019 年 11 月 23 日第 A2 版。

宗蒲曾英于"雍正己酉"（1729）中举，[1] 后任雍正《四川通志》分校官。[2] 喜神乡北距古佛洞直线距离仅约 5 千米，故古佛洞开窟时，蒲敏能到场观瞻并赠题诗碑并不出奇。且其时蒲敏已高中举人并补选知县，为当地名望士绅，杨大礼开窟之时，邀请蒲敏到场题诗，借其名望以壮声势，亦不无可能。

四　造像尊格与题材辨识

古佛洞石窟的 96 身造像中，有榜题可明确尊格者 80 身，无榜题者 16 身。无榜题的造像中，形象较固定、特征较明显，可基本确认尊格者有 5 身。

K1-2 第 11 身像坐于虎身，头顶盘旋一龙，表现的应是"坐虎针龙"的药王形象。[3]

K1-3 第 6 身像为武将形象，左手抚长须于胸前，内着铠甲，外着袒右肩绿色长袍，与四川地区明清时期流行的关帝形象较为接近。[4]

K1-3 第 7 身像头发披于脑后，身着铠甲，左足踏龟，右腿下伸出一条蛇，表现的应是"披发跣足"，身着"金甲玄袍"，足踏"苍龟巨蛇"的玄天上帝形象。[5] 玄天上帝又称真武大帝，在宋代以来屡受帝王敕封，深受民间信仰，是具有全国性影响的重要神明。[6] 宋元以降，特别是明清时期，全国各地开凿了不少与之相关的造像，如四川洪雅苟王寨 23 号龛的主尊[7]、重庆大足南山石刻 1 号龛主尊等[8]，形象皆与此造像类似。

K1-9 第 6 身像坐于虎背上，怒目圆睁，身着铠甲，右手执鞭，左手执锭，应为赵公明像。民间信仰中，赵公明常被当作财神供奉，其形象较为固定，容易辨识。明清时期，巴渝及荆湘地区流行的"福禄财神"纸马上，亦印制骑虎执鞭的赵公明

1　（清）朱锡谷、陈一津纂修：道光《巴州志》卷六《选举》，清道光十三年刻本；（清）黎学锦修，史观纂：道光《保宁府志》卷三十七《选举》，清道光二十三年刻本。

2　（清）黄廷桂纂修，张晋生编纂：雍正《四川通志》《四川通志修志姓氏》，清文渊阁四库全书本。

3　廖玲：《清代以来四川药王庙与药王信仰研究》，《宗教学研究》2015 年第 4 期。

4　西华师范大学历史文化学院、重庆市合川区文物管理所：《重庆龙多山石窟调查简报》，《石窟寺研究》第五辑，文物出版社，2014，第 5—6 页。

5　佚名：《三教源流搜神大全》卷三《玄天上帝》，清宣统元年叶德辉重刊本，第 14—16 页；马书田：《中国道教诸神》，团结出版社，1996，第 91—109 页。

6　王见川：《真武信仰在近世中国的传播》，《民俗研究》2010 年第 3 期；王见川、皮庆生：《中国近世民间信仰：宋元明清》，上海人民出版社，2010，第 206—232 页。

7　符永利、张婷：《四川洪雅县苟王寨摩崖造像内容总录》，《长江文明》第 34 辑，四川美术出版社，2019，第 41—62 页。

8　李小强：《大足石刻史话》，江苏凤凰美术出版社，2019，第 215—217 页。

形象。[1] 除善财之外，赵公明还是一位瘟神，可以"除瘟剪疟、保病禳灾"[2]，因此成为中国民间信仰中广受推崇的神明之一。川渝地区的石窟造像中，也有不少赵公明造像实例，如大足宝顶山第 23 号龛左侧骑虎执鞭的赵公明[3]，除造像腿部及座下虎的姿势、方向与 K1-9 第 6 身像稍有差异外，其余形象特征皆高度相似（见图 15）。

K1-12 造像面有三目，怒目圆睁，身着战甲，右手举鞭，与《三教源流搜神大全》一书描述的王灵官形象接近，或据此形象开凿。[4]

其余 11 身造像尚难确定具体尊格，但据其形象特征、衣着、手势等仍可大致判断其题材。

K1-2 第 1 身像，结跏趺坐式，螺发，额顶有肉髻，身着袈裟，双手合十，显然系佛教题材。

K1-4 第 5—9 身像分别为"惧留""道德""灵宝""太乙""赤精"，与 K1-5 中的"玉鼎""道行"成组出现，表现的

1. 古佛洞 K1-9 第 6 身像（东—西）　　2. 赵元帅（《三教源流搜神大全》卷三，第 19 页图）　　3. 大足宝顶山大佛湾第 23 号龛赵公明像（东北—西南）

图 15　赵公明形象

1　李盛虎：《巴渝地区"福禄财神"纸马刍议》，《年画研究》，文化艺术出版社，2015，第 147—155 页。

2　佚名：《三教源流搜神大全》卷三《赵元帅》，清宣统元年叶德辉重刊本，第 19—20 页。

3　李小强：《大足石刻史话》，江苏凤凰美术出版社，2019，第 222 页。

4　《有象列仙全传》对王灵官的描述为"铁冠、红袍，手执玉斧"，与《三教源流搜神大全》稍有差异。参见佚名《三教源流搜神大全》卷二《萨真人》，第 17—18 页；（明）王世贞辑，汪云鹏校《有象列仙全传》卷八《萨守坚》，明万历二十八年汪云鹏玩虎轩刻本，第 1—3 页；侯会《华光、王灵官与二郎神》，《民俗研究》2009 年第 2 期。

应是明代小说《封神演义》中的阐教仙人。K1-4第1-4身像虽无榜题，但其造型、衣着、手势等与前述造像相似，应属相同题材。K1-4第10身像虽然形象、衣着特殊，但与前述造像同组出现，且夹杂于其中，亦不排除为同类题材的可能。

K1-5第1身与K1-8第1身像皆站立于龛底，面朝正壁方向，身着俗装，双手合十，表情恭敬，与龛内其他神像区别明显，可能为供养人或侍者。

K1-10造像面涂蓝彩，额有三目，獠牙狰狞，相貌丑陋，手持束腰锭状法器，其形象可能脱胎于"蓝面赤发"的魁星像[1]和手持金砖、额有三目的华光像[2]，并进行了再创作。值得注意的是，此类造像在通江地区并非孤例，如通江县民胜镇佛耳岩石窟K2左壁、隐身洞石窟K5即有两例相似的造像（见图16）。巧合的是，在佛耳岩、隐身洞两个石窟点，同时还发现了与K1-11类似的造像（见图17）。因此K1-10、K1-11似为伴出的固定组合，应同属护法神类造像。K1-11为武将形象，造型、持物等与佛教寺院中常见之韦陀形象及《封神演义》中道行天尊门下弟子韦护相似，亦应属护法神像。古佛洞、佛耳岩、隐身洞三处造像点发现的此类造像均开凿于清代，除衣纹、飘带等细节表现稍有差异外，造像形象、体态、持物及其在各自龛内所处位置皆基本相同，或据相似粉本开凿而成。

1. 古佛洞K1-10造像（西—东）   2. 民胜佛耳岩K2左壁外侧造像（东北—西南）   3. 民胜隐身洞K5造像（南—北）

图16 K1-10造像及相关造像

---

1 张晓雪：《科举时代的造神：魁星崇拜研究》，硕士学位论文，黑龙江大学，2012；白金杰：《清代科举民俗考论》，博士学位论文，武汉大学，2015。

2 佚名：《三教源流搜神大全》卷五《灵官马元帅》，清宣统元年叶德辉重刊本，第8—9页。

1. 古佛洞K1-11造像（西—东）　　2. 民胜佛耳岩K2右壁外侧造像（西南—东北）　　3. 民胜隐身洞K6造像（南—北）

图17　K1-11造像及相关造像

K1-9第1身像坐姿、形象、着装等与佛教造像迥异，更接近道教人物或俗人形象，或为道教尊神或民间神祇。K1-9第8身像为猴面人身，榜题残存一"孙"字，或与明代小说《西游记》中的孙行者有关。

有明确榜题的80身造像，涵盖了三教及民间信仰诸多尊神及题材类型，其中有两类造像特别值得注意。

第一类为一贯道祖师像。窟内K1-5及K1-6中依次发现了榜题为"达摩""神光""普庵""曹洞""黄枚""惠能""七祖""八祖""黄九""吴十""何祖""退安""虚无""十四祖""十五祖""十六祖"的造像（见图18），K1-8发现了榜题为"水法""火精""木成""金秘""土道"的造像（见图19）。此21身造像之名号及排序与清代中后期青莲教、先天道、一贯道等民间宗教所奉道统高度吻合。[1] 青莲教为清中叶五盘教支派，而先天道、一贯道等皆源出青莲教，因此道统方面有颇多共通之处，皆奉行"拿来主义"。

1　关于青莲教、先天道、一贯道的渊源及道统等问题，秦宝琦、庄吉发、曹新宇、马西沙、韩秉方、濮文起、王见川、林万传、郑志明、李世瑜、韩志远及日本学者洼德忠等早有精深考论，足资参考。参见秦宝琦《清代青莲教源流考》，《清史研究》1999年第4期；秦宝琦《清末民初秘密社会的蜕变》，中国人民大学出版社，2004，第137—155页、第173—177页；秦宝琦《中国地下社会》第一卷《清前期秘密社会》，学苑出版社，2009，第340—355页；秦宝琦《中国地下社会》第二卷《晚清秘密社会》，学苑出版社，2009，第28—32页；路遥《山东民间秘密教门》，当代中国出版社，2000，第370—424页；庄吉发《清代青莲教的发展》，《清史论集》第九集，台北：文史哲出版社，2002，第193—220页；曹新宇、宋军、鲍齐《中国秘密社会》第三卷《清代教门》，福建人民出版社，2002，第190—216页。马西沙、韩秉方《中国民间宗教史》，中国社会科学出版社，（转下页）

图18　K1-5、K1-6—贯道祖师像

上排从左至右依次为"达摩"至"八祖",下排从左至右依次为"黄九"至"十六祖",西—东

图19　K1-8"先天内五行"造像

从左至右依次为"水法""火精""木成""金秘""土道",东—西

其中"达摩"至"恵能"（慧能）六祖，显然从禅宗抄袭而来。六祖之后，"释终儒起，道与火宅"[1]，青莲教将宋元时期道教内丹派两位大师白玉蟾、马端阳二人尊为"七祖"，造像中的"七祖"当为白、马二人之一。"八祖"即罗八祖罗蔚群，"黄九"即九祖黄德辉，"吴十"即十祖吴子祥，"何祖"即十一祖何若，"退安"即十二祖袁志谦，字退安。道光初年，袁退安由黔入川，传法于杨守一、徐吉南（另作徐继兰或徐继南）二人，其中杨守一号还虚，徐吉南号还无[2]，二人并称十三祖，共掌教盘，此处之"虚无"应是二人之合称。清道光七年（1827），徐、杨二人先后被清政府捕杀，青莲教教派遭到重创，以致道统混乱。道光二十四年（1844），杨守一门徒李一沅与陈玉贤、彭德源等教内首领，在湖北汉阳会晤，决定按"五行十地"重建青莲教。

其中"先天内五行"以"法、精、成、秘、道"为字派，"水、火、木、金、土"为序，总管教内事务，[3] 恰好与K1-8中的"水法""火精""木成""金秘""土道"五身造像一一对应。

青莲教这套道统后被先天道、一贯道、归根道、同善社等民间宗教继承吸收。但自"十四祖"起，各教派所奉道统又有所区别。因此，窟内"十四祖""十五祖""十六祖"三身造像之身份是判断窟内祖师造像属于何派道统之关键。此三身造像虽无具体姓名，但仍可根据各教派道统，大致推断其身份。先天道以"水法"彭德源为"十四祖"，"金秘"林芳华为"十五祖"，余道光、谢道恩、韩道宣为"十六祖"。[4] 但窟内已有"水法""金秘"造像，故"十四祖""十五祖"造像当别有所指，因此先天道可首先排除。同善社奉黎国光

（接上页）2004，第805—861页；濮文起《秘密教门——中国民间秘密宗教溯源》，江苏人民出版社，2000，第271—362页；濮文起主编《新编中国民间宗教辞典》，福建人民出版社，2015，第394—395、616—617、660—666页；王见川《青莲教道脉源流新论——兼谈九祖"黄德辉"》，《清史研究》2010年第1期；林万传《先天道研究》，台南：靝巨书局，1984；郑志明《先天道与一贯道》，台北：正一善书出版社，1990；李世瑜《现代华北秘密宗教》，上海文艺出版社，1990，第32—130页；韩志远《王觉一与末后一着教新探》，《近代史研究》2007年第4期；韩志远《晚清政府对民间秘密宗教的治理——以末后一着教案为例》，中国社会科学院近代史研究所政治史研究室、苏州大学社会学院编《晚清国家与社会》，社会科学文献出版社，2007，第47—67页；韩志远《近年中国大陆与台湾晚清秘密会社研究的现状与问题——以一贯道为例》，中国社会科学院近代史研究所政治史研究室、湘潭大学曾国藩研究中心编《湘淮人物与晚清社会》，社会科学文献出版社，2011，第365—377页；［日］洼德忠《一贯道について》，东洋文化研究所编《东洋文化研究所纪要》第四册，东京：东京大学东洋文化研究所，1953，第173—249页。

1 李世瑜：《现代华北秘密宗教》，上海文艺出版社，1990，第54页。

2 林万传：《先天道研究》第一册，台南：靝巨书局，1984，第131页。

3 参见李世瑜《现代华北秘密宗教》，上海文艺出版社，1990，第53—55页；秦宝琦《清代青莲教源流考》，《清史研究》1999年第4期；秦宝琦《中国地下社会》第一卷《清前期秘密社会》，学苑出版社，2009，第347—351页；濮文起主编《新编中国民间宗教辞典》，福建人民出版社，2015，第394—395页。

4 濮文起主编：《新编中国民间宗教辞典》，福建人民出版社，2015，第616页。

（即黎晚成）为"十四祖"，袁世河、胡慧贞为"十五祖"，彭汝尊为"十六祖"。[1] 考同善社为先天道支派，其正式成立在民国时期，且彭汝尊自称"十六祖"时已是光绪三十二年（1906），[2] 故窟内的"十六祖"造像不可能为彭汝尊，同善社亦应排除。归根道奉曾子评为"十五祖"，艾元华为"十六祖"，在时间上与古佛洞石窟较为吻合。但与先天道的情况类似，归根道将"水法"彭德源、"金秘"林芳华一并奉为"十四祖"，[3] 显然与古佛洞石窟造像不符，亦应排除。而一贯道奉西乾堂姚鹤天为"十四祖"。清同治至光绪年间，青州人王觉一从青莲教系统中分化独立，立东震堂，传布"末后一着教"，即一贯道之前身，王觉一为"十五祖"。光绪十二年（1886），刘清墟承继道统，执掌天盘，正式创立一贯道，刘清虚即"十六祖"。古佛洞石窟开凿于光绪十三年（1887），正是十六祖刘清虚掌教的次年，时间上刚好吻合，造像题材亦可对应。综合来看，古佛洞石窟中的祖师造像表现一贯道道统的可能性更大。事实上，杨大礼在云昙洞一侧新开石窟，却以"古佛洞"名之，亦值得深思。笔者认为此处之"古佛"恐非通常理解的古代佛像之意，而应是一贯道至高神"无生老母"之别称。[4]

第二类是与明代神魔小说《封神演义》（以下简称《封神》）相关的造像。窟内正壁K1-1中，雕刻有"鸿钧""老君""元始""通天"四像。其中"鸿钧""通天"是《封神》原创神明，正统道教中并无此二神。在小说中，鸿钧"一道传三友"[5]，是虚构出来的至高神，通天教主是截教教主，与老君、元始天尊同为鸿钧弟子。"老君""元始"本是中国正统道教的最高主神"三清"之二，但此处与"鸿钧""通天"同出，应该不是作为道教最高主神的"道德天尊""元始天尊"身份出现，而仅是《封神》中的阐教圣人。窟左壁K1-4、K1-5中发现的"惧留""道德""灵宝""太乙""赤精""玉鼎""道行"等阐教众仙及K1-8中的"度厄"、K1-9中的"陆压"等散仙，同样为《封神》原创。位于K1-1最中间的"盘古"，在《封神》中虽未出场，但开篇即有言："混沌初分盘古

---

1 濮文起主编：《新编中国民间宗教辞典》，福建人民出版社，2015，第540页；陆仲伟：《中国秘密社会》第五卷《民国会道门》，福建人民出版社，2002，第61—63页。

2 濮文起主编：《新编中国民间宗教辞典》，福建人民出版社，2015，第372—373页；桑文轩：《同善社研究》，硕士学位论文，上海师范大学，2017。

3 侯冲、杨净麟：《归根教尊奉无极圣母论》，《世界宗教研究》2014年第1期。

4 濮文起主编：《新编中国民间宗教辞典》，福建人民出版社，2015，第581页。

5 （明）许仲琳：《新刻钟伯敬先生批评封神演义》卷十七，第八十四回《子牙兵取临潼关》，明万历间金阊书坊舒载阳刊本，第56—58页。

先，太极两仪四象悬"[1]。位于K1-2中间的"伏羲"，K1-3中间的"神农""轩辕""禹王"，在《封神》中均为"三教"中的人道圣人，前三者在书中为天地人三皇。[2] 伏羲左右的"接引""准提"，在《封神》中为西方教圣人。此外，K1-1中的"紫薇"，K1-6中的"东岳"，K1-7中的"女娲""文殊""观音""普贤""斗母"，K1-8中的"南岳"，K1-9中的"雷祖""李靖""赵公明"等神明，在《封神》中皆有涉及。因此，笔者推测古佛洞石窟在开凿过程中，除了吸纳三教正统尊神、一贯道祖师和民间神祇，参照云昙洞、玉皇庙造像的题材外，还大量借鉴甚至照搬了《封神》的神灵谱系。

古佛洞石窟造像三教混一、包罗万象，已超出单一的宗教范畴，体现出民间宗教多神信仰的特点，是一处以佛教、道教神灵谱系为基础，大量借鉴《封神》神灵谱系，杂糅儒家、上古传说与神话、民间多神崇拜于一体，与清末一贯道等民间宗教有密切联系的石窟造像点。古佛洞石窟造像的题材非常驳杂，应该不是依据某一部具体的经典开凿。而且必须指出的是，窟内造像中除少数广受民间信仰的神明形象较为固定外，有大量造像形象趋同，辨识度不高，若无榜题，实难准确辨识。部分即便有榜题的造像，也与其经典形象差别甚大，或因在开凿的过程中，对其所据粉本进行了再创造。

五　空间布局及其宗教含义

古佛洞石窟大致按照神像的等级地位和民间信仰程度进行空间布局，既有三教之别，又有主从之分。位于正壁最上层最中间的"盘古""无极""瑶池"是窟内地位最高的三位神明，分布于三像周围的三教主神为第一层次；分布在正壁边缘及下层、左右两壁最上层的三教及民间信仰诸神为第二层次；位于左右两壁中下层的祖师及其他神像为第三层次（见图20）。

"盘古"是中国古代神话中最重要的创世神之一，其在一定程度上意味着天地的创造、宇宙的起源。一贯道认为，"大道无形生育天地，足征天地之源出于道。未有天地，先有此道"[3]，只是"恒隐而不现"，及至天地开辟，盘古氏现身之时，一贯道才广为世人所知。[4] 可见在一贯道教义中，盘古氏同样是天地开辟的象征，此观点亦可视为对盘古创世神话的改造和利用。传说中的盘古时代被一贯道视为"人心纯善，

1　（明）许仲琳：《新刻钟伯敬先生批评封神演义》卷一，第一回《纣王女娲宫进香》，明万历间金阊书坊舒载阳刊本，第1页。

2　（明）许仲琳：《新刻钟伯敬先生批评封神演义》卷一，卷十二，第五十八回《子牙西岐逢吕岳》，明万历间金阊书坊舒载阳刊本，第48—50页。

3　无线痴人：《一贯道新介绍》，民国二十九年重印本，第6页。

4　[日]洼德忠：《一貫道について》，东洋文化研究所编：《东洋文化研究所纪要》第四册，东京：东京大学东洋文化研究所，1953，第176页；李世瑜：《现代华北秘密宗教》，上海文艺出版社，1990，第46页。

兽面佛心，性与天通"的"活佛世界"[1]，盘古这尊创世大神亦被其纳入道统之中，并奉为初祖。石窟将盘古造像置于尊位，既符合一贯道的道统传序，亦能在一定程度上体现其创世论思想。

"无极"是一贯道教义中非常重要的概念，《一贯道新介绍》在解释其道名由来时说道：

> 天地元始，浑然一团。无声无臭，莫为其名。伏羲氏画先天八卦，以圆圈象之，又一画开天，取一字以代之，因圆写为〇，横写为一，以后老子又有无极之说，孔子亦有一贯之称，盖先天原本无形，强形之以圆圈，取其义曰无极。按圆圈伸开得一字，后以一字定名，一字之由来，实无极圈之变象也。推其原理，无极有生天育地之能，包罗万象之义。无极似属于静，一字似属于动，无极其体，一字其用也。无极一动万物生，静而不动为真空，动而能生为非空，或静或动，真空非空，无在非无极，亦无在非一，统以一字名之，亦无不可。[2]

在解释一贯道之性理时又曰：

> 原始本体无形无名，是为道，因又曰无极。无极化生万物，长之育之，由无形生有形，因有形而有名，是为母……盖无极一动五行化生，刚者为阳，柔者为阴；阳气轻浮为天，阴气凝结为地，天地氤氲万物化生。[3]

从上述观点可以看出，一贯道认为"无极"是宇宙之本源，天地万物之主宰，有"生天育地之能，包罗万象之义"。又因无极"由无形而生有形，因有形而有名，是为母"，因此一贯道的至高主宰"无生老母"，亦被称为"无极老母"。[4] "无极一动万物生"的创世论思想应是对宋代以来"无极而太极，太极生两仪"这一宇宙起源论的继承和发展。[5] 值得注意的是，一贯道教义中的"先天""无极"皆是无形无名的，即"无声无臭，莫为其名"。但石窟中却雕造出一尊手捧两仪图案的人形化"无极"造像。笔者认为，此举既是对教义中原本"无声无臭"之宇宙本体的神格化塑造，也是对"无极而太极，太极生两仪"这一宇宙起源命题的具象表达。

"瑶池"在中国古代神话中是西王母居住的仙池，也是世人向往的神仙圣境。晚清以降，随着青莲教等民间宗教的传播，

---

[1] 李世瑜：《现代华北秘密宗教》，上海文艺出版社，1990，第51页。

[2] 无线痴人：《一贯道新介绍》，民国二十九年重印本，第1页。

[3] 无线痴人：《一贯道新介绍》，民国二十九年重印本，第2页。

[4] 李世瑜：《现代华北秘密宗教》，上海文艺出版社，1990，第46页。

[5] 梁景之：《清代民间宗教与乡土社会》，社会科学文献出版社，2004，第34—53页；任思亮：《明清民间宗教思想研究》，博士学位论文，山东大学，2007。

"瑶池信仰"逐渐流行,"瑶池金母"创世、救世之说亦广为流传。在青莲教教义中,"瑶池金母"乃先天无极之本真,人类性灵的源头,其全称为"瑶池金母无极天尊",是生天生地,大慈大悲的宇宙真主宰,[1] 相当于一贯道至高神"无生老母"。青莲教认为,世间已至"末劫"前夕,瑶池金母感知世人种种苦难,命仙佛应劫降世,救度众生赴瑶池圣境与金母重聚。[2] 这些观点与一贯道教义中宣扬的"九六原子""三期末劫"及"三曹齐渡"等思想如出一辙。[3] 笔者认为,石窟中的"瑶池"造像,既代表了教众信奉的至高尊神,也象征着世人苦寻的终极归宿。

综上而言,"盘古""无极""瑶池"这三身造像实际上兼顾了天地开辟、宇宙起源、世人归宿三个方面的重要内容,在一定程度上体现和反映了一贯道的创世论、末劫论及救世论等核心教义思想。

第一层次造像将"鸿钧""通天"等《封神》中虚构的神明纳入其中,大致按照阐教—截教—人道—西方教的顺序布局,在一定程度上体现了《封神》神灵谱系与一贯道教义和道统的有机结合。古佛洞石窟之所以借助《封神》来表达一贯道的教义思想,可能有如下几个原因:

第一,《封神》所反映的宗教思想等与

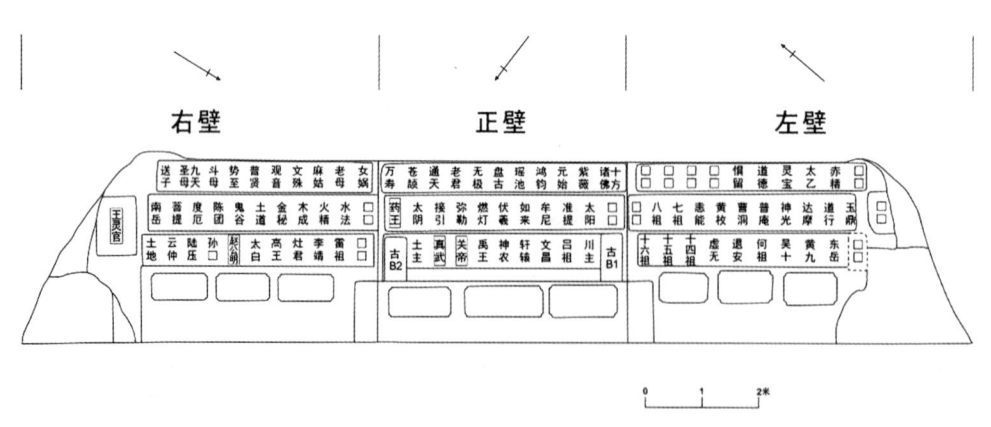

图20 古佛洞石窟造像空间布局示意图[4]

1　王琛发:《末劫收圆:晚清青莲教的瑶池信仰与其苦难道学》,《宗教与哲学》第三辑,社会科学文献出版社,2014,第364页。

2　王琛发:《末劫收圆:晚清青莲教的瑶池信仰与其苦难道学》,《宗教与哲学》第三辑,社会科学文献出版社,2014,第362—386页。

3　李世瑜:《现代华北秘密宗教》,上海文艺出版社,1990,第46—47、57页。

4　"药王"表示无榜题但依据形象特征推断出造像尊格,"□□"表示无榜题且暂不知造像尊格。

一贯道之教义有较高契合度。一贯道之教义糅合了儒家伦理思想、道教宇宙观、佛教经卷形式，采用了佛、道等教中的一些神名、术语和许多民间世俗迷信内容。[1] 他们认为"三教"虽有门户之别，但皆"一理所生"，实际上体现了"三教同源""三教归一"的思想。[2] 在价值取向上，一贯道合参三教，但仍以儒家道统居三家之首。[3] 而《封神》通过阐、截、人三教及西方之教的斗争融合，同样表达了"三教同源""三教合一"的宗教观念。[4]《封神》中的"三教"虽不包括儒家，但全书以武王伐纣为故事主线，颂扬文王仁政，鞭挞商纣暴政，处处体现着儒家所宣扬的正义、忠孝、仁政和英雄主义等精神内涵，[5] 二者在思想实质上具有一定的趋同性。事实上，民间宝卷常常对《封神》《四游记》等神魔小说进行改编，并从中吸取题材。[6] 古佛洞石窟不仅广泛吸纳三教及民间信仰神像于一窟，更对《封神》的神灵谱系进行了改造利用，正是一贯道合参诸教、三教归一教义思想的物化表现。

第二，二者拥有相似的神灵谱系。上文已提到，一贯道的宗教思想是多源的，故其神灵谱系也极为驳杂，是"集合各种宗教及世俗迷信而成的一种混合物"[7]。而《封神》的神灵谱系同样庞杂，不但吸纳正统道教、佛教中的神明，还以此为基础新塑造了一批神，并将"盘古""伏羲"等上古传说人物一并纳入其神灵谱系。而这些神又大多被一贯道纳入其道统中，并被奉为祖师。[8]

第三，以《封神》为掩护，逃避清政府的打击。一贯道的前身青莲教在清代嘉、道年间传入四川后，一度被清政府视为异端邪教。道光七年（1827）和道光二十五年（1845），青莲教曾两度遭到官府的沉重打击，四川简州、南充等地也有大批青莲教徒被官府抓获，前述祖师中的"虚无""火精""木成""土道"等教首皆被清政府捕杀。[9] 光绪年间，一贯道"十五祖"

---

1 李世瑜：《现代华北秘密宗教》，上海文艺出版社，1990，第45页。

2 ［日］浅德忠：《一贯道について》，东洋文化研究所编：《东洋文化研究所纪要》第四册，东京：东京大学东洋文化研究所，1953，第202—209页。

3 马西沙、韩秉方：《中国民间宗教史》，中国社会科学出版社，2004，第805—806页。

4 钟国发：《〈封神演义〉的宗教观念》，《传统中国研究集刊》第八辑，上海人民出版社，2011，第266—278页；谢金良：《〈封神演义〉的宗教神学体系辨析》，《老子学刊》第五辑，巴蜀书社，2014，第197—209页。

5 李亦辉：《混合三教以儒为本——论〈封神演义〉的整体文化特征》，《哈尔滨工业大学学报》（社会科学版）2011年第3期；朱越利：《〈封神演义〉与宗教》，《宗教学研究》2005年第3期。

6 张灵：《民间宝卷与中国古代小说》，博士学位论文，上海师范大学，2012。

7 李世瑜：《现代华北秘密宗教》，上海文艺出版社，1990，第59—61页。

8 李世瑜：《现代华北秘密宗教》，上海文艺出版社，1990，第51页。

9 秦宝琦：《清代青莲教源流考》，《清史研究》1999年第4期。

王觉一等人因在湖北、江苏等地组织反清暴动而遭到清政府的追捕，王氏所传布的末后一着教也受到清政府的严厉镇压。[1] 古佛洞石窟开凿于光绪十三年（1887），其时王觉一等组织反清一事虽已结案，但一贯道等民间宗教仍是清政府的打击对象。通江虽非青莲教、一贯道传布的中心区域，但此时若明目张胆地完全按照一贯道教义开窟造像，恐会引来清政府的打击。而参照与之有颇多共通点的《封神》神灵谱系来开凿和布局造像，不但能较为完整地呈现一贯道的教义思想，也能有效掩护教团免遭清政府打击。

值得注意的是，"药王""真武""关帝""文昌""川主""土主""麻姑""观音""送子"等明清民间信仰中最流行的神明被布局在第二层次造像中的重要位置上，充分体现了民间信仰的功利性和务实性特征。[2] 民间崇奉神明的终极要求是满足崇信者自身的世俗需求，因此其中心关注点在于神明是否灵验和实用，而不全在于神明的来历、等级地位。[3] 恰如濮文起先生所言，民间宗教具有相当高的包容性，它不排斥任何神明，而是让各路神明汇聚一堂，且有意识地强化和扩大神明的特殊功能，任凭民众各取所需，自由选择。[4] 在佛教造像仪轨中，为了使崇拜的神像更"灵验"，通常会在造像雕刻完成后通过开光、装藏等祝圣仪轨赋予造像"神力"，有学者将这种行为称为神圣性构建。[5] 古佛洞石窟中大部分造像胸口都有一个小圆孔，很可能就是造像开光之时，装藏经咒或祈福愿文所用，其目的正是赋予窟中神像以"神力"，并祈其护佑。

小　结

通过上述分析可以看出，古佛洞石窟应是以一贯道的宗教思想为依据，经过细心规划营建而成。不同题材、不同层次的神明汇聚在一窟之中，大致按照神明的等级和受信仰程度均匀布局，比较完整地展现了一贯道的神灵谱系和道统传序。窟内以"盘古""无极""瑶池"为最高核心，合参诸教，并借鉴《封神》神灵谱系，将古佛洞石窟营造成了一个微缩的众神宇宙，以具象化的形式反映了一贯道的创世论、

1　马西沙、韩秉方：《中国民间宗教史》，中国社会科学出版社，2004，第854—858页；韩志远：《王觉一与末后一着教新探》，《近代史研究》2007年第4期。

2　王守恩：《论民间信仰的神灵体系》，《世界宗教研究》2009年第4期；林移刚：《清代四川民间信仰地理研究》，博士学位论文，西南大学，2013。

3　蒲慕州：《追寻一己之福——中国古代的信仰世界》，上海古籍出版社，2007，第233页；王守恩：《论民间信仰的神灵体系》，《世界宗教研究》2009年第4期。

4　濮文起主编：《新编中国民间宗教辞典》，福建人民出版社，2015，第3页。

5　蒋家华：《佛像的神圣性建构：从造像标准到祝圣仪轨的考察》，《宗教学研究》2015年第2期；郭萌：《佛教装藏问题的研究》，《文博》2019年第2期。

末劫论及救世论等核心教义思想，不排除古佛洞石窟本身就是清光绪年间一贯道的一处佛坛，对研究晚清一贯道的宗教思想及四川地区民俗信仰变迁等问题具有很高的学术价值。

目前学界对一贯道等民间秘密宗教的研究主要集中在源流变迁、传布区域、教派关系、宗教仪式、宗教思想及其社会实践等方面，所依据的材料则以档案、宝卷等文献材料为主。[1] 与一贯道相关的实物材料，特别是可以直接反映其宗教信仰内容的石窟造像却极少发现，研究更几付阙如。目前尚无专门研究四川地区一贯道的成果问世，仅有少量论著偶有涉及，[2] 这可能与四川地区一贯道的社会影响较小、遗迹遗

---

[1] ［日］洼德忠：《一贯道について》，东洋文化研究所编：《东洋文化研究所纪要》第四册，东京：东京大学东洋文化研究所，1953，第173－249页；［日］洼德忠：《一贯道补考：「一贯道は什么东西」の绍介》，《东洋文化研究所纪要》第十一册，东京：东京大学东洋文化研究所，1956，第179—212页；李世瑜：《现代华北秘密宗教》，上海文艺出版社，1990，第32—130页；周育民：《一贯道前期历史初探——兼谈一贯道与义和团的关系》，《近代史研究》1991年第3期；秦宝琦：《清代青莲教源流考》，《清史研究》1999年第4期；路遥：《山东民间秘密教门》，当代中国出版社，2000，第370—424页；庄吉发：《清代青莲教的发展》，《清史论集》第九集，台北：文史哲出版社，2002，第193—220页；曹新宇、宋军、鲍齐：《中国秘密社会》第三卷《清代教门》，福建人民出版社，2002，第190—216页；陆勇：《晚清秘密教门与近代社会变迁》，《云南社会科学》2003年第4期；秦宝琦：《清末民初秘密社会的蜕变》，中国人民大学出版社，2004，第137—155、173—177页；马西沙、韩秉方：《中国民间宗教史》，中国社会科学出版社，2004，第805—861页；韩志远：《王觉一与末后一着教新探》，《近代史研究》2007年第4期；韩志远：《晚清政府对民间秘密宗教的治理——以末后一着教案为例》，《晚清国家与社会》，社会科学文献出版社，2007，第47—67页；秦宝琦：《中国地下社会》第一卷《清前期秘密社会》，学苑出版社，2009，第340—355页；秦宝琦：《中国地下社会》第二卷《晚清秘密社会》，学苑出版社，2009，第28—32页；王见川：《青莲教道脉源流新论——兼谈九祖"黄德辉"》，《清史研究》2010年第1期；韩志远：《晚清秘密社会史研究》，中国社会科学院近代史研究所政治史研究室：《晚清政治研究的检讨：问题与前瞻》，社会科学文献出版社，2014，第106—129页；杨流昌：《天道传奇——贯道在台湾的传播与影响》，中央民族大学，博士学位论文，2010；卢云峰、梁景文：《解禁与教派演化：以台湾地区一贯道为例》，金泽、李华伟主编：《宗教社会学》，社会科学文献出版社，2015，第44—69页；王琛发：《末劫收圆：晚清青莲教的瑶池信仰与其苦难道学》，《宗教与哲学》第三辑，第362—386页；王琛发：《观音古佛在瑶池收圆信仰中的定位——从青莲教常用经典探讨其道学建构》，《原道》2016年第3期；王琛发：《南阳天地会神符以及其中的青莲教影响》，《宗教与哲学》第五辑，北京：社会科学文献出版社，2016，第402—417页；李常宝：《抗战时期山西一贯道探微》，《抗日战争研究》2017年第1期。近年来，不少学者对国内外关于一贯道等民间宗教的研究现状进行了较为细致地梳理，颇具参考价值，如范纯武、王见川、高致华：《战后台湾民间宗教研究的回顾与前瞻》，《文史哲》2009年第1期；刘平、冯彦杰：《近年美国有关中国民间宗教的研究》，《世界宗教文化》2010年第5期；孙江：《在中国发现宗教——日本关于中国民间信仰结社的研究》，《文史哲》2010年第4期；韩志远：《近年中国大陆与台湾晚清秘密会社研究的现状与问题——以一贯道为例》，《湘淮人物与晚清社会》，社会科学文献出版社，2011，第365—377页；邵雍：《新世纪以来中国近代秘密社会史研究的新进展》，《史学集刊》2012年第5期；郑志明：《台湾民间信仰的研究回顾》，《世界宗教研究》2013年第1期。此外，濮文起等学者还搜集整理了1875至2012年138年间关于中国民间宗教的论著、数据目录，为相关研究的开展提供了极大便利，参见濮文起主编《新编中国民间宗教辞典》，福建人民出版社，2015，第874—963页。

[2] 倪英才：《刘仪顺与贵州咸同大起义》，《贵阳师院学报》（社会科学版）1985年第2期；曾召南：《刘仪顺的灯花教与贵州的号军起义》，《贵阳师院学报》（社会科学版）1985年第2期；秦宝琦：《清代青莲源教流考》，《清史研究》1999年第4期；林顿：《清代四川红灯教研究》，《成都大学学报》（社会科学版）1992年第3期；良友：《四川民间邪教组织的起源于消亡》，《巴蜀史志》2000年第4期；《中国民间宗教史》，中国社会科学出版社，2004，第821—850页；欧阳恩良：《民间教门与咸同贵州号军起义》，《贵州师范大学学报》（社会科学版）2006年第6期；韩志远：《王觉一与末后一着教新探》，《近代史研究》2007年第4期等。

物发现较少有关。与一贯道密切相关的大规模石窟造像，尤其是传承明确的清末一贯道祖师造像在国内尚属首见，不但丰富了可与档案文献及经书宝卷相互印证的物质资料，更为补充和研究清末一贯道源流、传播及传承等问题提供了宝贵的实证材料。

古佛洞石窟中的部分造像题材如观音、真武、文昌、川主、土地、药王等在四川地区明清石窟中非常流行，但大多单独呈现，规模较小，不成体系。盘古、女娲、伏羲、轩辕、神农、高王、仓颉等传说人物及鸿钧、通天、陆压等《封神》原创神明在石窟中更不多见。佛道合龛或三教合龛的造像在四川地区流行较早，至明清时期依然存在，但规模、数量及保存状况如古佛洞石窟者亦属罕见。古佛洞石窟融三教神明、传说人物、祖师造像及常见的民间神祇于一窟，几乎涵盖了明清石窟的所有流行题材，且雕刻技艺精湛，艺术水平高超，堪称明清石窟造像的大观园，其研究价值不言而喻。

通江县所在的川东北地区地处川陕鄂三省交界，其地山高林密、交通不便，且土地贫瘠、经济落后，历代封建王朝都难施管控。尤其是清代中后期以来，川东北地区以其特殊的自然人文环境，成为各省流民汇聚之所和民间秘密宗教滋生、传布的温床。这些流民在民间秘密宗教的煽惑下长期与清政府对抗，严重威胁其统治。嘉庆初年，席卷五省的白莲教起义即在川东北地区策源发动并迅速蔓延。白莲教起义后，清政府诸措并举，切实加强了对川东北地区的地方管控，[1] 并对民间秘密宗教实行严厉的禁断政策，作为一贯道前身的青莲教就曾多次遭到沉重打击。通江云昙洞虽然僻远，但早在明末就已成为当地名胜，且至少在道光时已成为香火兴盛的宗教场所。[2] 云昙洞内原有之九十余身塑像及光绪十一年（1885）玉皇庙中所尊奉的大量神像，皆题材多样、诸教合一，较好地契合了一贯道的教义思想和神灵谱系，为一贯道在这一地区的传布提供了参考模本和信众基础。但杨大礼选择在此开窟造像，固然与此地为家乡名胜且宗教底蕴深厚有关，但恐亦不排除有躲避官方打击的考虑。尽管民国时期四川大部分县市皆有一贯道传布，[3] 但清末一贯道传布的中心区域并不在四川，其在四川的传布情况也长期不为人知。[4] 光绪年间，王觉一在湖北、江苏的反清运动被镇压后，曾考虑转战四川地区继续活动，但终未成行。然当时是否有其他教众进入四川秘密活动，亦难确定，古佛洞石窟的发现，则可充作补证。光绪十

---

[1] 秦平：《白莲教暴动与清廷对川东北的管控》，硕士学位论文，西华师范大学，2017。

[2] （清）锡檀修，陈石麟等纂：道光《通江县志》卷二《舆地志》，清道光二十八年刻本。

[3] 赵嘉珠主编：《中国会道门史料集成：近百年来会道门的组织与分布》，中国社会科学出版社，2004，第957—1040页。

[4] 有学者认为，在刘清墟掌教时期，一贯道活动范围仅限于山东青州一带，参见濮文起主编《新编中国民间宗教辞典》，福建人民出版社，2015，第308页。

三年（1887），十六祖刘清墟执掌教盘甫一年，一贯道如何传入通江，并为当地百姓所接受，以至于杨大礼家族愿费巨资、甘冒风险，耗时三年开凿与之相关的石窟造像，杨大礼及其家族在一贯道传入通江的过程中扮演着什么样的角色等，都是非常值得关注和思考的社会史课题。鉴于篇幅所限，且此类问题涉及较广，笔者拟另文探讨，此处暂不赘言。总之，古佛洞石窟造像的发现，不但丰富了川渝地区明清石窟造像的图像材料，还为从社会史角度研究清代中晚期民间宗教、民俗信仰及其与清政府地方治理的互动关系等问题，提供了新的实物材料。

附记：参与本成果调查的人员还有四川大学考古文博学院邓宏亚、谈北平、王昱峰、李发金、魏新柳、郭振新；线图由李发金、罗洪彬绘制；除图7由通江县文物局提供外，其余照片均由谈北平、罗洪彬拍摄。本文撰写过程中，还得到四川大学考古文博学院白彬教授的悉心指导，西南交通大学中国宗教研究中心赵川老师提供了部分宝贵资料，谨此一并致谢！

试论可乐式剑

■ 毕 洋（四川大学考古文博学院）

一 问题的提出

可乐墓地位于贵州省黔西北地区的赫章县，共有十余处墓葬。自20世纪50年代至今，可乐墓地发掘的墓葬已有300余座。发掘者将其分为甲、乙两类，甲类墓为汉式墓，年代大致为西汉昭宣以后至东汉初期；乙类墓为地方土著墓，年代自战国早、中期延续至西汉前期[1]。从考古发现看，可乐乙类墓其独特的文化内涵如"套头葬"和"覆面葬"葬俗、镂空牌形茎首剑等，不仅与当地的汉式墓不同，更与同时期周边地区的其他古代文化有别。故有学者认为，"可乐乙类墓代表了战国秦汉时期西南夷地区的一种新的考古学文化类型"，并由此提出了"可乐文化"的命名[2]，这对于推动和提升云贵高原地区西南夷文化类型的研究和讨论具有重要意义，其言切中肯綮。

尽管学界对于可乐文化类型的命名还存在一定的争议[3]，但可乐墓葬所出土的镂空牌形茎首剑与其颇具特色的"套头葬""覆面葬"等葬俗一样，其研究价值殊为凸显，对于深入探讨夜郎与可乐族群关系，抑或是更进一步窥探战国秦汉时期云贵高原地区的西南夷各土著族群之间的文化交流与传播、族群迁徙等问题，其学术价值不言而喻。故此，笔者根据镂空牌形茎首剑的出土地点，称其为可乐式剑。

1　贵州省博物馆考古组、贵州省赫章县文化馆：《赫章可乐发掘报告》，《考古学报》1986年第2期；贵州省文物考古研究所：《赫章可乐二〇〇年发掘报告》，文物出版社，2008，第45、126—127页。

2　杨勇：《试论可乐文化》，《考古》2010年第9期。

3　参见宋世坤《贵州古夜郎地区青铜文化初论》，载中国考古学会《中国考古学会第二次年会论文集》，文物出版社，1980，第176—185页；宋世坤《贵州古夜郎地区青铜文化再论》，《贵州文物》1997年第1期；梁太鹤《夜郎文化的考古学定名问题》，《贵州文物工作》2003年第1期；席克定《"夜郎考古"与夜郎——考古学文化在"夜郎考古"中的作用与意义》，载贵州省文化局、贵州省文物博物馆学会《文博与发展——贵州文化遗产保护文集》（一），贵州科技出版社，2010，第39—49页。

可乐式剑是贵州黔西北地区夜郎时期[1]地方土著文化墓葬中最具代表性的器物之一，同时也散见于云南高原和越南北部地区的古文化中。目前国内考古发现见诸报道的据不完全统计约有 18 件，其中 1976—1978 年发掘的赫章可乐土著墓葬 5 件[2]、2000 年发掘的赫章可乐土著墓葬 6 件[3]、曲靖潇湘平坡 1 件[4]、八塔台 1 件[5]、广南小尖山 1 件[6]、江川李家山 1 件[7]、陆良博物馆馆藏 1 件[8]、陆良薛官堡 1 件[9]、宜良纱帽山 1 件[10]。尽管可乐式剑出土数量较少[11]，但其形制所反映的阶段性变化、时代与来源地特征较为明确。故此，本文在对上述材料综合研究的基础上，对可乐式剑的年代分期、渊源及其形制演变等问题略作分析，以期为今后进一步研究提供方便。

二　型式与年代分期

可乐式剑有铜剑和铜柄铁剑两类，茎与剑身皆分铸，组合为剑。茎首呈镂空牌状，上饰圆圈纹、弧状条纹、卷云纹不一。茎一般呈不规则柱状，中部略束，有凸起箍状装饰数道，茎上有一或两个方形穿，供揳入销钉以固定剑身；茎前端稍外展，与两道箍状装饰组合成剑格。格部饰有"S"形卷云纹、斜雷纹、圆圈纹等纹饰。剑身中部有脊，平面形状或为柳叶形、长条形，或大致呈狭长三角形、扁长条状。目前国内所见的可乐式剑，根据其质地、剑茎的不同可分为四型。

A 型：铜质，茎较粗壮。据剑身平面

---

[1] 彭长林：《关于"夜郎文化"的思考》，《贵州文史丛刊》2006 年第 4 期。

[2] 贵州省博物馆考古组、贵州省赫章县文化馆：《赫章可乐发掘报告》，《考古学报》1986 年第 2 期。

[3] 贵州省文物考古研究所：《赫章可乐二〇〇年发掘报告》，文物出版社，2008，第 70 页。

[4] 云南省文物考古研究所、曲靖市麒麟区文物管理所：《曲靖市麒麟区潇湘平坡墓地发掘报告》，载云南省文物考古研究所：《云南考古报告集（之二）》，云南科技出版社，2006，第 27 页。

[5] 宋世坤：《我国西南地区铜柄铁剑研究》，载中国考古学会：《中国考古学会第三次年会论文集》，文物出版社，1981，第 271—278 页。

[6] 云南省文物考古研究所、文山州文物管理所、红河州文物管理所：《云南边境地区（文山州和红河州）考古调查报告》，云南科技出版社，2008，第 44 页。

[7] 云南省文物考古研究所、玉溪市文物管理所、江川县文化局：《江川李家山——第二次发掘报告》，文物出版社，2007，第 170 页。

[8] 中国社会科学院考古研究所、云南省文物考古研究所、曲靖市文物管理所、陆良县文物管理所：《陆良薛官堡墓地》，文物出版社，2017，第 356 页。

[9] 杨勇：《可乐文化因素在中南半岛的发现及初步认识》，《考古》2013 年第 9 期。

[10] 李保伦：《对滇文化八塔台类型相关问题的探讨》，《中国文化论坛》2015 年第 3 期。

[11] 另有云南晋宁昆阳磷肥厂采集一件，但无相关图片资料证实，故未列入。

形状差异分二亚型。

Aa 型：茎中部微束，上饰四道箍状装饰，剑身平面略呈柳叶形。可乐 M365：5，剑身两刃较直（见图 1：1）。可乐 M308：3，剑身两刃中部稍弧（见图 1：2）。

Ab 型：茎部下部较粗大，饰三道箍状装饰，平面形状略呈三角形。可乐 M341：4，剑格与剑身交接处有颈，剑身基部有两肩（见图 1：3）。

B 型：铁质，茎略呈柱状，剑格大致与剑身基部平齐。据剑茎差异分为二亚型。

Ba 型：茎部稍细，根据剑身平面形状不同分为二式。

BaⅠ式：剑身呈长条状，两刃较直。可乐 M67：2，茎上部较粗，下部较细，通长 59.1 厘米（见图 1：4）。

BaⅡ式：剑身呈宽扁长条状。曲靖潇湘平坡 M181：6，茎上部似喇叭状，通长 61.2 厘米（见图 1：5）。

Bb 型：剑身平面呈细长条状。江川李家山 M68：300，通长 74 厘米（见图 1：6）。

C 型：铁质，剑茎略呈亚腰状。根据剑身长短及平面形状的不同分为二亚型。

Ca 型：短剑，剑身平面呈宽扁状。可乐 M324：1，通长 28.1 厘米（见图 1：7）。

Cb 型：长剑，剑身平面呈长条状。可乐 M273：6，残长 48.5 厘米（见图 1：8）。可乐 M274：92，残长 53.6 厘米（见图 1：9）。陆良博物馆藏 LBC：11（见图 1：10）。

D 型：铁质，剑茎箍状装饰不明显，上饰各种密集纹饰。广南小尖山采集（无编号），残长 31.4 厘米（见图 1：11）。

关于各型可乐式剑的年代，我们主要依据其所出土墓葬的年代。2000 版报告判定可乐乙类墓的年代在战国早期至西汉前期。在出土有 A 型剑的乙类墓中，M308、M341 属一期，年代为战国早期至战国中期；M365 属二期，年代为战国晚期。其中，M308 伴出有弧线三角形援无胡直内戈、扁体窄三角双翼形镞、簧形首发簪、"U" 形发钗、宽片状环形镯等（见图 2：1—7）；M341 伴出有无胡直内戈、窄片状环形镯、簧形首发钗等（见图 2：8—11）；M365 伴出有条形无胡直内戈、"U" 形发钗、宽片状环形镯、残铁器等（见图 2：12—16），这三座墓葬出土的器类及其形制大致相同。已有研究表明，三角形援蜀式无胡直内戈、三角双翼形镞主要流行于战国中晚期[1]；而三墓所出铜戈，皆明显有蜀式无胡戈的特征。尽管不排除有可能是受早期蜀式无胡戈的影响，但三墓所出的簧形首发簪、"U" 形发钗、宽片状环形镯等器物也多见于战国中晚期的滇文化墓葬中。故我们认为，出土 Aa 型剑的 M308、M341 年代应稍早，大致在战国中期；出土 Ab 型剑的 M365 因伴出有铁器等，年代应稍晚，大致在战国晚期。

1　张合荣：《夜郎青铜文明探微：贵州战国秦汉时期青铜器研究》，上海古籍出版社，2018，第 138 页。

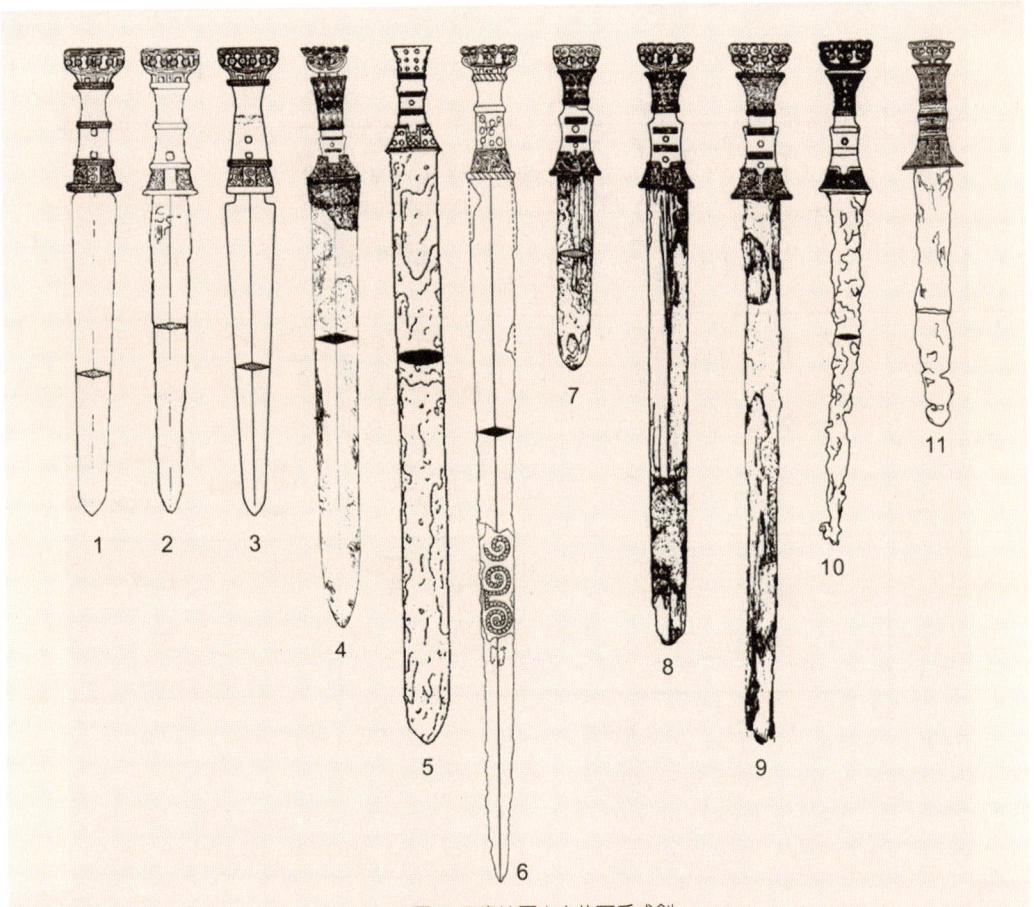

图1 云贵地区出土的可乐式剑

1.贵州赫章可乐M365：5（Aa）；2.贵州赫章可乐M308：3（Aa）；3.贵州赫章可乐M341：4（Ab）；4.贵州赫章可乐M67：2（BaⅠ）；5.云南曲靖潇湘平坡M181：6（BaⅡ）；6.云南江川李家山M68：300（Bb）；7.贵州赫章可乐M324：1（Ca）；8.贵州赫章可乐M273：6（Cb）；9.贵州赫章可乐M274：92（Cb）；10.云南陆良博物馆藏LBC：11（Cb）；11.云南广南小尖山采集（D）

BaⅠ式见于可乐 M67，与其伴出有铁釜、铁削、铜发钗、残漆器等器物，1986版《报告》判定其年代为西汉前期，这无多大异议。BaⅡ式见于曲靖潇湘平坡M181，与其伴出有陶壶、铜釜、漆耳杯、铜马饰及铁矛、铁戈、铁器工具等（见图2：17—21），这些大多均为汉式器物。考虑到该墓出土较多的汉式铁器及汉人大规模进入云贵高原腹地是在汉武帝开西南夷后，发掘者判定该墓葬的年代在西汉晚期，笔者认为是比较适宜的。再从 Ba 型剑的形制演变轨迹来看，Ba 型剑茎相比 A 型剑茎则完全呈不规则状，剑茎接首部处具有仿滇文化喇叭形首柱状茎的形态；再从剑刃上看，BaⅠ式剑刃虽较为先进，但从其平面形状看也与战国晚期滇式剑的剑刃相似。故我们推测，BaⅠ式剑的延续时间可能稍长，其上限可到战国末期，下限应大致与墓葬年代同时。BaⅡ式的剑刃已明显具有汉式剑的特征，应晚于BaⅠ式，该剑的年

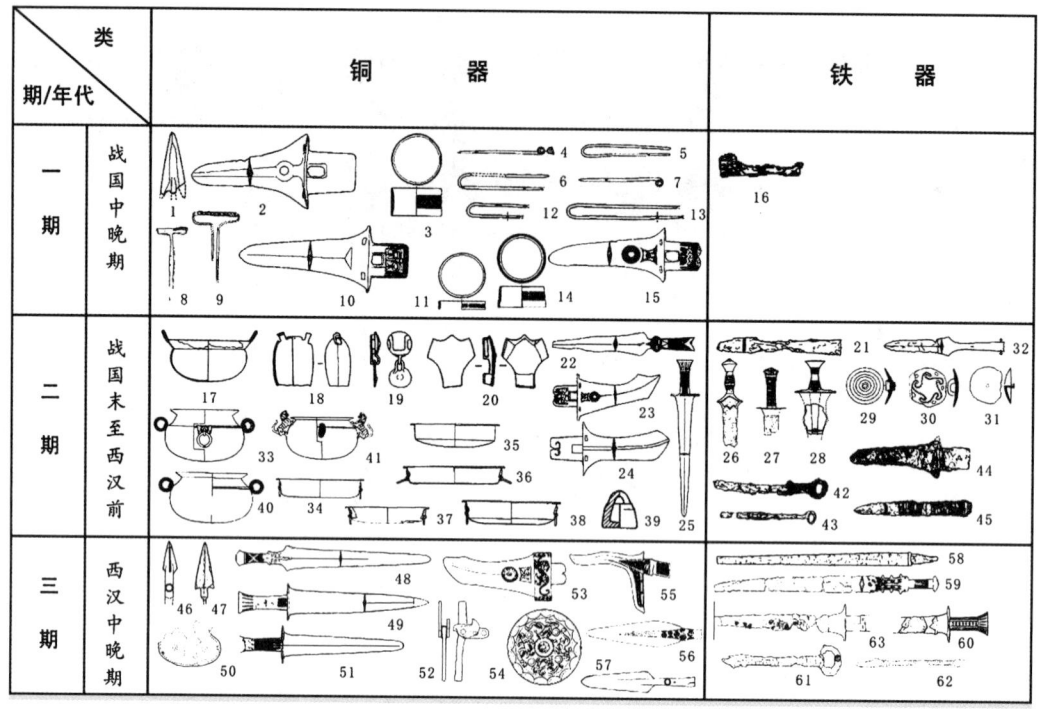

图 2　出土可乐式剑墓葬与可乐周边地区同期墓葬伴出器物示意

1、46、47. 铜镞；3、11、14. 铜镯；4、7. 铜簪；5、6、12、13. "U"形发钗；8、9. 发簪；2、10、15、23、24、53、55. 铜戈；16. 残铁器；17、33、40、41. 铜釜；18. 铜铃；19. 铜辔饰；20. 铜节约；21. 铁矛；22、56、57. 铜矛；25、48、49、51. 铜剑；26—28、58—60、63. 铜柄铁剑；29—31. 铁泡钉；32、62. 铜骹铁矛；34—38. 铜洗；39. 铜印；42、43. 铁削刀；44. 铁戈；45. 铁刮刀；50. 铜当卢；52. 铜弩；54. 铜镜；61. 环首铁刀

1—7. 贵州赫章可乐（M308：1、M308：2、M308：4、M308：6、M308：7、M308：8、M308：9）；8—11. 贵州赫章可乐（M341：1、M341：2、M341：3、M341：7）；12—16 贵州赫章可乐（M365：1、M365：2、M365：5、M365：3、M365：4）；17—21. 云南曲靖潇湘平坡（M181：11、M181：13—1、M181：13—2、M181：13—3、M181：1）；22—32. 云南江川李家山（M68：163、M68：338、M68：341、M68X2：2、M68X1：6、M68X1：8、M68X1：67—1、M68：77①、M68：77②、M68：77③、M68：152）；33—45. 贵州赫章可乐（M273：1、M273：2、M273：4、M274：1、M274：4、M274：6、M274：42、M274：86、M274：87、M273：5、M274：41、M274：91、M274：94）；46—63. 云南晋宁石寨山（M71：3②、M71：20②—1、M71：31、M71：70①、M71：77、M71：143④、M71：148、M71：150、M71：160、M71：185、M71：195⑦、M71：202、M71：25、M71：29①、M71：91、M71：151—1、M71：156②、M71：182）

代也应与墓葬年代大致同时，为西汉前期。Bb 型见于江川李家山 M68（见图 2：22—31），报告认为其时代为武帝置郡后的西汉中晚期，这也无异议。

Ca 型见于可乐 M324，剑身与剑茎呈弧线连接，与巴蜀式柳叶形剑相同，2000 版《报告》判定该墓的年代在战国晚期。Cb 型出土于可乐 M273、M274，这两座墓皆出土有巴蜀文化、汉文化的典型器物如铜釜、铜洗等，特别是 M274 还出土有篆书"敬事"铜印、铁戈、铁器工具等（见图 2：33—45），《报告》判定这两座墓的年代为战国末期至西汉前期。尽管 M274 较 M273 出土更多的具有汉文化特征的典型器物，但从两墓所出可乐式剑的形制来看，二者皆相同，故我们认为 Cb 型剑的年代当与其所出墓葬的年代大致相同。

D 型剑为广南县小尖山采集，因此只能根据其形制与相邻地区墓葬中出土的具有相似特征的器物推断其大致年代范围。D 型剑茎柱状茎特征已经较为明显，与滇文化喇叭形首柱状茎剑茎同，如石寨山 M71：39（见图 4：8），茎部箍状不甚突出，无疑受滇文化的影响较大。根据其形制特征，其演变轨迹应晚于 Ba I 式而当与 Bb 型大致同时，加之该型剑也为铜柄铁剑，并考虑到可乐式剑传入云南高原地区后受滇文化影响的渐进过程，且石寨山 M71 出土的铜镞、铜戈、铜剑、铜矛、铜车马饰等皆为西汉中晚期的器物（见图 2：46—63），故我们推测 D 型剑的年代也当为西汉中晚期左右。

综上所述，我们可以将可乐式剑的年代大致分成三个大的时期：

第一期：战国中晚期。该期是可乐式剑的初始期，这一时期主要为 A 型剑，并开始出现 Ca 型剑。

第二期：战国末期至西汉前期。该期是可乐式剑的发展期，主要为 Ba I 式剑、Cb 型剑。

第三期：西汉中晚期。该期是可乐式剑的成熟期，主要为 Ba II 式剑、Bb 型剑和 D 型剑。

以上分期还只是粗略的，有待新资料的出土作进一步补充和修订，尤其是战国中晚期的资料还比较薄弱，但总的线索还是比较清楚的。

三　渊源及其演变

可乐墓地位于黔西北乌蒙山脉中段，西靠曲靖坝子，西北紧邻昭鲁盆地，东与巴蜀腹地接壤。自东周至西汉，此地属《史记》所记载的"西南夷"故地之一。现有考古发现表明，可乐墓葬出土有四类青铜器，分别属于巴蜀文化、滇文化、汉文化和地方土著文化，而当地的土著文化器物又深受前二者文化的影响。可见，可乐墓葬与周边地区战国秦汉时期的文化有着密切的关系。因此，对于可乐式剑文化渊源及其演变轨迹的追溯，我们可以到周邻地区的古代文化中去寻找。

可乐乙类墓出土有不少巴蜀文化的器物，其中就有十余件巴蜀式柳叶形铜剑和铁剑。我们从其形制与年代特征来看，它们分属于江章华先生对巴蜀式铜剑研究中的 D 型 II 式、III 式、E 型及 F 型，在巴蜀地区主要流行于战国中期至西汉早期[1]。而这批柳叶形铜剑分别出土于可乐一期、二期墓葬，年代为战国中期至战国晚期。梁太鹤先生曾认为，从其出现的时代顺序看，柳叶形铜剑和铁剑大致在战国中期后传入可乐，随着稳定地融入当地文化后，进而在其基础上发展演变，且这一过程也符合

---

[1] 江章华：《巴蜀柳叶形剑研究》，《考古》1996 年第 9 期。

铁器在这个地区开始产生的历史[1]。

由此，根据我们前文对可乐式剑的类型分析，Aa 型剑不仅其剑刃含有巴蜀柳叶形铜剑的特点，如重庆云阳李家坝 M54：2[2]（见图 3：1、2）；并且 Aa 型剑的年代也最早，其形制也较为原始，可以说是可乐式剑的最原始的形态。也就是说，可乐式剑是在受巴蜀式柳叶形剑的影响后再加工铸造出的另一类剑，这即是可乐式剑其剑刃含有柳叶形态的原因。所以，即使是最原始形态的可乐式剑，从形制上看也较为先进。

在滇东曲靖盆地的八塔台墓地，除其具有独特而鲜明的土著文化特征之外，还与黔西、黔西北地区的青铜文化有着密切的联系。如八塔台墓地与威宁中水汉墓，两地出土的釜、鍪、泡饰、戈、剑等器物明显具有相近的文化因素。此外，八塔台墓地出土的铜扣饰、圆茎剑、铜戈、扁茎剑、手镯等也与可乐墓地所出一致[3]。以上情况说明，曲靖盆地的青铜文化与黔西、黔西北地区的土著文化在战国秦汉时期的文化交流是非常密切和频繁的[4]。从 Ab 型可乐式剑的形制我们可以看出，其茎部与剑身基部明显有"颈"，且剑身基部两肩明显，加之略具三角形的剑身，与云南曲靖八塔台 M178：25[5] 的剑刃大致相同（见图 3：3、4）。由此可以说明，Ab 型剑是受八塔台当地土著文化的影响发展而来的。

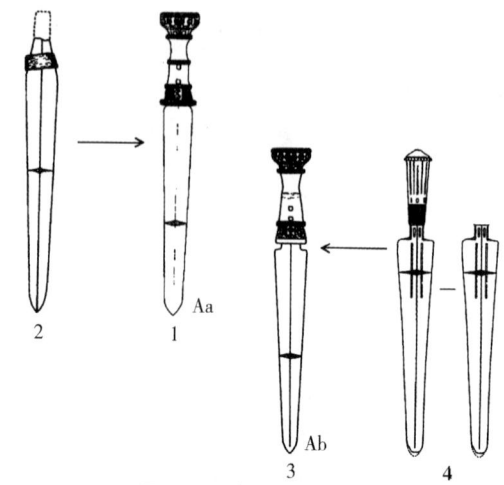

图3　A型可乐式剑演变示意图
1. 贵州赫章可乐M365：5；2. 重庆云阳李家坝M54：2；
3. 贵州赫章可乐M314：4；4. 云南曲靖八塔台178：25

B 型剑其剑茎皆含有滇式剑喇叭形首柱状茎的特征。如 Ba I 式，茎后部略呈喇叭形状，不规则柱状茎中部大体呈下细上粗状，仅可乐式剑茎的束腰与箍状凸起略明显，这大致与江川李家山出土的滇式无

---

[1] 梁太鹤：《贵州夜郎地区出土的巴蜀式铜兵器》，《中华文化论坛》2008 年第 12 期。

[2] 四川大学历史文化学院考古系、重庆市文化局、云阳县文物管理所：《重庆云阳李家坝东周墓地 1999 年发掘报告》，《考古学报》2002 年第 1 期。

[3] 云南省文物考古研究所：《曲靖八塔台与横大路》，科学出版社，2003，第 188 页。

[4] 毕洋：《威宁饕餮纹铜戈考兼论美术考古学与美术史》，《贵州大学学报》（艺术版）2017 年第 3 期。

[5] 云南省文物考古研究所：《曲靖八塔台与横大路》，科学出版社，2003，第 35 页。

格柱状茎[1]（云南江川李家山 M24：82）和滇式矛形剑茎[2]（云南江川李家山 M51：24）相似（见图 4：1—3）。此外，该剑刃虽从平面形状上看较为先进，但从其形制来看，则更多地包含了汉文化的特征，与云南水富张滩出土的汉式剑 M2：10[3] 的剑刃相似（见图 4：4）。因此我们认为，Ba Ⅰ式剑应是在可乐式剑基础上又进一步吸收滇文化、汉文化的影响后再加工而成的改装剑。

Ba Ⅱ式剑的形制特征则较为鲜明，除其茎部明显是在继承 Ba Ⅰ式剑茎的基础上而来的以外，其茎部后端呈滇式喇叭形首风格，与云南晋宁石寨山 M71：36[4] 同（见图 4：6）；剑刃则明显具有汉式剑的特征，与云南水富张滩 M2：2[5] 同（见图 4：10）。可以说，Ba Ⅱ式剑是在受滇文化影响后再受汉文化的影响而铸造出来的。

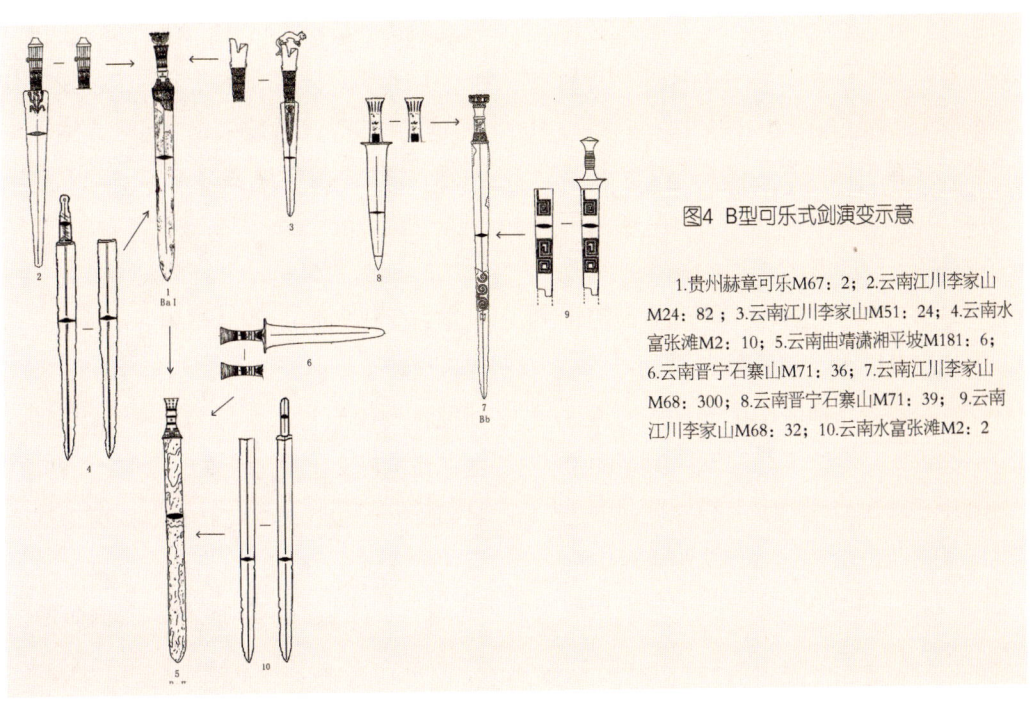

图4 B型可乐式剑演变示意

1.贵州赫章可乐M67：2；2.云南江川李家山M24：82；3.云南江川李家山M51：24；4.云南水富张滩M2：10；5.云南曲靖潇湘平坡M181：6；6.云南晋宁石寨山M71：36；7.云南江川李家山M68：300；8.云南晋宁石寨山M71：39；9.云南江川李家山M68：32；10.云南水富张滩M2：2

---

1 云南省博物馆：《云南江川李家山古墓群发掘报告》，《考古学报》1975 年第 2 期。

2 云南省文物考古研究所、玉溪市文物管理所、江川县文化局：《江川李家山——第二次发掘报告》，文物出版社，2007，第 77 页。

3 云南省昭通市文物管理所、云南省水富县文化馆：《云南省昭通市水富县张滩土坑墓地试掘简报》，《四川文物》2010 年第 3 期。

4 云南省文物考古研究所、昆明市博物馆、晋宁县文物管理所：《晋宁石寨山——第五次发掘报告》，文物出版社，2009，第 54 页。

5 《云南省昭通市水富县张滩土坑墓地试掘简报》，《四川文物》2010 年第 3 期。

Bb 型剑茎与 Ba 型剑茎相比，已经较为"规整"。其中，可乐式束腰与中部箍状凸起仅略有呈现，其柱状茎更接近于滇式不规则柱状茎，近首处即茎后部则呈喇叭状，与云南晋宁石寨山 M71∶39 [1] 同（见图 4∶7、8）；且该型剑茎、剑刃上皆饰有滇文化中常见的回旋纹、组合蛇形纹等纹饰，如云南江川李家山 M68∶32 [2]（见图 4∶9）。故我们认为，Bb 型剑是受滇文化影响发展而来。

C 型剑皆为铜柄铁剑，剑茎形制皆相同，唯有剑刃不同。其中，Ca 型剑刃与 Aa 型剑刃相似，略呈柳叶形，其年代也较早，与巴蜀文化有密切关系，如贵州威宁红营盘 M13∶3 [3]（见图 5∶1、2）。Cb 型剑刃则成扁长条形，比其他类型的铜柄铁刃剑更为"规整"，年代也较晚，与汉式剑刃相似，如礼州 M1∶16 [4]（见图 5∶3、4）。宋世坤先生曾对贵州地区出土的早期铁器进行过系统研究，他认为战国秦汉时期的贵州地区并不产铁，贵州出土的早期铁器应自战国中晚期起，来源于冶铁业相对发达的巴蜀地区 [5]。由此我们认为，C 型、D 型剑应是分别受巴蜀文化和汉文化的影响后由可乐族群自行制造的成果。

D 型剑出自云南广南地区，除仍保留可乐式镂空牌型茎首外，剑茎已完全演变为滇式喇叭形首柱状茎，如李家山 M51∶115 [6]（见图 5∶5、6），箍状凸起与其原有的不规则柱状已不甚明显。剑刃则是汉式，该型剑无疑是在受强烈的滇文化和汉文化影响后而演变的。

通过以上对各型可乐式剑的溯源及其演变轨迹分析，我们主要有以下几点认识：

1. 根据可乐式剑的形制、工艺技巧及其所反映的时代特征来看，可乐式铜剑与可乐式铜柄铁剑具有继承关系，即铜柄铁剑从铜剑发展而来。

2. 可乐式剑包含了巴蜀式、滇式（含八塔台文化类型）、汉式剑的文化特征，甚至还出现了同时反映其他两种文化因素的情况；大体而言，首部为土著文化特征；茎部为土著文化或同时兼有其他文化特征；茎部及剑刃为其他文化特征；剑刃为其他文化特征。

3. 可乐式剑在不同时期或不同阶段内

---

[1] 云南省文物考古研究所、昆明市博物馆、晋宁县文物管理所：《晋宁石寨山——第五次发掘报告》，文物出版社，2009，第 54 页。

[2] 云南省文物考古研究所、玉溪市文物管理所、江川县文化局：《江川李家山——第二次发掘报告》，文物出版社，2007，第 167 页。

[3] 贵州省文物考古研究所、四川大学历史文化学院考古系、威宁文物管理所：《贵州威宁县红营盘东周墓地》，《考古》2007 年第 2 期。

[4] 礼州遗址联合考古发掘队：《四川西昌礼州发现的汉墓》，《考古》1980 年第 5 期。

[5] 宋世坤：《贵州早期铁器研究》，《考古》1992 年第 3 期。

[6] 云南省文物考古研究所、玉溪市文物管理所、江川县文化局：《江川李家山——第二次发掘报告》，文物出版社，2007，第 71 页。

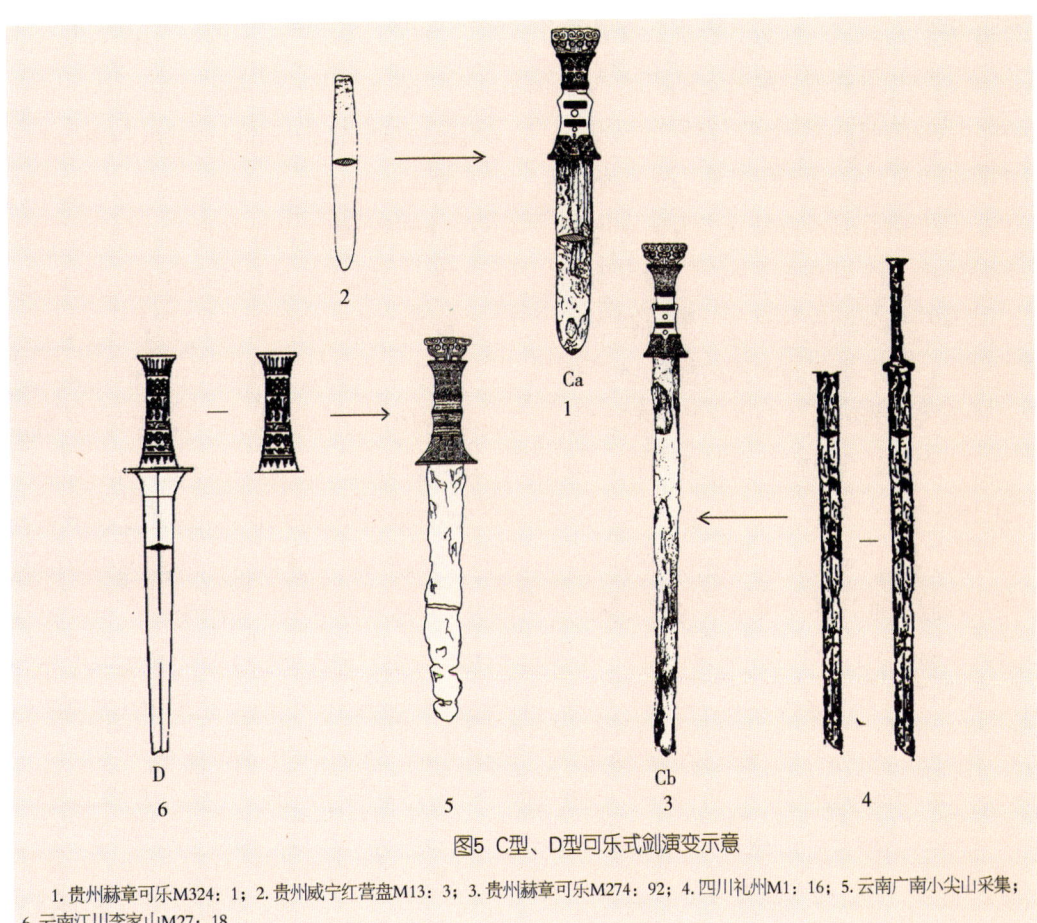

图5 C型、D型可乐式剑演变示意
1. 贵州赫章可乐M324：1；2. 贵州威宁红营盘M13：3；3. 贵州赫章可乐M274：92；4. 四川礼州M1：16；5. 云南广南小尖山采集；6. 云南江川李家山M27：18

所受到的其他文化的主次影响不同；具体来说，战国中晚期，主要受巴蜀文化的影响，其次为滇文化（含八塔台文化类型）和汉文化；战国末期至西汉前期，主要受滇文化的影响，其次为汉文化、巴蜀文化；西汉中晚期，主要受滇文化的影响，其次为汉文化。反映在可乐式剑的具体部位上，即战国中晚期，剑刃主要受巴蜀文化的影响；战国末期至西汉前期并一直持续到西汉中晚期，剑茎主要受滇文化影响，剑刃主要受汉文化影响。

4. 可乐式剑所含有的多种文化特征显示，可乐周邻地区的古代文化对于可乐族群（可乐式剑的使用者）的文化影响是非常强势的；同时，可乐式剑的形制发展与演变轨迹反映出，可乐族群对于其他先进文化的吸收是非常迅速或者仓促的。

四 可乐式剑的"南传"

可乐式剑的主要发现地点是在赫章可乐墓地，该墓地出土可乐式剑的流行年代从战国中晚期一直持续到西汉中晚期，以后则被汉式剑取代。因此，从考古类型学的角度观察，可乐式剑的向南传播应存在两种不同的形式。一种是"标准"（可乐式剑茎、柳叶形剑刃、铜质）的可乐式剑在可乐以外的地区出现；另一种则是可乐式剑在非可乐地区演变出来的各种区域性形式。但根据目前考古发现来看，在可乐以外地区出土的均为非"标准"的可乐式剑，其形制也未见有较早者，皆为铜柄铁剑。所以，可乐式剑的向南传播应当只有第二种形式，即可乐式剑在向南传播的过程中所演变出的具有区域性文化特征的多方面借鉴[1]。

首先，我们对可乐式剑的出土地点、年代与形制特征及其传播或所受影响的方向进行梳理：

Aa 型，出土于赫章可乐，年代为战国中晚期。可乐式剑茎，巴蜀式柳叶形剑刃。受北部巴蜀文化影响。

Ab 型，出土于赫章可乐，年代为战国中晚期。可乐式剑茎，滇式（八塔台文化类型）剑刃。受西部或西南滇文化（含八塔台文化类型）影响。

Ba Ⅰ 式，出土于赫章可乐，年代为战国末期至西汉前期。可乐式、滇式剑茎，滇式、汉式剑刃。受西部滇文化和北部汉文化共同影响。

Ba Ⅱ 式，出土于曲靖潇湘平坡，年代为西汉中晚期。可乐式、滇式剑茎，汉式剑刃。该式剑受西部或西南滇文化、北部汉文化影响，传播方向主要是由东向西南山地传播。

Bb 型，出土于江川李家山，年代为西汉中晚期。可乐式、滇式剑茎，滇式剑刃。该型剑的传播方向主要是由东向西部的云南高原腹地传播。

Ca 型，出土于赫章可乐，年代为战国晚期。可乐式剑茎，巴蜀式柳叶形剑刃。受北部巴蜀文化影响。

Cb 型，出土于赫章可乐、陆良县、宜良纱帽山、曲靖八塔台等地，年代为战国末期至西汉前期。可乐式剑茎，汉式剑刃。受西部或西南滇文化、北部汉文化共同影响，传播方向主要是由北向南或西南传播。

D 型，出土于广南小尖山，年代为西汉中晚期。滇式剑茎，汉式剑刃。受西部或西南滇文化、北部汉文化共同影响，传播方向主要是由北向南传播。

从以上可以看出，属于可乐式剑的传播类型有 Ba Ⅱ 式、Bb 型、Cb 型、D 型等，流行年代大多在战国末期至西汉前期，少数在西汉中晚期；传播方向多为由北向南，少数为由东向西南传播。由此认为，可乐式剑的传播年代应是自战国末期起，一直持续到西汉中晚期；传播方向大体是由北向南传播。结合前文对可乐式剑在不同时期内所受到的其他文化主次影响的比重，可乐式剑的向南传播，又可以分为前后两个阶段：前期主要是受巴蜀文化的影响，由东向西南传播；后期主要是受汉文化的影响，由北向南传播。此外，需要注意的是，从可乐式剑传播过程中演变的类型看，

---

1 毕洋：《美术考古学学科目标及其方法刍论——以"西南夷"青铜剑族属关系分析为例》，《绵阳师范学院学报》2018 年第 3 期。

可乐式剑主要是带着滇文化的特征向南传播的。

现有考古发现显示，在中南半岛的越南、老挝、柬埔寨等地，均发现和云贵高原地区土著青铜文化相似的考古遗存[1]。相关研究也表明，这些南迁的族群来自云贵高原的不同区域，可能与汉武帝开西南夷后云贵高原土著族群的南迁有关[2]。同时，在南迁的众多族群中，其中一支就与可乐族群有着密切的联系，这主要体现在与可乐乙类墓相同的一些文化特征在中南半岛地区的发现，并且在年代上也大致相近或略晚[3]。

如在越南北部的清化省和义安省等地，据报道曾出土过较多的可乐式剑（见图6）。杨勇先生曾在越南进行调查时发现1件出土于清化省的可乐式剑[4]（见图7：7）。该剑除镂空牌型茎首硕大具有可乐式剑的特征外，其柱状茎部则完全与滇式柱状茎剑无异；剑刃则为汉式，呈宽扁长条状。该剑属于我们型式分析中的D型，我们根据其形制推测该剑年代为西汉中晚期。杨勇先生还从该地区出土的可乐式剑、铜鼓、铜釜、五铢钱等器物推断，出土这些器物的墓葬可能也采用了类似于可乐乙类墓中的套头葬习俗。显然，这些遗存与越南北部的东山文化存在较大差异，应属另外的文化类型。此外，在柬埔寨东南部波萝勉省的波赫（Prohear）墓地和西北部的寺内村（Phum Snay）遗址，就发现有与可乐乙类墓中相同的"套头葬"，即将葬者头

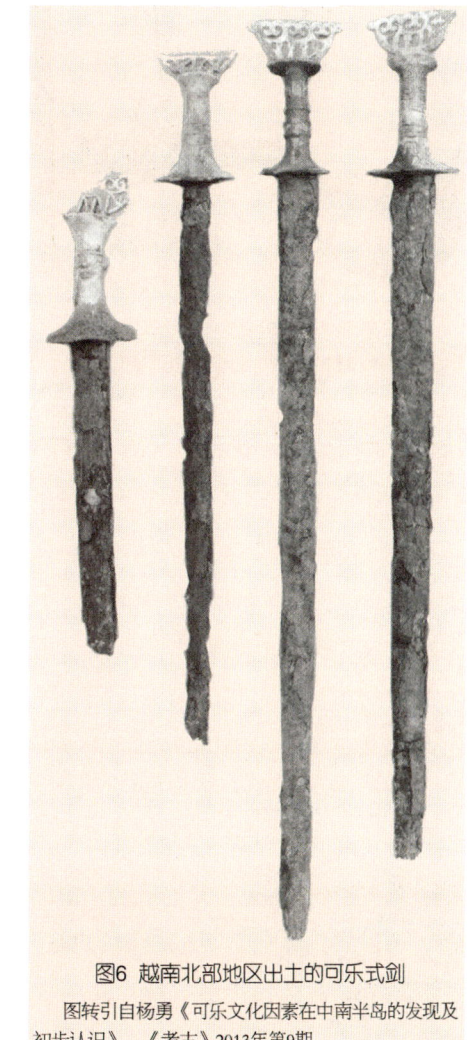

图6 越南北部地区出土的可乐式剑
图转引自杨勇《可乐文化因素在中南半岛的发现及初步认识》，《考古》2013年第9期

1　杨勇：《论古代中国西南与东南亚的联系——以考古发现的青铜器为中心》，《考古学报》2020年第3期。
2　杨勇：《论古代中国西南与东南亚的联系——以考古发现的青铜器为中心》，《考古学报》2020年第3期。
3　杨勇：《战国秦汉时期云贵高原考古学文化研究》，科学出版社，2011，第356页。
4　杨勇：《战国秦汉时期云贵高原考古学文化研究》，科学出版社，2011，第357页。

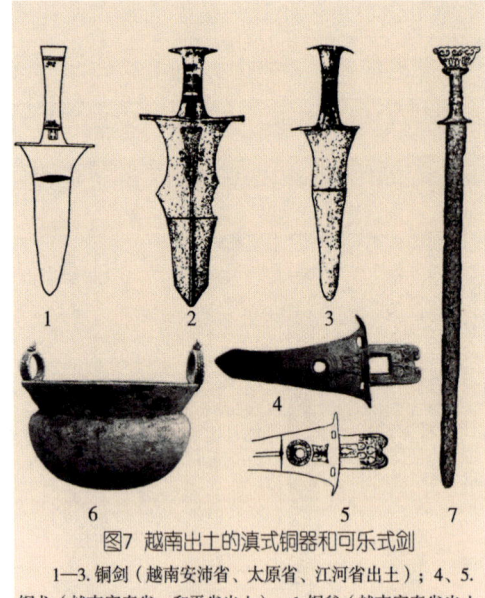

图7 越南出土的滇式铜器和可乐式剑
1—3. 铜剑（越南安沛省、太原省、江河省出土）；4、5. 铜戈（越南富寿省、和平省出土）；6. 铜釜（越南富寿省出土）；7. 可乐式剑（越南清化省出土）
图转引自杨勇《战国秦汉时期云贵高原考古学文化研究》，科学出版社，2011，第358页

五　余论

由前文对可乐式剑的分析可见，可乐式剑与巴蜀文化、滇文化以及汉文化之间的联系；同时，可乐式剑的发展、演变及其南传也使我们对战国秦汉时期这一大广区域内的文化交流与传播有了更多的认识。学界一般认为，在战国秦汉时期，我国西南地区的各土著族群曾进行过大规模的向南迁徙活动，但是对于这一现象，文献记载却比较零散，这里拟再作一些补充。

据《华阳国志·蜀志》记载："周慎王五年秋，秦大夫张仪、司马错、都尉墨等从石牛道伐蜀。蜀王自于葭萌拒之，败绩。王遁走至武阳，为秦军所害。其相、傅及太子退至逢乡，死于白鹿山。开明氏遂亡。"[3] 由此可知，秦破蜀后，除其中一支遗民随蜀王逃亡被灭后，原蜀国遗民不知去向。但从文献记载来看，有线索表明其向南流散，如《史记·三代世表》褚少孙曰："蜀王，黄帝后世也，至今在汉西南五千里，常来朝降，输献于汉。"[4] 又《史记·三代世表》张守节《正义》引《谱记》云："周衰，先称王者蚕丛，国破，子

部置于铜鼓中以及用铜洗覆面的葬俗[1]。

以上这些考古发现表明，可乐式剑的使用者（可乐族群）与中南半岛的青铜文化及早期铁器文化之间存在着密切联系。考虑到可乐式剑仅在中国境内的云贵高原地区出土，而套头葬除可乐墓地和广西西林铜鼓墓[2]之外也不见于其他地区，由此可推测，可乐式剑除随着可乐族群的南迁南传至越南外，甚至再传至中南半岛南部也是极有可能的。

1　杨勇：《战国秦汉时期云贵高原考古学文化研究》，科学出版社，2011，第358页。
2　汪宁生先生曾指出西林驮粮江西岸一座以铜鼓为葬具的墓葬，鼓凡四具，互相套合以盛骨殖，似与套头葬近似。参见汪宁生《试论中国古代铜鼓》，《考古学报》1978年第2期。
3　(晋) 常璩撰，任乃强校注：《华阳国志校补图注》，上海古籍出版社，1987，第126页。
4　《史记》卷十三《三代世表》，中华书局，1959，第506页。

孙居姚、嶲等处"。[1] 王有鹏先生认为，"汉西南五千里"当在汉时的嶲郡以南和益州郡，永昌郡以北一带的地方，相当于今四川西昌、云南晋宁、保山等地[2]，由此可知，蜀国遗民曾迁徙到云南高原腹地。

从考古发现看，云南水富张滩[3]和绥江回头湾[4]发掘的巴蜀文化墓葬表明，在战国晚期，巴蜀文化的南端就已经越过了金沙江南岸。此外，在曲靖八塔台、贵州威宁中水、赫章辅处、赫章可乐等地，不仅均出土有一定数量巴蜀式兵器如三角援无胡戈、柳叶形铜剑等，而且在年代较晚的巴蜀墓葬中，随葬器物也多以生活用具、兵器为主，极少见生产工具。不唯如此，除随葬铜器中少见贵重铜器外，亦有中原式铜剑、篆书白文铜印、铁斧、环首铁刀、半两钱等出土。这一方面说明了巴蜀族群受早期汉文化的影响，另一方面也与文献资料记载秦灭巴蜀后巴蜀族群的南迁相吻合。也就是说，可乐式剑的起源和发展及其由东向西南的云南高原腹地传播，与秦并巴蜀后巴蜀族群的南下有密切关系。

现有研究表明，可乐乙类墓其族属与夜郎或其"旁小邑"有关[5]；同时，可乐地区还是汉帝国向滇、交趾、九真、日南等边地扩张的重要通道[6]。因此从汉武帝时起，越来越重视包含可乐在内的南夷地区其战略与交通地理位置的重要作用，大举向该地区扩张。

《史记·西南夷列传》载，汉武帝建元六年，郎中将唐蒙率"将千人，食重万余人，从巴蜀筰关入"，出使夜郎。唐蒙赠送夜郎及其旁小邑君长厚礼，晓谕汉帝国威德，夜郎及其旁小邑归附，"约为置吏"；后设犍为郡，下辖十二县。元封二年，汉廷派使者征调夜郎等南夷兵讨伐南越。其中，"且兰"君长担心"旁国虏其老弱，乃与其众反，杀使者及犍为太守"，由此引来灭族之祸；南越被平定后，汉八校尉率军诛杀反叛的且兰，"斩首数万"。夜郎君长恐祸及身，主动入朝内附，被封为夜郎王。汉武帝又在以夜郎为首的南夷地区设牂牁郡，下辖十七县[7]。至此，南夷地区基本被纳入汉帝国的政治版图，并初步建立起有效的郡县管理体系。同时，将大量巴蜀及中原地区的汉人迁入夜郎地区。因此我们认为，随着汉武帝开发西南夷地区所采取的一系列政治措施，导致与夜郎有关

---

1 《史记》卷十三《三代世表》，中华书局，1959，第507页。

2 王有鹏：《犍为巴蜀墓的发掘与蜀人的南迁》，《考古》1984年第12期。

3 云南省昭通市文物管理所、云南省水富县文化馆：《云南省昭通市水富县张滩土坑墓地试掘简报》，《四川文物》2010年第3期。

4 昭通市文物管理所：《昭通田野考古之一》，云南人民出版社，2012，第112—114页。

5 张合荣：《夜郎文明的考古学观察：滇东黔西先秦至两汉时期遗存研究》，科学出版社，2014，第1—4页。

6 张勇：《浅析汉代南夷地区的开发——以贵州赫章可乐遗址为例》，《贵州民族研究》2014年第1期。

7 《史记》卷一一六《西南夷列传》，中华书局，1959，第2994—2998页。

的一部分可乐族群在大批汉族移民和先进而强势的汉文化高压下，逐渐由北向南进行迁徙，这是符合史实的。

《后汉书·循吏列传》记载，建武初，任延为九真太守，善治，"于是徼外蛮夷夜郎等慕义保塞，延遂止罢侦候戍卒"[1]。同书《南蛮西南夷列传》又载："安帝永初元年，九真徼外夜郎蛮夷举土内属，开境千八百四十里。"[2] 一般认为，汉代九真郡位于今越南清化省和义安省一带[3]。由此可知，东汉时曾有夜郎族群出现在越南北部及其附近地区，不仅规模较大，而且分布也较广。关于这些夜郎人，蒙文通先生曾指出，他们是西汉末期从牂柯南迁而来的，

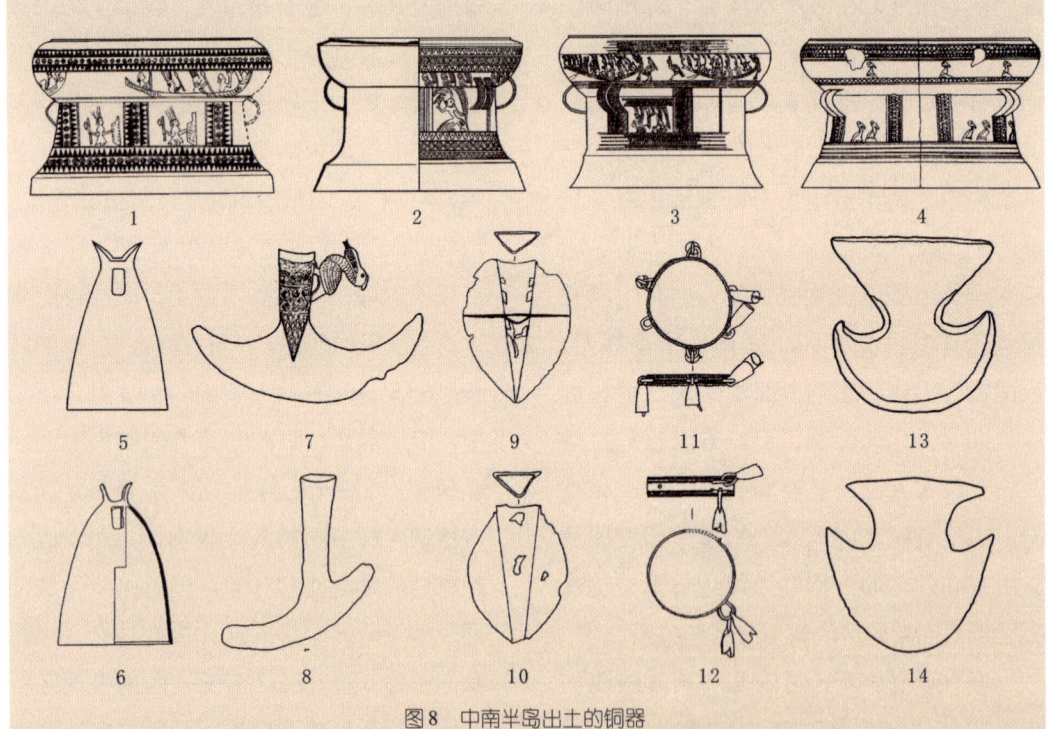

图8　中南半岛出土的铜器

1—4. 铜鼓（云南晋宁石寨山 M14：1、云南江川李家山 M69：171、越南玉缕出土、印度尼西亚展玉出土）；5、6. 羊角钮钟（云南楚雄万家坝 M1；13、越南鼎乡 B129—2）；7、8. 不对称形铜钺（云南晋宁石寨山 M6：66、缅甸元甘出土）；9、10. 铜锄（云南个旧贾沙出土、越南山西出土）；11、12. 挂铃铜镯（云南昌宁大甸山 M2；12、越南鼎乡 B138—12）；13、14. 蕈状铜钺（云南西双版纳博物馆藏 203、泰国班肯出土）

图转引自杨勇《论古代中国西南与东南亚的联系——以考古发现的青铜器为中心》，《考古学报》2020 年第 3 期

---

[1]《后汉书》卷七六《循吏列传》，中华书局，1965，第 2462 页。

[2]《后汉书》卷八六《南蛮西南夷列传》，中华书局，1965，第 2837 页。

[3] 陶维英著，刘统文、子钺译：《越南古代史》（上册），商务印书馆，1976，第 453—459 页。

而背景则与汉成帝时夜郎王兴被杀有关[1]。也就是说，在越南北部出土的可乐式剑及其相关墓葬所含有的可乐墓葬的文化特征，不仅印证了可乐族群的南迁，同时也从侧面反映了可乐族群与夜郎及其旁小邑之间的紧密关系。

此外，相关考古发现也显示在越南中、北部地区不仅出土有我国云贵高原地区青铜文化中的常见之物如一字格喇叭形首柱状茎曲刃短剑、施牵手人物图案的无胡戈、口沿立双耳的釜等铜器[2]（见图7：1—6）；而且在中南半岛地区的古代文化遗址中出土的铜鼓、羊角钮钟、铜钺、铜锄、挂铃铜镯等器物也大多具有滇文化的特征[3]，（见图8）我们推测应和汉武帝开西南夷后滇文化族群的南迁有关。这就不难解释，可乐族群在向南迁徙的过程中对于其他先进文化成果吸收的迅速或仓促，这也是可乐式剑在南传过程中主要带着滇文化特征的原因。由此，对于可乐族群而言，其迁徙过程不仅漫长，而且很可能辗转数代，故在其迁徙过程中不可避免地会受到其他族群的影响。

可见，可乐式剑的产生、演变与发展，及其在云南高原腹地传播和在越南北部地区的发现，不仅在年代、地点上与秦汉帝国开疆拓土、经略中国西南的历史背景相对应，也为相关历史文献中鲜少记载的战国秦汉时期民族大迁徙提供了考古学证据，更为从考古学上探索可乐族群与夜郎之间关系提供了重要线索。

---

1 蒙文通：《越史丛考》，人民出版社，1983，第50页。
2 杨勇：《战国秦汉时期云贵高原考古学文化研究》，科学出版社，2011，第356页。
3 杨勇：《论古代中国西南与东南亚的联系——以考古发现的青铜器为中心》，《考古学报》2020年第3期。

汉画研究

图像学视野下的汉画像石整体研究

■ 武利华（徐州汉画像石艺术馆）

图像是通过视觉媒介得以再现的。台湾地区图像学者陈怀恩说："图像学研究既然以解释艺术品的意义为目的，那么，凡是历史上任何有意义的视觉或造型表现都可以是图像学研究的对象。"[1] 当我们引入了"图像学"的概念以后，图像（image）的意义被放大了，无须考虑其材料、媒质、尺寸和形状，只要它们具备了对历史事件和历史本身的阐释，实现对历史的重构，各种视觉产品都是艺术研究者所面对的基本对象。英国艺术史学家柯律格（Craig Clunas）指出："所有的物质文化都包含视觉成分，而任何一种的视觉文化都依赖物质性的存在。我认为物质与视觉文化是无法分离的。"[2] 图像学视野下的汉画像石研究，不仅包括了绘画形式（平面图形）和雕塑形式（立体图像）两种图像的视觉艺术，还包括了这些图像的视觉装置和周边的环境。任何一件艺术品都不是孤立存在的，而是与一定的文化环境相联系的。当我们研究这些作品时，只有把所要研究的对象放到它原初的生存环境中去，才能真正了解它、阐明它。汉画像石整体研究就是将这些艺术品放在"场域"里进行分析，通过"场景"的复原，实现其图像的功能和象征意义。

一 陵园的整体设计

公元58年，汉明帝颁布的"上陵礼"，明确了将"上墓"、祠堂祭祀的方法扩大并且搬到陵园内来进行，使得陵园的地面部分不断扩大，形成了以神道列兽、石阙、石碑、祠堂、坟丘为组合的陵园制度。汉代陵园是一个整体的设计，张衡的《冢赋》为我们勾勒出了陵园结构的整体形象：

载舆载步，地势是观。隆此平土，

---

1 陈怀恩：《图像学——视觉艺术的意义与解释》，河北美术出版社，2011，第78页。
2 [英] 柯律格（Craig Clunas）著，黄晓鹃译：《明代的图像与视觉性》，北京大学出版社，2011。

陟彼景山。一升一降，乃心斯安。尔乃隮巍山，平险陆，刊丛林，凿盘石，起峻垄，构大榇。高冈冠其南，平原承其北，列石限其坛，罗竹藩其域。系以修隧，洽以沟渎。曲折相连，迤靡相属。乃树灵木，灵木戎戎。繁霜峨峨，匪雕匪琢。周旋顾盼，亦各有行。乃相厥宇，乃立厥堂。直之以绳，正之以日。有觉其材，以构玄室。奕奕将将，崇栋广宇。在冬不凉，在夏不暑。祭祀是居，神明是处。修隧之际，亦有披门。披门之西，十一余半，下有直渠，上有平岸，舟车之道，交通旧馆。寒渊虑弘，存不忘亡。恢厥广坛，祭我兮子孙。宅兆之形，规矩之制，希而望之方以丽，践而行之巧以广。幽墓既美，鬼神既宁，降之以福，于以之平。如春之卉，如日之升。[1]

张衡的《冢赋》依次铺叙了勘地理、择墓场、修墓道、树灵木、建庙宇、构玄室、享祭祀等。赋中描写的陵园环境和地面建筑，有罗竹作为藩篱的"行马"，列石构筑的坛墠，陵园内有"灵木戎戎"的花木园林，有"崇栋广宇"的祠堂，陵园内设有沟池水景，有舟车相通，最后是描写被称作"玄室"的地宫，这里是"在冬不凉，在夏不暑"的神居。

由于陵园的地面建筑暴露在外，完整的陵园设施现已无存。北魏时期，东汉的陵园设施还有部分的保存，郦道元《水经注》记载的东汉陵园遗迹达 20 余处，我们可以根据《水经注》的记载看到当时的陵园布局。《水经注·洧水》记载了东汉时期弘农太守张伯雅墓的陵园建筑：

茔域四周，垒石为垣，隅阿相降，列于绥水之阴。庚门表二石阙，夹对石兽于阙下。冢前有石庙，列植三碑。碑云：德字伯雅，河南密人也。碑侧树两石人，有数石柱及诸石兽矣。旧引绥水南入茔域，而为池沼。沼在丑地，皆蟾诸吐水，石隍承溜。池之南又建石楼。石庙前又翼列诸兽。但物谢时沦，凋毁殆尽。夫富而非义，比之浮云，况复此乎。[2]

考古发掘的密县打虎亭汉墓认定是张伯雅墓[3]。打虎亭汉墓虽然地面陵园的遗迹已经全无，但一号墓墓道出土有石瓦垄、石栌斗、石柱、石兽残块（见图1）；二号墓墓道出土有戏车、东王公、西王母等十余块祠堂石刻画像。证明张伯雅陵园中的石阙、石柱、石庙、石兽确实存在。安金槐认为："这些石刻构件可能是由于雕刻墓前各种石刻构件时，因雕刻损坏而作为废

---

[1] 《丛书集成初编》韩元吉本章樵注《古文苑》卷五，商务印书馆，1937。

[2] （北魏）郦道元著，（清）王先谦校：《合校水经注》，中华书局，2009，第333页。

[3] 参见河南省文物研究所编《密县打虎亭汉墓》，文物出版社，1993。

品就埋在两座墓的墓道填土中。"[1] 但另外还有一种可能,就是张伯雅墓上的建筑被损坏后,由陵墓的守陵人集中起来,填埋在被盗的墓道中。

陵园祠堂、石阙建筑被毁后埋在墓中的例子还有安阳西高穴村曹操墓。1998年,

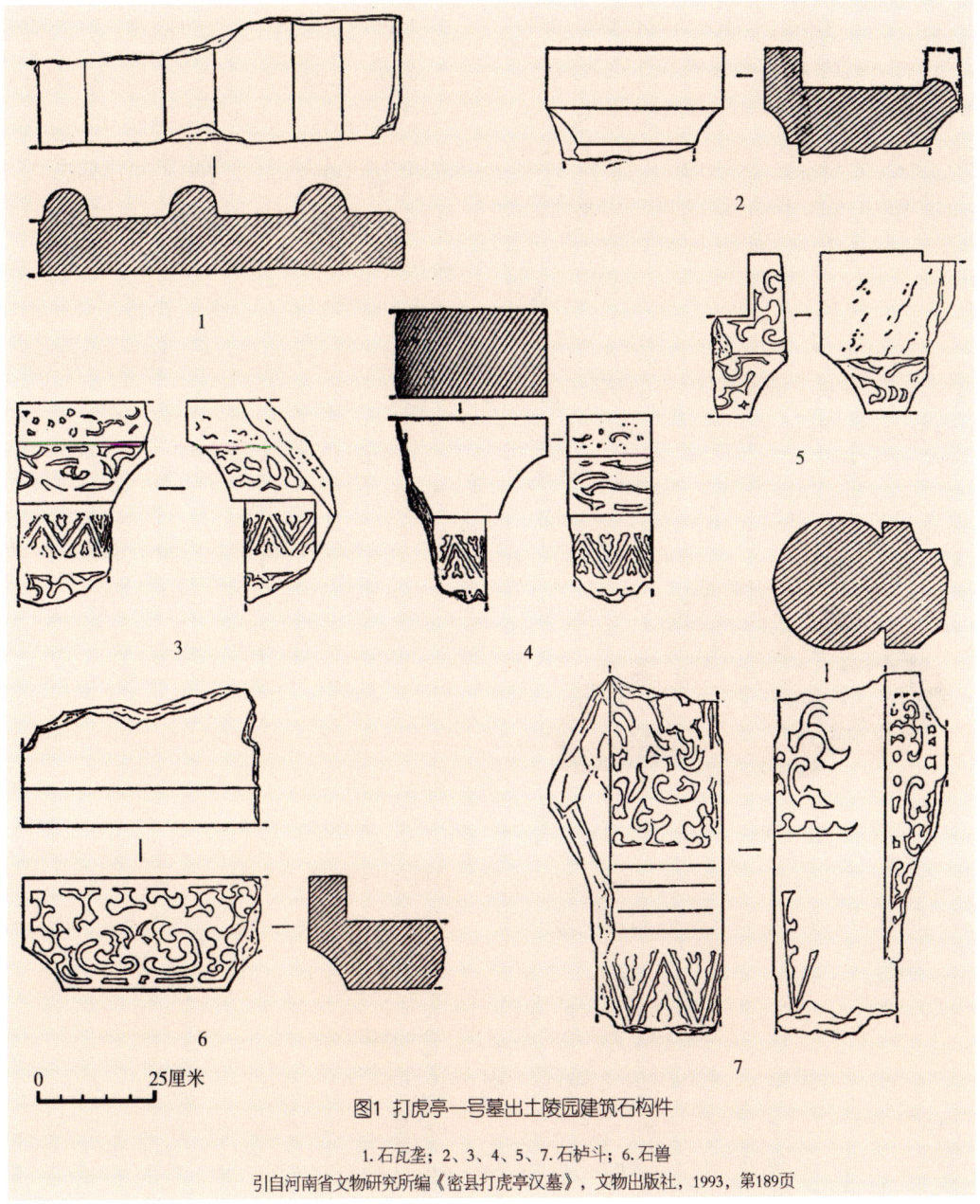

图1 打虎亭一号墓出土陵园建筑石构件

1.石瓦垄;2、3、4、5、7.石栌斗;6.石兽

引自河南省文物研究所编《密县打虎亭汉墓》,文物出版社,1993,第189页

---

1 安金槐:《密县打虎亭汉墓墓道填土中残石刻画像探讨》,《华夏考古》1994年第4期。

在曹操高陵墓中，发现的建筑石构件有瓦垄、石柱，打碎的画像石残块近万片[1]。2016年出版的《曹操高陵》考古报告收录了发掘出土的41块残石和追缴到的多块大型画像石[2]。文献记载曹操高陵的墓园有神道石雕和祠堂，南朝萧梁人任昉在其《述异记》中云："邺中铜驼乡魏武帝陵下，铜驼、石犬各二。"[3]《三国志·于禁传》："欲遣使吴，先令北诣邺谒高陵。帝使豫于陵屋画关羽战克、庞德愤怒、禁降服之状。"[4]曹操高陵的祠堂在营建好不久就毁坏了，曹丕黄初三年（222）《毁高陵祭殿诏》云："高陵上殿屋皆毁坏，车马还厩，及服藏府。"[5]曹操高陵墓中的画像石就是陵园中被毁坏的墓阙和祠堂建筑构件石（见图2）。

图2 曹操高陵出土的石刻瓦当

1987年发掘的汉魏洛阳城西东汉墓园遗址，是一处东汉晚期的大型墓园。墓园墙南北长约190米、东西长约135米，园墙的四隅建有角楼。墓园分为东、西二区。西区修造墓园主人墓，坟丘平面呈圆形，直径48米。墓葬是一座规模较大砖券墓，由墓道、甬道、横前室、耳室、后室五部分组成。东区营建的是陵寝庙祠，由三进院落组成，殿堂、廊房、天井错落分布其间。主殿进深五间，面阔七间，殿基东西28米、南北约31.5米。环绕殿堂有廊道，周边安装青石栏杆。殿前有类似南朝陵墓的神道石柱，出土神道石柱残块35件。[6]汉魏洛阳城西墓园遗址规模恢宏，结构谨严，为我们研究汉代陵园的整体布局提供了重要的考古资料。

山东嘉祥武氏墓地，是一处有明确纪年的墓阙、神道石兽、祠堂、墓碑、墓葬完整序列的东汉陵园。武氏家族墓地按照东汉时期流行的陵园制度，陵园西北向，墓阙高4.3米，双阙间距6.15米，这也是陵园神道的宽度，墓前石兽狮子位于石阙前面7米左右。石阙后耸立着四通墓碑，墓碑的后面是四座祠堂，祠堂的后面才是墓地[7]。1981年在武氏祠陵园内发掘两座汉

---

1 潘伟斌、朱树奎：《河南安阳市西高穴曹操高陵》，《考古》2010年第8期。

2 河南省文物考古研究院：《曹操高陵》，中国社会科学出版社，2016，第171—181页。

3 （梁）任昉：《述异记》，岳麓书社编：《百子全书》（5），岳麓书社，1993，第4363页。

4 （西晋）陈寿：《三国志》卷十七《张乐于张徐传》，中华书局，1963，第524页。

5 夏传才、唐绍忠校注：《曹丕集校注》，河北教育出版社，2013，第180页。

6 中国社会科学院考古研究所洛阳汉魏城队：《汉魏洛阳城西东汉墓园遗址》，《考古学报》1993年第3期。

7 参见朱锡禄《武氏祠汉画像石》，山东美术出版社，1986。

墓，这两座墓葬均面向西北，和神道口的双阙及祠堂的方向完全一致，说明属于武氏家族的墓葬应为无疑[1]。从武氏祠可以看出东汉时期陵园整体布局的一般规律，首先是神道，神道两侧设有大型石雕，这些石雕神兽是庇护墓主人的守护者。神道的端头是石阙，这是陵园的大门。阙是礼仪建筑，它矗立在神道的终端和陵园的起点，将现实的空间分为内外两个部分，这两个空间分别属于生者和死者，阙象征着"天门"，分割而又联系着死者和生者。武氏祠的建设从永嘉元年（145）建阙开始，建和元年（147）建狮子，到建宁元年（168）建武荣祠为止，前后历经23年（见图3）。

东汉的陵园往往是一个家族的葬地，墓主人的祠堂是按"左昭右穆"的顺序排列的，陵园的建设随着新的墓主人的不断进入而不断完善。有时候会因为茔地迫窄而改变陵园原有的设计。如《郎中马江碑》："故茔迫笮，兆告斯士，先君之庚地，……东看祖祢，西眷旧庐。"[2] 邳州燕子埠《缪纡墓志》："君父关内侯，家在圭口，〔比〕南吉位造迫，故徙于兹。"[3]

汉代的陵园设计，神道石雕是不可缺少的内容。在过去的研究中，只重视平面绘画的画像石，忽略了作为立体雕塑的神道石雕。随着新的考古发现，东汉时期陵墓石雕组群的情况逐渐清晰起来。考古

图3 武氏祠阙与石狮
引自蒋英炬、吴文祺《汉代武氏墓群石刻研究》，山东美术出版社，1995，第142页

---

1 蒋英炬、吴文祺：《汉代武氏墓群石刻研究》，山东美术出版社，1995，第119页。
2 （宋）洪适：《隶释》卷八，中华书局，1983，第95页。
3 武利华：《徐州汉碑刻石通论》，文化艺术出版社，2019，第188页。

发现的东汉陵墓石雕主要类型有石象、石狮、天禄、辟邪、石羊、石虎、石马、石人等，主要分布在山东、河南、河北、四川、重庆、陕西、江苏、安徽等地，总数超过113件[1]。神道石雕又称为"石象生"，即象征生命的意思。它们从一开始就被安置在供灵魂出入的神道两侧，护卫着墓主人的亡灵。延续生命是传统墓葬观念的核心内容，汉代人试图通过陵墓这一特殊的环境达到人与天的有效沟通。在整个陵墓布局效果的追求中，充满着对上天仙界的向往。

通过文献与考古资料的结合研究，大体勾勒出东汉陵园的基本轮廓。东汉时期高级官吏、地方大族陵园的规模很大，地面部分的陵园布局宏伟、繁复，往往是以神道前面的石柱作为开始，其后排列的有石狮、石牛、石马、石骆驼、石象、石羊、石虎、石人等。石兽排列完了，就是陵园地面建筑的另一个重要部分——墓阙。阙后排列的是墓碑，墓碑后是祠堂，祠堂的后面或一侧，是高大的墓冢。陵园茔域内外，华表、列兽、石阙、祠堂、墓碑、坟冢形成了立体的交融，各造型部类互相依赖，并与周围自然环境协调，最终构成完整的理想世界（见图4）。

图4　汉代陵园复原示意图

引自武利华《汉风——石头上的史诗》，江苏音像出版社，2007

1　武利华：《汉代陵墓神道石雕》，《汉代城市和聚落考古与汉文化》，科学出版社，2012，第192—215页。

二 汉代祠堂的整体设计

祠堂是汉代茔域中的最重要的建筑。汉代的祠堂分为土木建筑和石结构建筑两类。土木结构的祠堂主要流行于西汉时期，当时帝陵寝庙和高官显贵的祠堂一般都是土木结构的。石结构的祠堂，流行于东汉时期，由于画像石祠堂是石结构的，因此大量的祠堂建筑构件得以保存下来。

（一）祠堂外观的研究

长期以来，人们关注的是祠堂的内部结构和祠堂内的画像，很少注意祠堂的外观以及祠堂与坟丘的关系。当对祠堂建筑进行整体研究时，不可避免地要注意到祠堂的外观。

郑岩在对山东画像石祠堂进行观察时，发现祠堂的外观可分为两种类型。第一种是祠堂与坟丘相互独立，祠堂的外壁有精细的加工和纹饰，人们可以围祠堂一周观看祠堂的情况，孝堂山祠堂、祝鲔祠堂、武氏祠中的武梁祠属于这种类型；第二种是祠堂与坟丘是一个建筑的整体，祠堂半掩埋在封土中，典型的例子有嘉祥宋山小祠堂、武氏祠的前石室、左石室[1]。2000年的时候，中国台湾学者陈秀慧在对鲁南、苏北画像石祠堂进行考察时，注意到一个细节，画像石祠堂的左、右两壁和祠堂顶盖石的后坡，都不做细致的加工，祠堂的前立面都有刻画的图像[2]。原来画像石的祠堂有相当多的例子是一半是埋在坟丘的土中，另一半暴露在外面，形成可供观赏的建筑外立面。

青山泉白集汉墓祠堂是墓丘与祠堂连为一体保存最为完好的例子。白集祠堂建立在墓室的前面，与墓葬在一条中轴线上。从1965年发掘的现场照片来看，祠堂的后壁紧靠着坟丘的封土，墓垣平面呈长方形，东西25米，南北30米，墓上封土残高约2米。发掘报告分析"此祠堂原来应是埋在土堆中"[3]。1996年对白集汉墓进行修建时，发现坟丘的四周环以石垣，石垣由三层条石垒筑。祠堂的东、西两壁与坟丘的石垣连为一体（见图5）。白集祠堂前面有一个十余平方米的石造祭坛，在周围的填土中出土有陶杯、陶案、陶盘、陶勺之类的陶器碎片，应是当时使用的祭器。祠堂之前建祭坛，是当时通行的做法，《礼记·祭法》："设庙祧坛墠而祭之。"[4] 张衡《冢

---

1 参见郑岩《细读西汉王阿命刻石：对于一件作品四个层面的研究》，秦臻主编：《佛像图像与遗产——美术考古与大足学研究》，重庆大学出版社，2016。

2 陈秀慧：《滕州画像石空间配置复原及其地域子传统》（上篇），朱青生主编：《中国汉画研究》第3卷，广西师范大学出版社，2010，第253—266页。

3 尤振尧：《徐州青山泉白集东汉画像石墓》，《考古》1981年第2期。

4 陈戊国点校：《四书五经》（上），岳麓书社，2014，第601页。

图 5　徐州青山泉白集汉墓墓垣
笔者摄影

赋》云："列石限其坛"，《武梁碑》碑文"前设坛墠，后建祠堂。"[1] 这个石造的祭坛是举行祭祀仪式的地方。通过对白集祠堂的复原研究，可以看出该祠堂与坟丘石垣在外观上形成一个建筑的整体。

1956 年发掘的安徽褚兰墓山孜一号画像石墓、二号画像石墓坟丘前都有石垣和祠堂[2]。一号墓墓垣为矮墙，墙体由墙基、墙壁、墙顶叠砌，墙顶雕成瓦垄，檐头刻云纹圆瓦当，连檐刻水波纹，墙面为竖行凿齿纹，墙基为菱形纹。祠堂位于南垣墙的正中，祠门向南，两端与垣墙相接，成为一个整体，垣墙内壁为封土掩盖，外壁平直而整齐，墓垣平面呈长方形，东西长 9.8 米、南北宽 6.2 米。

淮北市相山公园内的"奏鸣台阙"，是后人由汉代石刻瓦垄、条石构筑的石台。原来一直认为是一处汉阙遗址（见图 6）。2018 年，淮北市文化局对该遗址进行了考古发掘，发现这是一处祠堂与墓垣结合的祠堂遗址。祠堂的形制为前室后龛，双开间，面积约 10 平方米。在考古发掘中，发现许多画像祠堂的残存构件、墓垣基石，墓垣顶盖石，墓垣的顶部为刻有瓦垄的条

1　佚名：《从事武梁碑》，《全上古三代秦汉三国六朝文》第 2 册，河北教育出版社，1997，第 925 页。

2　王步毅：《安徽宿县褚兰汉画像石墓》，《考古学报》1993 年第 4 期。

图 6　淮北市相山公园"奏鸣台阙"

石。该祠堂的复原研究正在进行之中。

山东临淄东汉"王阿命"刻石是一座东汉祠堂的微缩模型。郑岩对"王阿命"刻石的形制进行了专门探讨[1]。该刻石呈前方后圆状，总长 142 厘米，高 78 厘米，由方台、圆包两部分组成。圆包的前端为一内凹的方龛，上面刻三条瓦垄。在这个立体模型中，我们清楚地看到坟丘前是一个被称作"坛"的祭祀平台，后面的圆包是坟丘与祠堂的组合，祠堂刻成了内凹的壁龛，小龛的正面刻祠主"王阿命"的画像，龛外右侧的有两行题记："齐郎王汉特之男阿命四岁，光和六年三月廿四日物故，痛哉。"这件石刻模仿了封土和祠堂的形制，小龛和房檐象征祠堂，后部代表封土，表现出祠堂半掩于封土中的形态（见图 7）。这正是祠堂与封土原有配置关系的真实情景。

与封土连为一体的祠堂并非完全埋在土中。祠堂的前半部分裸露在外边，祠堂的山墙与墓垣相连形成建筑的整体（见图 8）。人们特别重视祠堂外观的修饰。祠堂山墙前面设有转角石柱，转角石柱一方面起到承重作用，更主要的是可以封堵住山墙石的糙面，起到装饰的作用。为了使檐角立柱石与山墙石结合得严丝无缝，石工们在山墙石的端口加工为凹弧面，檐角柱石背后加工为凸弧面，二石如同卯榫一样结合。这种柱背呈凸弧面的形制特点见于武梁祠，武梁祠残存的檐角石柱亦呈凸弧面[2]。1957 年发掘的铜山县周庄汉墓，墓内出土两块石柱画像[3]，这两块石柱的上端呈前低后高的斜面，正面刻为青龙、白虎，下端刻持戟和拥彗门吏，侧面分别刻伏羲、女娲。这两块形制特别的石头应是混入墓中的祠堂檐角石柱[4]。

图 7　临淄"王阿命"祠堂模型
笔者摄影

1　郑岩：《逝者的面具：汉唐墓葬艺术研究》，北京大学出版社，2013，第 98—125 页。
2　蒋英炬、吴文祺：《汉代武氏墓群石刻研究》，山东美术出版社，1995，第 51 页。
3　江苏省文物管理委员会：《江苏徐州汉画像石》，科学出版社，1959，图 41—44。
4　陈秀慧：《滕州祠堂画像石的空间配置及其地域子传统》，《中国汉画研究》（第三卷），广西师范大学出版社，2010，第 263 页。

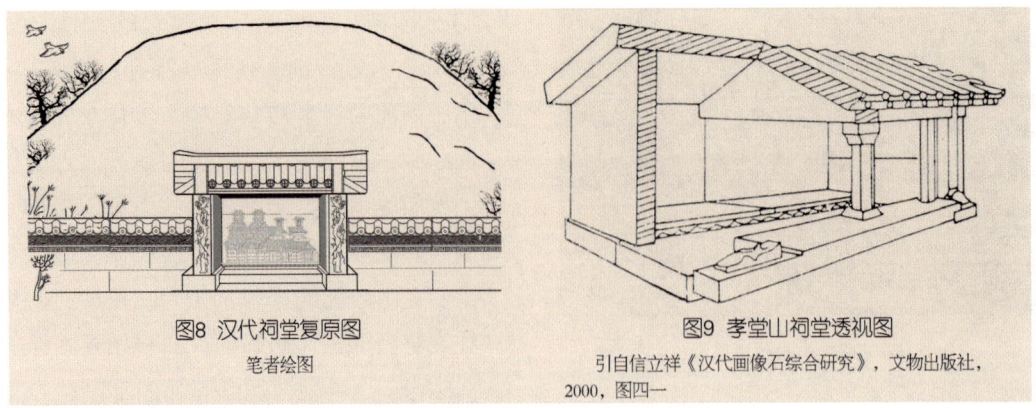

图8 汉代祠堂复原图
笔者绘图

图9 孝堂山祠堂透视图
引自信立祥《汉代画像石综合研究》，文物出版社，2000，图四一

与墓垣相连的祠堂可称为罘罳。《盐铁论·散不足》："中者祠堂屏阁，垣阙罘罳"[1]，罘罳为类似"屏"的建筑，即后世建筑的影壁墙。《汉书·文帝纪》："未央宫东阙罘罳灾。"颜师古注："罘罳，谓连阙曲阁也，以覆重刻垣墉之处。其形罘罳然，一曰屏也。"崔豹《古今注》云："罘罳，屏之遗象也。""臣来朝君，至内屏外，当复思应对之事也。"[2] 南宋程大昌《雍录》说："在宫阙则为阙上罘罳，在陵垣则为陵园罘罳。"[3]

（二）画像祠堂的类型研究

祠堂的类型研究是根据考古发现对祠堂进行科学归纳和分类分析、比较研究的方法。祠堂类型研究不仅对祠堂的建筑结构有重要意义，而且对祠堂的图像配置研究有重要的作用。

祠堂的分类是按照祠堂建筑结构的样式进行的。山东长清县孝堂山祠堂坐北朝南，内宽3.8米，山墙高2.2米，进深2.18米。该祠堂为悬山顶双开间建筑[4]。由于孝堂山祠堂保存完好，复原汉代石祠堂多以此为参考（见图9）。

著名的山东嘉祥武氏祠石刻在宋代即曾著录，当时人们关注的仅是那些画像石拓片。清乾隆年间黄易等人发掘了武氏祠，根据现场发掘将这些画像石归为武梁祠、前石室、左石室和后石室四组。1941年，费慰梅根据拓片和实地观察，复原了武氏祠中的武梁祠、前石室和左右室[5]。1981年，蒋英炬、吴文祺对武氏祠全部画像石

---

1 （汉）桓宽著，王利器校注：《盐铁论校注》，中华书局，1992，第353页。

2 （西晋）崔豹：《古今注》，中华书局，1985，第6页。

3 （宋）程大昌撰，黄永年点校：《雍录》，中华书局，2002，第212页。

4 蒋英炬、杨爱国、信立祥、吴文祺：《孝堂山石祠》，文物出版社，2017。

5 Wilma Fairbank, "The Offering Shrines of wu Liang Tz'u", in Adventures, in Retrieval, Harvard University Press, 1972, pp. 43–86.

进行了实测,纠正了费慰梅复原中的一些错误,发表了武氏祠的科学复原报告[1]。研究的结果证明,武氏祠至少有三座以上的祠堂,分别为武梁祠、武荣祠(前石室)、武开明祠(左石室)。此外,后石室中的部分画像石可能属于武斑祠。复原后的武氏祠分为两种类型,武梁祠为单开间悬山顶祠堂(见图10),前石室和左石室为有后龛的双开间悬山顶祠堂(见图11)。

蒋英炬先生在完成武氏祠的复原后,又对嘉祥宋山出土的21块祠堂画像石进行复原研究,找到了祠堂的墙壁、基石、祠堂顶盖等材料,根据祠堂画像的配置规律,

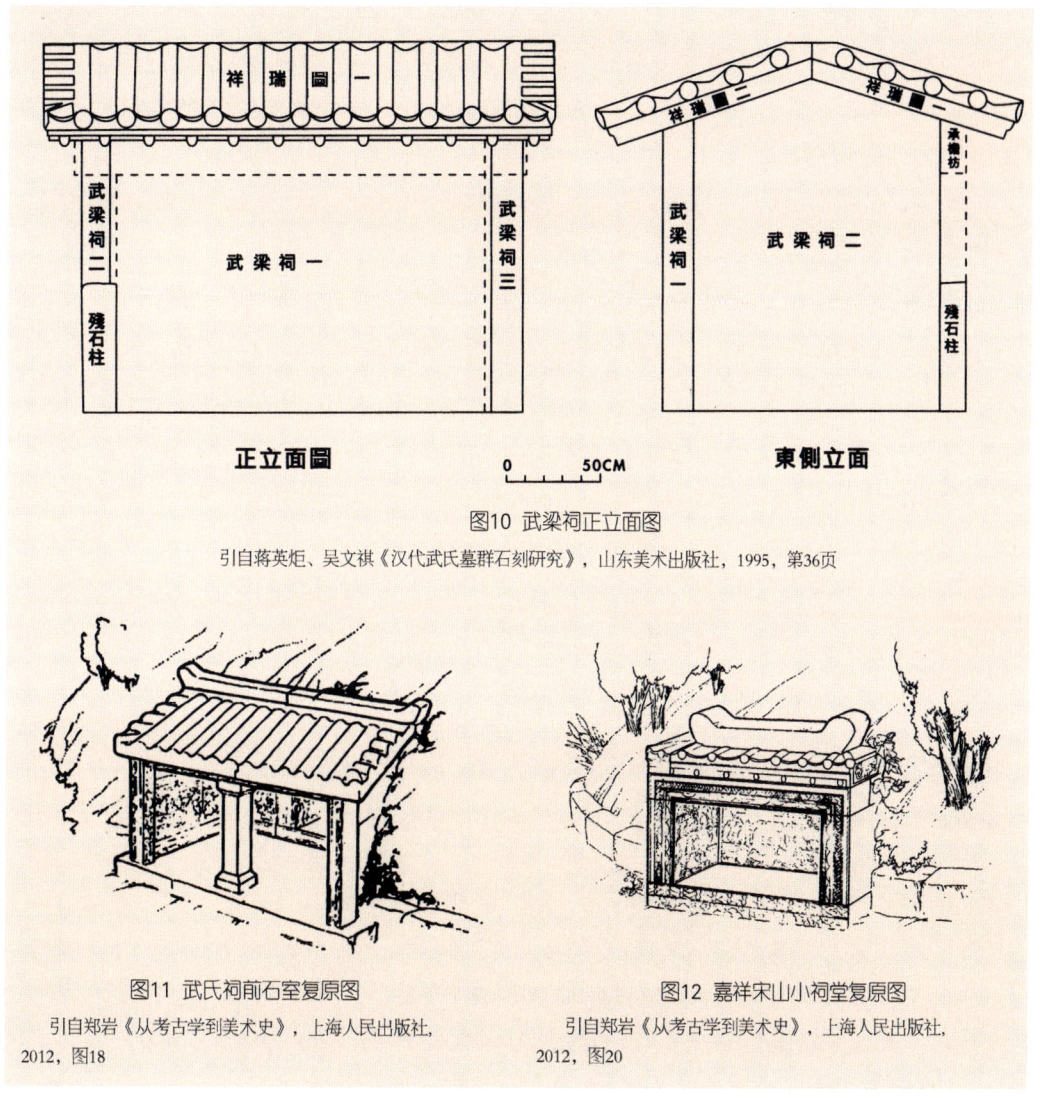

图10 武梁祠正立面图
引自蒋英炬、吴文祺《汉代武氏墓群石刻研究》,山东美术出版社,1995,第36页

图11 武氏祠前石室复原图
引自郑岩《从考古学到美术史》,上海人民出版社,2012,图18

图12 嘉祥宋山小祠堂复原图
引自郑岩《从考古学到美术史》,上海人民出版社,2012,图20

---

1 蒋英炬、吴文祺:《武氏祠画像石建筑配置考》,《考古学报》1981年第2期。

复原了4座平顶小祠堂[1]。其中一号小祠堂构件较齐全，基本上复原了其形制和全貌（见图12）。

山东滕州是出土平顶小祠堂最多的地区。2000年的时候，中国台湾学者陈秀慧对滕州祠堂画像进行了深入的调查，撰写了《滕州祠堂画像石空间配置复原及其地域子传统》的研究论文，将滕州出土的269块零散的画像石配置为59座祠堂建筑个体。研究成果表明，滕州祠堂的建筑类型均为单开间的平顶祠堂[2]。

1986年，徐州铜山汉王乡东沿村发现12块画像石，发掘报告只报道了其中的10块[3]。1993年在此附近又发现6块祠堂画像石[4]。这两处发现的画像石共计18块，应分属7座以上平顶小祠堂的建筑构件[5]。

值得关注的是苏皖交界地区还有一种特殊形态的小祠堂，祠堂的东、西两壁石如同明清时期地面建筑大门前的抱鼓石，学术界称之为"抱鼓石"形小祠堂。长期以来，人们对这种"抱鼓石"形状画像石的用途认识不清，笔者在2000年的时候，提出了"抱鼓石"祠堂的概念，同时指出"由于还没有完整的考古资料，目前这类祠堂还不能确定它的具体构造形式"[6]。

2019年，淮北市相山区的洪山南坡发现两座"抱鼓形"祠堂。其构造为前堂后龛制，前堂由"抱鼓形"侧壁石、盖顶石、基石组成；后龛由左右侧壁石、盖顶石、后壁石、后龛基石组成（见图13）[7]。后壁设龛室的做法是中国古代宗庙独有的建筑特征，《礼记·月令》："寝庙毕备。"郑玄注，"凡庙，前曰庙，后曰寝。"孔颖达疏："庙是接神之处，其处尊，故在前；寝，衣冠所藏之处，对庙为卑，故在后。"[8]《汉旧仪》曰："已葬，收主，为木函，藏庙太室中西壁坎中，去地六尺一寸，祭则立主于坎下。"[9] 祠堂后壁设龛室的做法见于武氏祠中的前石室和左石室，应是取法于宗庙或陵庙太室的形制。

1　蒋英炬：《汉代的小祠堂——嘉祥宋山汉画像石的建筑复原》，《考古》1983年第8期。

2　陈秀慧：《滕州祠堂画像石空间配置复原及其地域子传统》，硕士学位论文，台北大学美术研究所中国美术史组，2002。

3　徐州博物馆：《徐州发现东汉元和三年画像石》，《文物》1990年第9期。

4　王黎琳、李银德：《徐州发现东汉画像石》，《文物》1996年第4期。

5　武利华：《徐州汉画像石通论》，文化艺术出版社，2017，第59页。

6　武利华：《徐州汉画像石祠堂和祠堂画像》，《中国汉画学会第七届年会论文选》（内部版），2000。

7　淮北市文物局：《安徽省淮北市发现汉代画像石祠》，《东南文化》2019年第6期。

8　（汉）郑玄注，（唐）孔颖达等正义：《礼记正义》，上海古籍出版社，1990，第297页。

9　（南朝宋）范晔撰，（唐）李贤等注：《后汉书》卷一上《光武帝纪上》李贤注引卫宏《汉旧仪》，中华书局，1965，第28页。

图 13　淮北市洪山"抱鼓石形"祠堂
引自朱永德《安徽省淮北市发现汉代画像石祠》,《东南文化》2019 年第 6 期

"抱鼓石"形小祠堂并不都是前堂后龛制。2008 年,刘辉与李银德先生对安徽萧县庄里乡城阳村的"抱鼓石"式祠堂的现场遗迹做了考古调查,认为这是一处墓葬、墓垣、祠堂一体的墓地遗址。祠堂南向,由基石、左右山墙、后壁、顶盖四部分组成,石祠基石为一整石板,总长 330 厘米,宽 135 厘米,厚 40 厘米[1]。在这块巨型石板上,凿出东、西、北三面凹槽,作为安放祠堂三面墙壁的沟槽。东、西两壁为抱鼓形画像石,内容为胡汉征战图,后壁石现已佚失(见图 14)[2]。这座祠堂的基座上有后壁石的石槽存在,说明没有后龛的存在。

以上的研究和考古发现,基本上解决了画像石祠堂的复原问题。画像石祠堂分为 6 种类型:一是单开间悬山顶祠堂,二是有后龛双开间悬山顶祠堂,三是无后龛双开间悬山顶祠堂,四是平顶小祠堂,五是有后龛抱鼓石小祠堂,六是无后龛抱鼓石小祠堂。除了上述 6 种石祠堂,文献记载还有规模更大的三开间石祠。《水经注》记载的熹平元年荆州刺史李刚墓:"祠堂石室三间,椽架高丈余,镂石作椽瓦屋。"[3]

1　城阳村"抱鼓石祠堂"基座石现藏徐州博物馆。

2　刘辉:《汉画新释》,河南大学出版社,2012,第 301 页。

3　施蛰存:《水经注碑录》,天津古籍出版社,1987,第 65 页。

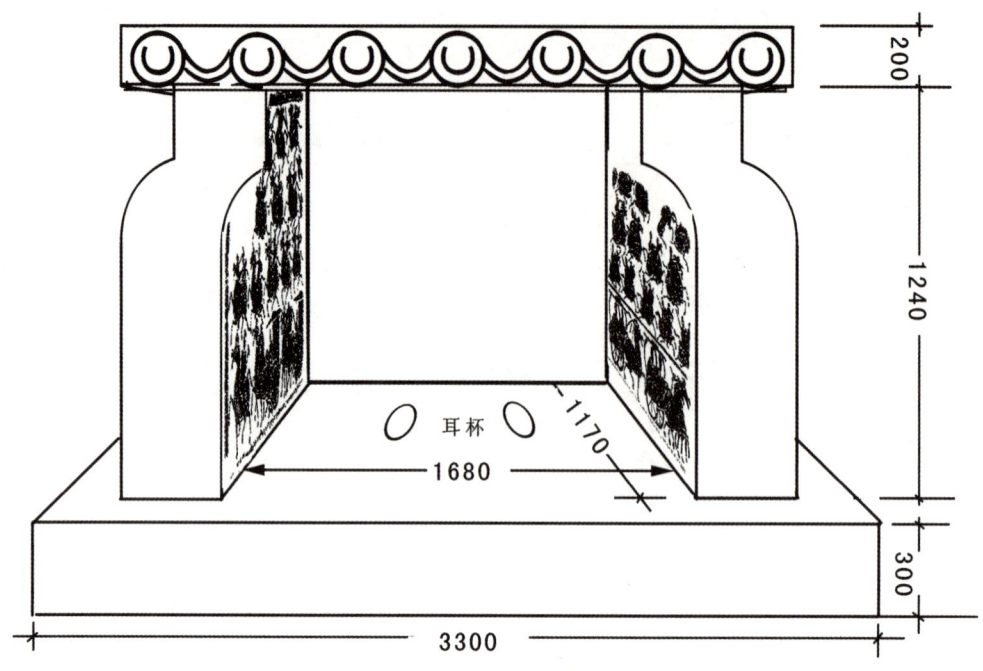

图 14　萧县庄里"抱鼓石形"祠堂
笔者绘图，单位：毫米

祠堂不同的类型与祠主的身份和财力的大小有关。安徽褚兰熹平三年的邓季皇祠堂的祠主为"邓掾"[1]，嘉祥武梁祠的祠主为"从事武掾"，"掾"为俸禄三四百石的官吏，这两座祠堂为悬山顶单开间建筑。双开间祠堂祠主的身份较高，孝堂山祠堂的祠主为"二千石"的高级官吏，武氏祠前石室的祠主武荣官至执金吾丞，左石室的祠主武开明官为吴郡丞，都是千石或六百石的官吏。至于平顶小祠堂和抱鼓石形小祠堂，祠主的身份只是低级官吏和普通庶民。如山东嘉祥宋山永寿三年小祠堂，

祠主许安国的身份为斗食小吏的"卒史"。祠主的身份不仅影响了祠堂规模的大小，同时也影响了祠堂中的画像内容。

（三）祠堂图像配置研究

费慰梅在对武氏祠进行复原研究时说："当画像石仅被当作分散的石头或拓片来研究时，它们那相互交错的关系和位置的意义就失去了。在目前研究的困境中，掌握位置的意义将被证明有益于理解主题。"[2]石祠堂建筑形态的重构是画像石的图像学

---

[1] 蒋英炬、吴文祺：《汉代武氏墓群石刻研究》，山东美术出版社，1995，第35页。
[2] 转引自［美］巫鸿《武梁祠——中国古代画像艺术的思想性》，生活·读书·新知三联书店，2006，第81页。

研究的必要前提。这些画像在祠堂建筑中的布局，显示出一定的规范化和固定化的特点，具有一定的规律性。画像石祠堂是一个丰富的宇宙世界，在祠堂画像的配置中，人们利用建筑结构的空间，将画像内容设定为天界、仙界、人界三个部分。

天界一般配置在祠堂的屋面。人们翘首望天，日月星辰、天汉列宿形成了类似现实的星空。汉代的艺术家发挥他们的驰骋想象力，将天上的星空想象为一个充满神秘色彩、秩序井然的天国世界；以浪漫主义的手法，将日神、月神、雷公、雨师、风伯、河伯创作成被视觉感知的艺术形象，呈现出一个异彩纷呈、神秘莫测的天界神话。

仙界一般配置在祠堂山墙的顶端。这里紧靠天界，东王公、西王母、昆仑仙界是画面中的主要内容，形成了格式化的布局模式。在成熟时期的祠堂画像中，东王公、西王母都刻在两山墙的山尖部分，而其方位布局非常明确。

人界是祠堂画像中最主要的部分，刻画在祠堂的后壁并延伸到两侧的山墙上，祠堂中最大的空间和最主要的位置留给了人间世界。祠堂后壁是人们观瞻画像的主要焦点，这里设置了接受祭拜主人的位置，祠主肖像以生活态的形式出现在画面中。山东嘉祥焦城村祠堂后壁"楼阁拜谒图"，在接受拜谒之人身后的柱子上有四字题记，阮元在《山左金石志》中释作"此齐王也"[1]。信立祥正确地改释为"此斋主也"，"斋主"就是祠堂的主人[2]。山东嘉祥五老洼发现的一块"楼阁拜谒图"中，被拜谒者身上刻有"故太守"三字[3]。在苏皖交界地区的祠堂中，流行着将墓碑缩小后刻在祠堂后壁正中的传统，碑上刻有祠主的姓名，其功能类似祠堂后壁摆放神主的龛室，成为祭拜的对象。

天界、仙界、人界只是祠堂画像的基本配置。在实际中，则根据祠堂空间的大小穿插着历史故事、祥瑞图案等内容。这样，一个完备的宇宙模型就在祠堂内被形象化地表现出来了。

三 画像石墓的整体设计

墓室作为死者的葬身之所，被视为另一个世界的住宅予以高度重视。《仪礼·士丧礼》："筮宅，冢人营之。"郑注曰："宅，葬居也。"汉代，人们在生前已为自己的"万岁之室"的营建做好充分的准备，《梁相孔耽神祠堂碑》追述了孔耽监督工匠为其作寿冢的情景："图千载之洪虑，定吉兆于天府。目睹工匠之所营，心欣悦于所

1　傅惜华、陈志农编，陈志农绘：《山东汉画像石汇编》，山东画报出版社，2012，第163页。
2　信立祥：《汉代画像石综合研究》，文物出版社，2000，第91页。
3　朱锡禄：《嘉祥汉画像石》，山东美术出版社，1992，第67页，图87。

处。其内洞房四通，外则长庑。"[1] 孔耽营建的墓室是一处模仿宅院的地下建筑。

（一）墓室的空间设计

画像石墓是由石椁墓发展而来的。东汉中期，椁墓完成了向室墓的转变，墓室的营建开始向宅院式的方向发展。椁墓到室墓的变换是从"器物为主"的设计到"空间为主"的设计，如巫鸿所说："阐释者必须解释壁画、石刻、俑以及随葬器物如何协助构建一个地下的象征空间。"[2]

室墓结构体现了中国古代建筑的"方位"和"时空"观。多室墓是仿造当时的大宅院模式建造的。前室相当于宅院的庭，中室相当于堂，后室相当于寝。画像石墓虽然结构各不相同，但都是在模仿生前居室的样子，以"前堂后室"为基本布局，根据情况增设厨房、厕所、马厩、武库等附属设施。宅院式建筑布局以大型和中型的画像石墓最为典型。

1953年发掘的沂南北寨画像石墓，是纯石结构多室墓的典型。墓门南向，墓室内部南北长8.55米，东西宽7.55米，由前室、中室、东后室、西后室和东、西两侧室的5个侧室组成，东、西后室之间有两个过道相通，东北侧室的后部隔有一间厕所。该墓顶部结构有两种形式，前室和东前侧室、西前侧室顶部为抹角式藻井结构，其他各室顶部为叠梁式结构（见图15）。

1959年发掘的安丘董家庄汉墓，墓门向南，墓室南北长14米，东西宽7.91米，中室的顶高2.74米，建筑面积约70.15平方米。该墓由前室、中室、东后室、西后室、中室附设的东耳室共五个墓室组成，另外在西主室后部附设一间厕所。该墓顶部结构为覆斗形（见图16）[3]。

1972年发掘的临沂吴白庄汉画像石墓，是一座结构复杂砖石混砌的大型画像石墓。整座墓由墓道、墓门、前室、中室、西墓室、东墓室、绕后室回廊、西两耳室和东一耳室组成。东西宽15米、南北长9米。墓室总面积135平方米。该墓的顶部是由楔形砖砌成拱形，墓室的石柱、券顶有西式建筑的特点（见图17）[4]。

1978年发掘的南阳唐河郁平大尹冯君孺人墓，该墓东西长9.5米、南北宽6.5米。平面呈长方形，墓室最高处为3.14米。由大门、前室、南车库、北库房、中大门、中室、南主室、北主室、南阁室、北阁室、西阁室十一个单元组成。冯君孺人墓的几处题记，如"北方（房）""东方（房）""南方（房）""西方（房）内门""车库""藏阁"等，使我们明确了墓葬各建筑空间的本来名称和墓中的位置

1　（清）严可均：《全上古三代秦汉三国六朝文》第2册，河北教育出版社，1997，第972页。
2　[美] 巫鸿：《黄泉下的美术》，生活·读书·新知三联书店，2016，第30页。
3　安丘县文化局、安丘县博物馆：《安丘董家庄汉画像石墓》，济南出版社，1992。
4　管恩洁、霍启明、尹世娟：《山东临沂吴白庄汉画像石墓》，《东南文化》1999年第6期。

（见图18）[1]。

河南密县打虎亭一号墓为目前发掘规模最大的砖石混作结构画像石墓。墓室平面布局呈不规则形，由墓道、墓门、甬道、前室、中室、中室祭台室、中室东耳室、中室南耳室、中室北耳室、后室等部分组成。墓内南北通长25.16米、宽17.78米，墓室最高处4.84米，用石9万块，约合900立方米，其中画像石70余幅，画像装饰部分有200多平方米（见图19）。打虎亭一号墓结构十分复杂，中室建造的宽敞高大，顶最高处4.84米，主要目的是在丧葬仪式时，哀悼者与死者的灵魂进行最后的诀别，面对棺室表达着对死者亡魂的哀悼（见图20）。

室墓的空间设计有两个突出的特点，一是"堂"的设计。墓室中的"堂"是一个多功能的空间，各种礼仪活动都要在"堂"中进行。信立祥先生说："汉代的大型画像石墓一般都有两个堂。一个堂是地下墓室中紧靠后室，位于后室之前的中室或前室；另一个堂是墓地祠堂。"[2] 巫鸿先生说："东汉时期，不仅很多祭祀在墓地举行，而且扩大了的墓室也使得哀悼者得以直接和地下死者的灵魂诀别。"[3] 二是顶部设计。画像石墓的顶部结构有叠涩顶、盝顶、券顶、穹隆顶等，墓室顶部构造的变化是墓室制作观念变化的一个重要标志，

一方面可以提升建筑的高度，便于在墓内进行祭祀活动；另一方面代表人们未知的宇宙空间。

（二）墓室的图像配置

当我们对墓室空间的布局有了充分的认识后，将图像归位于墓葬的"原境"当中，画像的配置及图像意义就好理解了。墓室画像的配置远比祠堂画像的配置复杂，地域的不同，年代的不同，墓主人的身份不同，墓室结构的不同，都影响了墓葬的图像配置。

1. 墓门区域的画像配置

墓门又称玄门，是墓室与外界连接的重要通道。墓门区域的画像朝向墓外，人们在举行葬礼时，首先观赏到的是这一区域的画像。各地区的墓门画像不尽相同，但都有设计整体化和格套化的表现程式。墓门区域画像包含着祛除不祥、保护墓主人冥界平安的意思。

以浮雕羊头作为墓室门楣上的装饰，是鲁中画像石中比较普遍的题材，2008年发掘的济南市北毕村汉代画像石墓，M1墓门南门、北门、前室北门、后室南门门楣上皆有浮雕羊头的画像；M2墓门南门、北侧门、后室南门上有三块浮雕羊头画像[4]。1992年发掘的章丘市黄土崖画像石墓，各

---

1 黄运甫、闪修山：《唐河汉郁平大尹冯君孺人画象石墓》，《考古学报》1980年第2期。
2 信立祥：《汉代画像石综合研究》，文物出版社，2000，第323页。
3 [美] 巫鸿：《黄泉下的美术》，生活·读书·新知三联书店，2010，第28页。
4 山东大学历史文化学院、济南市考古研究所、章丘市博物馆：《济南市北毕村汉代画像石墓》，《考古》2012年第11期。

120　汉画研究

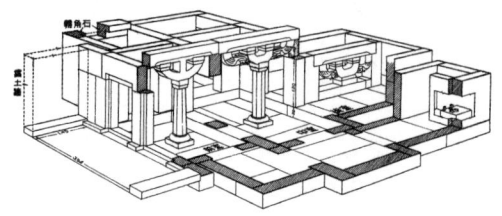

图 15　沂南北寨汉墓墓室结构图

引自《沂南古画像石墓发掘报告》，文化部文物管理局，1956，第 4 页插图 3

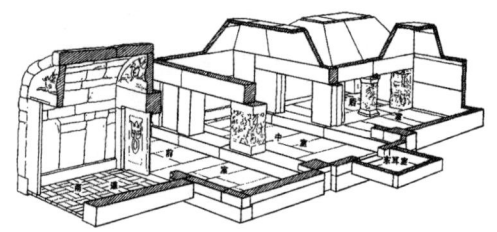

图 16　董家庄汉墓墓室结构图

引自《安丘董家庄汉画像石墓》，济南出版社，1992，图 5

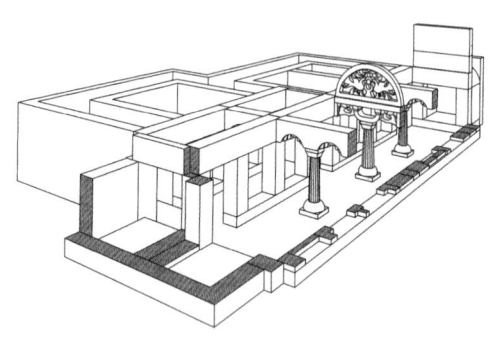

图 17　临沂吴白庄汉墓墓室结构图

引自《临沂吴白庄汉画像石墓》，齐鲁书社，2018，图 1

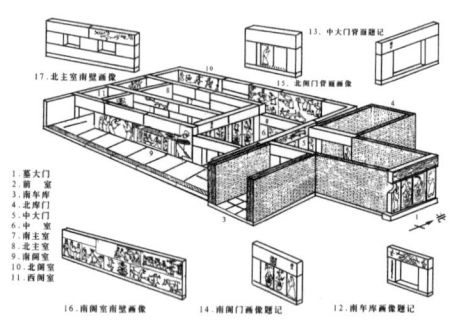

图 18　唐河郁平大尹冯君孺人墓室结构图

引自《唐河汉郁平大尹冯君孺人画象石墓》，《考古学报》1980 年第 2 期

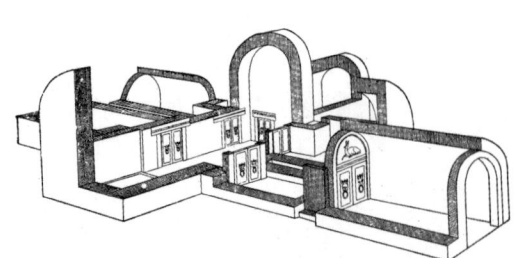

图 19　密县打虎亭一号墓墓室结构图

引自《密县打虎亭汉墓》第 21 页

图 20　密县打虎亭一号墓的中室

引自《密县打虎亭汉墓》图版一四

室门楣横额石有 11 块浮雕羊头画像[1]；1974 年发掘的历城县黄台山画像石墓，墓室横额上浮雕羊头，门柱右侧刻青龙图，画像下刻"右交龙"三字；门柱左侧画像为白虎图，画像下刻"左白虎"三字[2]。徐州汉画像石馆有一组墓门画像，门额正中刻画一只羊角内卷的硕大羊头，在羊头的两边，刻有双鸟衔鱼、猴、乌龟等吉祥动物（见图 21）。门上悬挂羊头的风俗，被三国时期东吴人士裴玄撰《裴氏新言》记录下来："正朝，县官杀羊，悬其头于门，又磔鸡以副之。俗说以厌疠气。"[3]

与浮雕羊头的装饰一样，以鹿作为墓室门楣上的装饰也是常见的题材。鹿是一种吉祥动物，"鹿"与"禄"通，《说文》曰："禄，福也。"《诗经·小雅·瞻彼洛矣》有"君子至止，福禄如茨"。"禄"兼有吉祥长寿和升官之意，打虎亭一号墓的前室门楣上雕刻"十鹿图"，画面中一只大鹿卧伏于画面中部，大鹿的前后和上部围绕着姿态各异的九只小鹿（见图 22）。"十鹿图"作为一种格式化的装饰图案出现在墓室的正面，安丘董家庄汉墓、安徽亳县曹操宗族墓的董园庄二号墓门楣上也刻有"十鹿图"[4]。

沂南北寨画像石墓，墓门区域有四幅画像。横额画像为胡汉征战图，象征着"胡虏殄灭，天下大宁"。墓门中柱刻蚩尤，宗布神等内容。墓门东柱刻东王公、高媒神；墓门西柱刻西王母、捣药兔（见图 23）。把西王母安排在门上的做法，美国学者简·詹姆斯（Jean M. James）解释为西王母功能发生了改变，由仙界的主神成为墓室的守护者[5]。

图 21　徐州汉画像石馆藏墓门画像
笔者绘图

南阳地区墓门区域画像以麒麟岗画像石墓为代表。墓门的门柱上刻画有捧盾门吏、执金吾门吏、执戟门吏等，墓门区域的画像还有东王公、西王母、神荼、郁垒、伏羲、女娲、铺首衔环等，这些图像起到保护墓室、侍奉墓主人的作用。

陕北地区墓门区域的画像内容十分丰富。常见题材为祭祀墓主、昆仑仙界和墓主

1　章丘市博物馆：《山东章丘市黄土崖东汉画像石墓》，《考古》1996 年第 10 期。
2　山东省博物馆等编：《山东汉画像石选集》，齐鲁书社，1982，图 505、图 506、图 507。
3　（吴）裴玄撰：《裴氏新言》，《文白对照诸子文粹》（下），北方文艺出版社，1994，第 2129 页。
4　安徽省亳县博物馆：《亳县曹操宗族墓葬》，《文物》1978 年第 8 期。
5　[美] 简·詹姆斯：《西王母图像志研究》，贾西林译，《美术研究》1997 年第 3 期。

图22 打虎亭一号墓墓门画像
引自《密县打虎亭汉墓》图版二

升仙等内容（见图24）。这些题材往往是鲁南、苏北地区祠堂画像的内容，李清泉分析："这类表现墓主人进入仙境的出行题材，在中原地区汉画像石墓或祠堂中，向来十分流行，……其中内容与陕北汉墓门楣画像大同小异。"[1] 这可能与陕北地区墓门区域兼有祠堂的功能有关。山西离石马茂庄2号画像石墓，墓门外顶部有屋盖，并有连瓦、瓦当形状的雕刻[2]。这一发现证明了陕西、晋西北画像石的墓门区域兼有祠堂的功能。没有祠堂建筑的祭祀称为"露祭"，《后汉书·张酺传》："其无起祠堂，可作稿盖庑，施祭其下而已。"[3]

图23 沂南北寨画像石墓墓门画像
引自《沂南古画像石墓发掘报告》图版5

---

[1] 李清泉：《墓门与"天门"——陕北东汉墓门画像主题考》，《美术学报》2015年第2期。

[2] 山西省考古研究所等：《山西离石马茂庄东汉画像石墓》，《文物》1992年第4期。

[3] （南朝宋）范晔撰，（唐）李贤等注：《后汉书》卷四十五《张酺传》，中华书局，1965，第1533页。

2. 前室的画像配置

前室是模仿地面建筑的庭院而设置的，画像配置与"庭"的功能有关。庭是举行大型活动的场所，墓主人的外部活动，政务、交际、出行等都是在庭院中进行的。前室的画像常见两类主题，第一类是描绘各种祭祀墓主活动的画像，通过相关画面，表现祭祀墓主的盛大礼仪活动。第二类是升仙内容，主要有西王母和东王公的昆仑仙界图像，中心思想是反映墓主人死后升仙的意图。

沂南北寨汉墓前室画像的主题为祭祀的场景，东、西、南三壁的横额上刻吊唁、祭祀图。东壁横额画像为吊唁的场面，描绘的是墓主人谢世后众多官吏前来吊丧的场面；西壁、南壁横额画像为祭祀图，西壁画像中有一位祝者，手持简册，在主持祭祀活动。南壁横额的中间为一重檐庙堂，庙堂前陈有大量的祭祀供品。2005年发掘的米脂官庄二号墓，南壁横额刻画了东汉并州刺史部八郡太守为西河郡大将军掾木孟山夫人吊丧的情景，在一幅车马出行图中，刻有"诸郡太守待见传""太原太守扶风法君""雁门太守颍川□君""五原太守车马""朔方太守车马""上郡太守车马""定襄太守车马"等铭文[1]。

汉代诸侯王、高级官吏家有丧事，邻近州郡的官员都会前来吊唁、会丧。《后汉书·祭遵传》载："遵丧至河南县，诏遣百官先会丧所，车驾素服临之，望哭哀恸。"

图24　神木大保当汉墓 M4 墓门画像

引自《神木大保当：汉代城址与墓葬考古报道》，科学出版社，2001

《后汉书·中山简王焉传》云："焉永元二年薨。诏济南、东海二王皆会葬。"《后汉书·东海恭王彊传》载："诏楚王英、赵王栩、北海王兴、馆陶公主、比阳公主及京师亲戚四姓夫人小侯皆会葬。"王符《潜夫论·浮侈篇》："宠臣贵戚，州郡世家，每有丧葬，都官属县，各当遣吏赍奉车马帷帐，贷假待客之具，竞为华观。"[2]

前室另一类题材是墓主人升仙的内容。如徐州铜山茅村汉墓的前室共有6幅画像，其中4幅为各室门额画像，东壁横额刻车马出行图，由右向左行进；北壁横额刻凤鸟、九头兽、双头兽、羽人、麒麟、大象、骆驼等，象征着昆仑仙界；西壁横额延续

1　榆林市文物保护研究所、榆林市文物考古勘探工作队：《米脂官庄画像石墓》，文物出版社，2009，第111页。

2　（汉）王符著，（清）汪继培笺：《潜夫论》，上海古籍出版社，1978，第158页。

北壁的内容，刻麒麟、羽人、瑞兽等；南壁横额上层刻人物拜见等内容。这4幅画面连贯起来，表现了车马出行向着仙界的方向行进[1]。

3. 中室的画像石配置

中室对应的是庄园中"堂"的部分。汉代的墓室建造，往往要将"堂"建造得宽敞高大，刻画在"堂"中的画像内容，与堂的功能有关。在现实生活中，迎宾待客等各种礼仪活动是在"堂"中进行的；在葬礼中，哀悼者与死者的灵魂进行最后的诀别也是在"堂"中进行的。中室是墓室内画像最为丰富的区域。

庖厨宴飨、乐舞百戏是中室画像最主要的主题。沂南北寨汉墓的中室画像，四壁横额刻画车马出行、庖厨宴飨、乐舞百戏图，全篇内容从右向左表现的是一幅出行、迎接、庖厨、宴饮、观看百戏表演等完整的场景。乐舞与庖厨是相互关联的内容，称为"以乐侑食"，《周礼·春官》："凡祭祀飨食，奏燕乐。"山东诸城前凉台画像石墓的主题与沂南北寨墓中室画像的内容相似，画面中刻有墓主孙琮像，众多的来宾进行着丧葬礼仪活动，其中的乐舞图和庖厨图表现的是丧家操办葬礼时的场面[2]。汉代丧家有操办筵席，令俳优表演的习俗，《盐铁论·散不足》："今俗因人之丧以求酒肉，幸与小坐而责辨，歌舞俳优，连笑伎戏。"[3] 墓室中的庖厨图与祠堂中的庖厨图意义不同，祠堂中的庖厨图是为了祭奠死者的，墓室中的庖厨图表现的是接待赴丧来宾的宴饮活动，庖厨场面宏大。密县打虎亭一号墓中室四壁的主要画像内容，都是些忙于炊事的人物和有关炊事用具的各种画像。

除庖厨宴飨、乐舞百戏内容之外，历史故事画像往往穿插在中室的四壁，这也与"明堂"的功能有关。明堂中的历史故事画是先秦宗庙的传统，《孔子家语·适周篇》载："孔子观乎明堂，睹四门墉，有尧舜之容，桀纣之象，而各有善恶之状，兴废之诫焉。又有周公相成王，抱之负斧扆南面以朝诸侯之图焉。"[4]

在前、后室结构的墓中，往往将"庭"中的内容刻在"堂"中。如邳州燕子埠汉墓为前堂后室制，前堂画像西壁横额刻狩猎图，表现的是墓主人缪宇出游狩猎的生活画面。东壁横额正中为缪宇墓志，墓志旁边有丧车，画面的主题为祭祀墓主。此外，前堂其他地方还刻有青龙、白虎、朱雀、玄武、福德羊、方相氏等内容，表现祈求吉祥、打鬼辟邪的思想[5]。

4. 后室的画像石配置

后室象征墓主的内寝，画像内容主要

---

1. 参见江苏省文物管理委员会《江苏徐州汉画象石》，科学出版社，1959。
2. 任日新：《山东诸城汉墓画像石》，《文物》1981年第10期。
3. （汉）桓宽撰，王利器校注：《盐铁论校注》（增订本）（上），天津古籍出版社，1983，第391页。
4. （西汉）孔安国著，王盛元通解：《孔子家语通解》，北京联合出版公司，2015，第148页。
5. 武利华：《徐州汉画像石通论》，文化艺术出版社，2017，第121页。

表现寝卧、宴饮等家室活动。在目前所发现的画像石墓中，后室配置画像的墓例并不多。沂南北寨汉墓后室画像，画像内容设计得富有生活气息，西间刻画兵兰，仆人送馔备马；东间刻画梳妆用具，侍女捧奁，用不同的题材象征西、东两间男、女主人各自的归属。徐州青山泉白集汉墓的后室刻有凤凰交颈，表示夫妇恩爱和睦。安徽褚兰画像石墓 M1 南后室刻鲤鱼戏莲，北后室后壁刻主宾宴饮[1]。南阳唐河电厂画像石墓的后室刻墓主凭几端坐图像和两名男侍燕居场面。

5. 墓室顶部画像的配置

墓室顶部为配置表现天上世界内容画像之处。叠涩顶的画像石墓一般都刻有藻井，藻井有象征"天"的意思。陆机《挽歌》对玄室的藻井有生动的描写："重阜何崔嵬，玄庐窜其间。磅礴立四极，穹隆放苍天。侧听阴沟涌，卧观天井悬。"[2] 莲花是藻井顶盖装饰的主要内容，《鲁灵光殿赋》有"圆渊方井，反植荷蕖"，安徽褚兰一号墓藻井刻伏羲、女娲（见图 25）；徐州拉犁山二号墓中室藻井中间刻莲花，四角雕刻青龙、白虎图等。

盝顶墓的顶部内容则比较复杂。董家庄墓的中室和前室均为覆斗式盝顶，顶的四坡几乎全部刻的是仙禽神兽图。前室的盖顶石刻有雷公、电母、风伯、雨师、伏羲、女娲图和仙禽神兽图；中室的盖顶石刻日轮、月轮、云气纹和仙禽神兽图[3]。

图 25 褚兰一号墓藻井图案

引自王步毅《安徽宿县褚兰汉画像石墓》，《考古学报》1993 年第 4 期

平顶画像石墓为天空景象的描绘提供了更大的空间。唐河针织厂汉墓南主室的天顶画像是星辰列宿，北主室天顶画像依次是四环相套、太阳、神虎、菱形穿环、四灵、长虹等（见图 26）[4]。麒麟岗汉墓的顶部最为精彩，前室墓顶由 9 块石板组成黄帝暨日月神画像，北主室、中主室用 6 块石板组成巨型天文画像，左端画像为女娲及"南斗六星"；中部是青龙、白虎、朱雀、玄武及中央天帝；右端是伏羲及"北斗七星"等九个形象（见图 27）[5]。

---

1 王步毅：《安徽宿县褚兰汉画像石墓》，《考古学报》1993 年第 4 期。

2 （宋）郭茂倩：《乐府诗集》，中华书局，1979，第 400 页。

3 安丘县文化局、安丘县博物馆：《安丘董家庄汉画像石墓》，济南出版社，1992。

4 周到、李京华：《唐河针织厂汉画像石墓的发掘》，《文物》1973 年第 6 期。

5 陈长山、黄雅峰：《南阳麒麟岗汉画像石墓》，三秦出版社，2008，图版 40。

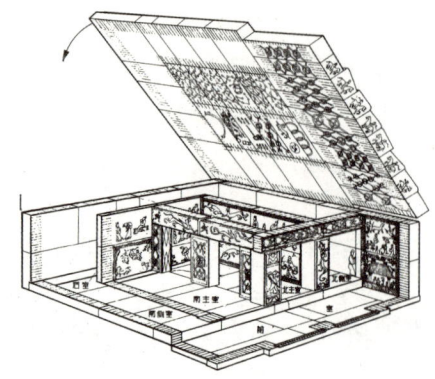

图 26　唐河针织厂汉墓墓顶画像

引自周到等《唐河针织厂汉画像石墓的发掘》，《文物》1973 年第 6 期

图 27　麒麟岗画像石墓墓顶画像

引自黄雅峰《南阳麒麟岗汉画像石墓》，三秦出版社，2008，图版 38

（三）苍山"元嘉元年"画像石墓的空间叙事

1973 年山东苍山发现的"元嘉元年"画像石墓，出土了 12 幅画像，在西侧室立柱上，刻有长达 328 字的题记铭文[1]。这篇题记不仅逐幅描绘了墓室中所有画像的内容，而且准确地记述了各幅画像在墓室内的位置，这对于研究画像石的配置及图像意义等各方面，都是十分重要的资料。学者们在研究画像石墓的图像配置时，往往都要引用这篇题记。由于题记中有不少别字和衍脱，因此在解释时学者的观点并不完全相同[2]。本文综合众多研究者的释读，结合题记韵文格式和墓室画像的具体内容，做出进一步的分析。

元嘉元年八月廿四日，立郭（椁）毕成，以送贵亲，魂灵有知，怜哀子孙，治生兴政，寿皆万年。薄疏椁中画：观后当，朱爵（雀）对游戏仙人，中行白虎后凤皇。中直柱，双结龙，主守中霤辟邪姎。室上砅[3]，五子奥，

---

[1] 山东省博物馆、苍山县文化馆：《山东苍山元嘉元年画像石墓》，《考古》1975 年第 2 期。

[2] 苍山元嘉元年画像石题记释读的主要成果有：李发林：《山东苍山元嘉元年画像石墓题记试释》，《中原文物》1985 年第 1 期；王恩田：《苍山元嘉元年画像石墓考》，《四川文物》1989 年第 4 期；刘道广：《苍山元嘉元年画像石墓题记注释》，《汉画研究》1991 年创刊号；孙机：《苍山元嘉元年画像石与题记》，《寻常的精致》，辽宁教育出版社，1996；信立祥：《汉画像石综合研究》，文物出版社，2000，第 235—240 页；杨爱国：《山东苍山县城前村画像石墓二题》，《华夏考古》2004 年第 1 期；[日] 西林昭一：《新中国出土书迹》，文物出版社，2009，第 172—173 页；伊强：《苍山元嘉元年画像石题记字词考释三则》，李学勤主编《出土文献》第 11 辑，中西书局，2017，第 387—391 页；[美] 巫鸿：《礼仪中的美术》，生活·读书·新知三联书店，2005，第 214 页。

[3] "砅"是一个失传的俗体字，杨爱国根据文意解释为"梁"较可信。

僮女随后驾鲤鱼，前有白虎青龙车，后即被轮雷公君，从者推车乎桱苑厨。上卫桥，尉车马，前者功曹后主薄，亭长骑佐胡使弩，下有深水多鱼者，从儿刺舟渡诸母。便坐上，小车骈，驱驰相随到都亭，游徼侯见谢自便，后有羊车像其槽，上即圣鸟乘浮云。其中画，象家亲，玉女执尊杯案盘，局成稳杭好弱见。堂砄外，君出游，车马导从骑吏留，都督在前后贼曹，上有虎龙衔利来，百鸟共持至钱财。其砄内，有倡家，笙竽相偕吹芦，龙雀除殃鹤啄鱼，堂三柱，中□□龙□飞翔；左有玉女与仙人；右柱□□请丞卿，新妇主侍给水浆。堂盖窗，好中瓜叶□□色；未有旰，其当饮食就天仓；饮江海，学者高迁宜印绶，治生日进钱万倍，长就幽冥则决绝，闭圹之后不复发。

题记中"薄疏椁中画"的"疏"有两种含义，一是"刻画"，二是"注疏"。这里解释为"注疏"更加合理。题记把整座墓室分为后当、室、室柱、堂、堂内、堂外、堂梁、堂柱、堂盖等部分，把每个部分的画像内容分条加以说明，表现出一段完整的叙事情节。题记是从寝室画像解释开始：

"观后当"对应的是墓室后壁画像，上面刻画着凤凰、白虎、青龙，象征着墓主人在安逸祥瑞的空间中继续美好的生活。"当"这里指的是墓室的档头。

"中直柱"对应的是寝室入口处的柱子，上面刻画的"双结龙"其意义是"主守中雷辟邪殃"。"中雷"即中室、中庭，《礼记·月令》："季夏之月，其祀中溜。"郑玄注："中溜，犹中室也。"[1] "双结龙"是双龙穿璧当时的称谓。

"室上砄，五子舆"，对应的是后室顶部画像。可惜该石在墓室中不存在。但是铭文不仅明确记载这块画像的存在，而且对画像内容进行了描述。有鱼车、龙车、虎车，死者的亡灵在僮女的簇拥下开始了升仙的旅程。

"上卫桥，尉车马"，对应的是前室西壁画像。画面中心为一大桥，三辆轺车接连上桥，前面的是功曹之车，后面的是主簿之车，中间应是墓主的主车。"亭长骑佐胡使弩"指的是最前面的两位开道骑吏，车马的队伍通过了象征生死两界的卫桥。

"便坐上，小车骈"，对应的是前堂东壁藏阁上的画像。"便坐"就是厢房，《汉书·张禹传》颜怀古注："便坐，谓非正寝，在于旁侧可以延宾者也。"[2] 阴间的游徼官吏在"都亭"前迎接羊车拉着的葬车，这里的羊车载着的是死者的亡灵，天空上还有圣鸟乘着浮云相送。"都亭"的大门是半虚半掩的，这半掩的门扉

---

[1] （清）朱彬：《礼记训纂》（上），中华书局，1996，第255页。

[2] （汉）班固：《汉书》卷八十一《张禹传》，中华书局，1962，第3350页。

象征着"天门"。

"其中画,象家亲",对应的是墓室东壁画像。这里出现了死者的"肖像",玉女们手执酒樽、耳杯以丰盛的宴席款待来到天国的"家亲"。

"堂碑外,君出游",对应的是前堂横梁外壁的车马出行图。一人执盾恭迎到来的车骑。车马出行图的上格是两只玉兔、四条龙和两只虎,以及神禽瑞兽,表现"车马导从骑吏留,都督在前后贼曹。上有虎龙衔利来,百鸟共持至钱财"的吉祥场面。

"其碑内,有倡家",对应的是前堂横梁内壁的乐舞图。画面下格是乐舞表演;上格是"龙雀除殃鹤啄鱼",左侧刻两龙一虎;中部刻鸟首兽身的龙雀,龙雀的一旁刻有双鹤啄鱼。

"堂三柱"对应的是前堂横梁的三根石柱,中间的石柱是瑞龙飞翔;左面的石柱上有玉女与仙人;右面的石柱上刻门吏、侍女。

"堂盖窗"对应的是前堂盖顶的藻井石。"好中瓜叶"中的"好"本意是玉璧中镂空圆的部分,这里指盖顶石正中刻的圆圈,"瓜叶"应是汉画藻井中常见的柿蒂纹,只是这里的瓜叶纹没有刻出。

图像学在鼓励解释图像象征意义的同时,提醒坠入"过度解释"的陷阱。而避免过度解释的最好办法就是利用古人对图像的注释。苍山画像石题记是当时人对墓室画像的注疏。题记内容与墓中画像内容一一对应,其中"祥瑞""升仙"是画像的主题。该题记对于整体研究画像石墓的图像意义,考证墓室建筑构件以及画像内容当时的称谓,都是十分重要的资料。

四　结语

汉画像石有丰富的象征意义,而这种象征意义只有回归到"场景"中才能被发现。汉代陵墓作为一种特殊礼制的建筑,其平面布局、立面形态和图像装饰必然受到当时社会意识、审美情趣的影响。图像学视野下的画像石整体研究可分为三个层次:

其一,对陵园的场景复原。汉画像石从本质上来讲属于艺术史中的"坟墓艺术"阶段。坟墓艺术最大的特点是立体的场景交融,而不是孤立的艺术品赏析。神道石兽、墓阙、墓垣、墓碑、祠堂、墓葬是一个相互关联的整体,组合成为一个陵园场景。在过去的单纯的图像研究中,很少注意考古发掘报告提供的整体材料,即使是在考古发掘的过程中,也偏重墓室本身的发掘,缺少对陵墓整体布局的关注和研究。

其二,对祠堂、墓葬建筑形态的研究。祠堂、墓葬是画像石装置的载体,画像石依附于陵墓的空间而存在,建筑成为首要着眼点和解释框架,进入 20 世纪,随着考古发掘出土的大量祠堂构件及画像石墓葬,人们终于有机会了解到祠堂、墓葬的整体结构,了解到画像石的属性、组合关系、排列方式及深层的图像意义。

其三,画像石的配置研究。墓阙、祠堂、墓葬是一个立体的装置,这个装置如同硕大的容器，画像石只是这个大场景的元件。图像的配置是在"立象尽意"的观念下进行精心设计的。祠堂是祭奠死者"魂"的地方，是一个开放的空间，画像题材侧重表达观念方面的内容；墓室是"魄"的居处，是一个封闭的空间，更注重生活中的实际内容。同时应当指出，由于画像石墓、祠的时代并不完全相同，墓主人的身份、仕宦经历不一，各个作坊间的图像格套或粉本有不同的样式，赞助人对画像内容题材的特殊要求，因此每座画像石墓、祠的图像并不完全相同。

墓室里的名士图

■ 杨爱国（山东博物馆）

"名士"是一个古词，战国时期就出现了。《吕氏春秋·尊师》里就有："此为天下名士显人以终其寿。"[1] 司马迁在《史记》一书多处用到名士[2]，范晔《后汉书·方术传论》也说道："汉世之所谓名士者，其风流可知矣。"东晋袁宏（约328—约376）著有《名士传》，今已失传。唐张彦远《历代名画记》中则高士、名士皆用，名士有顾恺之的《中朝名士图》，高士有戴逵的《孙绰高士像》。从古人对名士一词使用的情况，他们基本上是各人按自己的标准定哪些人是名士，并没有一个统一的标准。本文亦不强行为之订立标准，而是沿用古人之俗称，宽泛用之，不拘一家之规范。正因为概念比较模糊，本文所谓的"名士"，不少学者也称为"高士"。

"高士"一词至晚在战国时期就出现了，《战国策·赵策三》载，秦赵长平之战后，秦围赵都邯郸，这时齐人鲁仲连正在邯郸，而魏王派将军辛垣衍令赵国帝秦，平原君向鲁仲连介绍这一情况后，鲁仲连以为不妥，想通过平原君介绍见辛垣衍，辛垣衍不想见，推辞说："吾闻鲁连先生，齐国之高士也，衍，人臣也。使事有职，吾不愿见鲁连先生也。"[3] 从此，该词被沿用下来。东汉人王充（27—约97）在《论衡·自纪》中也用了该词自我标榜《论衡》一书："高士之文雅，言无不可晓，指无不可睹。"[4] 西晋皇甫谧（251—282）还作有《高士传》，为尧时、舜时、夏、商、周、秦、汉、魏八代96人立91传[5]。

本文用"名士"，没用"高士"，是因为学者研究最多的"竹林七贤"在袁宏

---

1 《吕氏春秋》卷四《尊师》，《诸子集成》本，中华书局，2006，第38—39页。
2 《史记》中的"名士"参见钱锺书对"名士"专门考证的引文，氏著《管锥编》（第一册），中华书局，1986，第283—285页。
3 缪文远、缪伟、罗永莲译注：《战国策》卷二十《赵策三·秦围赵之邯郸》，中华书局，2012，第598页。
4 （汉）王充：《论衡·自纪》，《诸子集成》本，中华书局，2006，第285页。
5 皇甫谧《高士传》原书已失传，今本在传抄过程中，多有脱讹。参见蒲秋征《皇甫谧〈高士传〉述略》，《北京师范大学学报》（社会科学版）1992年第1期。

《名士传》中专称"竹林名士",为尽可能贴近古意而用之。事实上,学者们不论用"名士",还是用"高士",在研究古代墓室里的这类图像时,所指的对象是一致的。

所谓名士图与其他历史故事图最明显的区别是,后者画面上的人物之间有互动关系,不论是周公辅成王、孔子见老子,还是刺客义士、孝子列女图,无不如此。名士图上的名士则是各自独立,没有明确的互动关系,司白乐(Audrey Spiro)称"竹林七贤与荣启期"图为"集合式肖像"(collective portrait)[1],用来称古代墓室的其他名士图也是合适的。

近年来,墓室里的名士图受到学人的高度关注,尤其是"竹林七贤与荣启期"图,已经有多篇(部)论著公之于世,取得了令人赞叹的学术成果[2]。这些论著启发我们继续就名士图的相关问题进行思考。

当我们拉长历史的链条,可以发现,历史中的变与不变,似乎表现在很多方面,名士图也不例外。在东汉时期的墓葬中,名士图就已出现,一直延续到盛唐,安史之乱以后就再难见到了。不同时期名士图所选人物不同,流行的区域也有差别。如此等等,为我们观察历史的变与不变提供了一个很好的视角。

需要说明的是,本文所谓"墓室里的名士图",不仅指墓室墙壁上装饰的名士图,也包括葬具和随葬品上的名士图,尽管后二者数量不如前者多。

一 东汉时期的墓室名士图

据文献记载,名士图在东汉时期出现在墓室中,目前仅见的例证是东汉赵岐(?—201)自作寿藏时所绘季札、子产、晏婴、叔向四人像,皆有榜题赞词。与此四位名士同处的是赵岐的自画像,且居主位。《后汉书·赵岐传》:汉献帝建安六年(201),太常赵岐卒。"先自为寿藏,图季札、子产、晏婴、叔向四像居宾位,又自画其像居主位,皆为赞颂。敕其子曰:'我死之日,墓中聚沙为床,布簟白衣,散发其上,覆以单被,即日便下,下讫便掩。'"[3] 郦道元(约466—527)在《水经注》中记述了赵岐墓的壁画:邺"城中有赵台卿冢,岐平生自所营也,冢图宾主之容,用存情好,叙其宿尚矣"[4]。郦氏所记是否属实,因无其他文献参证,不得而知。

已经发现的东汉壁画和画像石墓中,虽然没有发现类似赵岐传记载或后代墓葬

1　Audrey Spiro, *Contemplating the Ancients*, Berkeley, University of California Press, 1990, p. 98.

2　相关学术总结,参见耿朔《层累的图像——拼砌砖画与南朝艺术》,人民美术出版社,2020,第34—43页。

3　(南朝宋)范晔:《后汉书》卷六十四《赵岐传》,中华书局,1965,第2124页。

4　郦道元著,王国维校:《水经注校》卷三十四《江水》二,上海人民出版社,1984,第1084页。

中的名士图，但历史人物故事尤其是"圣贤"人物画像，如周公辅成王、孔子见老子等可能对名士图有一定启发。山东嘉祥宋山永寿三年（157）许卒史安国祠堂题记中说道："上有云气与仙人，下有孝友贤人，尊者俨然，从者肃侍。"[1]（见图1）祠主许卒史安国不过是一个百石卒史，他的祠堂题记里的这句文字表明，这种思想在当时有一定的普遍性，不少人死后，有与"孝友贤人"在一起的愿望。当然，我们不能把许卒史安国祠堂里的"孝友贤人"顺着名士图想得太远，毕竟我们没有见到他们的画像，他们也可能是以历史人物故事图的形式，如周公辅成王、孔子见老子等的形式出现的，而这些具有一定故事情节的图像则是被我们排除在名士图之外的。

从赵岐所取的"季札、子产、晏婴、叔向"，到许卒史安国祠堂里的"孝友贤人"，他们都是儒家标榜的人物，无论他们身在何方，官职大小，共同特点是积极入世。从赵岐传和许卒史安国祠堂题记文字看，他俩也是积极入世的，虽然二人官职

图1 山东嘉祥宋山永寿三年许卒史安国祠堂题记

---

1 济宁地区文物组、嘉祥县文管所：《山东嘉祥宋山1980年出土的汉画像石》，《文物》1982年第5期。

相去甚远,赵岐做到太常,而卒史不过百石。赵岐注过《孟子》,许卒史安国参加过镇压"泰山有剧贼"。

另外,赵岐与他仰慕的四位名士是同榻并坐,还是类似山东嘉祥武梁祠西壁帝王图的方式分格绘制,或类历史故事画,虽无明确界栏,却各自独立,由于未见原图,不得而知。

二 魏晋南北朝时期的墓室名士图

魏晋时期人们推崇的名士与汉代已有不同,如西晋左思(约250—305)《咏史八首》第五首:"被褐出阊阖,高步追许由。振衣千仞岗,濯足万里流。"[1] 左思诗里是用濯足来隐喻名士远离都城,逍遥于自然,与汉代名士的积极入世背道而驰。洛阳北魏时期的围屏葬具上刻有树下濯足图[2]。画面中央一人低头坐于两树之间,头部下垂,左手举起,右手扶左腿,左腿似架在右腿上,类似半跏趺坐式。其下方有一道流水横贯于树石之间。身后衣带飘起,可见一朵莲蕾。他对面立一人(见图2)。林圣智注意到,"树下濯足图"应该是采用"商山四皓"一类当时所流行的名士濯足形象,但其间差异同样值得玩味。"南山四

图2 河南洛阳北魏石棺床濯足画像

皓"中濯足的高士披发,为古代隐士的形象。"树下濯足图"中的濯足人物则头戴冠帽,其服饰与围屏中其他的男性人物并无差异,显然并非古代名士,而是当代的世俗人物。另外,"树下濯足图"中濯足人物的坐姿奇特,类似半跏趺坐,与"商山四皓"不同。这种独特坐姿颇类似佛教"太子别马"或菩萨半跏思惟像。据此,他认为,"树下濯足图"中融合多种元素,在名士濯足的图像中还增添佛教元素来投射墓

---

1 (南朝梁)萧统编,李善注:《文选》,上海古籍出版社,1986,第990页。

2 王子云:《中国古代石刻画选集》,中国古典艺术出版社,1957,第5—6页;黄明兰:《洛阳北魏世俗石刻线画集》,人民美术出版社,1987,第87—98页。

主所向往的方外世界[1]。私意以为，这个转变既有年代先后的关系，更有南北文化的差异。北魏时期，佛教在黄河流域为主体的北方地区已十分流行，而且在很大程度上已中国化了。如佛教僧传中就曾用濯足这种道家隐逸常用的隐喻来称颂高僧。《高僧传·晋长安竺昙摩罗刹》载，僧支遁就曾如此赞僧法护："故支遁为之像赞云：'护公澄寂，道德渊美。微吟穷谷，枯泉漱水。邈矣护公，天挺弘懿。濯足流沙，领拔玄致。'"[2] 不论是文字，还是图像，僧人都要努力采用汉人能接受的方式来宣传自己的教义和品行。

除了濯足图外，甘肃敦煌佛爷庙湾133号西晋壁画墓中的俞伯牙与钟子期图[3]（见图3），也是名士图的一类。而江西

图3 甘肃敦煌佛爷庙西晋壁画墓伯牙子期图摹本

---

1 林圣智：《图像与装饰——北朝墓葬的生死表象》，台北：台大出版中心，2019，第204页。
2 （南朝梁）释慧皎撰，汤用彤校注，汤一玄整理：《高僧传》卷一《晋长安竺昙摩罗刹》，中华书局，1992，第23页。
3 甘肃省文物考古研究所：《敦煌佛爷庙湾西晋画像砖墓》，文物出版社，1998，图五三至五五。

南昌东晋墓出土漆盘上的宴乐图[1]（见图4），孙机认为应定名为"惠太子延四皓图"[2]，郑岩在孙机的基础上作了进一步的申论[3]。

南朝墓室里的名士图最具代表性的是"竹林七贤和荣启期"，不仅人物与汉代不同，也没有墓主像。比较有意思的是，虽然文献中称"竹林七贤"，图像上的人物与文献所载也完全相同，但他们在图像上并不是在竹林里聚会，而是一个一个坐在树下（见图5）。关于"竹林七贤和荣启期"图在墓室出现的时间，学界倾向于是刘宋时期。韦正认为"刘宋皇室将竹林七贤画进墓室，贤与

图4　江西南昌火车站东晋墓漆盘宴乐图

图5　南京西善桥宫山南朝竹林七贤和荣启期画像

1　彭明瀚：《东晋漆器艺术——江西南昌东晋墓出土漆器写实》，《故宫文物月刊》1998年第8期；江西省文物考古研究所、南昌市博物馆：《南昌火车站东晋墓葬群发掘简报》，《文物》2001年第2期。

2　孙机：《翠盖》，《中国文物报》2001年3月18日第6版。

3　郑岩：《魏晋南北朝壁画墓研究》，文物出版社，2002，第216—223页。

七同列，既可以满足对一流名士的倾慕，又可以掩盖自卑心理"[1]。李若晴认为宋文帝最有可能是使用砖画这种葬制的创导者[2]。倪润安认为设置七贤砖画就是从精神层面为争正统的立意谋胜北魏[3]。耿朔支持该图出现在刘宋武帝大明年间及其后，并从当时丧葬改革方面进行了论述[4]。他还认为拼砌砖画应当是由《唐六典》卷三十二《将作都水监》"甄官署"条提到的宫中"东、西陶官瓦署"制作[5]。据考古发现，学者们认为南朝墓葬中的竹林七贤和荣启期图北传影响了北朝时期的一些壁画墓，如山东济南马家庄北齐祝阿令道贵壁画墓[6]、济南东八里洼壁画墓[7]和临朐冶源镇海浮山北齐天保二年（551）东魏威烈将军、行台府史崔芬壁画墓[8]的树下人物图（见图6）。

图6 山东临朐北齐崔芬墓东壁名士图

---

1 韦正：《地下的名士图——南京等地竹林七贤壁画研究》，《将毋同——魏晋南北朝图像与历史》，上海古籍出版社，2019，第50—89页。

2 李若晴：《是否为南朝葬制及其起止年代——关于"竹林七贤与荣启期"画像砖的两个问题》，《浙江艺术职业学院学报》2005年第4期。

3 倪润安：《南北朝墓葬文化的正统争夺》，《考古》2013年第12期。

4 耿朔：《层累的图像——拼砌砖画与南朝艺术》，人民美术出版社，2020，第142—149页。

5 耿朔：《层累的图像——拼砌砖画与南朝艺术》，人民美术出版社，2020，第150页。

6 济南市博物馆：《济南马家庄北齐墓》，《文物》1985年第10期。

7 山东省文物考古研究所：《济南市东八里洼北朝壁画墓》，《文物》1989年第4期。

8 山东省文物考古研究所、临朐县博物馆：《山东临朐北齐崔芬壁画墓》，《文物》2002年第4期。临朐县博物馆：《北齐崔芬壁画墓》，文物出版社，2002。

郑岩认为山西大同雁北师院北魏太和元年（477）宋绍祖石椁内正壁所绘奏乐图[1]，是弹琴人物和阮咸像，也有可能受到南朝的影响[2]。不仅名士图，其他图像也有影响。如宿白认为河北磁县东魏茹茹公主墓墓道的青龙白虎图像[3]，可能来源于南方，且可能是特殊阶层使用的图像[4]。

除南朝拼砌砖画外，前些年从海外收回的东魏"翟门生"石棺床屏风背面也刻有竹林七贤与荣启期图[5]，这是少见的北朝遗例。耿朔认为北朝工匠曾见过南朝传来的画样，而这个画样也出自南朝经典构图样式的系统，既然可以北传，的确具有很高的知名度和认可度。南北方墓葬的名士图像都是直接以日常绘画创作取得灵感，而有各自的理解，使得最后呈现出的面貌既有密切联系又有明显不同[6]。

树下人物图并不是南朝的发明，早在东汉时期的画像石上就出现了，如山东沂南北寨画像石墓里的"仓颉"图（见图7），临沂吴白庄画像石墓里的四目人物图（见图8），莒县东莞孙熹阙上的"尧""舜"图等（见图9），都是树下人物图，且多呈坐姿。江苏泗洪曹庙祝圩画像石上也有类似莒县东莞孙熹阙上"尧""舜"

图7　山东沂南北寨村墓中室南壁东立柱仓颉画像

人物图，刘冠等人认为表现的是同一内容[7]。树下人物图在南北朝时期墓室壁画中的延续，即可看出，韦正所谓"两汉丧葬的基本理念在魏晋南北朝时期没有也不可能有太大的变化"[8] 是极有道理的。

南朝时期墓室里的名士图不只是"竹林七贤和荣启期"，还有"商山四皓"，河南邓县南朝模印砖墓里就有他们的形象和

1　山西省考古研究所、大同市考古研究所：《大同市北魏宋绍祖墓发掘简报》，《文物》2001 年第 7 期。

2　郑岩：《魏晋南北朝壁画墓研究》，文物出版社，2002，第 213 页。张帆在对图像细节比较后认为，该奏乐图与阮咸没有什么关系，倒是与河西画像砖关系密切。见《宋绍祖墓奏乐图再议——兼论北魏时期平城与河西地区的互动》，《敦煌研究》2020 年第 6 期。

3　磁县文化馆：《河北磁县东魏茹茹公主墓发掘简报》，《文物》1984 年第 4 期。

4　宿白：《关于河北四处古墓的札记》，《文物》1996 年第 9 期。

5　赵超：《介绍胡客翟门生墓门志铭及石屏风》，荣新江、罗丰主编：《粟特人在中国：考古发现与出土文献的新印证》，科学出版社，2016，第 673—684 页。

6　耿朔：《层累的图像——拼砌砖画与南朝艺术》，人民美术出版社，2020，第 157 页。

7　刘冠、徐呈瑞、郑亚萌、陈佳星：《传播与叙述——对打鼓墩樊氏墓和曹庙祝圩汉画像石的几点认识》，《形象史学》2021 年第 19 辑。

8　韦正：《将毋同——魏晋南北朝图像与历史》，上海古籍出版社，2019，第 76 页。

榜题[1]。

关于魏晋南北朝墓室里名士图的功能，郑岩引用郦道元在《水经注》中对赵岐墓壁画的记述之后指出，郦道元的叙述揭示了6世纪人们对墓葬中绘制古代人物画像的一种新的认识：将那些本来与死者不属于同一时代的人物，看作死者志同道合的朋友。不过，郑岩更强调了这类图像与升仙的关系，认为荣启期、四皓是求仙的媒介或同路人[2]。韦正则认为是地下名士图证据要更充分一些[3]。

"竹林七贤图属于现实生活性质的题

图8 山东临沂吴白庄墓门楣四目人画像

图9 山东莒县东莞孙熹阙东阙正面尧舜画像

---

1 参见河南省文化局文物工作队《邓县彩色画像砖墓》，文物出版社，1958。

2 郑岩：《魏晋南北朝壁画墓研究》，文物出版社，2002，第223页。

3 韦正：《将毋同——魏晋南北朝图像与历史》，上海古籍出版社，2019，第72页。

材，只不过这一题材与上述题材的差异较大，它描绘的是一组名士，一组思想和行为均超凡脱俗的士大夫形象，而且画面着力表现的不是动作而是个性。在地下的七贤图中，我们看不出图像性质发生改变的迹象。"[1] 两位都提到《南史·齐本纪下》的一段记载：东昏侯"又别为潘妃起神仙、永寿、玉寿三殿，皆匝饰以金璧。其玉寿中作飞仙帐，四面绣绮，窗间尽画神仙。又作七贤，皆以美女侍侧"[2]。但两位的理解则完全不同。郑岩接"尽画神仙"解，认为具升仙性质；韦正"理解为七贤与神仙的差异，他们仍然是人而不是神仙"[3]。在"尽画神仙"之后，加"又作七贤，皆以美女侍侧"，二者似有区别，韦正的理解应更符合原意。

三 唐代的墓室名士图

唐代墓室里的名士图的典型是屏风树下人物图[4]。如陕西礼泉咸亨二年（671）燕妃墓后室北壁西侧、西壁和南壁西侧绕棺床绘有十二扇屏风画，每扇画树下人物，应是忠孝贤者和名士图[5]。陕西长安南里王村景龙二年（708）韦浩墓后室西壁绘联扇屏风，至少存五幅，皆画名士形象。名士均蓄胡须，戴莲花冠或进贤冠、裹巾，身穿红色宽袖大袍，或行或立或坐于树下，周围有山石花草[6]。陕西西安东郊天宝四年（745）苏思勖墓墓室西壁绘六扇屏风，每扇绘树下一名士，形象雷同，头戴方形冠，穿蓝领长袍，腰间系带，仅手势和前进方向不同，其中一人作单腿跪姿，双手捧钵[7]。同时期的唐代壁画墓中更多的屏风画绘制的是仕女、花卉、山水等，从一个侧面透露了当时上层社会流行的艺术品位和社会风尚。如西安南里王村壁画墓墓室西壁绘六扇屏风画，内容是树下贵妇人与男女侍者扑蝶、弹琴、观舞等场面[8]。陕西富平唐壁画墓墓室西壁棺床上方绘六扇山水屏风画[9]。对此，张建林

---

[1] 韦正：《将毋同——魏晋南北朝图像与历史》，上海古籍出版社，2019，第79—80页。

[2] 李延寿：《南史》卷五《齐本纪》，中华书局，1975，第153页。

[3] 韦正：《将毋同——魏晋南北朝图像与历史》，上海古籍出版社，2019，第89页注[1]。

[4] 赵超：《"树下老人"与唐代的屏风式墓中壁画》，《文物》2003年第2期。

[5] 陈志谦：《昭陵唐墓壁画》，《陕西历史博物馆馆刊》第一辑，三秦出版社，1994，第114—119页。

[6] 陕西省考古研究所：《陕西新出唐墓壁画》，重庆出版社，1998，第68—99页。

[7] 陕西考古所唐墓工作组：《西安东郊唐苏思勖墓清理简报》，《考古》1960年第1期。

[8] 赵力光、王九刚：《长安南里王村唐代壁画墓》，《文博》1989年第4期。

[9] 井增利、王小蒙：《富平县新发现的唐墓壁画》，《考古与文物》1997年第4期。

有较全面的总结[1]。张文之后虽不断有新材料发现，主要是量的增加，大的格局并未发生明显变化[2]。

山西太原有多座唐代墓葬中绘有名士图。如新董茹村万岁登封元年（696）赵澄墓墓室绕棺床绘有八联屏树下名士图[3]。万柏林区小井峪小学圣历三年（700）郭行墓墓室西壁北端、东壁北端及北壁围绕棺床绘八扇屏风，内容皆为树下名士图[4]（见图10）。晋源镇开元十八年（730）温神智墓墓室自南壁西端至西壁至北壁西端绕棺绘六扇屏风树下名士图[5]。

山西运城开元九年（721）薛儆墓残存的屏风画也是树下名士图，高士头戴莲花冠，身穿长袖大袍[6]。金胜村高宗至武周时期4号墓墓室西壁北端、东壁北端及北壁绘八扇屏风，内容为树下名士图。5号墓与4号墓情况相同[7]。6号墓少两扇屏风，内容相同[8]。金胜村焦化厂高宗至武周时期墓墓室东壁中部到北壁东侧绕棺床绘

图10 山西太原小井峪小学圣历三年郭行墓北壁名士图

---

1 张建林：《唐墓壁画中的屏风画》，陕西省考古研究所：《远望集——陕西省考古研究所华诞四十周年纪念文集》，陕西人民美术出版社，1998，第720—729页。

2 赵超认为西安早期的屏风人物画多属于列女传内容的范畴。参见前揭《"树下老人"与唐代的屏风式墓中壁画》。贺西林则具体考证昭陵陪葬的燕妃墓和李勣夫妇墓的屏风画为列女故事。参见《道德再现与政治表达——唐燕妃墓、李勣夫妇墓屏风壁画相关问题的讨论》，《故宫博物院院刊》2019年第12期。

3 山西省文管会：《山西文物介绍》，山西人民出版社，1955，图版五。

4 山西省考古研究院、太原市文物考古研究所：《山西太原唐代郭行墓发掘简报》，《考古与文物》2020年第5期。

5 李星明：《唐代墓室壁画研究》，陕西人民美术出版社，2005，第165页。

6 山西省考古研究所：《唐代薛儆墓发掘报告》，科学出版社，2000。

7 山西省文物管理委员会：《太原南郊金胜村唐墓》，《考古》1959年第9期。

8 山西省文物管理委员会：《太原市金胜村第六号唐代壁画墓》，《文物》1959年第8期。

四扇屏风树下名士图，西壁中部至北壁西侧绕西棺床也有一联四扇屏风的树下名士图[1]。金胜村高宗至武周时期337号墓墓室西、北、东绕棺床绘四扇屏风树下名士图[2]。这种现象未必表明当地有信奉名士的团体，而更有可能是在画师的带动下的文化符号。赵超认为"这些屏风画的笔法有明显的不同，显然不是出自同一画师之手。但是人物的动作、背景与构图都很相似，可能是出自画工中世代相承的同一范本"。虽然山西发现多座唐代屏风人物图壁画，但正如赵超指出的那样："由于新材料的公布，现在我们已无法确定最早的屏风式壁画墓是出现在山西太原等地方区域。"[3]

赵超进一步指出："现有材料可以勾画出一条比较明晰的从南朝江南地区经山东地区到山西地区的文化传播路线。在这个前提下，我们认为，太原等地唐墓屏风画'树下老人'应该是一个定型的社会流行绘画题材。它的原型应该是表现孝子、贤人为主的这类'忠孝图'，而不是墓主人像或者道教人物故事。其文化内涵来源于传统的中原儒家文化，具有比较悠久的流行历史。"他根据壁画内容，具体考释出了其中的曾参担柴、苏武持节、王裒泣墓、孟宗哭竹等故事图。同时他也认为"其中未必没有从竹林七贤一类壁画中摘取的人物。树下人物的构图形式就很可能来源于南朝的'竹林七贤壁画'及其原始范本'七贤图''高士图'等。"[4]

新疆阿斯塔那盛唐时期216号墓墓室后壁绘六扇屏风，内容为宽袖袍服人物和器物，人物身上分别题有"石人""金人""土人"等[5]，这些人物亦应属名士之列。

宁夏固原圣历二年（699）梁元珍墓墓室西壁和北壁各绘五扇屏风，内容为树下名士，头戴方形冠或莲花冠，身穿宽袖长袍[6]。固原虽然有西魏北周时期的墓葬，但李贤、田弘等北周墓中的壁画并无名士图，因此，我们推测梁元珍墓中的壁画并非当地已有的传统，而是外来画师所为。罗丰也认为，名士图可能是类似"竹林七贤"的隐逸者[7]。宿白认为西安唐李寿墓壁画是渊源有自，这个渊源来自魏晋十六

---

1 山西省考古研究所：《太原市南郊唐代壁画墓清理简报》，《文物》1988年第12期。

2 山西省考古研究所、太原市文物管理委员会：《太原金胜村337号唐代壁画墓》，《文物》1990年第12期。

3 赵超：《"树下老人"与唐代的屏风式墓中壁画》，《文物》2003年第2期。

4 赵超：《"树下老人"与唐代的屏风式墓中壁画》，《文物》2003年第2期。

5 宿白主编：《中国美术全集·绘画编12·墓室壁画》，文物出版社，1989，图版133，图版说明49—50页。

6 罗丰：《固原南郊隋唐墓地》，文物出版社，1996，第112—135页。

7 罗丰：《固原南郊隋唐墓地》，文物出版社，1996，第130—132页。

国北魏北齐隋的传统[1]。而西安、太原，乃至更西的宁夏、新疆唐墓中的名士图最大的可能也是来自东方的传统。宿白还根据太原唐墓折扇式屏风画推测，可能先流行在地方上的墓葬里，可是当首都长安墓葬盛行了这种题材的壁画后，不久就普遍地流行起来，远在西州的大历年间（766—779）的65TAM38墓室后壁和72TAM216墓室后壁都出现了人物屏风画[2]。宿白虽然是在说人物屏风画，而非专指屏风上的名士图，但名士图是包括在宿先生的人物屏风画里面的，因此他的观点对于研究唐代墓室屏风画的源流仍有启发意义。

李星明认为，唐天宝年间以前的壁画墓屏风画中常见的名士和仕女形象的装束属于魏晋时期服饰，与唐代当时流行的服饰很不相同，表明这些褒衣人物并非唐代的现实人物，而是唐人所推崇的历史人物或带有宗教、神仙性质的人物。这种褒衣人物屏风画反映了这个时期社会上普遍认同的儒家道德观念和处世哲学，而其中的某些人物又可能表现隐逸思想和道教神仙观念[3]。

赵超认为，唐代壁画墓中棺床与屏风画的组合是很明确的，它们可能就象征着墓主人的日常生活用具。棺床象征坐榻，屏风仅画在棺床所靠的墓壁上方，与棺床边缘相齐，就像树立于榻上。因此，墓中屏风画的绘画内容与装饰手法，可能就来源于日常生活中的实用屏风装饰[4]。

我们还注意到，唐墓壁画上的名士图身份与汉代、南朝相比，除少量可考外，很大一部分变得模糊不清，除了与墓主及其家人不甚明确的追求有关外，还可能与绘制壁画的画师来源有关。从使用名士图的壁画墓的墓主身份看，他们的身份相对较低，为他们绘壁画的画师来自宫廷的可能性较小，更大的可能是来自民间，尤其是太原附近唐代壁画墓的画师更是如此。他们在范本的指引下创作，绘制的过程中以名士的形象描绘孝子故事，在传统的名士图上加入当地的社会习尚是有可能的。马晓玲也认为，无论是山西太原金胜村老人图中的孝子、忠臣，还是固原、西安地区老人图所代表的名士形象，他们或是德行高尚的贤者，具备榜样的资格，或是志趣高尚出俗的高逸之士。唐代统治者与汉代统治者一样，把绘画视作"成人伦，助教化"的工具。所以名士、列女往往成为选择的对象。从北朝追求摆脱世俗的潇洒风度和虚幻的神仙思想，到唐代向现实生活意趣的转变，这种转变并非由艺术本身

1　宿白：《西安地区唐墓壁画的布局和内容》，《考古学报》1982年第2期。

2　宿白：《西安地区唐墓壁画的布局和内容》，《考古学报》1982年第2期。

3　李星明：《唐代墓室壁画研究》，陕西人民美术出版社，2005，第166页。

4　赵超：《"树下老人"与唐代的屏风式墓中壁画》，《文物》2003年第2期。

决定，而是社会的变迁对于意识形态和文化心理的影响。这种影响进而也渗透到北朝至隋唐时期的丧葬实践中，使得此题材在多个地区的墓室环境艺术中传播、使用[1]。

结　语

从东汉到唐代，名士图在墓室中一直存在，但不仅名士人物不同，用名士图的墓主身份也不同。目前所知东晋南朝名士图的墓主身份最高，皆为帝王。东汉仅一例，赵岐是高官。唐代帝王似乎也不用名士图，而是官员和其他人员使用，似乎又回到了汉代。如果说，汉代赵岐等人在墓室中画名士图只是出于个人的喜好，与政治、丧葬礼制无关，南朝的竹林七贤图则完全不同，它的数量之少，墓葬的等级之高，说明它极可能是国家丧葬礼仪和等级制度的物化呈现。唐代绘有名士图的墓葬的主人身份从南朝降了下来，现知最高等级的懿德太子墓、章怀太子墓、永泰公主墓等虽然有壁画装饰，却没有名士图，葬具与随葬品上也未见名士图。另外，唐代墓室壁画中的名士图多采用屏画的形式，与其他的屏风画，如侍女、花鸟画一样，围绕棺床装饰，明显模仿了死者生前的居宅装饰。尽管如此，名士图更多地表现的是对墓主人死后生活的想象，未必是他们生前居宅的真实写照或思想意识的真实表达。墓室里的名士图上所选人物的身份转换也是一个有意思的问题[2]。如春秋时代的隐士荣启期到了南朝墓室里，成了与魏晋时期竹林七贤同处的名士。

五代以后的墓室中似乎不见了名士图。宋代以后的墓室中常见孝子图，与名士图已大异其趣。

后代画家们还用故事画的形式来描绘名士图，这是与唐以前墓室名士图明显不同的地方。如五代南唐卫贤曾绘有六幅《高士图》轴，《宣和画谱》仅著录了其中的《梁伯鸾图一》，描绘的是东汉梁鸿与孟光夫妇"举案齐眉"的故事。现藏故宫博物院的南宋李唐《采薇图》卷，就是对商代伯夷、叔齐名士形象的描绘。明清时期卷轴画中，《高士图》似可作为人物画中的一个类型，所画人物则更为庞杂[3]。而同时期的瓷器上也多有用名士图者。总之，名士图一直有人在画，只是后来墓室中不见而已，其背后的原因还有待探索。

需要注意的是，虽然我们把墓室里的名士图作为一个问题来研究，并不表明它在汉唐时期的墓室中是流行的图像。事实

1　马晓玲：《从摆脱世俗的潇洒风度向现实生活意趣的转变——以北朝—唐墓室发现的屏风式"树下老人"图为中心的考古学观察》，《考古与文物》2011年第3期。

2　此点蒙北京大学郑岩教授提示，在此诚致谢意。

3　唐道明：《蒙明清高士图艺术研究》，硕士学位论文，河南大学，2015。

正相反，它们占的比例很小，因此，我们不能放大其在人们思想意识中产生的影响。而且，名士图是与其他图像共存的，我们在解读时不能将其孤立起来，诚如齐东方指出的那样："将图像内容及其艺术特色，放在墓葬遗存的框架下，纳入一个更广阔的文化历史背景下解读，在多种文化体系中比较考察，可能会减少一些失误。"[1]

---

[1] 齐东方：《现实与理想之间——安伽、史君墓石刻图像的思考》，[美]巫鸿、郑岩主编：《古代墓葬美术研究》（第一辑），文物出版社，2011，第205—218页。

川渝地区的汉代龙虎衔璧图像初探

■ 伍秋鹏（四川大学考古文博学院，成都中医药大学国学院）

龙虎衔璧图是川、渝地区汉代画像石上比较常见的一种图像。有的学者又称为龙虎争璧图、龙虎戏璧图。这类图像的完整形式是在画面的中央雕刻一个玉璧，两侧分别雕刻相向而对的一龙一虎，龙虎口衔玉璧或咬住玉璧上的绶带。目前对这类画像题材进行专门研究的论著较少。本文拟以出土实物为基础，重点探讨龙虎衔璧图的发现概况、类型、特征及其文化寓意。

一 龙虎衔璧图的发现概况

初步统计，目前已发现的含有龙虎衔璧图像的汉代画像共有20多幅，绝大多数出现在四川、重庆地区的画像石棺、崖墓、画像石墓、石阙、摇钱树座及墓碑上（见图1）。这些龙虎衔璧图的年代多数都是东汉晚期，有少数可能早到东汉中期，或晚至三国蜀汉时期。此外在河南新野出土的东汉画像砖上也发现有1幅龙虎衔璧图。[1]

画像石棺上的龙虎衔璧图，目前已发现10幅，主要出现在四川郫县、乐山、新津、富顺、合江县等地出土的石棺上。龙虎衔璧图在棺盖、侧面和前挡部位都有发现，多数出现在棺盖、侧面位置。如四川郫县新胜公社的两座东汉砖墓中出土了5具石棺，其中出土于M2的一号石棺的棺盖和三号石棺的前挡雕刻有龙虎衔璧图（见图2、图3）。[2] 合江县张家沟一号崖墓出土的画像石棺（合江一号石棺），棺身右侧刻龙虎衔璧图（见图4）。[3] 此外，龙虎衔璧图在崖棺上也有发现，如新津一号崖棺正面雕刻的龙虎衔璧图（见图5）。[4]

---

1 王褒祥：《河南新野出土的汉代画象砖》，《考古》1964年第2期。原资料中"画像"写作"画象"，下同。
2 四川省博物馆、郫县文化馆：《四川郫县东汉砖墓的石棺画象》，《考古》1979年第6期。
3 高文主编：《中国画像石棺全集》，三晋出版社，2011，第334页。
4 高文主编：《中国画像石棺全集》，三晋出版社，2011，第406页。

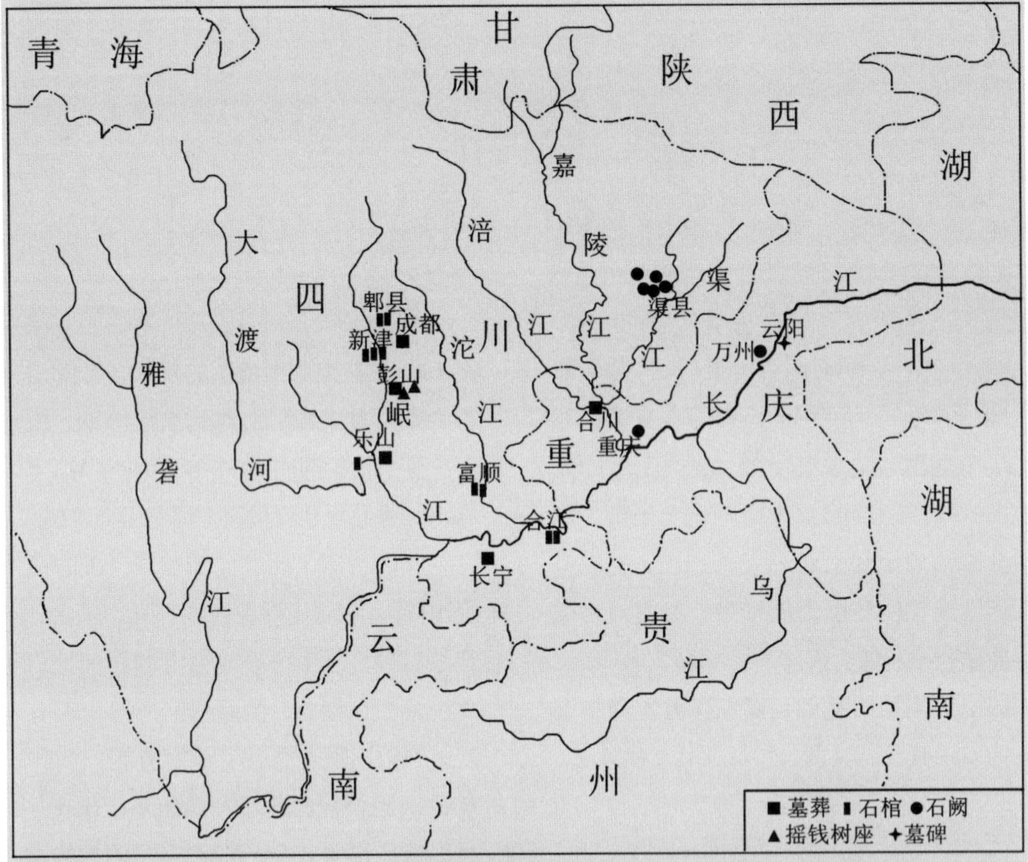

146 汉画研究

图1 龙虎衔璧图分布示意图
笔者自制

图2 郫县东汉墓一号石棺棺盖画像
Aa型I式。采自《中国画像石棺全集》，第130页

川渝地区的汉代龙虎衔璧图像初探　147

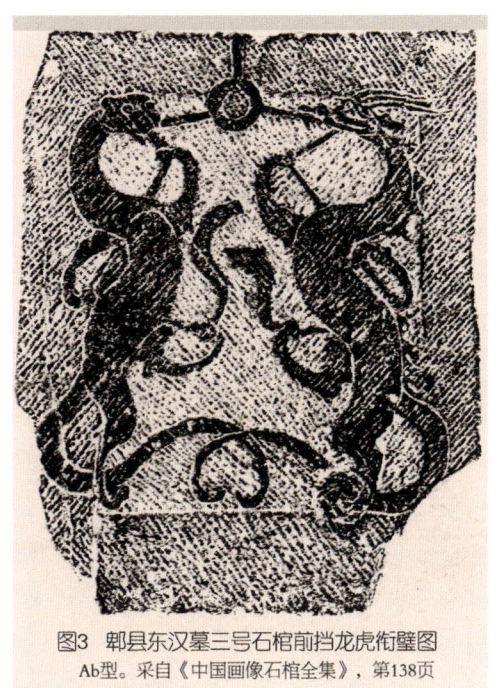
图3　郫县东汉墓三号石棺前挡龙虎衔璧图
Ab型。采自《中国画像石棺全集》，第138页

崖墓和画像石墓上的龙虎衔璧图，目前发现 5 幅，分别发现于乐山崖墓的墓室门楣[1]、彭山崖墓的墓门门楣，成都曾家包、重庆合川画像石墓的墓室门楣，以及长宁七个洞崖墓的墓门外侧。四川彭山崖墓 M355 墓门雕刻立柱斗拱，门楣浮雕龙虎衔璧图，左立柱下雕刻方形柱础，右立柱下刻蛙形柱础（见图6）。[2] 成都曾家包画像砖石墓 M2 的两侧门枋石分别雕刻虎衔璧

图、龙衔璧图。画面采用立式构图，最上方是玉璧，璧绶下垂，龙、虎口衔绶带，头上尾下（见图7）。[3] 合川画像石墓的北壁正室门，由两块门柱石承一横额与三重石条构成。门额上浅浮雕龙虎衔璧图，龙虎皆生双翼，身后各有力士拉其尾巴为其助力。左右门柱上的图案均为上刻朱雀下刻铺首衔环，左侧门柱的朱雀仅刻头和足的少部分，其余用朱彩表示，可能是先绘制而未刻完的原因（见图8）。[4] 在长宁七个洞 1 号崖墓的墓门外侧左下方（以墓门朝向为基准）雕刻龙衔璧图，龙嘴衔住玉璧绶带，龙头上有角，背上有翼，玉璧旁刻"神玉"二字（见图9）。[5] 这种单独的龙衔璧图，可视为龙虎衔璧图的一种变体。

汉代画像石阙上的龙虎衔璧图，目前发现 7 幅，分别为发现于四川渠县的沈氏阙、蒲家湾无铭阙、赵家村无铭阙一、赵家村无铭阙二、王家坪无铭阙，以及重庆盘溪无铭阙、万州武陵阙[6]等。每座完整的石阙均分为左、右两阙，一般在左阙阙身的右侧刻青龙衔璧，在右阙阙身的左侧刻白虎衔璧图。石阙上的青龙衔璧图、白虎衔璧图均采用立式构图，最上方刻一玉璧，

1　唐长寿：《四川乐山麻浩"阳嘉三年"墓石刻调查》，《中国汉画学会第十三届年会论文集》，中州古籍出版社，2011。

2　陈明达：《崖墓建筑（上）——彭山发掘报告之一》，张复合、贾珺主编：《建筑史论文集》第 17 辑，清华大学出版社，2003。

3　成都市文物管理处：《四川成都曾家包东汉画像砖石墓》，《文物》1981 年第 10 期。

4　重庆市博物馆田野考古工作小组、合川县文化馆考古工作小组：《合川东汉画象石墓》，《文物》1977 年第 2 期。

5　罗二虎：《长宁七个洞崖墓群汉画像研究》，《考古学报》2005 年第 3 期。

6　邹后曦：《重庆万州发现武陵石阙》，《中国文物报》2003 年 8 月 13 日第 1 版。

图4 合江一号石棺龙虎衔璧图
Aa型III式。采自《中国画像石棺全集》，第334—335页

图5 新津一号崖棺正面的龙虎衔璧图
Aa型II式。采自《中国画像石棺全集》，第406—407页

图6 彭山江口崖墓M355墓门
Aa型III式。采自《崖墓建筑——彭山发掘报告之一》

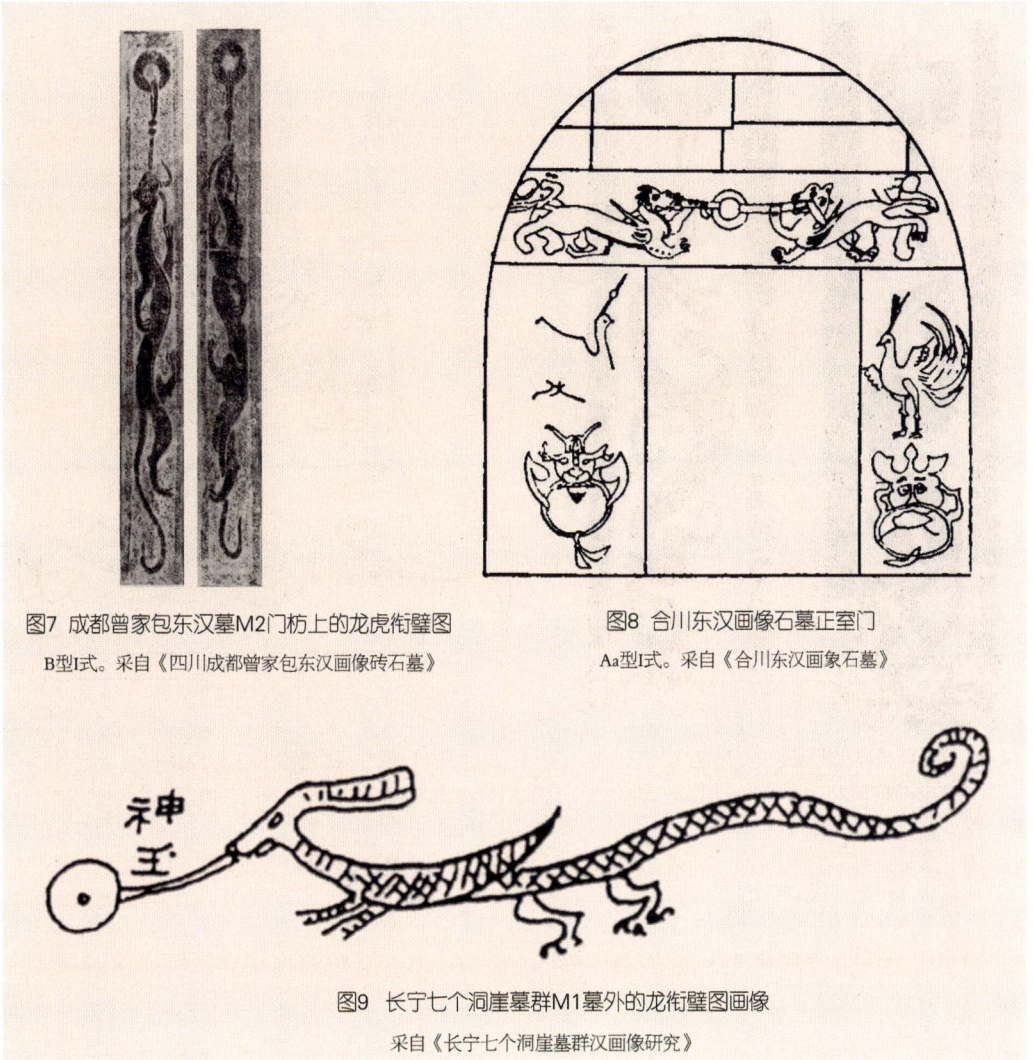

图7 成都曾家包东汉墓M2门枋上的龙虎衔璧图
B型I式。采自《四川成都曾家包东汉画像砖石墓》

图8 合川东汉画像石墓正室门
Aa型I式。采自《合川东汉象石墓》

图9 长宁七个洞崖墓群M1墓外的龙衔璧图画像
采自《长宁七个洞崖墓群汉画像研究》

悬挂于上层横枋,绶带下垂,龙、虎嘴衔绶带,并用前足抓住从口部垂下的绶带,龙、虎的尾巴弯曲下垂至画面底部,有的龙尾卷着一条鱼,有的虎尾卷着一只蟾蜍。四川渠县沈氏阙,左阙阙身右侧刻青龙衔璧图,右阙阙身左侧刻白虎衔璧图(见图10)。[1] 渠县赵家村无铭阙,左阙阙身右侧刻青龙衔璧图,龙尾卷一鱼;右阙阙身左侧刻白虎衔璧图,虎尾卷一蟾蜍。[2] 此外,在宋代洪适《隶释·隶续》中收录的东汉

---

[1] 重庆市文化局、重庆市博物馆等编:《四川汉代石阙》,文物出版社,1992,第40页。

[2] 重庆市文化局、重庆市博物馆等编:《四川汉代石阙》,文物出版社,1992,第43页。

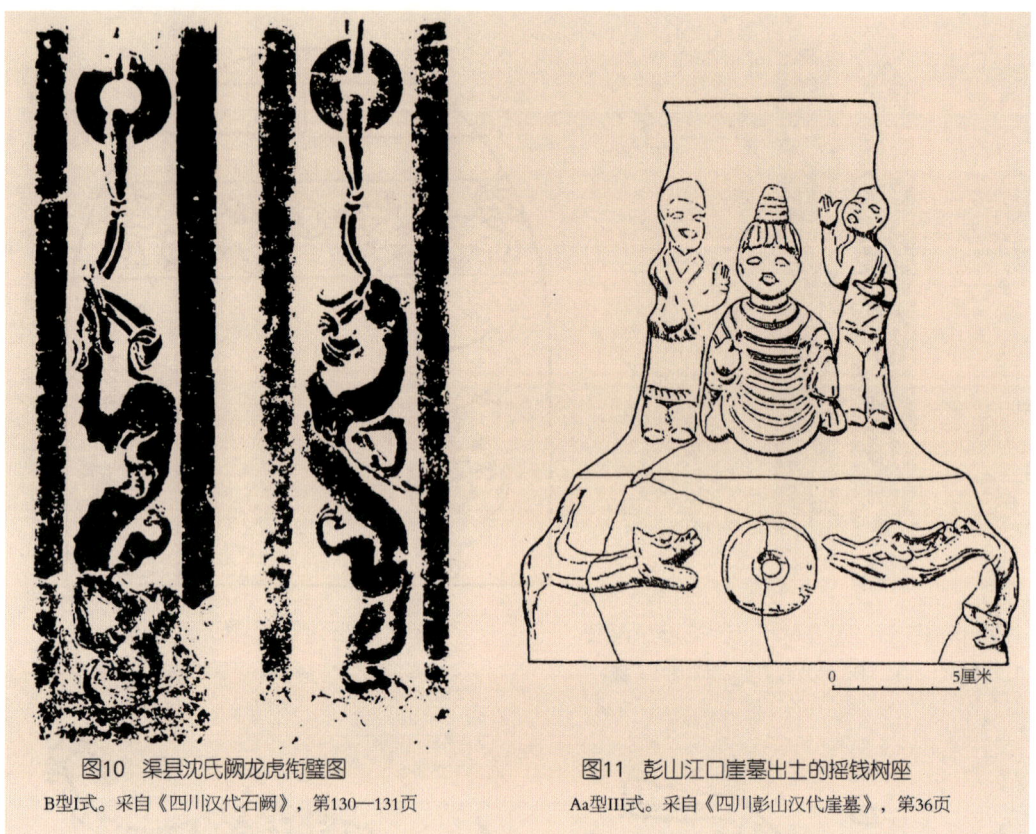

图10　渠县沈氏阙龙虎衔璧图
B型I式。采自《四川汉代石阙》，第130—131页

图11　彭山江口崖墓出土的摇钱树座
Aa型III式。采自《四川彭山汉代崖墓》，第36页

金恭阙，两侧分别刻龙衔环、虎衔环。[1]

摇钱树座上的龙虎衔璧图，目前发现2幅，均出土于1941—1942年发掘的四川彭山崖墓。[2] M166出土的陶佛像摇钱树座（M166：4），上部雕塑一尊右手施无畏印的坐佛，左右两侧各塑一侍立者，佛像座的正下方浮雕龙虎衔璧图，玉璧居中，左侧塑白虎，右侧塑青龙，青龙头部生角（见图11）。有的论著将此摇钱树座底层的图像误认作"双龙衔璧"。从塑像中青龙的头上生角，而白虎的头上无角来看，塑像的内容应是龙虎衔璧。M176出土的陶摇钱树座（M176：29），雕塑图像从上至下分为四层，第一层为仙人骑羊，第二层为异兽，第三层为人物与摇钱树，第四层为龙虎衔璧，玉璧居中，与第一层的羊头相对应，左侧塑白虎，右侧塑青龙。龙虎均生双翼，青龙头上有角。

墓碑上的龙虎衔璧图实物目前仅发现1幅。重庆云阳旧县坪遗址出土的"汉巴郡朐忍令广汉景云"碑，碑首正中刻仙人半开门图，左刻一朱雀，右刻一人形玉兔，碑左侧刻青龙衔璧，右侧刻白虎衔璧，璧刻成圆形，上方有悬挂玉璧的绶带

---

[1]　（宋）洪适：《隶释·隶续》，中华书局，1985，第162—163、364页。

[2]　南京博物院编：《四川彭山汉代崖墓》，文物出版社，1991，第36—37页。

（见图12）。[1] 此外，在宋代洪适《隶释·隶续》中收录的金广延母徐氏纪产碑[2]和益州太守无名碑（见图13）[3]的碑身左侧刻青龙衔璧、右侧刻白虎衔璧。

图12 重庆云阳出土的景云碑
B型II式。采自《重庆云阳旧县坪台基建筑发掘简报》

图13 益州太守无名碑
采自《隶释·隶续》，第321页

图14 乐山市中区水口镇画像石棺上的龙虎衔璧图
Aa型I式。杨异摹绘，采自网络"嘉州收藏论"

---

1 吉林省文物考古研究所、云阳县文物管理所：《重庆云阳旧县坪台基建筑发掘简报》，《文物》2008年第1期。
2 （宋）洪适：《隶释·隶续》，中华书局，1985，第162—163、326页。《隶释》载此碑"今在云安"，应是指今重庆云阳县云安镇。
3 （宋）洪适：《隶释·隶续》，中华书局，1985，第176—177页，第321页。

二 龙虎衔璧图的类型及特征

根据龙虎衔璧图的构图形式，以及龙、虎与璧的结合方式，龙虎衔璧图可以分为以下型、式。

A型：龙、虎、璧均在同一画面上，画面表现为完整的龙虎衔璧。依据构图方式不同，可分二亚型。

Aa型：横式构图。画面上的龙、璧、虎呈左、中、右水平排列。依据龙、虎与璧的结合方式不同，可分为三式。

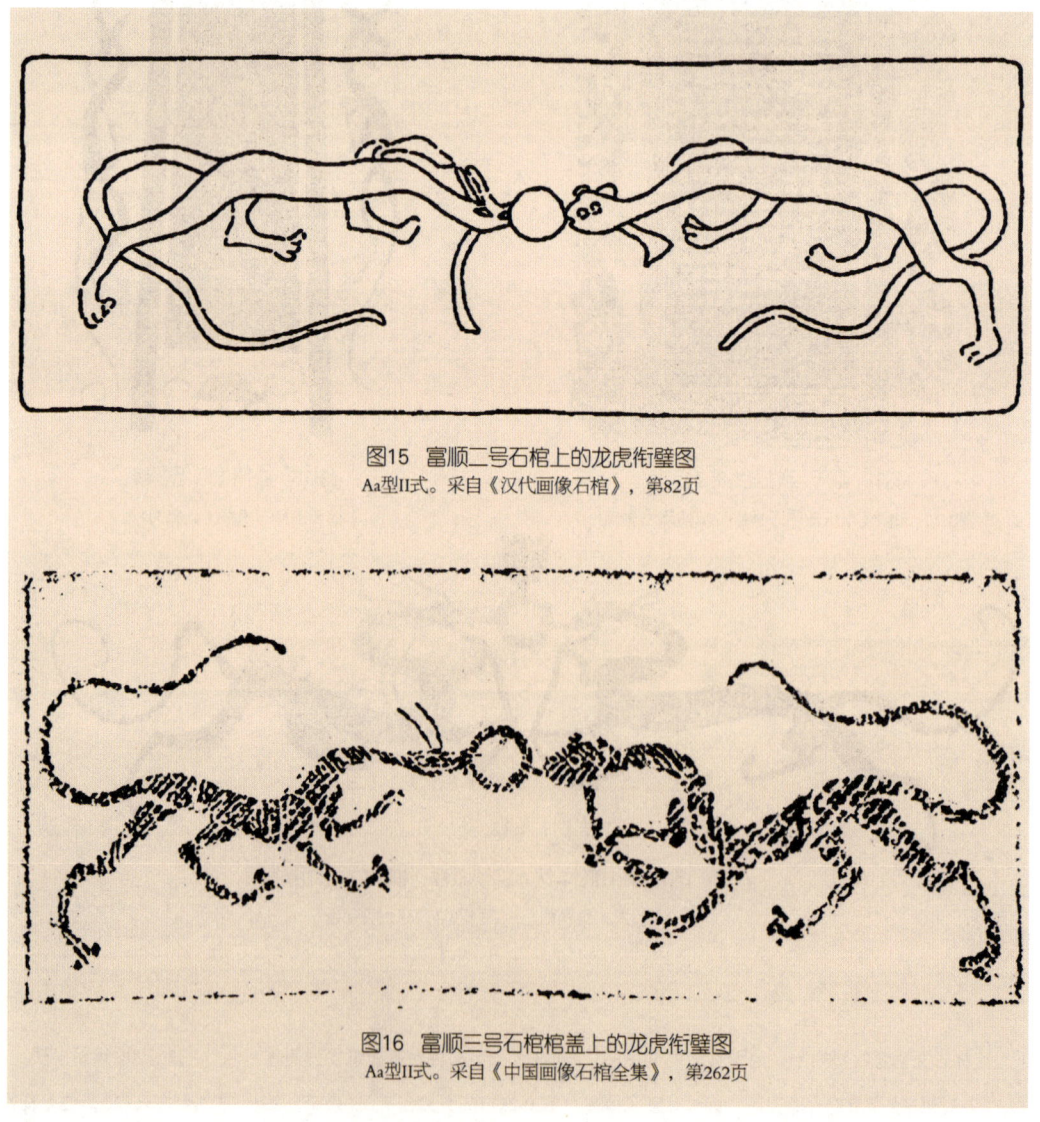

图15 富顺二号石棺上的龙虎衔璧图
Aa型II式。采自《汉代画像石棺》，第82页

图16 富顺三号石棺棺盖上的龙虎衔璧图
Aa型II式。采自《中国画像石棺全集》，第262页

Ⅰ式：龙、虎的嘴分别衔住穿过玉璧两侧的绶带，龙虎的嘴不与玉璧接触，而是通过绶带与玉璧发生联系。如重庆合川东汉画像石墓的正室门楣（见图8）、新津三号石棺左侧、新津十五号石棺侧面、乐山市市中区水口镇出土石棺的侧面的龙虎衔璧图（见图14）[1] 等。郫县东汉墓出土的一号石棺棺盖上的龙虎衔璧图，虽然只有龙口衔住绶带，虎口未衔绶带，而是用双前爪抓住绶带，但从整体来看，也属于Ⅰ式（见图2）。

Ⅱ式：龙、虎的嘴分别衔住穿过玉璧两侧的绶带，同时龙虎的嘴与玉璧接触。如新津一号崖棺正面（见图5）、富顺二号石棺（见图15）和三号石棺侧面（见图16）的龙虎衔璧图。

Ⅲ式：龙、虎的嘴不衔绶带，嘴直接与玉璧接触或凑近玉璧。如彭山江口崖墓M355墓室门楣（见图6）、合江一号石棺右侧（见图4）、合江九号石棺左侧的龙虎衔璧图，以及彭山崖墓出土的两件摇钱树座上的龙虎衔璧图等（见图11）。摇钱树座上的玉璧无绶带，墓室门楣、石棺上的玉璧虽然有绶带，但绶带未与龙、虎的嘴接触。合江一号石棺、合江九号石棺上的龙虎衔璧图，构图及龙、虎、玉璧的形象极为相似，玉璧垂下的绶带宽大且长，龙虎伸出前爪抓住绶带。

Ab型：立式构图。龙、虎的身体直立，头上尾下，龙虎口衔玉璧两侧的绶带。郫县东汉墓出土的三号石棺的前挡刻龙虎衔璧图，虎在左，龙在右，龙虎的身体均竖立，龙虎之间的上方垂下一璧，璧的两端有绶带穿过，龙虎分别嘴衔绶带，虎的左前爪，龙的右前爪分别抓住绶带（见图3）。[2]

B型：龙、虎、璧一般不在同一画面上。均为立式构图，龙、虎分别与璧组合，形成"龙衔璧""虎衔璧"两幅画像，两幅图像合在一起，才是完整的龙虎衔璧图。墓碑上的龙虎衔璧图，龙、虎、璧虽然在同一画面上，但龙衔璧图、虎衔璧图分别位于碑身两侧，也属于B型。按照龙、虎与璧的结合形式不同，可以分为二式。

Ⅰ式：龙、虎的嘴分别衔住穿过玉璧的绶带。石阙上的龙虎衔璧图，均为B型Ⅰ式（见图10）。成都曾家包画像砖石墓M2墓门（见图7）、金广延母徐氏纪产碑和益州太守无名碑上的龙虎衔璧图也是B型Ⅰ式（见图13）。

Ⅱ式：龙、虎的嘴不衔绶带，嘴凑近玉璧。此式仅见于重庆云阳景云碑（见图12）。

从以上分类可以看出，龙虎衔璧图的类型及构图与载体的形制有密切的关系。Aa型龙虎衔璧图一般出现在石棺的棺盖、侧面，墓门（墓室）的门楣、摇钱树座等位置。石棺的棺盖、侧面、墓室的门楣这些画像石构件的平面都是横长竖短的长方

---

[1] 唐长寿：《古代的乐山（二十一）：东汉南安（8）》，《三江都市报》2015年9月7日第12版。

[2] 四川省博物馆、郫县文化馆：《四川郫县东汉砖墓的石棺画象》，《考古》1979年第6期。

形，在石棺上和门楣上成水平构图，摇钱树底座的展开平面也近似横长竖短的长方形，在这样的画幅上适合雕刻横式构图的龙虎衔璧图。Ab 型龙虎衔璧图，目前仅发现 1 幅，位于石棺的前挡。石棺的前挡平面呈梯形，上宽 0.87 米、下宽 0.94 米、高 1.11 米，由于上下宽度相差不大，并且高度与宽度比较接近，正面直视感觉是一个竖立的长方形，在这样的画幅上显然不适合雕刻横式构图的龙虎衔璧图，因此采用立式构图。B 型龙虎衔璧图多数均出现在石阙上，每座石阙均分为左、右两阙，无法将龙、虎、璧安排在同一画面上，同时石阙立柱的平面横短竖长，在这样的画幅上只能分别雕刻立式构图的龙衔璧图和虎衔璧图，两幅图像组合起来才是完整的龙虎衔璧图。成都曾家包画像砖石墓 M2 的门枋、景云碑的两侧与石阙立柱的特点相似，均将画面分为左右两幅，平面横短竖长，因此只适合雕刻 B 型龙虎衔璧图。

从画面内容来看，龙虎衔璧图具有以下特点：

（1）龙头均生双角，虎头上的耳朵刻画明显。多数龙的身上有鳍，也有的无鳍。多数龙、虎的身上有双翼，但也有部分龙、虎的身上无翼。

（2）龙虎所衔之物，既有玉璧，也有玉环，总的来说玉璧多于玉环。古代的璧、瑗、环同类。《尔雅·释器》："肉倍好，谓之璧；好倍肉，谓之瑗；肉好若一，谓之环。"[1] 夏鼐先生认为，环和瑗实际上也是璧，三者可以总称为璧环类，或简称为璧。[2] 玉璧、玉环上一般都系有绶带，但也有的不系绶带，如彭山崖墓出土两件摇钱树座和景云碑上的龙虎衔璧图，璧上无绶带。此外，有的玉环以铺首衔环的形式出现，如乐山市市中区水口镇出土的石棺，在侧面雕刻龙虎衔璧图，将龙虎之间的玉环雕刻成铺首衔环（见图 14）。

（3）龙虎衔璧图中龙、虎的位置不固定。除石阙、墓碑、摇钱树座上的龙衔璧、虎衔璧分别刻在左右两侧（以朝向为基准），位置是固定的外，石棺、墓门（门楣、门枋）上的龙虎衔璧图，龙、虎在画面的左右均有分布。

（4）标准的龙虎衔璧图，一般由龙、虎、璧三种题材组合而成，也有部分图像除雕刻龙、虎、璧外，还有其他图像题材。如四川郫县新胜公社 M2 出土的一号石棺棺盖上的龙虎衔璧，玉璧的下方有托举玉璧的男子（神人），在图像的反方向雕刻一幅牛郎织女图（见图 2）。三号石棺前挡的龙虎衔璧图，龙虎之间雕刻两条游鱼（见图 3）。石阙上的龙衔璧图、虎衔璧图，有的龙尾卷着一条鱼，有的虎尾卷着一只蟾蜍。

三 龙虎衔璧图的内涵解析

对于龙虎衔璧图的意义，目前学者们

---

[1]（清）王闿运：《尔雅集解》，岳麓书社，2010，第 171 页。

[2] 夏鼐：《商代玉器的分类、定名和用途》，《考古》1983 年第 5 期。

探讨得较少。罗二虎先生认为，龙虎衔璧图寓意墓主以璧礼天，璧象征天国，而龙虎载之升天，其意图是祈求墓主能顺利升入天界仙境。[1] 唐长寿先生认为，"龙虎衔璧"图以璧为中心，应是表示墓与神通的图式，[2] "龙虎衔璧图寓龙虎升天，璧以礼天，使墓主人灵魂顺利进入天界"。[3] 姜生先生认为，汉画中龙虎图像蕴含阴阳和合之意，璧象征阴阳合气的场所，其功能与升仙主题密切相关。[4] 以上见解无疑是合理的，但还值得进一步探究。

（一）玉璧是引导死者灵魂升仙的神玉

玉璧是古代玉礼器中的六瑞之首。《周礼·春官·大宗伯》："以玉作六器，以礼天地四方。以苍璧礼天，以黄琮礼地。"郑玄注："礼神者必象其类，璧圜象天，琮八方象地。"[5] 玉璧的形制契合古人天圆地方的宇宙观，因而被用作祭天的神玉。由于玉璧具有沟通天地的灵性，玉璧也常用于古代丧葬。从新石器时代中期开始，在墓葬中随葬玉璧的情况逐渐增多。在良渚文化的大型墓葬中，随葬玉璧一般多达几十件。两汉时期的诸侯王、中高级贵族墓中随葬玉璧的情况十分普遍，有很多玉璧出土时位于墓主的尸体位置，即以璧殓尸。在战国秦汉时期，玉璧常用于装饰棺具。战国时期的楚国墓葬流行棺外附璧，用绶带将玉璧系在内棺外的头挡处作为棺饰，有学者称为饰棺连璧制度。[6] 这种以璧饰棺的习俗一直延续到汉代，有的在棺外镶嵌实物玉璧，有的在棺上以绘画、雕刻的形式表现玉璧。西汉时期的河北满城窦绾墓[7]和徐州狮子山汉墓[8]曾出土镶玉漆棺，在棺的外壁镶嵌玉璧，其中棺的前端和后端各镶嵌1件大型玉璧。长沙马王堆1号汉墓出土的朱地彩绘漆棺，在棺挡一端绘二龙穿璧图。[9] 湖南长沙砂子塘西汉墓的外棺头端中心绘一件用绶带悬挂的大型玉璧，两只仙鹤的长颈从璧孔中穿过；棺盖的中心绘一件玉璧，两端各绘一璜，棺盖上的璧、璜、磬以丝带穿连成菱形图案。[10] 在苏北、鲁南、豫北等地出土的西汉画像石椁上，

---

1 罗二虎：《汉代画像石棺研究》，《考古学报》2000年第1期。

2 唐长寿：《彭山画像崖墓墓门石刻画像试论》，《四川文物》2008年第4期。

3 唐长寿：《乐山崖墓和彭山崖墓》，电子科技大学出版社，1993，第63页。

4 姜生：《汉墓龙虎交媾图考——〈参同契〉和丹田说在汉代的形成》，《历史研究》2016年第4期。

5 （汉）郑玄注，（唐）贾公彦疏：《周礼注疏》，（清）阮元校刻，十三经注疏本，中华书局，1980，第762页。

6 黄凤春：《试论包山2号楚墓饰棺连璧制度》，《考古》2001年第11期。

7 中国社会科学院考古研究所：《满城汉墓发掘报告》，文物出版社，1980，第242—243页。

8 李春雷：《江苏徐州狮子山楚王陵出土镶玉漆棺的推理复原研究》，《考古与文物》1999年第1期。

9 湖南省博物馆：《长沙马王堆一号汉墓》，文物出版社，1973，第26页。

10 湖南省博物馆：《长沙砂子塘西汉墓发掘简报》，《文物》1963年第2期。

常见非常醒目的璧、悬璧和十字穿璧等图案。在四川、重庆地区出土的东汉画像石棺上也常见联璧纹。黄凤春先生认为,"将璧加饰于棺上,无疑是仿生前居室的一种装饰。从其位置和功能看,极有可能就是供死者灵魂出入的门或窗"[1]。

古人认为玉器具有防腐功能。用玉璧殓尸,使用玉覆面或用金缕玉衣包裹尸体,目的都是防止尸体腐坏。《汉书·杨王孙传》载:"裹以币帛,隔以棺椁,支体络束,口含玉石,欲化不得,郁为枯腊,千载之后,棺椁朽腐,乃得归土,就其真宅。"[2]《抱朴子》云:"金玉在九窍,则死者为之不朽。"[3] 此外,玉璧还具有通天的作用。《周礼·典瑞》云:"疏璧琮以敛尸。"郑玄注:"璧在背,琮在腹,盖取象方明神之也,疏璧琮者,通于天地。"[4] 按郑玄的解释,以璧、琮敛尸,是因为璧、琮有沟通天地的作用。在古人的观念中,人死后肉体和魂魄会分离。《礼记·郊特牲》云:"魂气归于天,形魄归于地。"[5] 在神仙信仰盛行的汉代,死者魂气去往的天,已不是战国时期屈原的《招魂》《大招》所描述的阴森恐怖、充满危险的东南西北四方和天上、地下,[6] 而是西王母所在的神仙世界。《淮南子·精神训》云:"精神天之有也,而骨骸者,地之有也。精神入其门,而骨骸反其根。"高诱注:"精神无形,故能入天门。骨骸有形,故反其根,归土也。"[7] 高诱明确指出人死之后,人的精神(灵魂)是从天门进入天上。以玉璧殓尸,或将玉璧饰于棺上,一是为了让死者的尸体长久保存,二是为了让死者的魂气借助玉璧的灵性飞升到达西王母所在的神仙世界,过上理想的生活。在四川长宁七个洞1号崖墓墓门外侧雕刻的龙衔璧图,玉璧上方刻有"神玉"二字(见图9),说明当时的人将玉璧视为神玉。神玉的作用,应与引导死者的灵魂升仙有关。信立祥先生也认为,汉代人将玉璧图像描绘在棺椁头、足部挡板上,是因为当时的人们相信玉璧等玉器具有附着死者灵魂、防止尸体腐败的神效,可以使人死而复生,顺利实现升仙的目的。[8] 巫鸿先生将汉代墓葬中的玉璧称为"引魂灵璧",认为这些玉璧的象征和礼仪功能可能是为死者魂魄提供特殊

---

1 黄凤春:《试论包山2号楚墓饰棺连璧制度》,《考古》2001年第11期。

2 (汉)班固:《汉书》,中华书局,1962,第2908页。

3 王明:《抱朴子内篇校释》,中华书局,1985,第51页。

4 (汉)郑玄注,(唐)贾公彦疏:《周礼注疏》,(清)阮元校刻,十三经注疏本,中华书局,1980,第778页。

5 杨天宇:《礼记译注》,上海古籍出版社,1997,第443页。

6 [美]巫鸿:《汉代艺术中的"天堂"图像和"天堂"观念》,《礼仪中的美术——巫鸿中国古代美术史文编》,生活·读书·新知三联书店,2005。

7 (汉)高诱:《淮南子注》,上海书店,1986,第99页。

8 信立祥:《汉代画像石综合研究》,文物出版社,2000,第202页。

通道，引导魂魄在墓中活动甚至上升天堂。[1]

（二）璧是天门的象征物

在四川、重庆地区汉代画像中经常出现双阙的图像。这些双阙画像即文献记载中的天门。《淮南子·天文训》："天阿者，群神之阙也"，高诱注："阙，犹门也。"[2]《神异经·西北荒经》载："西北荒中有二金阙，高百丈。金阙银盘，圆五十丈。二阙相去百丈，上有明月珠，径三丈，光照千里。中有金阶，西北入两阙中，名曰天门。"[3] 四川简阳鬼头山东汉崖墓出土的石棺和重庆巫山东汉墓中出土的鎏金铜牌饰上带有"天门"题记的图像，为阙在汉代墓葬中的寓意提供了确凿的证据。这些阙画像并不是为了表明墓主的身份和地位，代表生前所立的阙观，而是寓意墓主死后升仙进入天国的入口，即天门。[4]

有考古资料表明，玉璧与天门之间存在密切的联系。四川泸州市洞宾亭崖墓出土的画像石棺的前挡雕刻双阙式天门，右阙顶上有西王母坐于龙虎座上，左阙顶上也有一人（画像模糊不清），二阙之间有一璧，璧上立一朱雀，下方为一玄武[5]（见图17）。四川茂汶出土的一件铜摇钱树[6]，将树身上部制成天门图像的组合，树干顶部为一圆璧，璧的两侧有蟾蜍和玉兔，璧上有西王母端坐于龙虎座上，西王母的头顶有一凤鸟单脚站立。璧的下方两侧各有一龙，龙头上各立一双层重檐阙，阙顶各立一凤鸟（见图18）。在重庆巫山[7]、

图17 泸州一号石棺前挡天门画像
采自《中国画像石棺全集》，第302页

---

1 ［美］巫鸿：《引魂灵璧》，巫鸿、郑岩主编：《古代墓葬美术研究》第1辑，文物出版社，2011。

2 （汉）高诱：《淮南子注》，上海书店，1986，第39页。

3 （西晋）张华：《博物志》（外七种），王根林等校点，上海古籍出版社，2012，第97页。

4 赵殿增、袁曙光：《"天门"考——兼论四川汉画像砖（石）的组合与主题》，《四川文物》1990年第6期。

5 高文主编：《中国画像石棺全集》，三晋出版社，2011，第302页。

6 何志国：《汉魏摇钱树初步研究》，科学出版社，2007，第57—59页。

7 重庆巫山县文物管理所、中国社会科学院考古研究所三峡工作队：《重庆巫山县东汉鎏金铜牌饰的发现与研究》，《考古》1998年第12期。

图18 四川茂汶出土摇钱树天门、玉璧与
西王母组合枝叶拓片

采自《汉魏摇钱树初步研究》，第239页

丰都[1]、甘肃成县[2]等地东汉墓葬中出土的圆形鎏金铜棺饰上的天门图像，一般包括双阙、云气、灵芝、大司、西王母、蟾蜍、朱雀、凤鸟、九尾狐、青龙、白虎等不同组合的内容。这些鎏金铜棺饰上的天门图像有一个共同现象，绝大多数画面中心（双阙之间）都刻有一个形状较大的玉璧（见图19）。以上在画像石棺、摇钱树枝和鎏金铜棺饰上发现的天门图像，玉璧居于画面的主体位置，形象表现突出，说明玉璧是天门的重要组成部分和象征符号。王煜先生认为，四川郫县新胜乡出土的画像石棺盖顶上龙虎衔璧图中的璧即为璧门、天门之象征。[3]

联璧纹是由璧纹衍生出来的纹饰。在四川、重庆地区东汉画像石棺上，有的石棺侧面或棺盖整个画面都是联璧纹；有的石棺侧面的三分之二、一半、三分之一或四分之一的画面是联璧纹，联璧纹常与柿蒂纹、仙人、西王母、青龙、朱雀、楼阁等图像组合；有的石棺侧面的上栏刻联璧纹，一起出现的有胜纹、柿蒂纹、瑞鸟等图案。这些与联璧纹组合出现的图像内容，均与升仙、仙界、仙境有关，表明璧与升仙、仙界之间存在密切的关系。

璧形图像也是西南地区东汉六朝摇钱树上的常见图像，一般出现在摇钱树的底座、主干、枝叶和顶饰等部位。据周克林先生研究，摇钱树上的璧形图像多饰卷云纹和蒲纹，璧形图像常与西王母、佛像等尊

图19 重庆巫山出土的东汉鎏金铜牌饰

采自《重庆巫山县东汉鎏金铜牌饰的发现与研究》

---

1 重庆市文化遗产研究院、丰都县文物管理所：《重庆丰都县火地湾、林口墓地发掘简报》，《江汉考古》2013年第3期。

2 参见张勋燎《重庆巫山东汉墓出土西王母天门画像棺饰铜牌与道教——附说早期天师道的主神天帝》，[日]安田喜宪主编：《神话、祭祀与长江文明》，文物出版社，2002。

3 王煜：《汉代牵牛、织女图像研究》，《考古》2016年第5期。

神或龙、虎、玄武等神兽形成组合关系，表明璧形图像与天界、仙界有密切的关系。周克林先生认为："钱树璧形图像的主要象征意义应与引导墓主人升天成仙有关。"[1] 何志国先生认为，摇钱树是助人升天的神树，"龙、虎、鹿和璧的功能相同，它们是墓主人升天的法物（媒介），用以沟通天地"。[2]

文献记载也表明，在汉代人的观念中，璧与天门有密切的关系。《说文解字》："阊，天门也。从门昌声。楚人名门曰阊阖。"[3]《楚辞·离骚》："吾令帝阍开关兮，倚阊阖而望予。"王逸注："阊阖，天门也。"[4]《三辅黄图·汉宫》："宫之正门曰阊阖，高二十五丈，亦曰璧门。"《水经注·渭水》："建章宫北有太液池，南有璧门，三层高三十余丈。中殿十二间，阶陛咸以玉为之。铸铜凤高五丈，饰以黄金，栖屋上。椽首薄以玉璧，因曰玉璧门也。"[5] 建章宫是汉武帝听从方士的建议，为求仙而修建的宫殿，宫中的楼台亭阁和各种景致均模仿仙境。正门取天门之义，称为"阊阖"，因椽首饰有玉璧，又称为"璧门"，璧门即天门。牛天伟认为，在汉代人的神话观念中，玉璧是"天门"不可或缺的构成要素，甚至在某种意义上说，它已成为天门的象征符号。[6]《穆天子传》载："吉日甲子，天子宾于西王母。乃执白圭玄璧，以见西王母。"[7] 周天子见西王母时，手执白玉制成的圭、黑玉制成的璧作为见面的礼节，可能与汉代天门悬璧存在一定的关联。

（三）龙虎是助人升仙的神兽

在龙虎衔璧图中，龙、虎的寓意也与升仙有关。在龙虎衔璧图中，绝大多数的龙、虎的肩部都刻有双翼，目的是突出其能够飞升上天、助人升仙的能力。

在古人的观念里，人要升天或升仙都需要得到某些灵禽神兽的帮助。在古代文献中屡见上古帝王乘龙升天或御龙出行的记载。《史记·封禅书》载黄帝及其群臣后宫乘龙升天，"有龙垂胡髯下迎黄帝。黄帝上骑，群臣后宫从上者七十余人，龙乃上去。"[8]《开元占经》引《括地图》载大禹御龙出行："禹平天下，二龙降之，禹御龙

---

1 周克林：《东汉六朝钱树研究》，巴蜀书社，2012，第286—289页。

2 何志国：《汉魏摇钱树初步研究》，科学出版社，2007，第159—160页。

3 （汉）许慎：《说文解字》，中华书局，1963，第247页。

4 （宋）洪兴祖：《楚辞补注》，中华书局，1983，第29页。

5 陈直校证：《三辅黄图校证》，陕西人民出版社，1980，第42页。

6 牛天伟：《略论"天门悬璧"图中璧的象征意义》，《四川文物》2009年第1期。

7 （晋）郭璞注，（清）钱熙祚校：《穆天子传》，商务印书馆，1937，第15页。

8 （汉）司马迁：《史记》，中华书局，1982，第1394页。

行域外，既周而还。"[1]《大戴礼记》载黄帝、颛顼、帝喾在出行时均乘龙，黄帝"黄黼黻衣，大带黼裳，乘龙扆云"，颛顼"乘龙而至四海，北至于幽陵，南至于交趾，西济于流沙，东至于蟠木"，帝喾"春夏乘龙，秋冬乘马，黄黼黻衣，执中而获天下"[2]。《山海经》中所载的神人，也有不少是以龙为坐骑。《海外南经》："南方祝融，兽身人面，乘两龙。"《山海经·海外西经》："大乐之野，夏后启于此儛九代，乘两龙，云盖三层。"《海外西经》："西方蓐收，左耳有蛇，乘两龙。"《海外东经》："东方句芒，鸟身人面，乘两龙。"[3]

在河南濮阳西水坡仰韶文化遗址中，先后发掘出三组由蚌壳摆塑而成的龙、虎等图案。[4] 三组图案中均有龙和虎的形象。第一组图案出现于45号大墓，墓中埋葬四人，墓葬中心埋葬一个身长1.84米的壮年男子，骨架的两侧分别用蚌壳精心摆塑龙虎图案，左侧为虎，右侧为龙，龙、虎的身体与骨架基本平行，龙、虎的头部均朝向骨架的脚部方向。第二组图案中有龙、虎、鹿、蜘蛛等形象，图案中龙虎相连为一体，鹿卧于虎背上。第三组图案中有龙、虎、人等形象，龙、虎的头部相对，龙身上骑着一人，作奔跑状（见图20）。张光直先生认为濮阳45号墓的墓主是仰韶文化社会中的原始道士或巫师，用蚌壳摆塑的龙、虎、鹿是供他召唤使用、能够助他上天入地的三蹻的形象[5]。所谓三蹻就是道教文献中记载的龙蹻、虎蹻和鹿蹻。葛洪《抱朴子》云："若能乘蹻者，可以周流天下，不拘山河。凡乘蹻道有三法，一曰龙蹻，二曰虎蹻，三曰鹿蹻。"[6] 道士借助龙、虎、鹿三蹻的力量，可以上天入地、穿山入水、云游洞天福地。李学勤先生认为，濮阳西水坡45号墓的墓主人两侧的龙虎图形象征死者魂升天上，第三组图案中人骑龙的图形则表示升天的过程[7]。濮阳西水坡仰韶文化遗址中发现的蚌壳摆塑图像，特别是第一组和第三组摆塑，清晰地表明早在仰韶文化时代人们已将龙虎视为可以载人升天的神兽。

在西南地区的汉代画像上，西王母图像的重要标志之一就是西王母的两侧分别配置龙虎的前半身像，在多数画面中西王母是坐在龙虎座上，有学者将这类图像称为"龙虎座"西王母图像。据王苏琦统计，

---

1 （唐）瞿昙悉达：《开元占经》，中央编译出版社，2006，第827页。

2 （汉）戴德：《大戴礼记》，中华书局，1985，第115—116页。

3 袁珂校注：《山海经校注》（增补修订本），巴蜀书社，1993，第249、253、273、314页。

4 濮阳市文物管理委员会、濮阳市博物馆、濮阳市文物工作队：《河南濮阳市西水坡遗址发掘简报》，《文物》1988年第3期；濮阳西水坡遗址考古队：《1988年河南濮阳西水坡遗址发掘简报》，《文物》1988年第11期。

5 张光直：《濮阳三蹻与中国古代美术上的人兽母题》，《文物》1988年第11期。

6 王明：《抱朴子内篇校释》，中华书局，1985，第251页。

7 李学勤：《西水坡"龙虎墓"与四象的起源》，《中国社会科学院研究生院学报》1988年第5期。

四川地区发现的汉代"龙虎座"西王母图像，主要集中在成都平原、岷江、沱江流域和四川盆地南端的长江上游。按照龙虎在西王母身侧出现的位置高低，可以将"龙虎座"西王母图像分为三类。第一类图像的数量较多，在图像中龙、虎位于西王母的左右两侧，龙、虎的腹、爪等部位与西王母图像的底部位于同一水平线上。有的画像中西王母盘腿而坐，有的画像中西王母的笼袖下方、龙虎的身躯上刻着一块方形或近似方形、像是布帛的物体，有的图像中龙虎座和西王母刻于天门座或树座上。第二、第三类图像的数量较少，在第二类图像中龙虎位于西王母的腰部两侧，在第三类图像中龙虎位于西王母的肩部两侧[1]。在龙虎座西王母图像中，龙虎座不仅是西王母图像的有机组成部分，同时也是西王母身份的象征[2]。在龙虎座西王母图像中，龙虎座被雕刻成西王母的坐骑，直接的原因在于人们认为龙虎具有飞翔的能力，可以自由遨游于天地之间，因此被设想成西王母出行的交通工具。

西汉贾谊在《惜誓》中描写升仙时提道："飞朱鸟使先驱兮，驾太一之象舆。苍龙蚴虬于左骖兮，白虎騁而为右騑。"[3] 焦延寿《易林》："驾龙骑虎，周遍天下，为神人所使，西见王母，不忧不殆。"[4] 在汉代铜镜上发现有"上大山，见仙人，食玉英，饮醴泉，驾蛟龙，乘浮云，白虎引兮直上天，受长命，寿万年，宜官秩，保子孙"的铭文[5]。相关文献和铜镜中的铭文内容清晰地表明，在汉代人的观念中，龙虎与升仙之间存在密切的关系，在升仙过程中龙虎是载人升仙的坐骑，从铜镜铭文的内容来看白虎除被当作升仙的坐骑外，还有引导上天的作用。

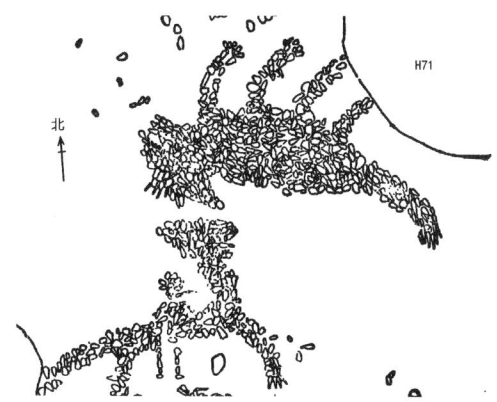

图20 濮阳西水坡第三组蚌壳摆塑局部图。采自《1988年河南濮阳西水坡遗址发掘简报》

(四) 龙虎衔璧图的寓意

从图像的流行时代、分布范围和地域文化背景，以及图像的组成要素来看，龙虎衔璧图的寓意与升仙有关。

1　王苏琦:《四川汉代"龙虎座"西王母图像初步研究》,《四川文物》2005年第2期。

2　李淞:《汉代龙虎座图像的含义》,《西北美术》2000年第1期。

3　(宋) 洪兴祖:《楚辞补注》, 中华书局, 1983, 第228页。

4　尚秉和注, 常秉义点校:《焦氏易林注》, 光明日报出版社, 2005, 第191页。

5　(清) 冯云鹏、冯云鹓:《金石索》第2册, 电子科技大学出版社, 2017, 第315页。

有学者指出，四川地区的画像砖、石棺、石阙、摇钱树、铜牌饰等各类载体上的图像，表达的都是一个统一的主题。这个主题就是"升天成仙"[1]。赵殿增、袁曙光二位学者将四川地区的汉代画像，概括为两类内容，一是以天门为开端，以西王母为主神，由日、月、四灵等守护，仙人散居，可提供不死之药的天国图景；二是送迎墓主进入天门，并在其中享受美好生活的整个过程。两类内容的画像汇合在一起，表达的是企望"升天成仙"这样一个主题思想。[2] 罗二虎先生认为川渝地区汉代石棺画像的主题即是墓主升仙。他将石棺上的画像组合分为六种，除同时包含各类题材画像的石棺外，其余五类组合分别为突出仙境、突出升仙过程、突出寓意升仙、突出历史人物和突出驱鬼镇墓。在各类题材组合中，表现仙境与升仙类的题材特别丰富，远多于其他题材。各类画像表达的主题，都是期望墓主升仙或进入仙境获得永生。[3]

川渝地区汉代升仙题材图像的载体有画像石墓、崖墓、石棺、摇钱树、石阙、墓碑、画像砖、陶俑、铜牌饰等多种。在川渝地区的各种汉代图像中，表达升仙寓意、表现升仙过程、表示升仙途径的方式也是多种多样的。其中直接表现升仙主题的图像有西王母仙境、天门、车马临阙、仙人半开门等。西王母仙境图像的寓意是墓主已经到达仙境，已经在仙境中生活。天门、车马临阙、仙人半开门等图像主要是表现升仙过程或升仙的途径。这些图像中表现的升仙途径，一是通过天门进入仙境，二是由仙人开门进入仙境。除这两种常见的升仙方式外，在川渝地区的汉代画像中，还有一些表现其他升仙方式的图像。如泸州大驿坝1号墓石棺上有寓意墓主通过服食丹药而升仙的图像。石棺的棺盖上刻柿蒂纹，棺身前端刻双阙（天门），棺身后端刻女娲，棺身左侧刻鼎（炼丹炉）和持节道士，棺身右侧刻仙人天禄和持丹人物。棺身左侧和右侧的图像，寓意墓主通过服食道士炼制的不死仙丹后，乘天禄升仙。[4] 可见服食丹药也是墓主升仙的途径之一。

龙虎衔璧图在分布范围、流行时代和图像载体等方面，均与东汉中晚期川渝地区流行的西王母、天门、仙人半开门等升仙题材的画像基本一致。在绝大多数石棺上，龙虎衔璧图常与天门（双阙）、西王母、伏羲女娲、车马临仙境（车马临阙）、仙人博弈等升仙主题的画像刻在同一石棺上。如郫县砖石墓中出土的1号石棺，棺盖上刻龙虎衔璧图和牛郎织女图，棺身前端刻龙虎座西王母，棺身后端刻伏羲女

---

[1] 李淞：《汉代龙虎座图像的含义》，《西北美术》2000年第1期。

[2] 赵殿增、袁曙光：《"天门"考——兼论四川汉画像砖（石）的组合与主题》，《四川文物》1990年第6期。

[3] 罗二虎：《汉代画像石棺》，巴蜀出版社，2002，第215—220页。

[4] 罗二虎：《汉代画像石棺》，巴蜀出版社，2002，第116—118、218页。

娲，棺身左侧刻车马临仙境图，棺身右侧刻鳌山仙境图。[1] 在重庆云阳出土的景云碑上，碑首正中刻仙人半开门图，碑身两侧刻龙虎衔璧图。龙虎衔璧图和其他表现升仙主题的画像，出现在同一载体上，甚至出现在同一画面中，说明龙虎衔璧图和这些表现升仙主题的图像属于同一类题材的画像，龙虎衔璧图也是一种以升仙为主题的画像。

龙虎衔璧图从图像的构成来看，是璧和龙虎两类图像的组合。在汉代画像中，当几种具有各自寓意的图像组合起来构成新的图像时，原来的寓意不会消失，新图像一般不会变成仅有装饰意义的图案。新图像的寓意，一般是各个图像原有寓意的组合、叠加，或者是在各个图像原有寓意的基础上产生新的寓意，新的寓意一般与原有寓意之间存在密切的关联。从上文的探讨已知，璧在汉代画像中有引导死者灵魂升仙、象征天门的寓意，龙虎是载人升仙的坐骑，璧和龙虎这两类图像的寓意都与当时人们的升仙信仰有关。因此，龙虎衔璧图的整体寓意，也应与升仙有关。龙虎衔璧图的整体意义，即寓意墓主升仙。

在龙虎衔璧图中，龙虎除了寓意助人升仙外，可能还具有镇墓驱邪的作用。在乐山市市中区水口镇出土的石棺上，侧面刻龙虎衔璧图，龙虎之间的玉环被雕刻成铺首衔环，说明龙虎衔璧图不仅寓意升仙，而且也具有镇墓驱邪的作用。

在明确了龙虎衔璧图的寓意的基础上，有必要对龙虎衔璧图与天门图像、铜牌饰上的图像之间的关系进行简要说明。三类图像都是川渝地区流行的升仙主题画像。在有的石棺上，龙虎衔璧图与天门图像（双阙）存在共存关系，龙虎衔璧图中的璧本身具有象征天门的寓意。龙虎衔璧图与天门图像虽然表达的都是墓主升仙的愿望，但两者表现的升仙途径和方式有较大差别。天门图像一般以双阙的形式予以表现，在有的双阙图像上直接题写"天门"二字。天门即进入天界（神仙世界）的门，墓主的升仙途径是通过天门进入神仙世界。天门图像是一种直接表达升仙愿望的图像。龙虎衔璧图表达升仙寓意的方式比较隐晦，不如天门图像、仙人半开门图像以及西王母图像那样直截了当，而是以象征方式进行表现，以璧象征天门，以龙虎作为载人升仙的坐骑。在龙虎衔璧图中，墓主升仙的方式是以龙虎作为坐骑飞升到神仙世界。铜牌饰主要发现于以巫山县为中心的三峡地区东汉墓葬中，此外在甘肃南部的成县也有发现。铜牌饰上的图像内容，绝大多数都是天门图像，有半数以上的图像上题刻有"天门"二字。铜牌饰上的图像主题，也是寓意墓主升仙。铜牌饰是天门图像的载体之一，同时也是天门图像的一种比较特殊的表现形式。在目前发现的考古资料中，未发现龙虎衔璧图像与铜牌饰共存的情况。龙虎衔璧图与铜牌饰的共同之处在

---

1 四川省博物馆、郫县文化馆：《四川郫县东汉砖墓的石棺画象》，《考古》1979 年第 6 期；罗二虎：《汉代画像石棺》，巴蜀出版社，2002，第 19—22 页。

于二者的图像都是以升仙为主题，不同之处在于二者的图像表现形式和表现的升仙途径不同。

四 结语

综合全文讨论，我们可以得出以下结论。龙虎衔璧图是一种以升仙为主题的画像。在龙虎衔璧图中，玉璧是引导死者灵魂升仙的神玉，同时也是天门的象征，龙虎是载人升仙的神兽。龙虎衔璧图寓意墓主的灵魂穿过以玉璧象征的天门，以龙虎为坐骑或在龙虎的引导下飞升到西王母所在的神仙世界。

表1 汉代龙虎衔璧图统计

序号	地点	图像位置	图像组合	型式	资料来源
1	郫县东汉墓一号石棺	棺盖	左：龙口衔绶带；中：一神人以背托住玉璧；右：虎一爪抓住绶带；反面为牛郎织女图	Aa型I式	《考古》1979年第6期
2	新津三号石棺	石棺一侧	左：龙口衔绶带，双爪抓住绶带；中：玉璧；右：龙口衔绶带，双爪抓住绶带	Aa型I式	《中国画像石棺全集》，第157页
3	新津十五号石棺	石棺一侧	左：龙衔璧绶，双爪抓住绶带；中：玉璧；右：虎衔璧绶，双爪抓住绶带	Aa型I式	《中国画像石棺全集》，第191页
4	乐山市市中区水口镇石棺	石棺一侧	左：虎口衔璧绶，双爪抓住绶带；中：铺首衔环；右：龙口衔璧绶，双爪抓住绶带	Aa型I式	《三江都市报》2015年9月7日第12版
5	重庆合川东汉画像石墓	正室门额	左：龙口衔绶带，一爪抓住绶带；中：玉环；右：虎口衔绶带，一爪抓住绶带	Aa型I式	《文物》1977年第2期
6	新津一号崖棺	崖棺正面	左：虎口衔璧绶，虎嘴紧挨玉璧，双爪抓住璧绶；中：玉璧；右：龙口衔璧绶，龙嘴紧挨玉璧，双爪抓住璧绶	Aa型II式	《中国画像石棺全集》，第406页
7	富顺二号石棺	石棺一侧	左：龙口衔玉璧，璧绶绕过龙嘴下垂；中：玉璧；右：虎口衔玉璧，璧绶绕过虎嘴下垂	Aa型II式	《中国画像石棺全集》，第258页
8	富顺三号石棺	石棺棺盖	左：龙口衔玉璧；中：玉璧；右：虎口衔璧绶，虎口离玉璧的距离很近	Aa型II式	《中国画像石棺全集》，第262页
9	彭山江口崖墓M355	墓室门楣	左：龙；中间：玉璧；右：虎。龙、虎的嘴离玉璧很近	Aa型III式	《建筑史论文集》第17辑
10	合江一号石棺	石棺一侧	左：龙口衔璧，左前爪抓住璧绶；中：玉璧，璧绶下垂；右：虎口衔璧，右前爪抓住璧绶。龙、虎的生殖器刻画明显	Aa型III式	《中国画像石棺全集》，第334页

续表

序号	地点	图像位置	图像组合	型式	资料来源
11	合江九号石棺	石棺一侧	左：龙口衔璧，双爪抓住璧绶；中：玉璧，璧绶下垂；右：虎口衔璧，双爪抓住璧绶。龙、虎的生殖器刻画明显	Aa型	《四川汉代石棺画像集》，第79页
12	彭山崖墓M166出土的摇钱树座	树座下方	左：虎口靠近玉璧；中：玉璧，璧上无绶带；右：龙口靠近玉璧；上方为佛像及侍者	Aa型Ⅲ式	《四川彭山汉代崖墓》，第36—37页
13	彭山崖墓M176出土的摇钱树座	树座下方	左：虎口衔玉璧；中：玉璧，璧上无绶带；右：龙口衔玉璧；上方为钱树、人物摘钱及仙人骑羊	Aa型Ⅲ式	《四川彭山汉代崖墓》，第37页
14	乐山麻浩"阳嘉三年"崖墓	中北后室道口门楣	不详	Aa型	《中国汉画学会第十三届年会论文集》，2011年
15	郫县东汉墓三号石棺	石棺前挡	立式构图。左：虎口衔璧绶，一爪抓住绶带；中：玉璧；右：龙口衔璧绶，一爪抓住绶带。玉璧下方、龙虎之间刻双鱼。龙虎的尾部相交	Ab型	《考古》1979年第6期
16	成都曾家包画像砖石墓	M2左、右门枋	左侧门枋：上为玉璧，璧绶下垂，虎口衔璧绶，一爪拉住璧绶；右侧门枋：上为玉璧，璧绶下垂，龙口衔璧绶，一爪拉住璧绶	B型Ⅰ式	《文物》1981年第10期
17	渠县沈氏阙	左阙右侧、右阙左侧	左阙：玉璧悬于上层横枋，璧绶下垂，龙口衔璧绶，一爪抓住绶带；右阙：玉璧悬于上层横枋，璧绶下垂，虎口衔璧绶，一爪抓住绶带	B型Ⅰ式	《四川汉代石阙》，第40页
18	渠县蒲家湾无名阙	左阙右侧右阙已毁	左阙：玉璧悬于上层横枋，璧绶下垂，龙口衔璧绶，一爪抓住绶带	B型Ⅰ式	《四川汉代石阙》，第41页
19	渠县赵家村无名阙一	左阙右侧右阙已毁	左阙：玉璧悬于上层横枋，璧绶下垂，龙口衔璧绶，一爪抓住绶带，龙尾卷一鱼	B型Ⅰ式	《四川汉代石阙》，第43页
20	渠县赵家村无名阙二	右阙左侧左阙已毁	右阙：玉璧悬于上层横枋，璧绶下垂，虎口衔璧绶，一爪抓住绶带，虎尾卷一蟾	B型Ⅰ式	《四川汉代石阙》，第43页
21	渠县王家坪无名阙	左阙右侧	左阙：玉璧悬于上层横枋，璧绶下垂，龙口衔璧绶，一爪抓住绶带	B型Ⅰ式	《四川汉代石阙》，第44页

续表

序号	地点	图像位置	图像组合	型式	资料来源
22	重庆盘溪无名阙	左阙右侧、右阙左侧	左阙：上为玉璧，璧绶下垂，龙口衔璧绶，一爪抓住绶带；右阙：上为玉璧，璧绶下垂，虎口衔璧绶，一爪抓住绶带	B型I式	《四川汉代石阙》，第38—39页
23	重庆万州武陵阙	左阙右侧	青龙衔璧	B型I式	《中国文物报》2003年8月13日
24	长宁七个洞崖墓	M1墓门外侧左下方	龙嘴衔住系璧绶，龙头上有角，背上有翼，玉璧旁刻"神玉"二字		《考古学报》2005年第3期
25	重庆云阳景云碑	碑身两侧	碑首：正中刻仙人半开门图，左刻一朱雀，右侧一人形玉兔；碑身：左侧刻青龙衔璧，右侧刻白虎衔璧	B型II式	《文物》2008年第1期

传播与叙述
——对打鼓墩樊氏墓和曹庙祝圩汉画像石的几点认识[*]

■ 刘　冠（北京林业大学艺术设计学院，北京大学汉画研究所）
　徐呈瑞（西安美术学院美术史论系，北京大学汉画研究所）
　郑亚萌（北京大学历史学系，北京大学汉画研究所）
　陈佳星（北京大学汉画研究所）

　　本文研究的主要对象，是 1976 年淮阴市博物馆和泗阳县图书馆在屠园乡周庄东南打鼓墩发掘的樊氏画像石墓，所出土 24 石中目前保存在淮安市博物馆[1]的 23 石；以及 1956 年和 1970 年在泗洪县曹庙乡祝圩村皮墩（一说"裴墩"）发现的两座东汉画像石墓[2]，后于 1974 年南京博物院赴当地征集到 11 石中的 9 石，1984 年泗洪县图书馆征集到 30 石中的 17 石[3]，现分别保存在南京博物院和泗洪县博物馆。

　　在这两批画像石中，（学界习惯称）"曹庙"的情况比较可惜，所有画像石的出土位置、组合关系以及搭建结构等信息皆已灭失，只能以研究散石的方式就画面本身展开有限的分析；而（学界习惯称）"打鼓墩"的樊氏墓则凭借尹增淮等老一辈学者的努力，使其墓葬发掘信息得到了比较完整的记录和发表，遂成为展开后续探讨的必要前提和基础。另外，笔者所在的北京大学汉画研究所有幸于 2020 年 9 月与

---

[*] 本文得到国家社会科学基金 2012 年重大项目第四批（交叉学科类）立项"中国汉代图像数据库与《汉画总录》编撰研究"（12&ZD233）子课题："汉画像石数字化分析与模拟研究"（12&ZD233－1）资助。

[1] 淮安市博物馆即原淮阴市博物馆。当地的地名和行政区划曾有过较大变动，据 1992 年简报《江苏泗阳打鼓墩樊氏画像石墓》文中所载，屠园乡当时隶属淮阴市泗阳县，但目前该乡已划归宿迁市宿城区管辖。

[2] 各方资料对泗洪县曹庙乡这一系列画像石的具体出土地点和时间描述略有矛盾。一说为"最近，泗洪县曹庄公社曹庄大队出土了一批东汉画像石，计有四五十块之多。……位于曹庄大队十五小队（亦称裴庄）以北半里，占地面积为五亩左右，当地群众称之为裴墩。"引自江苏省泗洪县文化馆《泗洪县曹庄发现一批汉象石》，《文物》1975 年第 3 期。而据泗洪县博物馆馆内记录："1956 年和 1970 年，在泗洪县曹庙乡祝圩村皮墩发掘出 2 座东汉画像石墓，两墓均为砖石结构的前、中、后的多墓室。出土了一批画像石刻……"由于前说中"曹庄""裴庄"等地名已废止不用，而馆内记录出土地现皆可查，所以本文采用此说；且对照馆内展出的相关照片与简报图片，可知两说所指称为同一批画像石。

[3] 尹增淮、江枫：《江苏泗洪曹庙出土的东汉画像石》，《文物》2010 年第 6 期。

淮安市博物馆合作研究，对馆藏该墓画像石进行《汉画总录·淮安卷》的著录出版工作，因而有机会深入细致地对之观察思考，并希望将其中一些粗浅的认识向学界报告和请教。

一　打鼓墩和曹庙画像石墓的年代

关于曹庙画像石的年代，尤振尧先生在 1986 年发表南京博物院征集 11 石的简报文中只提及了"东汉"，并未进一步细究；[1] 尹增淮先生则在 2010 年简报中认为："（泗洪县图书馆征集）画像石与 20 世纪 70 年代泗洪曹庙出土的画像石相似，根据其画像题材与雕刻技法，曹庙画像石应当属于东汉晚期。"[2] 所以其在年代方面基本没有争议。

关于打鼓墩樊氏墓的所属时代，尹增淮先生在 1992 年的简报中给出了比较模糊的定位，首先他在文中认为："从画像石刻看，其雕刻技法基本采用东汉晚期所常见的减地平面线刻。"但随后根据出土铜镜上铭文"已具楷书风格"，另一"四乳神兽画像镜"有"六朝初期铜镜的制作特点"，以及一件"四系釉陶罐"和"青瓷四耳罐"的造型纹饰等因素判断，该墓"属曹魏时期的可能性最大"。[3] 对此结论学界始终存在不同意见。武利华先生认为从该墓包含前、中、后三室及双耳室的构造与画像石方面来看，颇与"力行薄葬"的曹魏时代不符，应断为东汉晚期为宜[4]，并且对简报中对断代起重要作用的出土物"青瓷四耳罐"，后来也有学者做过专门的类型学研究，将之明确归为东汉晚期[5]。因此，考虑到这篇简报的发表时间较早，尚未与后来大量的考古成果比较参考，所以其结论确有重新考虑的必要。综合上述各方面分析以及苏鲁豫皖地区类似墓葬的时代特征，将打鼓墩樊氏墓的年代定为东汉晚期似更合理。

二　打鼓墩、曹庙与苏北线刻画像石墓的地理位置关系

从雕刻技法角度而言，打鼓墩和曹庙画像石总体上都可归为"剔地线刻"（即

---

[1] 尤振尧：《江苏泗洪曹庙东汉画像石》，《文物》1986 年第 4 期。

[2] 尹增淮、江枫：《江苏泗洪曹庙出土的东汉画像石》，《文物》2010 年第 6 期。

[3] 尹增淮：《江苏泗阳打鼓墩樊氏画像石墓》，《考古》1992 年第 9 期。

[4] 武利华：《徐州汉画像石通论》，文化艺术出版社，2017，第 330 页。

[5] 研究者总结东汉晚期四系罐及大罐器型特点为："侈口、短束颈、深鼓腹、平底。肩部有对称双系或四系。腹部多饰有方格纹、网纹等纹饰。器身较高，超过 30 厘米。"并进一步将打鼓墩与南阳一中、亳州董园村、永城太丘等地出土的四系罐与大罐归纳为 B 型。见程保增《北方地区汉代原始瓷的考古学研究》，硕士学位论文，郑州大学，2016。

上文尹增淮 1992 年简报中的"减地平面线刻"）的造型方式。并且，类似的线刻技法在苏北地区的汉画考古发现中并不鲜见，笔者将其中一部分有出土地信息记录的画像石墓葬及散石汇总如表 1 所示。

表1		苏北地区现存线刻画像石（室）墓及部分散石情况统计				
	习用名称	时代	状况	发现年份	出土地	馆藏
A	打鼓墩樊氏墓	东汉晚期	前中后及耳室墓	1976 年	泗阳县屠园乡周庄东南 300 米	淮安市博物馆
B	曹庙祝圩汉墓	东汉晚期	室墓（形制不明）	1956、1970 年	泗洪县曹庙乡祝圩村（以北半里）皮墩（一说"裴墩"）	南京博物院泗洪县博物馆
C	九女墩汉墓	东汉晚期	前中后及耳室墓	1954 年	睢宁县桃园镇朱集村西南[1]	徐州汉画像石艺术馆
D	洼张山汉墓	东汉	前室天井后室墓	1997 年	泗县屏山镇沟赵村洼张山西南坡[2]	泗州博物馆
E	彭城相缪宇墓	东汉元嘉元年（151）	前后带回廊室墓	1980 年	邳县（即邳州）西北 55 公里的青龙山南麓[3]	原址保存
F	徐州铜山苗山汉墓	东汉	前后带藏阁室墓	1956 年	（约）徐州市东南 35 千米处[4]	徐州汉画像石艺术馆
G	灵璧散存石	东汉	散石	不详	灵璧县九顶镇，具体不详[5]	不详
H	铜山汉王镇东沿村石	东汉	散石（或为祠堂）	不详	铜山区汉王镇东沿村[6]	徐州汉画像石艺术馆
I	铜山吕梁乌获扛鼎石	东汉	散石（残）	不详	铜山区吕梁乡[7]，具体位置不详	徐州汉画像石艺术馆

---

1 梁勇：《徐州睢宁九女墩汉画像石墓 2015 年研究报告》，《中国汉画研究》第 5 卷，广西师范大学出版社，2016，第 53 页。

2 引自泗州博物馆馆藏记录。

3 尤振尧、陈永清、周晓陆：《东汉彭城相缪宇墓》，《文物》1984 年第 8 期。

4 武利华：《徐州汉画像石通论》，文化艺术出版社，2017，第 113 页。按，此说过于模糊，且"苗山"这一地名现已很难查到具体位置，而铜山区辖区内有一地现名为"庙山"（位于单集镇东南 9 公里处），不知是否与"苗山"有关。巧合的是，该地也位于徐州市东偏南方向，且若以徐州市政府为测距原点，两地（见图上）直线距离恰为 35 公里。只是该结论推测成分太多，不足为凭，仅可供读者参考。

5 汤池：《中国画像石全集》第四卷《江苏、安徽、浙江汉画像石》，山东美术出版社，2000，第 60—61 页。

6 引自徐州汉画像石艺术馆馆藏记录。

7 引自徐州汉画像石艺术馆馆藏记录。

若将表1内的相关出土位置在历史地图上标定（见图1），便可发现在苏北片区内所见的东汉线刻画像石室墓及部分散石主要分布于今徐州东南至洪泽湖（汉代尚未形成）一带，且基本处于当时彭城国和下邳国的辖境之内。但是，如果想就此探讨其分布位置背后的意义，那还要考虑到一个客观现象，该区域内其他（刻法）类型画像石（含石椁和石室）墓与石祠的发现，总体上仍是以徐州城区及贾汪、铜山区为中心，西至萧县、淮北，北至微山、滕州，东至邳州，构成了一个近似三角形地域，在其内外分布最为集中，数量也更为庞大。而包括睢宁、泗阳、泗洪、泗县、灵璧等数县在内的东汉下邳国范围内，各类雕刻技法画像石出土的总量尽管不多，却出现了至少四处形制规格较高，且画面丰富细致的线刻画像石室墓，这种颇高的"精品比例"问题，的确值得我们进一步思考其产生的背景和原因。

只是目前有关这方面的探讨尚不够深入，几座线刻画像石室墓的关系也并未获得学界充分关注。其中一个重要的原因，就是该地区归属不同的省市和区县，出土画像石也分散藏于各地文博单位（其中一部分至今尚未能公开展示）；加之早年发表的考古简报内容相对简略，图版清晰度更为有限（个别墓葬至今尚未发表简报）等客观因素制约，使研究者很难对之形成直观的印象。例如本文重点讨论的打鼓墩和曹庙两处墓葬，分属泗阳和泗洪两县，现分别存于淮安、泗洪、南京三地，其地缘

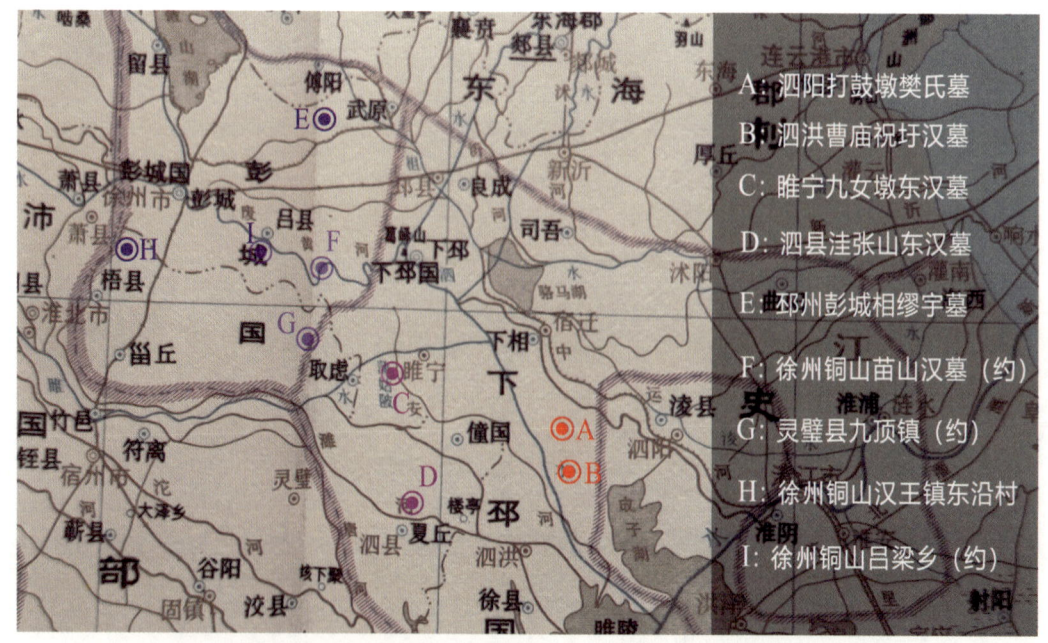

图1　东汉下邳国－彭城国存世线刻画像石（室）墓及部分散石出土位置示意

地图引自谭其骧《中国历史地图集》第二册《秦·西汉·东汉时期》，中国地图出版社，1982，第44—45页

关系似乎比较遥远；但事实上两地出土位置直线距离仅 10 公里左右（按现代道路实际里程约 16 公里），从而使之构成了一种既非家族墓地，但又似可遥相呼应的潜在"特殊"位置关系。

当然，地理位置信息仅可作为判断墓葬间关系的一种辅助性参考，空间上近在咫尺的墓葬间也很可能毫无关联，所以更重要的还是要分析墓葬内部各种因素之间的区别和联系。具体到打鼓墩和曹庙的个案，则必然会以两地出土画像石的对比作为研究主干与核心。

三 对打鼓墩和曹庙画像石中"尧舜"题材的识读与辨析

在传统的汉画研究领域，对叙事性画面的理解识读无疑是最诱人的环节；并且汉画中也确实存在很多跨地域、跨媒介（形式如画像石、画像砖、壁画、帛画等；载体如棺椁、室墓、祠阙、器物等）的流行性形象与画面题材，如伏羲女娲、西王母、泗水捞鼎、荆轲刺秦、孔子见老子、周公辅成王、二桃杀三士……而对此类题材的识读，往往既需要有被邢义田先生称为"格套"的，相对稳定且具符号意义的图像模式；也需要找到可与图像形成对应解释关系的榜题或题记，来作为"破译"理解画面内容的关键"钥匙"。例如，最早由杨爱国先生提出[1]，后经邢义田先生进一步比较阐释的汉画"七女为父报仇"故事，其主要一方面借助了莒县东莞双阙与和林格尔壁画中的榜题作为依据；另一方面则将原本学者们习惯认为是（具有车马桥梁的）"水陆攻战"图像，视为"七女"题材的基本格套，并且按邢义田先生的观点："格套并不是单一、固定不变的形势框架，……而是允许相当程度甚至内容变化的制作习惯或依据。"[2] 也就意味着，一种粉本样式（格套）可以陈述不同的故事和题材，只要在其中增减形象。[3] 只不过，相较"格套"理论中以粉本作为基础的理解模式（即便暂不考虑墓祠内外空间等综合因素），各地汉画图像本身还存在着更复杂的联系形态。

---

[1] "1993 年在莒县东莞镇一座宋代墓葬中，发现了几块汉画像石……右上角有榜题'七女'。将其与内蒙古和林格尔汉墓壁画上'七女为父报仇'图相对照，我们可以看出，这两幅图与武氏祠中的两幅画像内容，都是七女为父报仇的故事。但这个故事却不见于迄今所见的文献，以收录列女故事为对象的《列女传》也没有。"见杨爱国《不为观赏的画作——汉画像石和画像砖》，四川教育出版社，1998，第 221 页。

[2] 邢义田：《格套、榜题、文献与画像解释——以一个失传的"七女为父报仇"汉画故事为例》，《画为心声：画像石、画像砖与壁画》，中华书局，2011，第 113 页。

[3] 朱青生：《汉画研究：在形相中发现事实》，《中国汉画学会第九届年会论文集》，中国社会出版社，2004，第 10 页。

图2　打鼓墩樊氏墓画像石及线描图
《汉画总录》编号JS-HA-23(2)画像石，原石现存淮安市博物馆，杨超摄，刘冠绘

在打鼓墩樊氏墓中，出土了一幅含人物、树木等内容（1992年简报中称为"第8石侧面"）的图像。图中一长眉长须老者，戴冠着袍，左手揽一长颈有足小兽左向坐于树下，面前置一打开盖子的奁盒，从中摆出一带有结扣的绶带，老者右手张开呈介绍状；其对面一人，亦戴冠着袍，拱手持一"长柄勺"状物右向跽坐而对；两人之间一羽人呈飞腾姿态。老者身后大树的树干虬曲，上有一鸟卧于巢中，树冠枝繁叶茂；树下另一侧另有两人，皆拱手左向跽坐。画面其余部分有云气补白（见图2）。虽然我们暂时还不能将这幅画面中的主题与其他常见的"格套"相匹配，但从其内容初步判断，应是描绘某种叙事情节的场景。有趣的是，曹庙祝圩画像石墓

图3 泗洪曹庙祝圩出土画像石中"尧舜"画面局部
原石现存泗洪县博物馆，刘冠摄

出土了一块具有上下四格构图的"墓壁"石，其第二格（见图3）也描绘了一幅非常相似的场景：一戴冠着袍者右手揽一鳞身小兽（无足，或为龙蛇之类）右向坐于树下，左手扬起，面前一笏及露出的绶带；对面一人持笏左向跪坐，身后一神台（？）上坐一人（或为神仙？）。画中的大树形态与打鼓墩图中类似，同样有一鸟卧于巢中，只是左侧还有一鸟飞落，右侧一鸟衔芝草（？）而来；树下另一侧同样有两人跪坐，但其中一人似呈背身回首状，且其上衣可见两块方形网状的纹理，具体意义不明。

这两块画像石虽然在画面构图、人物造型、刻画手法以及其他细节方面皆有差异，但高度一致的情节要素说明两者是在描绘同样的主题，而且所采用图像并非源于同一粉本，只是仅凭图像本身并不能向观者传达其具体的内容信息。巧合的是，同样来自莒县东莞双阙上的图像[1]，为我们解读上述画面提供了关键性线索。其1号阙的正面第四格（见图4）由一树、四人、一物、四榜所组成，其中居左端者坐于树下，伸手呈介绍状；面前方盒中露出丝帛状物（似为绶带），上有榜题"尧"；对面一人，戴冠着袍，拱手持一弧形物（似为笏），左向跪坐，身后榜题"舜"；其后二人皆左向站立，身后各有榜题为"侍郎""大夫"，所以画面普遍被认为是"舜携随从拜谒尧"[2]的场景。杨爱国先生则在为《莒县汉画像石》一书所作的序文中，认为该画面可能存在着"拜谒"、"请示汇报"抑或"帝王间禅让"三种可能性[3]。

---

1 "七女"画面及榜题出自莒县东莞2号阙正面下半部画像。
2 刘云涛：《莒县汉画像石》，齐鲁书社，2020，第100—101页。
3 杨爱国：《莒县东莞汉画像石与尧舜故事》，《莒县汉画像石》，齐鲁书社，2020，第1—4页。

图4 莒县东莞镇出土1号阙正面"尧舜禅让"画面局部及拓片
原石现存莒州博物馆，刘冠摄，刘云涛拓

至此，只要稍作比较便不难发现，东莞"尧舜"画面上的基本要素与打鼓墩、曹庙两幅非常吻合，所以后两者画中四人应该也是尧、舜、侍郎和大夫。而且前述两地（尤其打鼓墩）画面中对"衾中露出印绶"的刻画非常清晰，考虑到"印绶"在汉代具有权力和地位的标示象征意义，加之"尧"在画中（总是）呈伸手介绍姿态，因而画中所表示的情节应非简单的"拜谒"，而更可能是对"尧舜禅让"故事的表现。并且这一"历史"故事所发生的场景并不在凡间，而是有着羽人或神仙出现的某种具有"超自然"性质的神话世界。

打鼓墩、曹庙两处画像石墓，与远在莒县但同样使用剔地线刻技法的画像石阙，不仅分享了同一个主题，甚至还保持了画中主要构成元素的稳定。其现象反映曾有一种文化传统，可在当时（至少是）墓葬系统中跨区域"传播"；同时，由于莒县画像在构图和造型方面与前者的差异，说明此类传播的形式还不是简单地由同一工匠集团通过跨区域流动来实现的，更像是两地（同样采用剔地线刻方法的）匠师从同一主题出发，在保持主要情节要素不变的前提下，以本地擅长的造型语言分别进行呈现。更值得注意的是，打鼓墩与曹庙两处墓地相距仅约10公里，两墓"尧舜"画像的构图造型总体虽都走"不留空白"的曲线铺排一路；但细看则会发现其间实有不少差异（如打鼓墩的剔地更浅，线条更为流畅，且画面整体也更具装饰性效果），所以应该不是同一组工匠的作品。

同时，此类图像的传播并不仅限于地域空间的维度，具有相似形式的"尧舜"故事还见于画像石以外，大致同时代（或稍晚）其他地区的其他载体上。其中典型者，如一类被称为"三段式神仙镜"[1]或"九子镜"[2]的东汉末至三国时期铜镜，多出土于陕西西安、四川西北部、湖北西北部及日本[3]（前桥市后闲町坊山古坟）。镜纹画面包含上中下三段（格或层），且下段多以两股树干缠绕的大树和树下左右之人物组成（见图5：中），具体含义不甚明确。但1989年四川绵阳何家山崖墓1号墓出土的一面三段式神仙镜上可见铭文44字，文中包含"……尧帝赐舜二女，天下泰平……"的内容[4]（见图5：左，红线标注铭文位置），从而引发了多位学者关注和阐释的热点。何志国先生1991年发表的简报中，推测画面上段华盖右侧的人物或为尧帝；下段中央为神树，树下者为仙人。[5] 霍巍先生在基本同意简报观点，但又进一步推论上段主要人物更可能是舜；而下段的主体则引用林巳奈夫先生观点，并论证其"建木"（及仙人）之说。[6] 巫鸿先生尽管也认同镜纹下段的建木说，但提出三段镜图像整体与五斗米道之间有着密切关系，所以华盖应为"神化了的"老子之象征。[7] 李淞先生引用景安宁先生观点且进一步分析，断言下段树两侧之人，应为尧舜

---

[1] "这种形制的铜镜，原简报（四川绵阳何家山1号东汉崖）称为'重列神兽镜'，而日本学者则一般将此类铜镜称为'三段式神仙镜'，以便与其他各种形制的神兽镜相区别。本文采用后一种称法。"见霍巍《四川何家山崖墓出土神兽镜及相关问题研究》，《考古》2000年第5期。

[2] "考虑到铭文中多有'九子'或称'九子镜'，或宜称作'九子镜'"。见李淞《试论"三段式神像镜"的图像结构与主题》，《陕西师范大学学报》（哲学社会科学版）2011年第6期。另，"九子镜"仅可涵盖此类镜纹上格图像的内容，但其中格（常见东王公西王母）和下格另有意义，因而此名易造成读者对整个镜纹主题的误导，所以本文暂不使用。

[3] "据笔者2009年不完全的调查，其资料图像有20多面。注：除陕西和四川有出土外，散存于各博物馆，如北京故宫、上海博物馆、美国波士顿（美术）博物馆等，以及一些拓本传世。笔者实地调查发现，湖北荆州博物馆藏有一面、日本东京国立博物馆和五岛美术馆各藏有两面，其中各有一面未发表。"见李淞《走回图像——从两个汉代实例看读图的误区》，《南京艺术学院学报》（美术与设计版）2010年第5期。

[4] 何志国：《四川绵阳何家山1号东汉崖墓清理简报》，《文物》1991年第3期。

[5] "上层中央有一华盖立于回首龟趺之上，尧帝（?）坐于华盖右侧。……下层中央立一缠绕的神树，……树的两侧皆坐两个穿右衽衣的仙人"。见何志国《四川绵阳何家山1号东汉崖墓清理简报》，《文物》1991年第3期。

[6] "上段中央华盖右侧正坐之神仙，当为帝尧，有一定道理，我认为表现的是尧或者舜均有可能，而以舜的可能性更大；……下段的神树也是十分引人注目的标志，……林巳奈夫将它释为位于大地中心、具有通天之功能的'建木'，可备一说。"见霍巍《四川何家山崖墓出土神兽镜及相关问题研究》，《考古》2000年第5期。

[7] [美]巫鸿：《礼仪中的美术——巫鸿中国古代美术史文编》，生活·读书·新知三联书店，2005，第498—499页。

图5 三段式神仙镜

（左）四川绵阳何家山崖墓1号墓出土三段式神仙镜（引自陈长虹《汉代铜镜上的"九子母"图像——对"三段式神仙镜"的再认识》）；
（中）美国西雅图博物馆藏三段式神仙镜线描（引自霍巍《四川何家山崖墓出土神兽镜及相关问题研究》）；
（右）荆州博物馆藏三段式神仙镜（引自李凇《走回图像——从两个汉代实例看读图的误区》）

与（二女）娥皇女英；但同时他认为"二女"才是下段画面潜在的主题，而图像的主旨在于表达女性有关于婚嫁的"私密愿景"[1]。在上述猜测推想之外，对此类镜纹中的上段（格或层）的主体人物，陈长虹女士在比较系统地分析梳理各地相似镜铭的基础上，提出应为与生育繁衍有关的女神"九子母"的结论[2]，从而使铭文中"尧舜"对应下段树下人物的可能性大大增加。荆州博物馆王丹曾对其馆藏的一面同类镜纹撰文研究，并结合其铭文中"尧赐女为帝君"内容（见图5：右，红线标注铭文位置），同样认为下段人物应为尧舜及二女。[3]

若再将上述观点结合前文打鼓墩、曹庙画像石中"尧舜"画面，则不难发现两者之间在形式上有着比较明显的相似性，所以镜纹下段为尧舜之说应可成立。只是镜铭中提到尧舜之外的两人应为尧之二女，但东莞阙上榜题是"侍郎"和"大夫"的角色。这便让我们对其画面中具体所要表达的尧舜故事，究竟是"赐婚"还是"禅让"产生了疑问。另一方面，滨州博兴县博物馆藏画像石中，包含一块出土于该县湖滨镇相公村并带有"尧二女""帝尧""尧（母？）""舜后弟"榜题的剔地线刻残石（见图6）。[4] 据榜题可知帝尧身后的两

---

1 李凇：《走回图像——从两个汉代实例看读图的误区》，《南京艺术学院学报》（美术与设计版）2010年第5期。
2 陈长虹：《汉代铜镜上的"九子母"图像——对"三段式神仙镜"的再认识》，《四川文物》2014年第4期。
3 王丹：《荆州博物馆馆藏的一件三段式画像镜》，《江汉考古》2016年第6期。
4 杨勇、张淑敏：《博兴县博物馆藏汉代画像石》，《海岱考古》第十二辑（2019），第90—101页。

传播与叙述　177

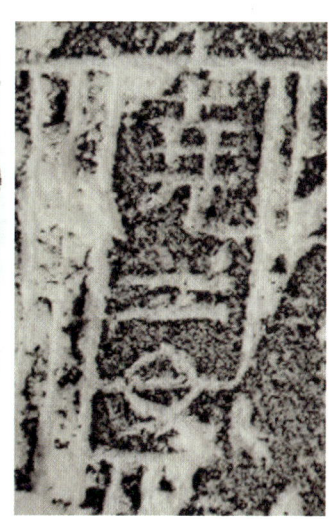

图6　博兴县博物馆藏"帝尧"榜题画像石拓片及"尧二女"榜题
引自杨勇、张淑敏《博兴县博物馆藏汉代画像石》,《海岱考古》第十二辑(2019)

图7　(左)打鼓墩樊氏墓出土,《汉画总录》编号JS－HA－22(1)画像石局部(杨超摄),
原石现存淮安市博物馆;(右)泗洪曹庙祝圩出土画像石局部(刘冠摄),原石现存泗洪县博物馆

个人物即尧之二女,且人物位置与曹庙和打鼓墩的图像在构图上有一定相似性,发式上也有两个上翘的结构(髻或笄?)。只是此画面中的帝尧并未处于树下,而是坐在榻上;同时令人很不好理解的是,尧对面戴进贤冠拱手而跪(上身挺直,非跽坐),按理似应为"舜"者(其身后拱手躬身而立者,榜题为"舜后弟"),所刻榜题却是"尧(母?)"。对此现象的解释存在两个方向:一种是此图确与舜无关(或至少无直接关联),但包含尧、尧母、娥皇女英,以及舜后弟的另一古代故事传说;另一种则不排除工匠时人将人物对应榜题刻错的可能性,而且笔者认为后一种的概

率更大，但是否为"帝舜"之误仍有待进一步确认。[1]

因此，这也意味着如果按照绵阳何家山1号崖墓铜镜、荆州博物馆铜镜等一系列三段式神仙镜中图像与铭文的指向，以及这块博兴县湖滨镇画像石榜题人物的参考提示，打鼓墩和曹庙画像石中对应的画面就会是"尧赐二女予舜"的场景。但如果侧重以东莞阙上的榜题和图像来解释打鼓墩曹庙的画面，并且考虑作为道具的"绶带"和侍郎、大夫所要传达的意义，则后者就应该是"尧舜禅让（或摄政）"场景。实际上，本文在这里将两种场景明确区分的原因，是据以《史记》为代表的古代文献谈及上古"五帝"传说时[2]，常会描述尧赐婚予舜以"观其德于二女"在先；摄政禅位于后的情节脉络，两事件尽管意义接近，但并不可等同。不过或许不同于历史文献的记录，（至少汉代）图像对今人的重要研究价值就在于，其往往会以某种"超出单一线性"的叙述方式来呈现时人观念，且自身内部并不具有复杂精密并能"自洽"的逻辑关系（因而很多试图在汉画图像中建立圆满的"体系化观念结构"的努力，便常落入"过度阐释"的陷阱）；而是以一种不限于单层"格套"的、多层次的组合形式构成意义（朱青生先生将之纳入"形相"学研究范畴，并进一步提出汉画"七层"之说[3]）。所以当我们回到有关此图像的个案背景再来分析，则文字史料之外，围绕汉画墓葬甚至日用器物的世俗或民间文化圈中，尧舜赐婚和禅让两事件完全能够同时在一个画面中发生，即打鼓墩、曹庙对应画像石上的内容是：尧禅位于舜，且赐娥皇女英予舜为妻，并且两处画像石共有的树上鸟巢形象，还可作为某种与家庭或女德有关的象征来继续演绎。

四 从画面内容和形式分析打鼓墩、曹庙和周边线刻画像石墓的关系

从考古学的角度探讨两个或多个墓葬（群）的关系，始终是一个很复杂的问题。因为一方面几乎所有与墓葬相关的，包括位置、年代、墓葬构造和葬式、出土物类型、文献记载等信息，都是需要考虑的重要因素；同时，墓葬间的关系可以是涉及仪轨、观念、阶层、族属、亲缘、墓主等

---

1 该榜题"尧"下之字，因部分残损难以确认，杨勇、张淑敏释读为"母"，即"尧母"，本文暂引用其说。但杨爱国先生则将该榜题释读为"尧舜"，并且认为："尧舜"之"尧"当是"帝"字之误。见杨爱国《莒县东莞汉画像石与尧舜故事》，《莒县汉画像石》，齐鲁书社，2020，第1—4页。只是据笔者对榜题的观察，如果按杨先生之说"尧"字或为"帝"字之误，但从其下方文字的大略字形，且与右侧"舜后弟"中"舜"字的比较而言，很难看出为"舜"字，所以该榜题也不能断为"尧舜"二字。

2 （汉）司马迁：《史记》，中华书局，1997，第10—11页。

3 朱青生：《汉画研究：在形相中发现事实》，《中国汉画学会第九届年会论文集》，中国社会出版社，2004，第1—18页。

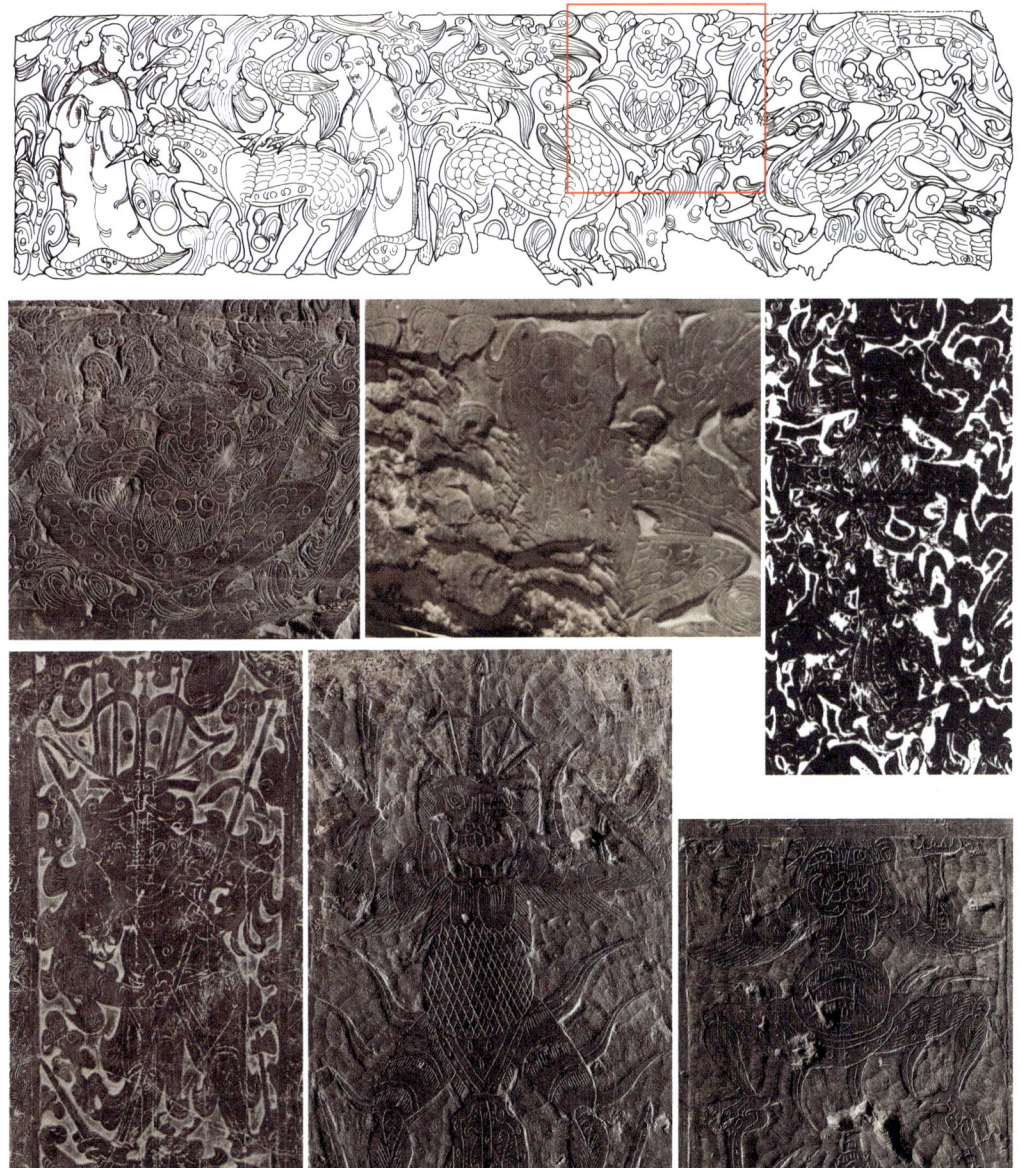

图8 打鼓墩、曹庙和周边线刻画像石

（上）打鼓墩樊氏墓出土，《汉画总录》编号JS-HA-23（1）画像石线描图（刘冠绘）；（中左）打鼓墩樊氏墓出土，《汉画总录》编号JS-HA-18（1）画像石局部（杨超摄），上述两原石现存淮安市博物馆；（中）泗洪曹庙祝圩出土画像石局部照片（刘冠摄），原石现存泗洪县博物馆；（中右）泗洪曹庙祝圩出土画像石柱局部拓片（引自1986年简报），原石现存南京博物院；（左下）泗县洼张山汉墓出土画像石局部（刘冠摄），原石现存泗州博物馆；（中下）沂南北寨汉墓出土，《汉画总录》编号SD-YN-001-15画像石局部（杨超摄）；（右下）沂南北寨汉墓出土；《汉画总录》编号SD-YN-001-10画像石局部（杨超摄），上述两原石现原址保存于沂南北寨汉墓博物馆

范畴，抑或仅限于墓葬类型、风俗、技艺等层面的探讨。此外，由于任何单体古代墓葬都会受自身始建规模、自然环境和时间因素、人为盗扰等各方面条件制约，所能保存并传达给世人的信息必然有限；而我们从某单一墓葬发现的出土成果，也较难判断其中是以个案"偶然性"因素为主导，还是反映一定"规律性"的现象，因而对墓葬间关系的研究便显得十分必要（实际上这也是考古类型学的基本逻辑基础）。

本文提出有关打鼓墩和曹庙两地（共三座）画像石墓之间，以及与同地区其他相关墓葬的关系问题，也是基于同样的考虑。因为虽然打鼓墩的墓室主体和画像石幸得留存，且经过一定程度的科学发掘，但墓中尸骨、棺椁和绝大部分随葬器物早已毁失殆尽，不仅让研究者对墓葬基本的认知缺少依据，也极大地限制了今人对这批画像石内容、形式，以至风格演化等方面的理解。另外，尽管曹庙两墓只留下数十块散存画像石，但其中的一部分画面信息，仍可与打鼓墩及其他画像石墓（祠）进行对比分析，进而帮助我们对该地区线刻画像石及其匠作流变等问题进行讨论。

除上文探讨的"尧舜"故事之外，打鼓墩和曹庙画像石之间还有很多相似题材与形象，只是我们暂时未找到对应榜题来完成可靠的解读，但这并不妨碍本文对其相互之间关联的探讨。尤其当我们将注意力集中于画像内容的一些细微之处时，两处画像石的关系便显得更加生动有趣。例如，在打鼓墩画像石中一部分着袍人物的刻画方面，石工会在袍角后部刻上一簇向后露出的短穗尾状饰物（见图7：左），这样的细节在汉画人物服饰中并不常见；而曹庙画像石上的同类人物，尽管在形象塑造和姿态等方面与前者都有些差别，但袍角后部的穗尾状饰物这一小细节却非常明显地被表现出来（见图7：右）。所以，不知营建两处墓葬的画像石工之间有着何种目的或形式的交流，才能有此同步效果。同时，如果说工匠各自出于对同样客观物象的写实反映，会造成形象细节一致性的话，那么想象臆造的神怪形象如果也很相似，就可以进一步佐证双方交流的可能性。例如，在打鼓墩汉墓画像中共出现 9 次（或 10 次，因其中一个形象漫漶难辨）的一种圆首鼓腹、阔口爪足、手托仙果（或丹药）的神怪形象（见图8：上、中左），也出现在刚刚提到的曹庙"尧舜"题材画像石的最下格位置（见图8：中），且其身形、面目、动作和托举物都与前者高度一致。而在南京博物院征集的曹庙画像石柱上，同样可以看到类似的神怪（见图8：中右）（尤振尧先生和当地学者习惯将之称为具有打鬼辟邪功能的"疆良"或"强良"[1]），并且与上文的情况相仿，这类神怪仍可在鲁东南地区（另一更著名的）线刻汉画墓，即沂南北寨汉墓的画面中找到对应形象（见图8：右下）。此外，在北寨墓中还有一种与所谓"强良"形象比较接近的神怪，因其"持五兵"的样子，学者普遍认为是"蚩尤"（见图8：中下），两种样貌略接近的神怪之间是否存在联系，似也可有所考虑；而且与打鼓墩和曹庙在同一个区域内的泗县洼张山汉墓中，亦出现了和北寨极为相似的"蚩尤"形象（见图8：左下），从而促使我们对两个地区在线刻画像石传统的关系方面产生了更多的联想。

同时，与抽象复杂的跨区域关系相比，在徐淮地区内目前可见的几座线刻画像石墓葬（见图1）之间，可以肯定存在着某种密切的交流关系。如在1986年简报中，尤振尧先生已注意到了曹庙画像石中有一幅刻有双神兽（似鹿状）[2] 相对而卧的画面[3]（见图9：上），与睢宁九女墩画像石中的一幅（见图9：中）十分相似；而在打鼓墩的画面中，也有一幅双鹿对卧图像（见图9：下），尽管在具体造型和构图方面已有不同，但基本要素仍保持着某种延续。再如邳州出土的彭城相缪宇墓中就有榜题的"福德羊"形象（见图10：左），在打鼓墩墓中也有，同为弯角胡须之貌（见图10：右）；只是后者所表现的是否为特定的"福德"之羊，还不能确定，但两只羊的背上皆有一鸟，不知是否仅为巧合。

---

1 尤振尧：《江苏泗洪曹庙东汉画像石》，《文物》1986年第4期。简报中称为"疆良"的主要依据是《后汉书·礼仪志》关于"大傩"中"强梁（疆良或强良）、祖明共食磔死、寄生"的记载；而有关"强良"的形象，则出自《山海经·大荒北经》言："大荒之中，有山名曰北极天柜，海水北注焉。……又有神，衔蛇操蛇，其状虎首人身，四蹄长肘，名曰强良。"见方韬译注《山海经》，中华书局，2011，第332页。但实际上，除了"虎首"这一特点与图像稍有吻合之外，图中神怪既不"衔蛇操蛇"，也没有"四蹄"，所以定名为"强良"应该是非常牵强的。只是笔者对此神怪之名暂时也无法提出令人信服的考据，暂以习用原则，在后文（包括示意图）中继续沿用"强良"之称，特此说明。

2 该形象具体是什么神兽，学界尚无定论，且也无关本文主旨；但作为汉画研究者，笔者还是耐不住此类探佚的诱惑想对之略作揣测。学界很多同仁皆以著名的《山海经》作为依据来解释汉画中的神怪一类形象，但另一同类古籍《神异经》似较少为人引用借鉴。通过近年学者的研究可知，《神异经》很可能"成书于东汉末年"（周淑敏：《〈神异经〉研究》，硕士学位论文，重庆大学，2012，第12页），且引王国良先生观点认为其作者是具备儒道两重背景之人。所以此书和汉画像石所属的墓葬系统或有可参考借鉴之处。《神异经·南荒经》中介绍了一种异兽："南方有兽，似鹿而豕首，有牙，[鹿尾]，善依人求五谷，名[曰]无损之兽。人割取其肉，不病，肉复自复。其肉惟可作鲊，使糁肥羹，而鲊肉不坏，吞之不入，糁尽，更添肉，复作鲊如初，愈[久而乃]美，名曰不尽鲊是也。"（王国良：《神异经研究》，文史哲出版社，1985，第73页）以上述文献对照曹庙和九女墩的似鹿神兽形象及道具背景，是否有可能与此"无损兽"有关？录此备考。

3 该画面在简报中编号为"画九"。见尤振尧《江苏泗洪曹庙东汉画像石》，《文物》1986年第4期。

182 汉画研究

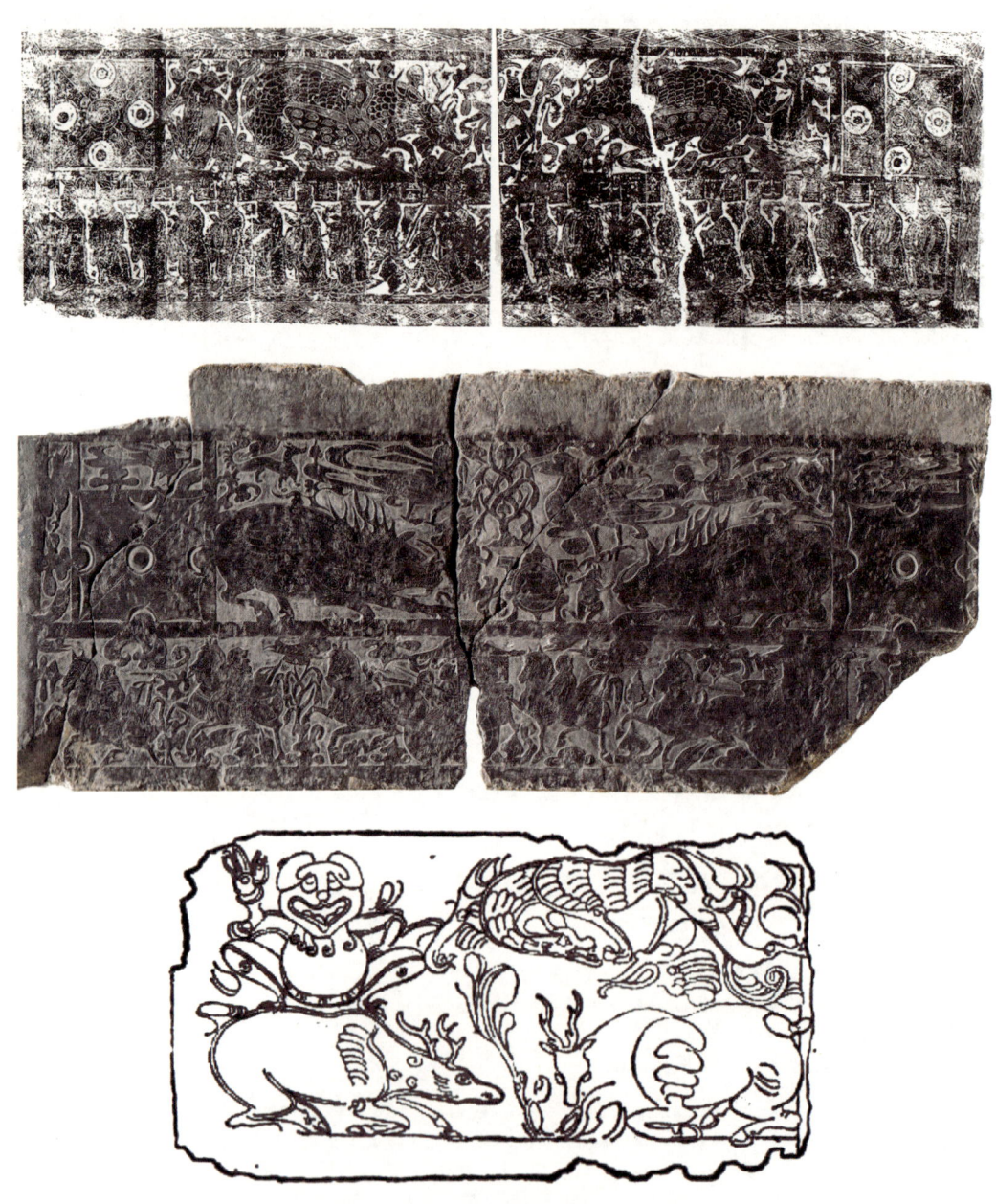

图9 双鹿对卧图像

（上）泗洪曹庙祝圩出土画像石柱局部拓片（引自1986年简报），原石现存南京博物院；（中）睢宁九女墩汉墓出土画像石《汉画总录》编号JS-XZ-10-09（杨超摄），现存徐州汉画像石艺术馆；（下）打鼓墩樊氏墓出土，《汉画总录》编号JS-HA-17（2）画像石线描图（引自1992年简报），现存淮安市博物馆

图10 "福德羊"图像

（左）邳州彭城相缪宇墓"福德羊"画面局部线描图（引自1984年简报），原石在墓葬原址保存；（右）打鼓墩樊氏墓出土，《汉画总录》编号JS-HA-19（1）画像石局部（杨超摄），现存淮安市博物馆

囿于篇幅和能力所限，本文无法将上述打鼓墩、曹庙以及徐淮区域内其他墓葬出土的线刻画像石之间更多的相似图像一一展开类比。但就目前的认识程度而言，可以肯定该区域内东汉晚期线刻画像石，在客观上存在着多处相似的造型、内容和形式。从而反映了相互间可能存在的某种形态及程度的交流关系，使之能在与其他雕刻技法（及题材内容）并存，且相互借鉴的条件下，保持以"线刻"为外在特征、自身内在文化传统绵延存在的稳定性。而且从现有材料还可看出，下邳国境内的四处墓葬（泗阳打鼓墩、泗洪曹庙、睢宁九女墩、泗县洼张山）出土画像石，相互之间有着更多的相似特征，使之在当地画像石出土总量比较有限的背景下，显得十分突出。而且从1986年和2010年两篇简报可知，曹庙出土了石柱和石斗栱部件，说明其墓葬建筑形式应与打鼓墩存在一定差异；若再考虑到曹庙所见多块墓壁石，而打鼓墩则以"堆叠"砌造（画像位于墓石的正旁侧面）为主的构造特点，那么两处墓室在建造和画像石组合用法方面很可能有着明显不同。在此情况下，打鼓墩和曹庙两处所见画面却还能保持某种程度的一致性，或可说明此类墓葬中刻画者应与砌石造墓者，分别存在各自相对独立的工匠系统。

五 对打鼓墩画像石"形相"关系及其意义的困惑和思考

在1992年尹增淮先生撰写的打鼓墩墓简报中，非常可贵地根据当时发掘工作者记录的现场信息，经过整理计算后描绘了墓葬内部结构的平立剖面图（见图11：下），并将所有出土24块画像石（及其画面）以编号的形式，在图上标定了相应所在位置，从而为我们进一步的研究分析提供了至关重要的数据基础。

其中，墓内出土的全部24块画像石皆位于中室，除两块横楣为（朝向中室的）单面有画，两块扁方柱为周圈四面有画外，其余20石按每角5块的形式叠放，皆在朝

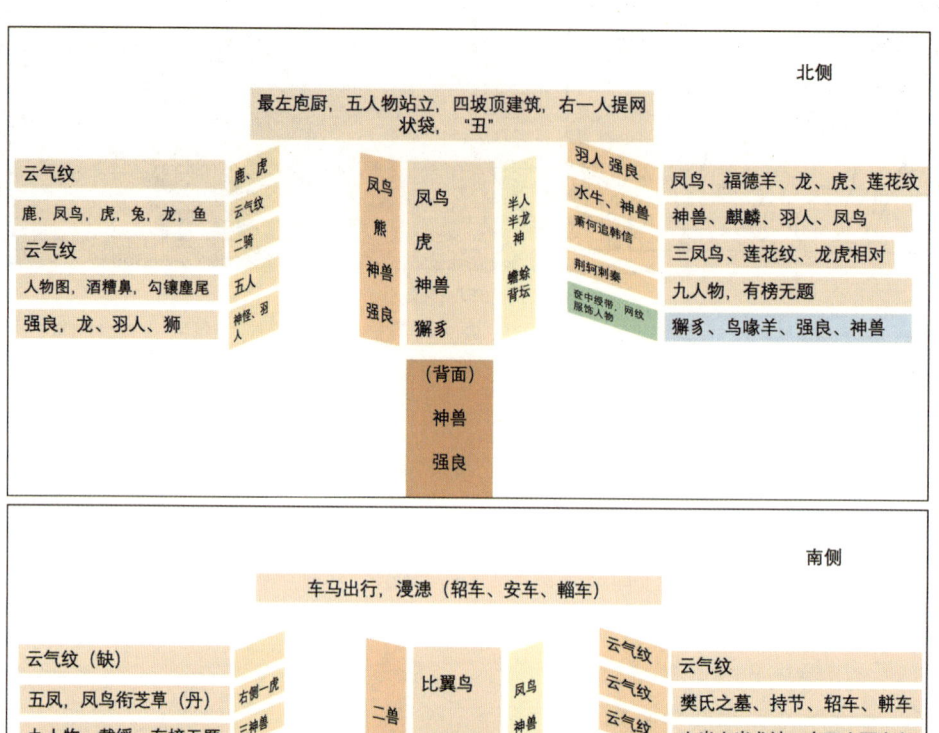

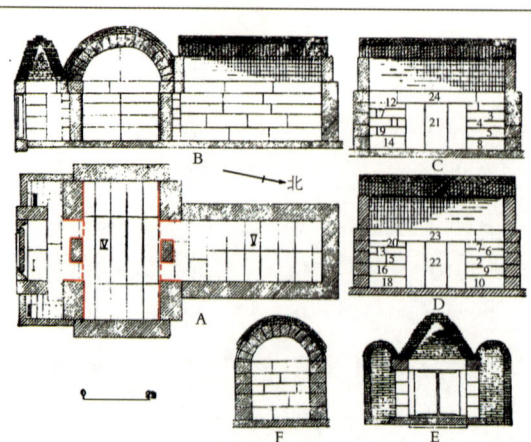

图 11　打鼓墩樊氏墓相关示意图

（上）打鼓墩樊氏墓中室北向所见画像石及其画面位置示意图（郑亚萌绘）；（中）打鼓墩樊氏墓中室南向所见画像石及其画面位置示意图（郑亚萌绘）；（下）打鼓墩樊氏墓内平立剖面图（引自1992年简报，红线为刘冠添加）

向中室和中轴过道的两侧有画面。同时，为了能让读者对墓内画像石和画面位置有更直观的感觉，本文依据简报中给出的 C（北）、D（南）剖面，另绘了两张示意图（见图 11：上、中）作为辅助（为避免图版缩小后画面线刻形象模糊难辨，我们有意将每个画面中的代表性形象或特征，以文字的方式替代，但其中所涉及的名称或以习用为原则，或以简明为目的，皆不具备任何学术指向与推敲价值，特此说明）。

但是，当我们借助图 11 对该墓内的画像位置形成初步认识之后，也许会感觉更加困惑。因为不管是北向（朝向后室和墓主）还是南向（朝向前室和墓门），以及在过道与单独的墙壁上，我们都很难看出这些画像似乎"应该"存在，并且在其他各地画像砖石墓（如沂南北寨汉墓）或壁画墓（如望都汉墓）中实际可见的结构性位置规律。不过这些画面似乎又不是彻底地混置，而是大致保持了云气和（部分）神人鸟兽在上，人物和（另一部分）鸟兽居中，具有特定故事情节的画面和异兽处下的层级关系。只是这种分布，是否能够算得上是一种规律，抑或仅为我们的主观臆测，目前还很难说。

也许会有人提出墓内画面的位置分布是以人的"观看"效果为依据，而非内容含义作为基础的可能性。但若略加推敲，比如前文论述的"尧舜禅让"画面，实际处于中后室之间过道东壁的最下层（见图 11：上绿色位置），而且该石的另一面图像内容也很丰富（见图 8：上，位置在图 11：上蓝色位置），但考虑到墓内过道的狭小空间，以及中室所需摆放的随葬器物，那这两幅底边上的图像几乎都无法被进入其中的生者所观看和欣赏。

此外，这批画像石的每块长短两个侧面图像之间，几乎也看不出必然的规律性逻辑关联；甚至在个别画面的内部，其叙事场面的呈现也是令人费解的。如在一幅被习惯称为"荆轲刺秦"的画面场景中（见图 12），画面中央可见一立柱，柱身明显贯穿一把环首短刀，左右各一人跪坐，上方有扎起的帷幔表示室内环境，应该说具备了汉画"荆轲刺秦"的标志性图像符号。但若仔细观察就会发现，柱左之人表情平静，双手平端后伸似呈引荐介绍状；而柱右戴冠着袍，腰悬绶带的"尊者"侧身回首坐于榻上，丝毫看不出惊慌失措之意，所以两人既非荆轲，也不是秦王。而柱左之人回身正在向尊者介绍的，是他身后一名身材魁伟，衣袖贲张，身着及膝袍服，叉手跨步而立的武士（或力士）。有人认为这画的应该是荆轲，但从情节方面又很难自圆其说。所以有学者就选择抛开"荆轲刺秦"的思维惯性，另觅解释的渠道，如张道一先生便根据柱上为圆头，两边人物姿态平和的特点，提出此画是祭祀具有原始生殖崇拜特征的"石祖"场景。[1] 只是此说又无法解释画中柱子上横贯的环首刀，因为这显然不可能是此类祭祀应有

---

[1] 张道一：《中国拓印画通揽》，东南大学出版社，2016，第 95 页。

图12 "荆轲刺秦"图像

打鼓墩樊氏墓出土,《汉画总录》编号 JS – HA – 22（2）画像石（杨超摄），原石现存淮安市博物馆

的环节，所以其说法也只能归于片面地臆断。笔者还想到一种可能，即该画面反映的是一种具有戏剧性质的百戏表演活动，以历史故事为蓝本，模仿荆轲之勇力用短刀贯穿柱身的"节目"，但我们目前除了文献中所载"东海黄公"故事[1]和其他只言片语外，对汉代各地是否大范围地存在此类"戏剧"性表演活动还不清楚，因而目前只可作为一种假说而已。

综合上文的讨论，打鼓墩墓中画像石从其位置分布、组合关系以至个别画面中的场景描绘，似乎都呈现出一种难以完全把握和理解的叙述形态。这种不限于"线性逻辑"的叙述方式，显然和以武梁祠为代表的，将天地人神"系统化"的汉画呈现方式有着很大不同，只不过目前我们对其中很大一部分信息还无法解读。而对汉画所蕴含的这种潜在丰富性，朱青生先生曾撰文将之分为8种意义："1. 建造空间、2. 塑造物体、3. 添造质感、4. 分析形体、5. 分割平面、6. 建立结构、7. 意义表达、8. 情绪表现。"[2] 打鼓墩汉墓中的画像石，具备或者显示了上述8种意义中的哪些特征与片段，正是我们要继续深入探讨的课题。

---

[1] 吕壮译注：《西京杂记译注》，上海三联书店，2013，第129页。

[2] 朱青生：《汉画作为"图"的八种意义》，《古代墓葬美术研究》，湖南美术出版社，2013，第379页。

六　余论

这篇文章是对近期以打鼓墩和曹庙为重点，兼及周边各地线刻画像石研究工作的一个阶段性报告，但其中所遗留甚至新产生的问题与疑惑，要远远多于所获得的答案。上文所涉及的内容仅限于与画像石直接相关的范围，其他另有如：打鼓墩墓按目前结构，扁方形石柱两侧仅空余57厘米的过道宽度，显然不能让正常的棺木（甚至平置的玉衣）经此到达后室。因此其简报记录是否有误，该墓有可能采取九女墩墓的做法，让柱体偏置一侧（而非居中）；抑或将柱体横置（窄面朝向南北向的前后室），似都在考虑范围内。再如：其后室南北长度达到4.35米，远大于苏北室状墓后室3—3.5米的尺度，这是否意味着该墓存在某种随葬习俗的特别之处，也是需要继续寻找佐证材料探索论证的任务。

最后，衷心感谢淮安市博物馆刘振永主任为本文研究所做的贡献，以及北京大学历史系朱青生教授的指导。

器物与图像

广元旺苍唐代银器窖藏知见录

■ 扬之水（中国社会科学院文学研究所）

早几年，听到四川大学的朋友说起广元有一批宋代金银器窖藏，便计划一睹实物，遂于 2017 年深秋和 2019 年初冬两番前往观摩，并考察了皇泽寺、千佛寺、观音岩佛教造像和金牛道遗址。

窖藏原是 2012 年发现于旺苍县嘉川镇蔬菜村一户村民的宅基地，后经文物部门征集，由旺苍县文管所收藏（很可能不是窖藏的全部），今有二十余件展陈于广元市博物馆，属于保存比较完整的部分。展品说明定其时代为宋。然而一见之下，即可确定窖藏器物的时代不是宋，而是晚唐。银器绝大部分有铭文，多数是记重，此外錾一个"之"字，只有一件方注瓶，器底除了记重和"之"字外，还錾有工整的三个字"王闹儿"。

从我经眼的旺苍窖藏器物来看，这是大致齐整的一套筵席用器，主要有：银提梁酒樽与银酒勺各一，银酒注五，银金花团窠鸿雁纹四曲花口碗一，金花银团窠鸿雁莲瓣纹酒海、金花银团窠鸿雁纹酒海各一，银五曲花口碗二，银盏二，银多曲长杯一，银酒船五，金花银摩羯戏珠莲叶纹承盘一，葵花口银茶托二，银提梁壶、银提梁罐、银唾盂、银柳斗式碗各一。

银提梁酒樽高 8.5 厘米、口径 27.4 厘米，是筵席中的盛酒器（见图 1）。樽或作罇，乃盛酒之器的古称亦即雅称，不同时代而樽的形制各有不同。唐代筵席上的盛酒之器多为盆式樽，口径一般在 30 厘米左右，内蒙古鄂尔多斯地区出土银金花摩羯戏珠纹四曲盆，高 9.5 厘米，口径 36 厘米，即为酒樽之属。樽中置勺，便可酌酒。敦煌文书托名"江州刺史刘长卿"的《高兴歌》"珊瑚构，金叵罗，倾酒漭漭如龙涡"，正是酌酒情景。酒勺勺叶多做成花口，如广元旺苍窖藏中的这一柄（见图 2）。

盛酒又兼酌酒，则有壶和瓶，而唐宋时代"壶""瓶"之称在很多情况下可以互换，又或者"壶瓶"合作一词[1]。唐后期多为注子，时也名作"注瓶"，如敦煌文

---

[1] 如《册府元龟》卷一六八《帝王部·却贡献》：太和四年，"尚书左丞王起进亡兄播银壶瓶百枚"，"有诏只令受银瓶"云云。后之"银瓶"，即指前云"银壶瓶"。

书中与"磁茶瓶"并举的"铜注瓶"[1]。早期酒注与汤瓶的区别很小，而酒注原是从汤瓶中分化出来，长沙窑址出土的这两类器具造型几乎相同，因此有的酒注特别在器身标明"此是饮瓶不得别用"（见图3）。西安市西郊鱼化寨南二府庄出土的"宣徽酒坊"咸通十三年银酒注，便是此类。银酒注肩部两侧有对称的系耳，原初当有提梁（见图4）。广元旺苍县银器窖藏中的注瓶，差可代表唐代酒注的几种主要样式（见图5—8）。其中银鎏金伎乐图壶亦即酒注一件（见图8），通高23厘米。喇叭式圈足，壶身下方打作以卷草抱合的三重仰莲，壶腹四个莲瓣式开光，两道弦纹勾边在外，一道连珠纹勾边在内，光内錾卷草和鱼子纹为地，从下方卷草纹中伸展出来微微凸起的一茎成为仅容一足的小舞台，伎乐跷起右足，略屈左足，轻轻倚在如意云朵上，吹笛子、击拍板、吹觱篥，另有一个持帛舞蹈。器腹的四个莲瓣式开光，其外缘在肩部又形成四枚下覆的莲瓣，内中也是卷草和鱼子纹为地，莲瓣里一对双飞的鸿雁。短颈和弯柄都是鱼子地上錾卷草，口沿与流錾方胜。器盖满錾缠枝卷草，上方覆一枚四出花叶，顶上铆一个莲苞钮。很有浮雕效果的四个伎乐人以及下方的三重仰莲都是打制而成，与器壁为一体。

旺苍窖藏中的碗和盏都是饮酒之器（见图9、图10），不过碗和盏的区别其实不很严格。作为酒器的碗，与盏相比尺寸要大一些，当然在实际生活中使用的名称会很灵活。金酒碗，隋唐又常常称为金叵罗，或作金颇罗。如李白《对酒》"蒲萄酒，金叵罗"；唐彦谦《送许户曹》"劝饮花前金叵罗"；前引《高兴歌》"珊瑚杓，金叵罗"。它应即《隋书·西域传》"曹国"条中提到的"金破罗"，而"破罗"一词乃是外来语的一个对音，因此与音对应的字并不固定。不过它源出伊朗语 Padrōd，本是指碗、杯一类的容器似无问题[2]。

至于酒碗与茶碗的区别，虽然看来并非十分显明，但细审其中的典型样式仍可见出二者的不同。以长沙窑为例，比较"美酒"和"茶埦"的器具，可见茶碗通常为圆口、斜直壁[3]，酒碗则四出花口、腹壁及近口沿处有弧曲。又法门寺地宫出土的"瑠璃茶椀柘子一副"，"柘（托）子"所承之"茶椀"亦为斜直壁。"瑠璃茶椀柘子"，原是同出之《物账碑》中列举的名称[4]。以此自名用途的碗式作为参考反观唐代金银器，大致可以析出其中的酒碗之属。陕西耀县柳林背阴村出土银金花鸿雁

---

1 《辛未年（911）正月六日沙州净土寺沙弥善胜领得历》（伯·三六三八）。

2 见里夫什茨为薛爱华著《康国金桃》（中译本作《唐代的外来文明》）俄译本，第459—460页所加注释的相关考订，蔡鸿生《唐代九姓胡与突厥文化》，中华书局，1998，第12页。

3 也有自名"茶埦""茶盏子"的两例，其腹壁微弧（长沙窑编辑委员会：《长沙窑·一》，湖南美术出版社，2004，第58页，图一七七、图一七八），不过向着底心的收分与酒碗相比仍可见区别，两件均为圆口。

4 即《监送真身使应从重真寺随真身供养道具及恩赐金银器物宝函等并新恩赐到金银宝器衣物等如后》账碑。

广元旺苍唐代银器窖藏知见录 193

图1 银提梁酒樽
四川广元旺苍县银器窖藏

图2 银酒勺
四川广元旺苍县银器窖藏

图3 "此是饮瓶不得别用"执壶
长沙博物馆藏

图4 "宣徽酒坊"款银酒注
西安市西郊鱼化寨出土

图5 银酒注
四川广元旺苍县银器窖藏

图6 银酒注（脱柄）
四川广元旺苍县银器窖藏

图7 银酒注(失流)
四川广元旺苍县银器窖藏

图8 银鎏金伎乐图酒注
四川广元旺苍县银器窖藏

图9 银五曲花口碗
四川广元旺苍县银器窖藏

图10 银盏
四川广元旺苍县银器窖藏

图11 银金花鸿雁纹四曲碗
陕西耀县柳林背阴村出土

图12 "宣徽酒坊宇字号"鸿雁纹银碗
陕西耀县柳林背阴村出土

图13 银金花双鱼纹四曲花口碗
黑石号沉船出水

图14 银金花团窠鸿雁纹四曲花口碗
四川广元旺苍县银器窖藏

图15 金花银团窠鸿雁莲瓣纹酒海
四川广元旺苍县银器窖藏

图16 金花银团窠鸿雁纹酒海
四川广元旺苍县银器窖藏

图17 银长杯
赤峰敖汉旗李家营子出土

图18 银多曲长杯
大英博物馆藏

纹四曲碗，"宣徽酒坊宇字号"款鸿雁纹银碗，又发现于印尼勿里洞岛的黑石号沉船出水银金花双鱼纹四曲花口碗，是晚唐金银酒碗的主要样式（见图11—13）。王定保《唐摭言》卷十五记唐文宗赐酒王源中，酒碗置于两盘，"每盘贮十金椀，每椀容一升许，宣令并椀赐之。源中饮之无余，略无醉态"。金银酒碗容酒一升左右，是这时候的常量。旺苍窖藏银金花团窠鸿雁纹四曲花口碗高3.8厘米、口径14.5厘米，四组花叶繁茂的折枝缭绕为内底心鱼子地上的一个大团窠，团窠中央一只鸿雁，碗内壁四曲各一组折枝（见图14）。从外底痕迹来看，原当有圈足，已失。

大于酒碗而为饮器中尺寸之巨者，则有酒海，口径一般逾20厘米。旺苍窖藏金花银团窠鸿雁莲瓣纹酒海高5.7厘米、口径21.3厘米（见图15）；金花银团窠鸿雁纹酒海高4.6厘米、口径22厘米（见图16）。两件均失圈足。后者内底心纹样与前举窖藏四曲花口碗几乎相同，只是没有布置鱼子地，内壁也未有其他装饰，唯口沿处一周鎏金莲瓣。团窠鸿雁莲瓣纹酒海与陕西耀县柳林背阴村出土"宣徽酒坊宇字号"鸿雁纹银碗造型与纹样都十分相近。

酒船的名称已出现于南北朝，它的近缘似即耳杯，或曰羽觞，而在曲水流觞中，耳杯即已蕴含了船的意象，不仅以造型，而且以饮酒方式[1]。其式像船，可以有不同的表现方法。第一种，南北朝直至隋唐，造型来自西域多曲长杯的一类，正是合用的样式。如赤峰敖汉旗李家营子出土的银长杯（见图17），如分别收藏于白鹤美术馆和大英博物馆的多曲长杯（见图18），末一例长杯内壁两端各錾一尾鱼，纹样鎏金，似见水意。大约最初它进入中土上层社会生活的时候，即因其式如船而"西体中用"成为筵席上专用来行令而饮的酒船。曾几何时，则连"体"也完全中土化，中晚唐金银器中属于此类的实物数量不少，可以视作多曲长杯的变化形式。西安市太乙路出土金摩羯纹四曲长杯（见图19）、西安博物院藏四曲花口双鱼戏珠金花银酒船、黑石号沉船出水金酒船（见图20），便是唐代后期金银酒船的样式之一。敦煌变文《双恩记》"镂花之叠摞何穷，起突之舡连莫数"，此舡，即酒船，起突，即内底心凸起之纹饰。第二种，杯为船形而式样仿生，如摩羯式酒船，它应是由来通式酒杯演变而来。目前发现的五代及辽物，多为瓷器。此外尚有形式比较简略的一种，如湖南麻阳旧县银器窖藏几种样式的银酒船，时代约当晚唐五代[2]。器为船形而纹饰

---

[1] 唐人《大业拾遗记》中有关于行酒船故事，船为八尺长的小舸子，上有两尺来高的木人，一个擎酒杯立在船头，旁边另有一个捧酒钵，又有两个中央荡桨，一个撑船在后。行酒船随岸而行，池边回曲处各坐宾客，船每到坐客的地方便停住，擎酒木人于船头伸手，"客取酒饮讫，还杯，木人受杯，回身向酒钵之人取杓斟酒满杯，船依式自行，每到坐客处，例皆如前法"（《太平广记》卷二二六）。此虽是用了特别的机巧，不过行酒之习如故。而唐人每把劝酒之器称作酒船，与曲水流觞及行酒船故事自然都很有关系。

[2] 怀化地区博物馆等：《湖南麻阳县发现唐代窖藏银器》，《文博》1993年第1期。按窖藏中的个别器物已与宋式相近，又其中一件花口盏，圈足有铭曰"谢"，这也是宋以前不很常见的做法。

取意于风荷，器内錾刻纤细的虚线做成荷叶脉理以及水风吹卷的效果，可以视作前举西安博物院藏四曲花口金花银酒船的简化版。旺苍窖藏多曲长杯与尺寸和式样不同的六件银酒船均通体光素（见图21—24），酒船小者下有喇叭式高圈足，而俱以椭圆造型略取船意，是更为简略的形式。

此外又有"盘盏一副"，即造型与纹饰一致的一套酒盏与承盘。唐代也称此杯与盘为子母，或名盘为台。张鷟《朝野佥载》卷一："龙朔年以来，百姓饮酒作令云：'子母相去离，连台拗倒。'子母者，盏与盘也；连台者，连盘拗倒盏也。"与后来宋元时代盘盏、台盏形制有显著之别，唐代作为"盘盏一副"的承盘中心或没有凸起的台子，又或凸起不高，略与口沿平齐。

图19 金摩羯纹四曲长杯（酒船）
西安市 太乙路出土

图20 鸿雁衔瑞纹金酒船
黑石号沉船出水

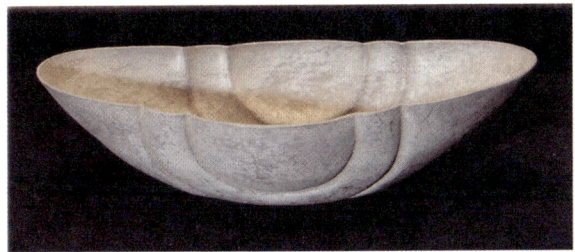

图21 银多曲
四川 广元旺苍窖藏

图22 银酒船之一
四川 广元旺苍窖藏

图23 银酒船之二
四川 广元旺苍窖藏

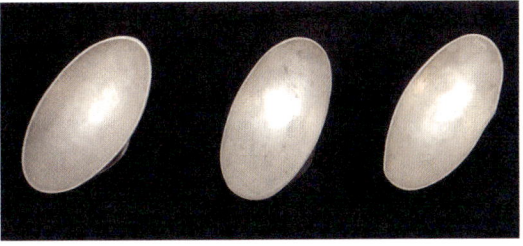

图24 银酒船之三
四川 广元旺苍窖藏

图25 金花银摩羯戏珠莲叶纹承盘
四川广元旺苍窖藏

图26 金花银摩羯戏珠莲叶纹承盘局部

图27 银鎏金承盘
长沙中南工业大学桃花岭唐墓出土

图28 银鎏金莲花双鱼纹承盘
山西繁峙县金山铺乡上浪涧村窖藏

图29 银素面四曲长盘
江苏镇江丁卯桥窖藏

图30 银金花人物故事图菱花口长盘
西安博物院藏

张鷟所处为初唐，这时候的所谓"台"，只是承托之意，因此"盘""台"可以通用。旺苍窖藏金花银摩羯戏珠莲叶纹承盘，四枚撒扇一般的荷叶两两相对，合作承盘的方胜式造型，莲叶上细细錾出叶脉，每个莲叶上面一对摩羯戏珠，莲叶之间的鱼子地上打作缠枝卷草成为顾盼相生的莲叶茎，盘心一朵莲花，花心鼓起一颗颗莲子。盘高2.8厘米、长26厘米、宽19厘米（见图25、图26）。原初当有造型一致的一只酒盏与它构成组合。长沙中南工业大学桃花岭唐墓出土银鎏金莲花纹承盘（见图27）、山西繁峙县金山铺乡上浪涧村窖藏银鎏金莲花双鱼纹承盘（见图28），也都是晚唐的实例。《北梦琐言》中提到的"泽金台盘"，应是此类。

另有各种造型的大盘和小盘，多用于置放各式果品面点，常常是席面陈设，即唐人所云"饾饤"。鲜明者有两种样式，第一种，为西安市东郊八府庄唐大明宫东苑遗址出土的银金花狮纹六曲三足盘，盘高6.7厘米、口径40厘米[1]；大者尚有唐人所云"二尺盘"。第二种，为镇江丁卯桥窖藏中的银金花双凤戏珠纹菱花口长盘、银素面四曲长盘（见图29）、西安博物院藏银金花人物故事图菱花口长盘（见图30），此类多见于唐后期。广元旺苍窖藏菱花口素面长盘也属于这一类（见图31）。

茶盏一般不用金银，不过茶托或有银制品，如丁卯桥窖藏中的几件（见图32）。茶托的式样变化不多，西安唐长安城平康坊遗址出土的银鎏金茶托也是花口、喇叭式圈足，不过圈足不高，足内铭曰"左策使宅茶库"（见图33）。广元旺苍窖藏中的银茶托可算作同类样式（见图34）。

日用之器又有唾盂，贵盛者每每有人手捧金银唾盂随侍，敦煌文书中的张永《白雀歌》"青衣童子携白绫，宫官执持银唾盂"，即此。旺苍窖藏银唾盂器身造型若敛口盂，口沿下方翻出宽宽的花口折沿，通体光素（见图35）。筵席设唾盂，漱口当是它的功用之一。

柳斗或曰柳罐多用于在井里汲水，仿柳斗的银器有可能也是用作水器。旺苍窖藏银柳斗式碗高4厘米，口径10厘米，仿柳编的纹路打制极规整（见图36）。

用于贮物的器皿，曰罐，曰罂，曰瓶，曰壶，似乎并无一定。或肩有提梁，或底有三足，大大小小，式样不一。出自何家村窖藏的两件均为贮药。旺苍窖藏中有银提梁壶与银提梁罐各一，前者大，后者小，都是通体光素（见图37、图38）。

尚有香具一项，它本来似与宴会无关，然而在喧腾的筵席中却常有名香喷吐轻烟。王建"香薰罗幕暖成烟，火照中庭烛满筵。整顿舞衣呈玉腕，动摇歌扇落金钿"（《田侍中宴席》）；施肩吾"兰缸如昼晓不眠，玉堂（一作炉）夜起沉香烟。青娥一行十二仙，欲笑不笑桃花然"（《夜宴曲》）；又白居易"炉烟凝麝气，酒色注鹅黄"（《江南喜逢萧九彻因话长安旧游戏赠五十韵》）；等等，均可见席间的暖香一缕。在以金银为酒器的欢宴中，便总会有金银香具点缀豪华。镇江丁卯桥唐代银器窖藏中，与"力士银酒器"同出的有金花银炉一具，即是一例。旺苍窖藏中的一件银熏炉，虽残损比较严重，但炉座尚好，开了五个壶门，也有计重铭文和"之"字，錾在壶门之一的侧边（见图39）。

广元旺苍银器窖藏器物的造型与纹饰，晚唐风格很明显，目前见到的部分，品类已可称丰富，且打制精工，据此推测，窖藏主人当非寻常之辈。金牛道上的广元，地当川、陕、甘三省交界，北邻秦陇，东近汉中，实为蜀门锁钥。严耕望《唐代交

1　镇江市博物馆等：《唐代金银器》，文物出版社，1985，图114。

器物与图像

图31 菱花口素面长盘
四川广元旺苍窖藏

图32 银茶托
江苏镇江丁卯桥窖藏

图33 "左策使宅茶库"银鎏金茶托
陕安西安唐长安城平康坊遗址出土

图34 银茶托
四川广元旺苍县银器窖藏

图35 银唾盂
四川广元旺苍县银器窖藏

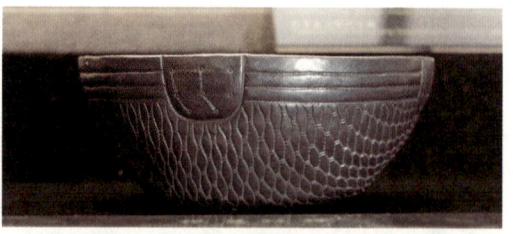

图36 银柳斗
四川广元旺苍县银器窖藏

通图考》第四卷·篇贰叁《金牛成都驿道》云,"唐世入蜀,或由汉中向西南,或由兴州向东南,皆经金牛,为入蜀咽喉。由金牛西南经三泉、利州、剑州、绵州、汉州,至成都。就君主行幸言,玄宗入蜀,由褒斜道转金牛,循此道而南。僖宗入蜀,由骆谷道至兴元,循此道南行"[1]。广元石窟造像,唐代最为兴盛发达(见图40、

---

[1] 严耕望:《唐代交通图考》,"中研院"历史语言研究所,1986,第863页。

图37 银提梁罐
四川广元旺苍县银器窖藏

图38 银提梁罐
四川广元旺苍县银器窖藏

图39 银熏炉残件
四川广元旺苍县银器窖藏

图40 广元千佛岩造像

图41 广元观音岩造像

图41）。开窟凿龛的功德主有官吏，也有旅人。造像活动又与两大历史事件相关，一是安史之乱爆发，玄宗入蜀避难。二是唐与南诏的战争使得剑南战事频仍，而不论取道关中抑或陇右，广元都是唐军入川作战的必经之地[1]。旺苍窖藏以及窖藏主人的故事，则很有可能是此时代风云中的一叶历史叙事。

附记：

（一）笔者两番赴广元，俱蒙广元博物馆热诚相待并提供观摩之便，特此深致谢忱。

（二）本文图片，均为笔者各地参观所摄。

---

[1] 姚崇新：《巴蜀佛教石窟造像初步研究：以川北地区为中心》，中华书局，2011，第126—131页。

世情与物理：昭陵六骏的社会生命史

■ 黎镜明（西北大学文化遗产学院）

在《物的社会生命：文化视野中的商品》一书中，阿帕杜莱（Arjun Appadurai）指出"物"像人一样拥有社会生命。[1] 有别于由自然属性决定、以生老病死为表征的自然生命，社会生命（social life）可以看作由社会赋予的一种生命形式。"如某物，从其进入人的视野或被认为有用时，它就可能被赋予社会身份并开始拥有了社会生命；它成为商品，然后被交易成为礼物，受礼者珍藏为藏品，藏品打碎成为垃圾，都是一个个新的社会身份和生命阶段。直到它完全淡出人们的视野，我们的文化和社会彻底不再说它，它的社会生命才得以终结。"[2] 社会赋予物以意义，物又可以阐述社会的情境。在不同的社会文化场域中，物具有不同的社会生命形式，恰如一匹马在市场上是商品、在馈赠时是礼品、在战场上是坐骑、被纪念时又成为象征。

伴随"商品—礼品—坐骑—象征"这一马的社会生命过程流转，马的社会意义也不断变化。作为中国历史上最著名的骏马形象，昭陵六骏在市场、朝堂、战场、帝陵等多种社会文化场域留下了印记。尤为重要的是，六骏主人李世民是大唐开国史上关键的政治人物，是推动历史发展和社会运转的"镶钻的齿轮"。六骏社会生命历程这一"物理"，或可成为我们窥探初唐"世情"的一扇窗户。

一 商品：六骏与初唐社会的名马消费风尚

葛承雍详考六骏的马种、名号以及隋末获取马匹的渠道，指出六骏大概皆来自

---

[1] Arjun Appadurai, *The Social Life of Things: Commodities in Cultural Perspective*, New York: Cambridge University Press, 1998, p. 3.
[2] 杨子：《逝去的繁荣：清水江北岸一个场市的社会生命史》，《原生态民族文化学刊》2020年第2期。

突厥或突厥汗国控制下的西域诸国。[1] 论证绵密有力，其结论大体可从。然而倘使我们注意到六骏马主李世民"隋臣""唐君"的特殊身份，不免会产生这样的疑问：（一）葛氏所言的隋末马匹供应相对短缺是以一般状况而论，以李氏家族在北周以降的显赫地位，获取优质马匹当较普通兵卒民众有更多的便利，尤其李渊主政的太原周边在汉晋北朝时自身产马且为北马入华枢纽之区[2]，其所拥有的马匹资源当不限于胡马，然则何以六骏皆胡？[3]（二）即便六骏皆为胡马，但既入汉地，取名似不必以"胡"为限，曹植宛马名"赭白"[4]，梁武帝所得河南国（吐谷浑）贡马名"赤龙"[5]，皆可为例，何以六骏尽取胡名？（三）绅绎图像，六骏虽然品种殊异，但造型特征上明显共享着一些元素，最典型的便是六骏颈部鬃毛皆被束成三缕，何以对此要强求一致？凡此三点从马的产地、品种等自然属性上难以得到满意的解释，似乎更多与马主的主观选择有关，而主观选择通常无法脱离更深层的社会文化和时代风气。有鉴于此，笔者拟从六骏的商品属性入手，探讨初唐社会尤其是社会上层的名马消费风尚。

物"商品化—去商品化"循环往复的背后往往有社会文化动力在起作用。具体到六骏身上，葛承雍明言隋末唐初马匹获取渠道主要为外域贡马、俘获战马、互市买马、隋宫厩马。马俊民、王世平则径直概括为"买、求、抢"。[6] 互市所买之马固属商品无疑，俘获战马和攻克长安所得隋宫厩马作为战利品，属于商品的特殊表现形式。至于所谓外域贡马，揆诸当时的历史情境，更多是唐政权对突厥等诸胡许以政治利益，或以金帛、或以女伎交换而来，

---

[1] 葛承雍：《试破唐"昭陵六骏"来源之谜》，《寻根》2000年第2期。相关论述又见葛承雍《唐昭陵六骏与突厥葬俗研究》，《唐韵胡音与外来文明》，中华书局，2006，第158—179页。

[2] 严耕望《太原北塞交通诸道》显示自并州北经代州、云州而通漠北是其时"游牧—农耕"势力交汇的重要通道，参见氏著《唐代交通图考》第五卷《河东河北区》，"中研院"史语所专刊之83，上海古籍出版社，2007年影印本，第1335—1396页。关于并州养马历史，参见马俊民、王世平《唐代马政》，西北大学出版社，1995，第2页。

[3] 薛爱华认为"有唐一代，来自许多地方的人和货物都被唐朝人称作'胡'，……但是在中世纪时，包括在唐代，'胡'主要是用于称呼西方人。"［美］薛爱华：《撒马尔罕的金桃——唐代的舶来品研究》导论，吴玉贵译，社会科学文献出版社，2016，第34页。相关研究还可参见荣新江《何谓胡人？——隋唐时期胡人族属的自认和他认》，载樊英峰主编《乾陵文化研究》（第四辑），三秦出版社，2008，第3—7页。

[4] 史载"陈思王表文帝曰：'臣于武皇帝世，得大宛紫骍马一匹，教令习拜'。"（三国）曹植撰，赵幼文校注：《曹植集校注》，人民文学出版社，1984，第310页。

[5] 《南史》卷三一《张率传》载：梁武帝天监四年（505），"禊饮华光殿，河南国献赤龙驹，能拜伏善舞。诏张率、周兴嗣为赋，帝以为工"。

[6] 马俊民、王世平：《唐代马政》，西北大学出版社，1995，第7页。

名"贡"而实"贩"。[1] 据此，商品是六骏入华的第一次社会生命。细揆史料，这一商品带有明显的"舶来品""奢侈品""名优品"的消费特征。

葛承雍判断六骏中的"什伐赤"属当代所谓的"伊犁马"，"青骓"马形上有着明显的阿拉伯马的"双脊"特征，"特勤骠"即汉时著名的"汗血马"，"飒露紫"源自古代里海地区的"亚利安"马种，"拳毛䯄"则是蒙古马。诸马来源基本可对应于隋唐史籍中盛称的良马产地，如产"汗血马"的吐火罗国、"马至壮大"的坚昆、"大宛马种，形容极大"的康国等。众所周知，自汉武帝先后以"天马"指称乌孙马、大宛马，西域"天马"的形象广为中原人士所接受，魏晋阮籍《咏怀》诗云："天马出西北，由来从东道。"梁简文帝《马槊谱序》亦言"天马半汉，盼金精而转态；交流汗血，爱连钱而息影"[2]，唐代王维《送刘司直赴安西》诗则曰："苜蓿随天马，蒲桃逐汉臣。"李白《天马歌》"天马来出月支窟，背为虎文龙翼骨"诸语也将天马与"胡地"进行了"无缝衔接"。据此或可推知，胡地尤其是西域堪称其时良马的地理标识，时人偏爱胡马当是基于一种青睐"舶来品"的消费心理。[3]

陈胜前将物质性定义为在一定社会历史文化情境中，人与物长期相互作用形成的稳定的、物质的社会属性。认为"在人类历史上，物质性的彰显往往和社会的不平等密切相关。道理很简单，因为社会越不平等，就越需要彰显个人的身份"。此说提醒我们，物质消费的动机从来不仅仅是功能上的满足，"我们消费的实际上是物质暗含的东西"[4]。在中国古代社会，马匹消费的意义不仅仅限于骑乘等功能性，还相应具备区隔阶层、标识身份的意涵。汉晋史籍常以驷马高车指代重臣显贵。《后汉书

---

[1] 如武德元年（618）八月，李渊派遣太常卿郑元"赍女妓遗突厥始毕可汗，以结和亲。始毕甚重之，赠名马数百匹，遣骨咄禄特勤随（李）琛贡方物"。武德三年（620），"时突厥屡为侵寇，高祖使瓌赍布帛数万段，与结和亲"。颉利可汗大悦，"遣使随瓌献名马"。武德六年（623），高祖遣雁门人元普赐金券，（苑君璋）"执元普送突厥，颉利德之，遗以锦袭、羊马"。分见（后晋）刘昫等《旧唐书》卷六《宗室列传》"襄武王琛"条，中华书局，1975，第2347页；《旧唐书》卷六《宗室列传》"李琛"条，第2350页；（宋）欧阳修、宋祁《新唐书》卷九二《苑君璋传》，中华书局，1975，第3805页。又突厥与隋末割据群雄间马匹"名贡实市"的案例参见马俊民、王世平《唐代马政》，西北大学出版社，1995，第2页。

[2]（清）严可均编：《全上古三代秦汉三国六朝文》，中华书局，1958，第6033页。

[3] 关于唐人对待舶来品的态度，可参见［美］薛爱华《撒马尔罕的金桃——唐代的舶来品研究》，社会科学文献出版社，2016，第27页。此外，罗丰先生认为固原北周李贤墓出土的胡瓶与当时中原社会各层崇尚萨珊系统金银器的社会风尚有密切关联，亦有助于我们深化对唐代舶来品消费心理的理解。参见罗丰《北周李贤墓中亚风格的鎏金银瓶》，载于氏著《胡汉之间——丝绸之路与西北历史考古》，文物出版社，2004，第84页。具体到李氏家族，史载高祖李渊少时"积小故旧，编发友朋"，太宗长子承乾嗜好突厥文化，衣服饮食皆模仿突厥，陈寅恪先生认为此既与家族风气有关，又与太宗个人态度有关。可见唐初李氏家族对胡风胡俗乃至胡物持有较为欣赏的态度。参见《旧唐书》卷七五《孙伏伽传》，中华书局，1975，第2637页。陈寅恪：《读书札记一集》，生活·读书·新知三联书店，2001，第436页。

[4] 陈胜前：《物质消费的文化意义》，《澎湃新闻·私家历史》2020年7月28日。

·舆服志》载其时公卿出行，"公乘安车，则前后并马立乘"。[1] 而"或骑驴入市，乞丐于人"[2]，"家贫无以为业，常乘驴车至县卖药"[3] 等多呈现出寒士的形象。洎乎唐代，史载高宗仪凤三年（678）前禁"民乘大马"[4]，又"乾封二年二月，禁工商不得乘马"[5]。唐中后期民生凋敝，部分州郡"仅刺史有马，州佐以下多乘驴"，遂被讥为"郡将虽乘马，群官总是驴"。贱者乘驷马有逾越之嫌，贵人骑乘非当也容易引发物议，譬如汉末"灵帝于宫中西园驾四白驴，躬自操辔，驱驰周旋，以为大乐"。时人以为"物妖"。张伯伟先生认为古诗中以"蹇驴""骏马"对称，反映的是在朝与在野、布衣与缙绅、贫困与富贵的对立，"这一观念是具有政治性的"[6]。联系贞观二十一年（648）"骨利干遣使朝贡，献良马百匹，其中十匹尤骏。太宗奇之，各为制名"[7]。可知由太宗亲自骑乘且赐名的骏马当非凡物和贱物，应为具有独特、稀缺、珍奇等特点的奢侈品。

李氏家族自北周以来的显赫地位无须赘言，而异姓革命、由"隋臣"而"唐君"势必伴随着政治身份的全新建构，其家族成员无疑具备强烈的地位消费需求。换言之，他们需要通过外在的物质表征将自己嵌入权力金字塔的顶端，进而建构全新的统治秩序。出身异域、具有出色外表和优良品质的六骏无疑契合了这一消费心理，《唐会要》载其时官员需按等级分乘大马、小马、蜀马[8]，官员如此，帝王用马就更为讲究。《旧唐书》记载其时"凡将有事，先期四十日，尚乘供马如辂色，率驾士预调习指南等十二车"[9]。玄宗封禅泰山时"大驾百里，烟尘一色，其间又有闲人万夫，散马千队，骨必殊貌，毛不杂群，行若动地，止若屯云"[10]。李氏父子起兵之初虽也面临马匹短缺的困境，但从史诃耽墓志"义宁元年，拜上骑都尉，授朝散大

---

1 （南朝宋）范晔：《后汉书》志二九《舆服志上》，中华书局，2000，第3651页。又汉高祖曾禁止商人衣丝、持兵、乘车或乘马，参见《汉书》卷一《高帝纪》，第65页。

2 《后汉书》卷八一《向栩传》，中华书局，2000，第3343页。

3 《后汉书》卷三六《张楷传》，中华书局，2000，第1242页。

4 （宋）欧阳修、宋祁：《新唐书》卷一二二《魏元忠传》载："又弛天下马禁，使民得乘大马。"中华书局，1975，第4342页。

5 （五代）王溥等：《唐会要》卷三一《舆服杂录》，中华书局，1955，第668页。

6 张伯伟：《再论骑驴与骑牛——汉文化圈中文人观念比较一例》，《清华大学学报》（哲学社会科学版）2007年第1期。

7 （五代）王溥等：《唐会要》卷七二，"马"条，上海古籍出版社，1991，第1542页。

8 （五代）王溥等：《唐会要》卷三一《舆服杂录》，上海古籍出版社，1991，第669页。

9 （后晋）刘昫等：《旧唐书》卷四四《职官志三》，中华书局，1975，第1882页。

10 （唐）张说：《大唐开元十三年陇右监牧颂德碑》，《全唐文》卷二二六，上海古籍出版社，1990，第1007页。

夫，并赐名马锦彩"[1] 等记载来看，即便在诸事草创的义宁元年（617），李氏尚有名马赐予降附者，其亲乘御马的身份消费特征应当亦在维持。若此论不谬，则六骏独特的马名和鬃毛样式应当也有其文化含义。

有关六骏马名除前揭葛承雍文外，芮传明、罗新、陈恳等皆有精彩分析[2]，各家观点虽互有龃龉，但皆承认初唐名马的制名习惯与突厥的马名之间高度相似。笔者于语源学学有未逮，对马名背后的"内亚因素"也难作深入发覆。仅依常理揣测，则"名无固宜，约之以命，约定俗成谓之宜"[3]，事物的名称及其命名规则当是基于特定的社会文化传统，能为时人所轻易领会。将六骏冠以胡式名称应是沿袭已久、流布甚广的习尚，其背后的消费心理，可能还是类似杜甫《李鄠县丈人胡马行》所谓"始知神龙别有种，不比俗马空多肉"的认识，以胡马名称相标榜能够自抬身价。至于六骏颈部鬃毛皆剪为三段高的原因，孙机先生认为是"受了突厥马的影响"[4]。从器物传播的角度来看，杨建华先生将传播定义为物质特征从一种文化向另一种文化的传递，又以欧亚草原地带马具、武器等的传播为例指出："接收方首先采纳的是武器，其后才是装饰品，说明文化认同要晚于功能性的需要。"[5] 鬃毛样式作为一种视觉符号与马的耐力、速度、负重等功能性无关，承载的更多是"时尚"和审美价值，对胡马外在装饰特征的保留，说明中原人士对胡马的消费需求已经超出纯粹的功能性考量，进入文化认同的层面。细究根底，还是依托于胡马良好的"商品口碑"。

---

[1] 罗丰编：《固原南郊隋唐墓地》，文物出版社，1996，第69页。李锦绣先生认为"墓志简略，在义宁初唯马是急的时候，史诃耽的归唐，不可能得到'名马'的赏赐，也就是说，'并赐名马锦彩'不可能发生在义宁初。"但这一考辨限于推理，并无直接证据，而志文表述明白晓畅，似非简省，故此处不从李说。参见李锦绣《史诃耽与隋末唐初政治——固原出土史诃耽墓志研究之一》，《丝绸之路上的考古、宗教与历史》，文物出版社，2011，第49—60页。

[2] 参见芮传明《古代名马称号语原考》，《暨南史学》（第一辑），2002年11月；罗新《昔日太宗拳毛䯄——唐与突厥的骏马制名传统》，原载《文汇学人》2015年5月15日，后收入氏著《有所不为的反叛者——怀疑、批判和想象力》，生活·读书·新知三联书店，2019，第120—125页；陈恳《叱拨·什伐·忽雷——也谈唐代马名中的外来语》，《文汇报》2015年6月12日。

[3] （战国）荀况撰，（清）王先谦集解：《荀子集解》，中华书局，1998，第278页。

[4] 孙机：《唐代的马具与马饰》，《文物》1981年第10期。相关研究参见杨洁、张妍《也谈唐代的"三花马"与"五花马"》，《碑林集刊》（第十四辑），2008，第309—312页；冉万里《李白〈将进酒〉中"五花马"的考古学观察》，《中原文化研究》2014年第5期；贾小军《也谈"五花马"》，《农业考古》2016年第4期。

[5] 杨建华、邵会秋、潘玲：《欧亚草原东部的金属之路：丝绸之路与匈奴联盟的孕育过程》前言，上海古籍出版社，2017，第11页。

二　礼品：拳毛䯄背后的"信—任"型君臣关系

唐《许洛仁碑》有墓主向太宗进献骏马以及太宗将骏马刻石勒功的记载，兹节录如下：

> 太宗尝从容谓公曰："我在并（缺十二字）疎隔，每□□畴□，不□于怀。卿□□别，与朕相见，欲得时论昔日之事。"昔者王业权舆，帝图草创，太宗经纶天下，曾涉戎行，险阻艰难，备尝之矣。公于武牢关下，进䯄马一匹，□□追风，未足□□□□；□□□魏，无以匹其神速。每临阵指挥，必乘此马。圣旨自谓其目，号曰"洛仁䯄"。及天下太平，思其骖服。又感洛仁诚节，命刻石图像，置于昭陵北门。夫以□□之□（缺十五字）而徐□□壁台驭□九□□，总□连类，一向眇小。公又于万年宫进马一匹，圣情喜悦，乃亲乘御，顾谓群臣曰："此人家中恒出好马，又能（缺二十二字）"咏。五弦在御，八佾充庭。[1]

墓志载许洛仁曾于武牢关下进䯄马一匹，此后太宗"命刻石图像，置于昭陵北门"。学界多将其比定为昭陵六骏之拳毛䯄[2]，其说可从。由此，拳毛䯄被赋予了"礼物"的社会生命。[3] 阎云翔认为礼物具有传递情感、满足个人情感需求以及帮助个体实现行动目的的功能，并据此将礼物分为表达性礼物、工具性礼物和混合型礼物。"表达性礼物主要表现在横向的关系流动中——人情伦理，工具性礼物主要表现在纵向的等级流动中——等级秩序。"[4] 在等级身份上，馈赠方许洛仁与受赠方李世民之间无疑处于一种不平等的社会结构中，相应地，这一馈赠行为也是一种纵向的等级流动。许洛仁在两《唐书》中无专传，其事迹附于其兄许世绪传后，仅寥寥数语。

---

[1] 张沛编著：《昭陵碑石》，三秦出版社，1993，第150—152页。

[2] 如前揭葛承雍文谓："'拳毛䯄'原名'洛仁䯄'，是唐代州刺史许洛仁进献给李世民的坐骑，故曾以许洛仁的人名作马名。"董卫、李举纲同此说，参见李举纲《有关"昭陵六骏"的三则唐人文献》，《碑林集刊》（第十二辑），2006，第255页；董卫《唐代许世绪、许洛仁家族考述》，《唐史论丛》（第十八辑），2014，第218页。

[3] 唐代君臣间以马匹互赠的情况不止一例，除前述史诃耽墓志载诃耽降附李渊，于义宁元年（617）被赐予名马杂彩外，张士贵墓志亦云其破王世充部属郑仲达后，"高祖称善，赏缯彩千有余段，名马五匹，并金鞍勒百副"。又史载代宗时，"冬，十月，乙未，上生日，诸道节度使献金帛、器服、珍玩、骏马为寿，共直缗线二十四万"。德宗时郑珣瑜为河南尹，"未入境，会德宗生日，尹当献马"。分别见罗丰编《固原南郊隋唐墓地》，文物出版社，1996，第69页；《大唐故辅国大将军张士贵墓志铭》，载吴钢主编《全唐文补遗》（第一辑），三秦出版社，1994，第40页；《资治通鉴》卷二二四"代宗大历元年"条，第7311页；（宋）欧阳修、宋祁：《新唐书》卷一六五《郑珣瑜传》，中华书局，1975，第5064页。

[4] 阎云翔著，李放春、刘瑜译：《礼物的流动：一个中国村庄中的互惠原则与社会网络》，上海人民出版社，2017，第50—80页。

综览志传等材料，其虽系开国元从，但一生迁转基本囿于禁军系统，推迁未及封爵裂土之赏。与资历相埒的所谓"文学馆十八学士""凌烟阁二十四功臣"相比，其功绩和仕宦均乏善可陈，从传统政治史的角度来看缺少垂注的价值，笔者所寓目的，更多在于通过许洛仁和太宗之间"馈赠—接受—回报"的过程，窥探在礼物的流动中，初唐君臣间关系的塑造与维持。

侯旭东以西汉为例，将中华古代帝国的君臣关系细分为礼仪型和"信—任"型两种。前者通过皇帝登基，群臣拜谒、称臣等仪式以及日常政务中的文书行政等建立起来，后者则"针对不同的人，分别或兼有心灵或情感上的契合、倚重、相悦或爱慕等，其中共有的内核则是个人间的信赖，尤其是皇帝对对方的信赖"[1]。"信—任"型君臣关系通常依赖于日常生活中的亲密接触和某种特殊机缘。前者在许洛仁的仕宦经历中斑斑可考，志载其"前代衣□，并令宿卫"，自少年时便朝夕陪侍李世民左右，隋末李渊父子阴图举事，值此太宗"潜在龙邸，密召豪杰"之时，许洛仁先是追随世民诛杀隋晋阳郡丞高君雅、都尉王威，后"文皇引公于内宫，为领队兵主"。此后李世民亲与的击宋老生、伐薛仁杲、擒窦建德诸役，许洛仁"皆亲领选士"，承担的主要还是亲军护卫的职责。此后许氏辗转于右卫原城府统军、右武卫中郎将、左监门中郎将、左监门将军诸职，基本不出"北衙"禁军系统[2]，这些职务的共性和显著特点则是常侍君王左右、贴近权力中枢，与君王安危休戚相关，非君主亲密信赖之人不能荷此重任。[3]

志载洛仁在武德初年拜三卫车骑，"侯君集、段雄（志玄）、乔轨，并莫府功臣、悉在部内"，史料又可见程知节、张士贵等初唐名将在太宗夺嫡前后皆有任左、右屯卫大将军"于北门检校屯军""玄武门长上统率屯兵"的经历。[4] 诸将皆为太宗信赖的潜邸旧人，但相较侯、段、程、张，许洛仁的生前勋业和死后荣名无疑相去倍蓰。考其原因，当是由于许氏一生的政治舞台基本局限于禁军，而其余诸将则有更多机会被委以专征之任。诸将既然皆蒙太宗恩宠，此后仕宦轨迹不同当主要基于品性和能力的差异。换言之，太宗在选取禁

---

[1] 侯旭东：《宠：信—任型君臣关系与西汉历史的展开》，北京师范大学出版社，2018，第5页。

[2] 《新唐书》卷五《兵志》载："夫所谓天子禁军者，南、北衙兵也。南衙，诸卫兵是也；北衙者，禁军是也。……及贞观初，太宗则善射者百人，为二番于北门长上，曰'百骑'，以从田猎。又置北衙七营，选材力骁壮，月以一营番上。十二年始置左右屯营于玄武门，领以诸卫将军，号'飞骑'。"（第1330页）又许氏墓志"□年，授左武卫□□□□□□□爪牙。奉敕授苑北□□，于玄武门内宿卫供奉"云云可作对照。

[3] 如《唐会要》卷八二《当直》载，贞观初年左卫大将军李大亮宿卫两宫，"至宿直，太宗劳之曰：'至公宿直，我便安卧'。"（第1795页）

[4] 《大唐骠骑大将军益州大都督上柱国卢国公程使君墓志铭并序》，载吴刚主编：《全唐文补遗》（第二辑），三秦出版社，1995，第248页。《大唐故辅国大将军张士贵墓志铭》，载吴刚主编：《全唐文补遗》（第一辑），三秦出版社，1994，第40页。

卫人选时或许首推忠诚,但"忠臣"若终身陪侍君王左右,则很有可能是因其品性和能力不适合独力领兵在外。[1] 宫廷禁卫与专征将帅分别如同太宗的甲胄与战刀,甲胄固需坚实可靠,但削平天下、恢宏土宇则非战刀莫属。许洛仁能够长期保有此职,固然暗示太宗对其圣宠不倦,但较诸其他同僚,相应也少了许多独挡一方、在战阵杀伐中博取军功的机会。许洛仁墓志中以志主比拟滕公、典韦,屡屡强调志主"以屠龙之伎,处割鸡之用,小道既囗,大囗方囗","居上将之列,才可匹仪形",似乎也折射出志主试图平衡"宠"与"功",既欲彰显君主宠信、又渴望证明自己能力的微妙心理。

李、许君臣间日常生活中的亲密接触已见前述。"信—任"型君臣关系依赖的某种特殊机缘在许洛仁墓志中则表现为两次献马行为。众所周知,等级社会中存在着权力依附关系,"在等级制的社会关系中,礼物的流动更能体现出它的策略性和目的性。……送礼体现了位卑者对位尊者的尊重和忠诚,反映了位尊者在他们下属中的权力和威信"[2]。许洛仁送礼背后的功利动机囿于资料匮乏,不宜过度揣测。事实上碍于人心的幽昧难知,将送礼者的动机做情感性或工具性的定量划分既无可能、也无必要。但作为唐代社会普遍关注的文化载体,墓志的体裁特征决定了其书写渗透着志主及其家人的价值取向。[3] 许洛仁墓志之所以对献马一事大书特书,必然是因为此事对志主及其家庭而言具有重要的意义。详审志文,许氏献马的直接诱因是其时"太宗经纶天下,曾涉戎行。险阻艰难,备尝之矣",作为史上著名的马上天子,太宗在李唐开国战争中时常身冒矢石、冲锋陷阵,骏马对其的意义毋庸置疑,六骏中四骏皆曾中箭的史实也从侧面说明了太宗坐骑损伤的频率之高,许洛仁送马可谓正中太宗下怀,故而"每临阵指麾,必乘此马"。第二次进马也"圣情喜悦,乃亲乘御",太宗亲乘本身无疑就是对马匹价值和许洛仁送礼行为的至高肯定。[4] 如果说此处太宗感念的还是马匹本身的神骏,"(下空)圣旨自为其目,号曰洛仁骢""又感洛仁诚节,命刻石图像,置于昭陵北门"诸语则明确表明送马拉近了君臣之间的情

---

[1] 许氏墓志中提到的乔轨也曾任禁军要职,但贞观十五年(641)则出为灵州都督,太宗给出的理由是其性格疏傲,不能以礼自居,"卿在宿卫,颇失此道,久留陛下,恐长朕之过,夏州重镇,卿其勉之"。与许洛仁一正一反,证明了性情和能力对将领内抑或出外的影响。《册府元龟》卷一五七《帝王部》,中华书局影印本,1960,第1897页。

[2] 杨涛、吴国清:《物的社会生命:人情伦理与等级秩序——兼论〈礼物的流动〉》,《南京理工大学学报》(社会科学版)2008年第1期。

[3] 相关论述参见陆扬《从墓志的史料分析走向墓志的史学分析——以〈新出魏晋南北朝墓志疏证〉为中心》,《中华文史论丛》2006年第4期。

[4] 《唐会要》卷二九《节日》又载宪宗元和七年(812)生日"宰臣旧例,进衣一副。惟李吉甫方固恩泽,别进马二匹"(第635页),此处似可从侧面说明,能够在礼仪性的常例之外聊表心意,并非人人都有资格。

感距离，且给太宗留下了"此人家恒出好马"的印象。

董卫指出李氏晋阳起兵时，世绪、洛仁兄弟在军伍之中均为中下级官僚，[1] 无家世可为凭恃。故其阶层提升的手段不外乎依附君王和建功立业。本节前已指出：不论是由于长期担任禁军职务限制了其在战场的发挥，还是因其缺乏攻城略地之才而久居禁卫，许洛仁生前并未立下显赫的战场功勋。从墓志来看，其前半生虽追随太宗亲历一些重要历史事件，但所扮演的角色并非紧要，后半生的几次迁升则基本是因为"翊卫勾陈，历兹永久""莫府寮旧，顾眄隆重"的政治资历。史料给我们留下的，是一个忠诚、勤勉、能力不甚突出但始终得到君王信任的形象。墓志不避烦冗地记述了诸多太宗与许氏交往的细节，亦可知太宗的信任在许氏及其家人心中的分量。二者间的"信—任"型君臣关系固然是因为朝夕相处积累起来的亲密情谊，但某种程度上，或许也是许氏两次成功"送礼"的政治回报。透过许洛仁赠送拳毛䯄的个案，我们或可隐约探知在初唐社会中，礼物的流动如何形塑君臣关系，而礼物又如何在流动中实现其社会价值。[2]

三 战马：秦王的作战风格与隋末战争特点

六骏另一个令人无法忽视的身份是秦王御骑战马。事实上，石刻所见六骏陷阵身姿、中箭形象乃至太宗御制赞语也都在刻意强调和凸显这一点。李世民以秦王之尊在初唐开国战争中亲冒矢石、无役不与，诚为以战功定天下的典范。而太宗在称帝后的意识形态建设中也不遗余力地运用此类战功资源，以至秦王"提剑鞠旅，首启戎行，扶翼兴运，克成鸿业"的历史叙事在贞观年间成为一种话语格套。[3] 后世史家通过这些被裁剪、拼接、修饰过的史料所看到的李世民形象，便如陈寅恪所言"古今唯一之天可汗，是固不世出人杰所为也"。[4] 范文澜也认为："唐高祖爱好酒色，昏庸无能，……他起兵关中，建立唐朝，主要靠唐太宗的谋略和战功。"[5] 诚然，关于历史人物的评价应当允许仁智各见，但过于执着李世民的个人英武形象，则不免将天下之美尽归诸彼，以为"唐代之武功为吾民族空前盛业，主要应归功于不世出

---

[1] 董卫：《唐代许世绪、许洛仁家族考述》，《唐史论丛》（第十八辑），2014，第225页。

[2] （后晋）刘昫等：《旧唐书》卷六二《李大亮传》载太宗为奖励李大亮在凉州都督任上的功绩，"今赐卿胡瓶一枚，虽无千镒之重，是朕自用之物"。强调胡瓶为"自用之物"，也透露出君臣礼物往来中一种"私"的面向。（第2388页）

[3] 李丹婕：《〈秦王破阵乐〉的诞生及其历史语境》，《中华文史论丛》2016年第3期。

[4] 陈寅恪：《论唐高祖称臣于突厥事》，《岭南学报》第12卷第2期，1951年6月。

[5] 范文澜：《中国通史》第三册，人民出版社，2009，第115页。

人杰李世民,此历史之真实也"。[1] 如此,则李唐开国历史不免遮蔽在太宗个人勋业的荫翳下。"不世出"的表述事实上将历史人物剥离出其"所出之世",只见树木不见森林。本节所期望实现的,则是通过剖析当时的战略文化和战争特色,还原历史人物原本应在的时空坐标。

曾瑞龙指出:"任何军事信念都是在特定的时空环境下存在一个形成过程,可是当这种信念形成之后,它就以一个战略文化的形态被保存着,对未来的战略发生影响。"[2] 传统的军事史研究倾向于把战争定位于一个狭窄的时间单元,认为战略决策的做出纯粹是对"现实政治"的应因,假定战争具有独立于文化和传统的内在逻辑,战争史应排除对"工具理性"以外的探索,而"文化",如同杰克史耐特(Jack Snyder)所批评得那样,是"一个无可奈何的标签,贴上去阐释那些不能再被具体一点地阐释的东西",是"当所有途径都失效时的备用解释"。[3] 若实情如此,则在李世民的百战生涯中,针对不同战场上的不同敌人,其战术应当不断更新、风格应当不断变换。但综览战史,不难发现几乎在李世民亲与其役的所有战争中,骑兵陷阵、野外决战是其一以贯之的战场表现。[4] 以致平薛仁杲时"始大王野战破贼,其主尚保坚城,王无攻具,轻骑腾逐,不待步兵,径薄城下,咸疑不克,而竟下之"。虽犯兵家大忌,但仍最终获胜。[5] 从这一角度来看,单个的六骏图像是其陷阵瞬间的凝固,六骏高度一致的陷阵、中箭形象则凝练出其一贯的作战风格。换言之,与其将李世民定义为奇计迭出的名将,毋宁说其名将形象的建立主要依赖将骑射陷阵这一手段化身千万,更灵活地运用于不同战场。据此我们或可追问,何以骑射陷阵在李世民的战术选择中具有如此明显的优先性?又何以主将骑射陷阵在初唐战场上如此有效,以至李世民仅凭此道就可成为名将?

揆诸史料,李世民的此种作战风格绝非个人性情所能完全解释,而是对当时特定时空环境的因应。李世民青睐骑射陷阵首先当是受突厥战法的影响。斯加夫认为唐朝对统兵将领的选拔侧重于擅长轻骑作战、通晓草原习性等特点。[6] 事实上,这一选将特征最早在隋代即已露出端倪。史载炀帝大业年间,李渊以隋太原道安抚大使

---

[1] 王永兴:《唐代前期军事史略论稿》,昆仑出版社,2003,第199页。

[2] 曾瑞龙:《经略幽燕:宋辽战争军事灾难的战略分析》,北京大学出版社,2013,第221页。

[3] Jack Snyder, *The Concept of Strategic Culture: Caveat Emptor*, Strategic Power: USA/USSR. 1990, p. 5.

[4] 史载平薛仁杲时"太宗率左右二十余骑追奔,直趣折墌以乘之"。平刘黑闼时"世民自将精骑击其骑兵",对阵突厥时"世民乃帅骑驰诣虏阵,告之曰:'……我秦王也,可汗能斗,独出与我斗;若以众来,我直以此百骑相当耳!'"见(后晋)刘昫等《旧唐书》卷二《太宗本纪上》,中华书局,1975,第24页等。

[5] (后晋)刘昫等:《旧唐书》卷二《太宗本纪上》,中华书局,1975,第24页。

[6] 斯加夫:《何得"边事报捷"?——唐代西北648、655、657年诸战役指挥官的军事文化行动》,柯兰等主编:《边臣与疆吏》,中华书局,2007,第11—30页。

等职承担抗击突厥的军事任务:

> 乃简使能骑射者二千余人,饮食居止,一同突厥。随逐水草,远置斥堠。每逢突厥候骑,旁若无人,驰骋射猎,以曜威武。帝尤善射,每见走兽飞禽,发无不中。尝卒与突厥相遇,□骁锐者为别队,皆令持满,以伺其便。突厥每见帝兵,咸谓似其所为,疑其部落。有引帝而战者,常不敢当,辟易而去。如此再三,众心乃安,咸思奋击。帝知众欲决战,突厥畏威,后与相逢,纵兵击而大破之,获其特勤所乘骏马,斩首数百千级。[1]

在替杨隋平定国内叛乱时,李渊也曾经"引小阵左右二队,大呼而前,夹而射之"[2]。李渊诸子乃至女儿平阳公主皆善骑射,李世民更大有父风。家族影响之外,"唐朝的将领一般以骑射闻名"[3]。以李世民同时代将领而论,"(尉迟)敬德善解避槊,每单骑入贼阵,贼槊攒刺,终不能伤,又能夺取贼槊,还以刺之。是日,出入重围,往返无碍"[4]。秦叔宝、张士贵、程知节、裴行俨等李唐开国将领无不长于骑射冲锋[5],亲自领军陷阵的割据群雄如薛举、薛仁杲[6]、高开道等也不乏其人。作为初唐战争理论的总结和提升,李靖在《李卫公问对》中主张作战时应"战骑居前、陷骑居中、游骑居后",而"回军转阵,则游骑当前,战骑当后,陷骑临变而分",并将其骑兵思想追溯至曹魏。[7] 据此可知,魏晋南北朝时期频繁的内外战争促进了骑兵的广泛运用以及骑兵理论的成熟,隋末唐初,骑兵灵活的机动能力以及作为有效突袭力量的特点,已经成为兵家广泛知晓的"常识"。李世民相较同期诸雄,在战法上并非旁逸斜出,恰恰相反,他的才华主要在于将常规战法运用地更为娴熟、灵活。[8] 而幸

---

[1] (唐)温大雅:《大唐创业起居注》卷一,上海古籍出版社,1983,第2页。

[2] (唐)温大雅:《大唐创业起居注》卷一,上海古籍出版社,1983,第3页。

[3] 陈乐保:《试论弩在唐宋间的军事地位变迁》,《史学月刊》2013年第9期。

[4] (后晋)刘昫等:《旧唐书》卷六八《尉迟敬德传》,中华书局,1975,第2496页。

[5] 如在李密对王世充的战斗中,时为李密部将的"(裴)行俨先驰赴敌,中流矢,坠于地,……(知节)为世充骑所逐,刺槊洞过,知节回身捩折其槊,兼斩追者,与行俨俱免"。参见(宋)司马光《资治通鉴》卷一八六"高祖武德元年"条,中华书局,1956,第5910—5911页。

[6] (后晋)刘昫等:《旧唐书》卷五五《薛举传附子仁杲传》载其"凶悍善射,骁武绝伦","仁杲,举长子也,多力善骑射,军中号为万人敌"(第2247页)。

[7] 吴如嵩、王显臣校注:《李卫公问对校注》,中华书局,1983,第39页。

[8] 中国兵书集成编委会:《中国兵书集成》(第四卷),解放军出版社,1990,第1345页。汪篯先生亦曾言道"此(指骑兵——笔者按)唐军之所以能竞胜隋末北方群雄者'。"载氏著《汪篯隋唐史论稿·初唐之骑兵》,中国社会科学出版社,1981,第226页。宫崎市定也指出:"李世民不只是在平定秦国的战争中使用该战术,此后也屡屡用完全相同的战术指挥作战。"见〔日〕宫崎市定《大唐帝国:中国的中世》,廖明飞、胡珍子译,浙江大学出版社,2001,第219页。

运的是，他又恰好拥有较多施展此战法必备的良马和战将资源。[1]

战争传统之外，李世民鲜明的骑射陷阵倾向也来自对当时战争特性和对手实力的理解。隋末群雄大多旋起旋灭，国祚短促。究其原因，一是由于群雄政权内部组织结构不严密，二则因为群雄大多实力有限，难以负担长期战争所需要的资源。任彪认为"群雄政权兴衰成败的原因，……主要在于诸政权内部难以维系，而群雄政权内部难以维系的原因，则在于流民、豪侠集团的分散性"[2]。隋末战事频仍，诸政权很难有时间将降附的流民、豪侠从容消化，这些未经"齐整化"的势力战胜时固可维系，战败则容易瓦解。不仅难以承担陷阵决死之任，还需主将亲冒矢石以相激励。史载李渊举兵之初"时军士新集，咸未阅习"，在攻取西河战事中为维系军心，除了申明军法，"建成、世民与军同甘共苦，遇敌则以身先之"，取得了"军士见而感悦，人百其勇"[3]的效果。在攻取霍邑抑或回救晋阳之间，李世民力主前者，原因也是"今若退还，诸军不知其故，更相恐动，必有变生"[4]。李密的瓦岗军实力雄厚，但"将出于群盗，留之各竞雌雄"[5]。萧铣麾下"诸将专横，多专杀戮"[6]。而"（王）世充得地虽多，而羁縻相属，其所用命者，唯洛阳一城而已，计尽力穷，破在朝夕。今若还兵，贼势必振，更相连结，后必难图。未若乘其衰，破之必矣"[7]。李唐对手中高开道、刘黑闼、梁师都等皆在战事不利后为其部属所或擒或杀。中枢破灭往往继之以土崩瓦解，陷阵冒险成功则能很可能毕其功于一役。隋末战争因此也表现出两个特征：一是青睐突袭，重短促的战术而轻缓进的大战略；二是首脑人物往往亲赴戎机，逞"匹夫之勇"的色彩较为浓烈。综此，六骏陷阵中箭图像在展现李世民"不世出"的英武形象同时，也折射出其"所出之世"的若干战争面向。

四 象征：六骏石刻与秦王功勋叙事

有关在昭陵陈设六骏石刻的缘起及制

---

[1] 李唐军中骑将之众无须赘述，良马来源则如前揭葛承雍先生文章所论，至于骑射所依赖的鞑、箭等军器，任彪认为："出自隋朝军事系统的群雄政权，在继承了隋朝军事人员力量的同时，也继承了隋朝的精良军事器械、精湛军事技术，并凭此各擅胜场。"参见氏著《隋末唐初群雄问题研究》，硕士学位论文，中央民族大学，2015，第35页。

[2] 任彪：《隋末唐初群雄问题研究》，硕士学位论文，中央民族大学，2015，第40页。

[3] （唐）温大雅：《大唐创业起居注》卷一，上海古籍出版社，1983，第12页。

[4] （唐）温大雅：《大唐创业起居注》卷二，上海古籍出版社，第26页。

[5] （唐）魏徵等：《隋书》卷七《李密传》，中华书局，1973，第1628—1629页。

[6] （后晋）刘昫等：《旧唐书》卷五六《萧铣传》，中华书局，1975，第2264页。

[7] （后晋）刘昫等：《旧唐书》卷六三《封伦传》，中华书局，1975，第2397页。

作细节，史书记载多有龃龉。据《唐会要》记载：

> （贞观）二十三年八月十八日，山陵毕。上欲阐扬先帝徽烈，乃令匠人琢石，写诸蕃君长贞观中擒伏归化者形状，而刻其官名。……（于陵司马北门内，九嵕山之阴，以旌武功。乃又刻石为常所乘破敌马六匹于阙下也）。

《金石录》"唐昭陵六马赞"条曰：

> 初太宗以文德皇后之葬，自为文，刻石于昭陵，又琢石象平生征伐所乘六马，为赞刻之，皆欧阳询八分书。世或以为殷仲容书，非是。至诸降将名氏乃仲容书耳。[1]

北宋游师雄在《昭陵六骏碑》中则云：

> 旧见唐太宗六马画像，世传以为阎立本之笔，十八学士为之赞。晚始得《唐陵园记》云："太宗葬文德皇后于昭陵，御制刻石文并六马像赞，皆立于陵后，敕欧阳询书。高宗总章二年，诏殷仲容别题马赞于石座。"即知赞文乃太宗自制，非天策学士所为，明矣。[2]

据此，关于六骏石刻的制作时间有贞观十年（636）、贞观二十三年（649）两说，赞文也有太宗自制和天策学士所为两种争议。由于传世史料中最早的《唐会要》距石刻初作之时已逾百年，并非实录之类的直接证据，故而"无论是贞观十年，还是贞观二十三年，都还只是推论，难成定谳"。即便对此用力最深的李丹婕也只是审慎地认为"它们最可能雕刻的时间，自然也就是长孙皇后下葬后，昭陵修建之初"[3]。但无论其制作于贞观还是永徽，赞文作者为太宗抑或其他，史家大多注意到其背后渗透的政治意涵。[4] 从小的方面说，六骏石刻与蕃君像、陪葬功臣墓等共同构成了昭陵这一宏伟的、整体的、不可移动的政治景观。从更广阔的历史图景观照，包含六骏石刻在内的昭陵又与太宗朝创制或定型的《秦王破阵乐》、凌烟阁二十四功

---

[1] 《金石录》卷二三，《石刻史料新编》第一辑（一二），台北：新文丰出版公司，1982，第 8937 页上。

[2] 《题六骏碑》，收录于王昶：《金石萃编》卷一三九，《石刻史料新编》第一辑（一二），台北：新文丰出版公司，1982，第 2592 页下—2594 页上。

[3] 李丹婕：《太宗昭陵与贞观时代的君权形塑》，《中华文史论丛》2019 年第 1 期。

[4] 参见李丹婕《太宗昭陵与贞观时代的君权形塑》，《中华文史论丛》2019 年第 1 期；张建林、王小蒙《对唐昭陵北司马门遗址考古新发现的几点认识》，《考古与文物》2006 年第 6 期；沈睿文《唐陵的布局——空间与秩序》，北京大学出版社，2009，第 234—245 页。

臣像乃至削删《实录》[1] 等共同形塑了唐初尤其是贞观朝的官方意识形态。[2] 换言之，无论史（削删《实录》）、画（凌烟阁二十四功臣像）、舞（《秦王破阵乐》）、石（昭陵六骏及蕃君雕刻），都体现出李唐建构正统创业历史叙事的努力。然而史家措意不足的一点是：同为历史叙事媒介，《实录》、功臣像、蕃君雕刻、《秦王破阵乐》均着眼于"人"，以人物形象或事迹为载体，何以唯独在书写李世民秦王时期勋业时，其载体却变更为"物"（六骏）？

揆诸史书，在最初选取书写秦王勋业的政治景观时，六骏石刻并非唯一的选项。史载贞观七年（634），太常卿萧瑀奏言：

> 今《破阵乐舞》，天下之所共传，然美盛德之形容，尚有所未尽。前后之所破刘武周、薛举、窦建德、王世充等，臣愿图其形状，以写战胜攻取之容。

太宗则对曰：

> 雅乐之容，止得陈其梗概，若委曲写之，则其状易识。朕以见在将相，多有曾经受彼驱使者，既经为一日君臣，今若重见其被擒获之势，必当有所不忍，我为此等，所以不为也。[3]

李丹婕据此认为这一方案被否决的原因在于"李世民是顾及眼前在世将相的感情，其中不少人与那些隋末称雄一方的霸主曾有'一日君臣'之谊，故不忍让他们再次目睹旧主被生擒或斩杀的场景"[4]。论证当属允当。但关于此事，《通鉴》详述其发生背景为："癸巳，宴三品已上及州牧、蛮夷酋长于玄武门，奏《七德》、《九功》之舞。"[5] 联系到这一对话的发生场景为元会宴飨之际朝堂上正式的君臣奏对，涉及其间的"见在将相"和记录对话的史官依常例应当在场，则太宗此语是推心置腹抑或是在众目睽睽之下的冠冕之言，无疑可以打个问号。换言之，除了公开场合所作的正式表态，太宗此举是否还有不宜宣诸于口的隐衷？

如前所言，六骏石刻密切对应的是李世民秦王时期功业，阶段性特征明显。与

---

[1] 太宗授予房玄龄改史的记载参见（唐）吴兢《贞观政要》卷七《文史二八》，《四部丛刊续编》影印明成化本，商务印书馆，1934，第10页B、11页A。相关研究参见牛致功《关于唐太宗篡改〈实录〉的问题》，《唐史论丛》（第一辑），陕西人民出版社，1988，第268—281页。

[2] 参见李丹婕《承继还是革命——唐朝政权建立及其历史叙事》，《中华文史论丛》2013年第3期；李丹婕《〈秦王破阵乐〉的诞生及其历史语境》，《中华文史论丛》2016年第3期；李丹婕《太宗昭陵与贞观时代的君权形塑》，《中华文史论丛》2019年第1期。

[3] 《贞观政要集校》卷七《论礼乐二九》，中华书局，2003，第419页。

[4] 李丹婕：《太宗昭陵与贞观时代的君权形塑》，《中华文史论丛》2019年第1期。

[5] （宋）司马光：《资治通鉴》卷一九四，"唐太宗贞观七年正月"条，中华书局，1956，第6101页。与

此后"皇帝·天可汗"时期李世民作为至尊对唐帝国各方面成就享有独一无二的领导之功不同,这一时期李世民作为秦王在功业方面实际面临着与乃父乃兄分享、争夺的困境,李世民固然在削平北方诸雄中发挥了巨大作用,但建成、元吉同样曾有功于此,如高祖晋阳起兵不久的河西之捷,"其实领兵核心是李建成,李世民只是哥哥的副手"[1]。《资治通鉴》载:"(武德二年)戊辰,唐王以世子建成为左元帅,秦公世民为右元帅,督诸军十余万人救东都。"[2] 刘武周进逼晋阳时,建成、世民力排众议,确定了继续进攻霍邑的军事战略。[3] 武德四年(621)平王世充之役,齐王元吉曾设伏生擒其大将乐仁昉及甲士千余人。"(武德四年十二月)丁卯,秦王世民、齐王元吉讨黑闼。"[4] 削平山东的收官之战中,刘黑闼更是为建成部众所擒。[5] 退一步说,即便建成在开国战争中毫无前线实绩可称,但其以储贰之位坐镇后方,事实上也起到了居中策应、统筹全局的作用。若"图其形状,以写战胜攻取之容",势必牵涉到建成、元吉功绩的表述问题。而与同样意图彰显秦王征伐功业的《秦王破阵乐》不同,前者因其乐舞的体裁特征,主要是以场面的宏大、军阵的壮丽摹写秦王"百战百胜之形容",秦王之外的次要人物可以被置换于舞乐背景之中,省略或仅虚写其轮廓,亦即所谓"雅乐之容,止得陈其梗概"。而若以人物故事形象展示这一历史进程,势必不能回避这些细节,处理起来不免矛盾丛脞。颇堪玩味的是,这些无法回避的细节固然牵涉到昔日与群雄为"一日君臣"、今为唐室"见在将相"的颜面,但建成、元吉故旧中有功于开国战事而今为"见在将相者"也大有人在,如原建成阵营的薛万彻就在平梁师都、窦建德、刘黑闼战役中出力甚多。若"图其形状",则置此辈于何地?

以六骏石刻摹写秦王个人勋业则可以很好地规避这些窘况。六骏作为"物",自始至终与秦王之间存在密切的依附关系,六骏在战争中的"在场"等同于秦王本身的"在场",六骏迭处险境、英武不凡的形象实际突出的是太宗个人的战场角色。辅以太宗御制《六骏赞图》中"平刘黑闼时所乘""平世充建德时乘"[6] 等格套化表述和依次铺排,事实上将开国战争中繁杂、交缠的历史脉络裁剪、归并、修饰成一种

---

[1] 曹印双:《李建成在初唐军政格局中地位的演变》,《长安大学学报》(社会科学版)2003年第1期。

[2] (宋)司马光:《资治通鉴》卷一八五,"唐高祖武德元年正月"条,中华书局,1956,第5774页。

[3] "武周位极而志满,突厥少信而贪利,外虽相符。"(唐)温大雅:《大唐创业起居注》卷二,上海古籍出版社,1983,第26页。

[4] (宋)欧阳修、宋祁:《新唐书》卷一《高祖本纪》,中华书局,1975,第13页。

[5] (后晋)刘昫等:《旧唐书》卷一《高祖本纪》载:"皇太子破刘黑闼于魏州,斩之,山东平。"中华书局,1975,第13页。

[6] 《金石萃编》卷一三九,台北:新文丰出版公司,1982,第2593页上。

线性的历史叙事,将李唐开国战功转化为秦王个人勋业,这或许才是当时以"马"写"史"的本相。

五 余论

物的功用和价值归根结底依赖于其自然属性。以六骏而论,其最显著的自然属性无疑是"骏",在当时的社会规范和文化中,"骏"可以延展出三种意涵,亦即品质的卓越、"品牌"的高端以及品种的珍稀。品质的优良是就其外貌、耐力、速度等而言。"品牌"高端则因其来自中原人士认知中的良马产地,且历来被视为天马之胤。数量的稀缺不仅从唐初获马渠道的狭窄可以推知,太宗晚年骨利干"其大酋俟斤因使者献马,帝取其异者号十骥"等记载也从侧面证明:为太宗选中并御赐姓名的马匹当属稀世珍品。以上因素的叠加使得六骏在进入(广义的)商品流通领域后呈现出舶来品、奢侈品、名优品的特征,迎合了以李唐皇室为代表的社会上层区别贵贱、标识身份的消费需求,某种程度上成为一种"阶级性"的商品,胡式的名称和鬃毛样式或许也是由于这种身份消费的心理作祟。

莫斯认为:物在人际之间的流动中被赋予了"灵力","灵力"实现了对物自然属性的超越,这种超越促进了"人"与"物"的融通,增进了人与人的交往,在礼物的流动过程中,社会等级秩序也得到了诠释。[1] 礼物承载着因交换产生的人情、地位、权力、声誉和财富等。从六骏的情况来看,这种"灵力"主要表现为脱胎于等级秩序、但为等级秩序变体的"君宠"。六骏中由许洛仁赠予太宗的拳毛䯄可以被视作一种礼物的上下级流动,是一种由不平等的社会结构导致的不平等的礼物交换。作为臣子的许洛仁向主君赠马或许是出于某种策略性或功利性的考虑,但在"赠予—接受—回馈"的过程中,许洛仁最重要的收获与其说是物质性回报,毋宁说是君臣间基于情感联系的"人情",礼物的流动也塑造、维持、拓展了"信—任"型君臣关系。需要补充的是,丘行恭在飒露紫中箭、秦王深陷重围时将自己所乘之马让与秦王,可以看作特殊场景中的"赠马"行为,其意义无疑超越了所赠之马的自然属性,获得"救驾"、护主等"灵力",六骏石刻中唯独保留丘行恭这一人物形象,无疑是由于李世民个人情感的倾斜。

自然属性固然重要,但"物"的社会生命形式最终是依社会情境确定的。六骏固然有着战马必备的所有优良品质,但若遭逢的是升平之世,抑或委身于"守文"君主,抑或虽出生乱世但骑战已经式微,都更有可能是在皇家苑囿中以"奇畜"或宠物身份从容老死,其之所以能以战马姿态大放异彩,首先是由于"不世出人杰"李世民对骑射陷阵的青睐,而骑射陷阵在

---

[1] 转引自王铭铭《物的社会生命——莫斯〈论礼物〉的解释力与局限性》,《社会学研究》2006年第4期。

李世民战法选择中的优先性,又植根于隋末大争之世的战争传统和战场特点。

无论六骏最初与李世民产生关联是由于其昂贵、稀有、优质的商品属性,还是与身份、等级、权力有关的礼物馈赠,但当其被李世民纳入彀中、频繁使用后,自然会产生出日常、陪伴、扶持的"灵力",使其在殁后蒙上了一层"故物"的色彩。马的忠诚以及陪伴李世民出生入死的经历,又深化了这一色彩。我们有理由相信,太宗将六骏勒石纪功与其令功臣死后陪葬,"追念在昔,何日忘之。使逝者无知,咸归寂寞,若营魂有识,还如畴曩,居止相望,不亦善乎"[1] 的考虑都是基于一种普通人所共有的,对过往的伤逝与追忆。但与普通人不同的是,太宗作为雄才君主,一举一动都攸关政治,故而六骏石刻的制作和陈设也渗透着政治意图。六骏形象被政治权力、社会规范和文化传统所形塑,当其成为政治景观后又参与到权力、规范、传统的建构之中。初唐以降,其形象迭经变化,《安禄山事迹》载安史叛军攻陷潼关之时,有黄骑军数百队凭空出现,"是日,灵宫石人马汗流"[2]。宋代陕西地方官游师雄立《昭陵六骏碑》、元人张昱的咏古诗《唐太宗骏马图》、金代赵霖的画作《昭陵六骏图》等,可见后世民众、官方、文士对六骏的想象、附会和发明,客观上也延续了六骏的社会生命。

---

[1] (宋)宋敏主编:《唐大诏令集》卷七六,中华书局,2008,第431页。

[2] (唐)封演撰,赵贞信校注:《封氏闻见记校注》,中华书局,2005,第58页。又杜甫《次行昭陵》诗有"玉衣晨自举,石马汗常趋"等可为旁证。

"乘舆象驾"：元代蒙古统治者对驯象的认知与利用*

■ 张 博（陕西师范大学西北历史环境与经济社会发展研究院）

在人类社会历史发展中，动物有着不容忽视的重要作用。大象作为目前地球上最大的陆生哺乳动物，长期以来与人类有着密切而频繁的接触和互动，对部分地区的社会历史发展亦有着重要的影响，因而成为学界持续关注的对象。自20世纪二三十年代起，关于中国历史时期大象的分布区域及其变迁的问题始终是研究热点，相关研究成果大量涌现且争鸣不断[1]。此外，关于中国历代王朝驯象的驯育[2]、大象与象制品的利用[3]、象文化及其发展[4]、大

---

* 本成果得到国家社会科学基金重大项目"多卷本《中国生态环境史》"（项目编号：13&ZD080）、教育部人文社会科学重点研究基地重大项目"西北地区发展的历史经验研究"（项目编号：17JJD770012）资助。

[1] 参见 Carl W. Bishop, "The Elephant and Its Ivory in Ancient China", *Journal of the American Oriental Society*, Vol. 41 (1921), pp. 290–306；章鸿钊《中国北方有史后无犀象考》，《北京大学研究所国学门周刊》1926年第18期；徐中舒《殷人服象及象之南迁》，《"中央研究院"历史语言研究所集刊》1930年第1本；吴宏岐、党安荣《唐都长安的驯象及其反映的气候状况》，《中国历史地理论丛》1996年第4辑；李冀《先秦动物地理问题探索》，博士学位论文，陕西师范大学，2013；张洁《中国境内亚洲象分布及变迁的社会因素研究》，博士学位论文，陕西师范大学，2014；黄泓泰《人进象退：云南象分布区域退缩原因新探》，《学术探索》2016年第7期；赵志强《秦汉以来中国亚洲象的分布与变迁》，《中国历史地理论丛》2017年第1辑；聂传平、张洁《中国境内亚洲象分布变迁研究中的史料特点与解读——兼与赵志强博士商榷》，《原生态民族文化学刊》2020年第3期；何业恒《中国珍稀兽类的历史变迁》，湖南科学技术出版社，1993；文焕然等《中国历史时期植物与动物变迁研究》，重庆出版社，1995；文榕生《中国珍稀野生动物分布变迁》，山东科学技术出版社，2009；文榕生《中国珍稀野生动物分布变迁（续）》，山东科学技术出版社，2018。

[2] 如毛宪民：《清代銮仪卫驯象所养象》，《紫禁城》1991年第3期；李飞：《汉代"钩象"技术》，《四川文物》2008年第4期；王翠：《中国古代养象机构沿革考》，《沧州师范学院学报》2012年第4期；李梦馨：《清代宫廷珍禽异兽豢养制度研究》，硕士学位论文，山西大学，2018。

[3] 如居史咸：《驯象·宫廷象仪》，《故宫博物院院刊》1981年第4期；雷玉清：《从象耕看远古先民对畜力能源的利用》，《中国农史》1994年第4期；王颋：《轿象示尊——马可孛罗所记"大汗乘象"补释》、《驾泽connected云——中外关系史地研究》，南方出版社，2003；张洁：《论中国古代的象牙制品及其文化功能》，《中州学刊》2009年第5期；刘景刚：《敦煌古代象戏小考》，《敦煌研究》2011年第2期；王敏：《商人服象用途研究》，《文物世界》2016年第2期；武晓丽：《元朝"象舆"与"贡象"述略》，《中国边疆民族研究》（第十一辑），中央民族大学出版社，2018。

[4] 如郑红莉：《汉画像石"驯象图"试考》，《考古与文物》2010年第5期；黄剑华：《汉代画像中的骑象图探讨》，《长江文明》2015年第2期；王煜：《汉代大象与骆驼画像研究》，《考古》2020年第3期；张博：《论蒙元统治者对"象文化"的继承与发展》，《西部蒙古论坛》2018年第3期。

象与中外文明交流[1]等议题亦受到越来越多学者的关注。近年来，随着动物史、环境史的蓬勃发展，部分学者亦从人象互动的角度出发去探讨中国历史时期环境变化以及人与环境关系等问题[2]。但从研究时间范围来看，可以明显发现学界目前关于中国历史时期驯象的相关研究时段主要集中于唐、宋、明、清时期，元朝则相对被忽视，相关研究无论在数量上还是在议题上都明显少于其他时期的研究，因而元代统治者驯象利用的相关研究仍然有极大的探索与深入空间。

关于元代驯象的研究虽然相对较少，但经过相关学者们的努力，仍然取得了一定的进展。如在我国学界，王颋先生将皇帝乘坐驯象视为元代重要的时代特征，运用丰富史料对元代统治者驯象的来源、利用方式等深入分析[3]。李偲、史为民、劳廷煊等先生的相关研究则展现了象辇这一由大象驮载的独特交通工具在元代典礼、狩猎等方面的广泛利用[4]。武晓丽则对长期被混用的象舆、象轿、象辇的概念进行辨析，并对元代贡象情况、象舆的利用以及原因等问题进行探讨[5]。张博则将关注重点放在了元代统治者的"象文化"上，他认为元代统治者对驯象的利用不仅是对中原王朝礼制传统的继承，更在其中融入了蒙古文化，从而形成了与汉、唐、宋等时期不同的驯象利用方式，进一步发展形成独特的"象文化"[6]。在国外相关研究方面，美国学者毕士博（Carl W. Bishop）在对中国古代的大象及象牙的研究中，注意到了元朝统治者对于大象在军事领域的独特应用。日本学者前嶋信次则将关注点放在元朝是否将大象运于军事的问题上，他通过对于马可波罗相关记述的辨析，承认永昌之役的存在，以及忽必烈确实将大量大象用于

---

[1] 如肖琰：《唐代社会中的犀牛与大象》，《陕西历史博物馆馆刊》（第24辑），三秦出版社，2017；王永平：《汉唐外来文明中的驯象》，《全球史评论》（第三辑），中国社会科学出版社，2010；何新华：《清代东南亚国家贡象研究》，《东南亚研究》2011年第1期；黄明光《明代南方中外民族地区大象述议》，《广西民族师范学院学报》2013年第5期。

[2] 如侯甬坚、张洁：《人类社会需求导致动物减少和灭绝：以象为例》，《陕西师范大学学报》（哲学社会科学版）2007年第5期；刘祥学：《明代驯象卫考论》，《历史研究》2011年第1期；[英]伊懋可：《大象的退却：一部中国环境史》，梅雪芹、毛利霞、王玉山译，江苏人民出版社，2014；Thomas R. Trautmann, *Elephants and Kings: An Environmental History*, The University of Chicago Press, 2015. 西方学界相关研究参见张博《近20年来西方环境史视域下动物研究的发展动向》，《世界历史》2020年第6期。

[3] 参见王颋《轿象示尊——马可孛罗所记"大汗乘象"补释》，《驾泽抟云——中外关系史地研究》，南方出版社，2003。

[4] 参见劳廷煊《元朝诸帝季节性的游猎生活》，《大陆杂志》1963年第3期；史卫民《元代社会生活史》，中国社会科学出版社，1996；李偲《元代民族经济史》，民族出版社，2010。

[5] 参见武晓丽《元朝"象舆"与"贡象"述略》，《中国边疆民族研究》（第十一辑），中央民族大学出版社，2018。

[6] 参见张博《论蒙元统治者对"象文化"的继承与发展》，《西部蒙古论坛》2018年第3期。

军事的事实[1]。美国学者托马斯·爱尔森（Thomas Allsen）亦注意到了元朝统治者对于驯象的利用，他认为中国使用战象的现象"在蒙古人统治时期曾显现过最后一次短暂的复苏"[2]。

目前国内外学界关于元代驯象的相关研究取得了一定的进展，特别是在诸如贡象与元代对外关系、战象与象舆的使用等方面，但相关研究多以单一利用方式的描述为主，对元代驯象使用不同于其他王朝的特点和原因，以及其背后反映的蒙古族统治者的独特思想观点等多元议题的分析仍然相对不足。本文将首先梳理蒙元统治者对于驯象的独特利用方式，分析元朝与其他大一统王朝不同的驯象使用特点。之后将通过对元朝统治者与汉族朝臣士人之间对于驯象认知与利用方式不同意见的分析，揭示其背后的思想观念差异。最后将对元代统治者对于驯象独特认知与利用的原因进行分析，探索其背后所蕴含的元朝统治者多元思想文化观念。

一 礼仪性与实用性的结合：元代驯象利用的特点分析

中国有着较为悠久的用象历史，传说黄帝"驾象车而六蛟龙"[3]，舜帝时期"象为之耕"[4]，周初"商人服象"[5] 等。汉代之后，驯象的形象不仅作为吉祥图案被广泛绘制[6]，而且在卤簿大驾等重要仪仗和典礼中也被使用。此外，随着佛教的广泛传播，至南北朝时期白象在佛教中的神圣地位亦被民众所熟知[7]。大象虽然是一种动物，却有着政治、宗教、文化等多重象征意义，这也使其成为历代王朝统治者不得不获取和利用的政治文化资本之一。从历代王朝对驯象利用的历史可以看出，早期大象的使用偏向于实用性，如用于农业生产的"象耕"，用于军事战争的"燧象"[8] 等。但自汉代以后，象的礼仪象征性作用逐渐得到发挥，并逐渐超过其实用性作用。

1　参见［日］前嶋信次《元代战象考》，宫海峰译，《元史及民族与边疆研究集刊》（第三十六辑），上海古籍出版社，2018。

2　［美］托马斯·爱尔森：《欧亚皇家狩猎史》，马特译，社会科学文献出版社，2017，第112页。

3　（清）王先慎：《韩非子集解》，钟哲点校，中华书局，1998，第65页。

4　（汉）王充：《论衡校释》卷三《偶会篇》，黄晖校释，中华书局，1990，第103页。

5　（秦）吕不韦编：《吕氏春秋》卷五《仲夏纪第五》，许维遹集释，中华书局，2009，第128页。

6　参见黄剑华《汉代画像中的骑象图探讨》，《长江文明》2015年第2期；王煜《汉代大象与骆驼画像研究》，《考古》2020年第3期。

7　参见黄剑华《汉代画像中的骑象图探讨》，《长江文明》2015年第2期。

8　（晋）杜预注，（唐）孔颖达正义：《春秋左传正义》卷五十四，（清）阮元校刻：《十三经注疏（清嘉庆刊本）》，中华书局，2009，第4639页。

"自汉卤簿，象最在前"[1]，西晋时期，随着南越大象的更多进入，象车开始出现，其礼仪性作用进一步得到发挥，如"武帝太康中平吴后，南越献驯象，诏作大车驾之，以载黄门鼓吹数十人，使越人骑之。元正大会，驾象入庭"[2]。在之后历代王朝中，驯象的礼仪作用得到继承，"郊祀天地、宗庙、社稷，以为驾车之用，于礼不可缺焉"[3]，成为展现国家实力，以及追求太平盛世的重要象征。

蒙古民族早期未接触过来自亚热带、热带地区的驯象，所以他们对驯象功能属性的认识也经历了一定时间过程。在成吉思汗攻克撒马尔罕城后，"管理象的人将群象牵到成吉思汗处献给他，向他请领象食，他吩咐将象群放到野地上去，让它们自己觅食。象放走后，流浪在外，后来都饿死了"[4]。可见，这一时期，蒙古统治者对于象的认识同其他普通牲畜一样，且并未进行利用。世祖即位后，其下有众多契丹、女真、汉、回回等各族幕僚，而这些民族都曾有着用象历史，所以对驯象的属性与功能有一定了解。至元五年（1268）后，随着金齿国的平定，大量驯象开始以朝贡、索取、掠夺等方式进入中国。元朝统治者开始在"结合自己本民族文化的基础上，在一些领域形成了自己独特的象文化"[5]。

元朝与其他朝代不同，这一时期蒙古统治者对于驯象的利用是礼仪性与实用性结合的。蒙古民族长期生活在蒙古草原，对大象这一物种的形象与特性认识较晚。因此，他们对驯象利用方式中，有相当一部分是学习之前历朝的。如驯象在国家礼仪仪式中的作用，在这一时期不仅得到了继承，而且更进一步发展。首先是在形制上，如《元史》载元代顿递队有"象六，饰以金装莲座，香宝鞍鞴鞦辔鞗勒，牦牛尾拂，跋尘，铰具"[6]，可谓华丽之极。再如元代象鞴鞍"五采装明金木莲花座，绯绣攀鞍条，紫绣襜褥红锦屉，鍮石莲花跋尘，锦缘毡盘，红牦牛尾缨拂，并胸攀鞦。攀上各带红牦牛尾缨拂，鍮石胡桃钹子，杏叶铰具，绯皮辔头铰具。莲花座上，金涂银香炉一"[7]，十分精美。随着外来驯象以朝贡、掠夺等形式大量流入，使得驯象在礼仪仪式中出现的数量远超前代，如《马可波罗行记》载：新年之时，"是日诸象共有五千头，身披锦衣甚美，背上各负美匦二，其中满盛白节宫廷所用之一切金

---

1 （元）脱脱：《宋史》卷一四八《仪卫六》，中华书局，1977，第3461页。
2 （唐）房玄龄：《晋书》卷二十五《舆服志》，中华书局，1974，第756页。
3 （明）朱善：《赐暹国诏》，李修生主编：《全元文》（第53册），凤凰出版社，2004，第14页。
4 ［波斯］拉施特：《史集》（第一卷第二分册），余大钧、周建奇译，商务印书馆，1983，第286页。
5 张博：《论蒙元统治者对"象文化"的继承与发展》，《西部蒙古论坛》2018年第3期。
6 （明）宋濂：《元史》卷七九《舆服二》，中华书局，1976，第1975页。
7 （明）宋濂：《元史》卷七九《舆服二》，中华书局，1976，第1974页。

银器皿甲胄。"[1] 由此可见，驯象在中国传统社会中的礼仪作用在元代依然得到延续，且出现的场合和数量亦有增多，元人黄溍亦称："逮英宗皇帝，乃行时享之礼，而备卤簿之仪。盖太平极盛之际也"[2]，而驯象正是卤簿之仪的关键性组成，可见元代对于传统中原文化中大象意象和驯象的礼制性使用的继承。

王颋先生指出：元代"皇帝乘坐'驯象'乃重要'时代象征'"[3]，而帝王频繁的乘象行为也成为元代在驯象利用上，与其他朝代最大之不同。而元代君主的这一行为也体现了其对驯象礼仪性利用之外的实用性利用。中国自周代便有"王之五辂"之说，象辂亦为其中之一，但当时之象辂仅"以象饰车，犹之金辂、玉辂之饰金玉，其驾则皆马也"[4]。汉代，驯象开始作为仪仗引导；西晋之后，由驯象牵引的象车成为天子的重要礼仪性车舆之一。但值得注意的是，其他历代统治者仅乘坐由驯象牵引的车，且仅在重大礼仪性场合乘坐，属于一种频率较低的礼仪性乘坐，这也使大多数王朝君主对于驯象的需求较低，常出现供过于求的情况。因而唐德宗对于"蛮夷所献驯象畜苑中，元会充廷者凡三十二，悉放荆山之阳"[5]；宋高宗"令帅臣告谕，自今不必驯象入贡"[6]；乾隆帝亦称："天朝仪仗内，惟用四五驯象，余无所需"[7]。而元代君主不再像传统中原君主一样乘坐象车，而是直接乘坐由驯象肩负的象轿。这不仅是元代君主草原乘马习俗的延伸，也是对驯象实际功能更进一步的利用。

传统中国宫廷各种华丽车舆对于习于骑马的蒙古统治者来说华而不实，用处有限，因此元代"仪阵中车舆数大量减少，但骑乘的比重即有极大的增加"[8]，省去了诸如金辂、革辂等众多传统车舆，仅留八宝舆、腰舆以及常用的象轿等，如元世祖"五辂不乘，八鸾不驾，雨则独乘象舆，雾则只御龙马"[9]。乘象不仅是为了展现威风气派，更是因为驯象"其行似缓，实步阔

1　[意] 马可波罗：《马可波罗行记》，冯承钧译，上海书店出版社，2001，第224页。

2　（元）黄溍：《跋袁翰林卤簿诗》，李修生主编：《全元文》（第29册），凤凰出版社，2004，第169页。

3　王颋：《轿象示尊——马可孛罗所记"大汗乘象"补释》，《驾泽抟云——中外关系史地研究》，南方出版社，2003，第74页。

4　（清）汪师韩：《韩门缀学》卷三《象輂》，清乾隆刻上湖遗集本，第2页b。

5　（宋）欧阳修、宋祁：《新唐书》卷二百二十二下《南蛮下》，中华书局，1975，第6301—6302页。

6　（元）脱脱：《宋史》卷一一九《礼二十二》，中华书局，1977，第2814页。

7　《清实录》第27册《高宗纯皇帝实录》（二九）卷一四九四，嘉庆元年正月戊辰条，中华书局，1986，第1001页下栏。

8　李米佳：《李米佳谈古代帝王车辂》，吉林科学技术出版社，1998，第221页。

9　（元）黄文仲：《大都赋》，李修生主编：《全元文》（第46册），凤凰出版社，2004，第136页。

而疾撺，马乃能追之"[1]，速度与安稳兼备，且"性极灵"[2]，宜于乘骑。因而对于元代统治者而言，驯象不再仅仅是礼仪仪式中使用的象征性工具，而是一种日常生活中频繁使用的舒适的交通工具。元代君主乘象方式众多，其中最为特别的是坐在两头或四头驯象担负的象舆之上。《马可波罗行记》载：忽必烈象舆"大汗坐木楼甚丽，四象承之。楼内布金锦，楼外覆狮皮"[3]。《元史》载："象轿，驾以象，凡巡幸则御之。"[4]《明史》亦载："元皇帝用象轿，驾以二象。"[5] 这种象舆华丽宽大，可坐可卧，是一个移动斡耳垛毡帐。元代君主乘象频繁，自世祖造象舆后，成宗、英宗、泰定帝、文宗等均有乘象巡行之记录[6]，并形成定制，乘象舆频频往来于大都与上都之间。"行幸则蕃官骑引，以导大驾，以驾巨辇"[7]，而且仪仗最前面，亦是驯象导引开路，如"成宗北巡，命胆巴以象舆前导"[8]。驯象也因之成为诸多元代扈从诗中的经典意象，如"当年大驾幸滦京，象背前驮幄殿行"[9]；"象辇尘清千里至，龙颜喜动万人看"[10]；"雷轰鼍鼓振，霞绚象舆行"[11]；等等。由此可见，元代君王乘象之频繁，元代名臣姚燧亦感叹元帝对于驯象的频繁乘用"实前古未有者"[12]。陈戍国先生亦认为："唐宋及其前中土历朝未闻有象舆之制；有之，自蒙元始。"[13]

此外，元代驯象在狩猎乃至军事战争中亦发挥了重要作用，元帝对于驯象"蒐田征伐，无不乘之"[14]。首先，狩猎对于蒙

---

[1] （元）熊梦祥：《析津志辑佚》，北京图书馆善本组辑，北京古籍出版社，1983，第232页。

[2] ［越］黎崱：《安南志略》，武尚清点校，中华书局，2000，第368页。

[3] ［意］马可波罗：《马可波罗行记》，冯承钧译，上海书店出版社，2001，第233页。

[4] （明）宋濂：《元史》卷七八《舆服一》，中华书局，1976，第1953页。

[5] （清）张廷玉：《明史》卷六十五《舆服一》，中华书局，1974，第1604页。

[6] 王颋：《轿象示尊——马可孛罗所记"大汗乘象"补释》，《驾泽抟云——中外关系史地研究》，南方出版社，2003。

[7] （明）宋濂：《元史》卷七九《舆服二》，中华书局，1976，第1974页。

[8] （明）宋濂：《元史》卷二百二《释老传》，中华书局，1976，第4519页。

[9] （元）张昱：《辇下曲》，杨镰主编：《全元诗》（第44册），中华书局，2013，第50页。

[10] （元）蒲道源：《和霍思齐接驾》，杨镰主编：《全元诗》（第19册），中华书局，2013，第300页。

[11] （元）周伯琦：《纪行诗》，杨镰主编：《全元诗》（第40册），中华书局，2013，第392页。

[12] （元）姚燧：《资德大夫云南行中书省右丞赠秉忠执德威远功臣开府仪同三司太师上柱国魏国公谥忠节李公神道碑》，李修生主编：《全元文》（第9册），江苏古籍出版社，1999，第650页。

[13] 陈戍国：《中国礼制史（元明清卷）》，湖南教育出版社，2002，第157页。

[14] （元）姚燧：《资德大夫云南行中书省右丞赠秉忠执德威远功臣开府仪同三司太师上柱国魏国公谥忠节李公神道碑》，李修生主编《全元文》（第9册），江苏古籍出版社，1999，第650页。

古民族来说至关重要，《成吉思汗法典》明文规定"大蒙古国建立以狩猎为基础的军事训练制度"[1]，狩猎因此在一定程度上起着军事演习的作用。《马可波罗行记》载："大汗坐木楼甚丽，四象承之。楼内布金锦，楼外覆狮皮。携最良之海青十二头。扈从备应对者有男爵数人。其他男爵则在周围骑随，时语之曰：'陛下，鹤过。'大汗闻言，立开楼门视之，取其最宠之海青放之。此鸟数捕物于大汗前，大汗在楼中卧床观之，甚乐。"[2] 从此段史料中可见，在狩猎活动中，元代君主所乘象轿不仅仅是交通工具，更是整场狩猎抑或整场军事演习的指挥所。虽然美国学者托马斯·爱尔森认为："在核心区域内的部分地区，大象在狩猎活动中被广泛地用作坐骑"[3]，但在中国历朝的狩猎活动中，频繁运用大象的也仅有元代。中国历史上虽有将象用于战争之举，如定公四年，吴楚战争中出现的"燧象"；再如王莽"驱诸猛兽虎豹犀象之属，以助威武"[4]。但在这些记录中，象多主要是以恫吓、助威形式出现的。元代则有所不同，他们直接将象投入战斗之中，虽然对此学界仍有争论，但诸如毕士博、前嶋信次、爱尔森等多数学者均承认元王朝使用战象作战的事实[5]。值得注意的是，驯象除在直接战斗中起作用外，它还在部分战争中扮演着移动指挥所的角色，如《马可波罗行记》载：元世祖与乃颜交战中"大汗即在阜上，坐大木楼，四象承之，树上树立旗帜，其高各处皆见，其众皆合三万人成列，各骑兵后多有一人执矛相随，步兵全队皆如是列阵，由是全地满步士卒，大汗备战之法如此"[6]。波斯史料《史集》对此事也有记载："当合罕陛下得报之后，他尽管关节酸痛，年老力衰，（仍然）坐在象背的轿子上出动了。当接近了合罕军队溃逃的地方以后，载着轿子的象被赶到一个山丘顶上，擂起了大鼓。乃颜那颜和宗王们率军逃跑，合罕的军队就去追赶他们"[7]。由此可见，在这次交战中，忽必烈的所乘之象虽亦有威慑恫吓之作用，但它担负的忽必烈乘坐的象轿，与狩猎时一样，亦是战斗的临时指挥所，是整场战争的中心。

1　内蒙古典章法学与社会学研究所编：《〈成吉思汗法典〉及原论》，商务印书馆，2007，第5页。

2　[意] 马可波罗：《马可波罗行记》，冯承钧译，上海书店出版社，2001，第233页。

3　[美] 托马斯·爱尔森：《欧亚皇家狩猎史》，马特译，社会科学文献出版社，2017，第108页。

4　(南朝宋) 范晔：《后汉书》卷一上《光武帝纪上》，中华书局，1965，第5页。

5　参见 Carl W. Bishop. "The Elephant and Its Ivory in Ancient China", *Journal of the American Oriental Society*, Vol. 41 (1921), pp. 290-306；[美] 托马斯·爱尔森《欧亚皇家狩猎史》，马特译，社会科学文献出版社，2017；[日] 前嶋信次《元代战象考》，宫海峰译，《元史及民族与边疆研究集刊》（第三十六辑），上海古籍出版社，2018。

6　[意] 马可波罗：《马可波罗行记》，冯承钧译，上海书店出版社，2001，第188页。

7　[波斯] 拉施特：《史集》（第二卷），余大钧、周建奇译，商务印书馆，1985，第352页。

除了频繁的乘骑外，元代驯象还广泛运用于宫廷生活中。如《南村辍耕录》载："国朝每宴诸王大臣，谓之大聚会。是日，尽出诸兽于万岁山，若虎豹熊象之属。"[1] 又据《世界征服者史》载："在侍臣的住处中，他们放置有重得不能移动的酒桶以及其他大小类似的器皿，尚有相应数量的大象、骆驼、马匹和它们的看管人，以此在举行公众节筵时，他们可以搬运各种饮料。"[2]《马可波罗行记》也载：新年节庆之时，驯象负载"宫廷所用一切金银器皿甲胄"[3]。此外，驯象还用于其他负重劳役和表彰之中，如元朝廷为表彰弘农杨氏，"诏以驯象五曳丰碑树先茔，命词臣撰文，大显杨氏"[4]。为表彰宏吉烈氏，元武宗"特赐给玉辇、象舆"。可见蒙古统治者的驯象并不仅仅是用来观赏的，也用来搬运重物和作为表彰功勋的奖励。元代不同以往地将驯象广泛运用于各种筵席等实际工作中，不再仅仅是礼仪性象征，这与其他王朝明显不同。其后历代，驯象则多在重大典礼之时，身驮宝瓶等宝物出现，寓意"太平有象"，如明代驯象于大朝会之时"供朝会陈列、驾辇、驭宝之事"[5]，清代"逢朝贡大典，象背被黄毯，脊上安宝瓶，陈于午门玉辂金辇之前，以备方物"[6]，少有将驯象直接用于宫廷筵席搬运酒水、杂物，乃至用于表彰功臣的活动中。

托马斯·爱尔森认为："大象从未成为中国宫廷生活的一部分；大象展演在中国宫廷生活中始终是一种次要活动，不像在印度或歇罗那样是吸引人注意的主要活动"[7]。或许在中国大多数封建王朝中确实如此，驯象仅仅被用于礼仪性活动，使用频率有限。但在元代驯象不仅成为君主的主要"车舆"，每年频繁地往返于两都之间，更在各大筵席等场合从事实际的运输劳役工作，而不仅仅是礼仪性象征。蒙古统治者的实用意识，将驯象从具有神秘性的礼仪性动物，变成了与牛、马等草食性牲畜一样，具有现实生活意义的动物。从使用频率和使用领域来说，元代驯象可以说已经是宫廷生活的一部分。

综上所述，元代蒙古统治者虽然接触、了解和利用大象的时间均较晚，但他们在继承传统礼仪性用象的基础上，更多地发挥了驯象的实用价值，实现了

1　（元）陶宗仪：《南村辍耕录》，中华书局，1959，第289页。

2　[伊朗] 志费尼：《世界征服者史》（上），何高济译，内蒙古人民出版社，1980，第277—278页。

3　[意] 马可波罗：《马可波罗行记》，冯承钧译，上海书店出版社，2001，第224页。

4　（元）程矩夫：《云国公杨氏世德碑》，（元）程矩夫：《程矩夫集》，张文澍点校，吉林文史出版社，2009，第72页。

5　（清）张廷玉：《明史》卷七十六《职官五》，中华书局，1974，第1862页。

6　（清）陈恒庆：《谏书稀庵笔记》，小说丛报社，1922，第131页。

7　[美] 托马斯·爱尔森：《欧亚皇家狩猎史》，马特译，社会科学文献出版社，2017，第244页。

礼仪性与实用性的结合。驯象不仅是这一时期最具代表性的政治动物，而且也成为元代宫廷与出巡生活的重要组成部分，这与传统中原王朝统治者仅将驯象用于礼仪性活动，而未在实际生活中广泛利用有明显的不同。值得注意的是，正是由于元代统治者对于驯象礼仪性与实用性作用的频繁利用，使得不产象地区的群众有更多的机会见到甚至接触到驯象，"即使没能亲眼见到，也大致听说过那无比威风的派头"[1]，这也使驯象在元代民间并不十分神秘、陌生，如元代成书的《饮膳正要》《居家必用事类全集》等对于大象的特性、象制品的功用乃至真伪的辨别等均有一定的记述[2]。

二 危险的"车舆"：元代君臣间关于驯象的观念差异

驯象虽然是祥瑞的象征，是王朝展现实力不可或缺的动物，但由于驯象主要用于有限的礼仪性活动，运送过程劳民伤财，且其本身作为一种猛兽具有一定危险性。因此在传统中原文化中，驯象并不是一种生活必需品，而是具有一定危险性的高档奢侈品，故不少君主对于驯象的需求有限且力求减少，而这种行为亦被视为"德政"的表现，如唐德宗、宋高宗等君主减少驯象需求的举动广受朝臣与史家称赞。

元代君主利用驯象不同以往，兼具礼仪性与实用性，特别是皇帝直接乘坐由象负载的象舆出巡、畋猎更是常事。驯象对于他们来说不是礼仪性虚物，而是一种生活必需品。元代君主对于驯象的需求量极大，对于进贡而来驯象的数量往往不加控制，"殊方异物，禽鸟犀象，未尝却之"[3]，如至元十六年（1279）"归以驯象十二入贡"[4]。元贞二年（1296）"答马刺一本王遣其子进象十六"[5]。大德五年（1301）"缅王遣使献驯象九"[6]。据不完全统计，"在1270—1339年（共计69年），12个区域至少向元朝贡象115头"[7]。而为了获取

---

[1] 罗新：《从大都到上都：在古道上重新发现中国》，新星出版社，2018，第42页。

[2] 如元人胡思慧《饮膳正要》载象肉"味淡，不堪食，多食令人体重。胸前小横骨，令人能浮水。身有百兽肉，皆有分段，惟鼻是本肉。象牙，无毒，主要诸铁及杂物入肉，刮取屑，细研和水，敷疮上即出"［参见（元）胡思慧《饮膳正要》卷三《兽品》，黄斌校注，中国书店，1993，第60页］。元代无名氏《居家必用事类全集》中亦载有对象牙筒笏的辨别方法等。［参见（元）无名氏《居家必用事类全集（戊集）》，明刻本］

[3] （元）赵天麟：《屏尤物》，李修生主编：《全元文》（第28册），凤凰出版社，2004，第217页。

[4] （明）宋濂：《元史》卷一二五《纳速剌丁传》，中华书局，1976，第3067页。

[5] （明）宋濂：《元史》卷一九《成宗二》，中华书局，1976，第407页。

[6] （明）宋濂：《元史》卷二十《成宗三》，中华书局，1976，第435页。

[7] 武晓丽：《元朝"象舆"与"贡象"述略》，《中国边疆民族研究》（第十一辑），中央民族大学出版社，2018，第32页。

充足的驯象，元王朝不仅采用朝贡渠道获得，亦在对西南地区的军事行动中捕捉、掠取大象，如至元五年（1268），爱鲁"平火不麻等二十四寨，得七驯象以还"[1]。至元十四年（1277），元军平定永昌地区时"唯一蒙古军获一象不得其性被击而毙"[2]。此外，元政府还频派使者赴有象国家主动索取驯象，这也是前所未有的，如至元六年（1269）安南王陈光昺上书元世祖提到"据忽笼海牙谓陛下须索巨象数头"[3]，虽然安南王试图用"此兽躯体甚大，步行甚缓"[4]，以及"象奴不忍去家，难于差发"[5]等理由搪塞，但元廷依然态度强硬索取驯象。元英宗时期亦"遣马扎蛮等使占城、占腊、龙牙门，索驯象"[6]。

元帝对驯象的使用虽然带来了气势与便利，但确实也引起了不少问题。首先便是君主的安全问题，元帝不似其他朝代君主，只在重大典礼时用象，他们平日的巡行、狩猎也频繁乘象，故王颋先生称："作为'万乘之尊'的中国'天子'亲自尝试乘坐'驯象'的经历，却只有孛儿只吉氏一姓的合罕"[7]，而这亦不免发生危险事件，如《元史·贺胜传》载："帝一日猎还，伶人蒙氂作狮子舞以迎驾，舆象惊，奔逸不可制，胜投身当象前，后至者断靮纵象，乘舆乃安。"[8] 另据《上都留守贺公墓志铭》载："公时侍上在舆中"[9]，可见当时世祖确是在受惊象担负的象舆上，由此可见这一事件的危险性。而在平定乃颜的叛乱中，忽必烈的象轿虽然起到了临时指挥所与威慑敌人的作用，但也易成为被攻击的重点，故军"悉力攻象舆，时公已劝上下舆御马矣"[10]，"象惊几伤从者"[11] 之事更是时有发生，但这些均没有妨碍元朝君主继续频繁的乘象行为。

1　（明）宋濂：《元史》卷一二二《爱鲁传》，中华书局，1976，第3012页。

2　（明）宋濂：《元史》卷二百十《外夷三》，中华书局，1976，第4657页。

3　（明）宋濂：《元史》卷二百九《安南传》，中华书局，1976，第4636页。

4　（明）宋濂：《元史》卷二百九《安南传》，中华书局，1976，第4636页。

5　（明）宋濂：《元史》卷二百九《安南传》，中华书局，1976，第4636页。

6　（明）宋濂：《元史》卷二七《英宗一》，中华书局，1976，第606页。

7　王颋：《轿象示尊——马可孛罗所记"大汗乘象"补释》，《驾泽抟云——中外关系史地研究》，南方出版社，2003，第88页。

8　（明）宋濂：《元史》卷一七九《贺胜传》，中华书局，1976，第4149页。

9　（元）虞集：《贺忠贞公墓志铭》，李修生主编：《全元文》（第27册），凤凰出版社，2004，第511页。

10　（元）郑元祐：《元故昭文馆大学士荣禄大夫知秘书监镇太史院司天台事赠推诚赞治功臣银青荣禄大夫大司徒上柱国追封申国公谥文懿汤阴岳铉字周臣第二行状》，李修生主编：《全元文》（第38册），凤凰出版社，2004，第719页。

11　（明）宋濂：《元史》卷一六七《刘好礼传》，中华书局，1976，第3925—3926页。

此外，元代驯象多来自我国的云南以及东南亚地区，史料中虽并未明确点出元代贡象的线路，但明代的贡象路线大致清晰，明代《云南通志》中记有从缅甸白古至云南境内的两条贡象路线[1]，而根据蓝勇先生的研究"从云南入境的贡象一般都是由普安辰沅东路经云南府昆明、曲靖府南宁、安顺州、贵阳府、镇远府、辰州府入江汉转京城"[2]。元代的贡象线路在部分路段或与明代有相同之处，特别是从缅甸地区的贡象。但在元人姚燧所作《潞国忠简赵公神道碑铭》中还提到元时有一条西蜀贡象线路："西蜀诸夷琛贡象马、百货，入京由梁而秦，道阻且迂。率舟达江陵，山塗五百里，止襄阳始可车，传驿不足，赋民百十为群负之，使急其行程。行或并日，一夫之力不能二钧，追马以驱，更代纷纷，人兽咸苦。浚故漕渠，灌以沮漳之水，达湖入白洑，通汉中、置龙冈、奉甲二水驿，四月而成。岁省劳废，不可皆箄，荆民惠之，曰赵公河，立石颂功。"[3] 在这段记述中，象与马并举，而非与百货同列，可见此处的象应是活体驯象，而非象制品。这条线路明显在缅甸贡象线路之北，所经路途更为难行。无论是哪条贡象路线，操纵如此庞大之兽远行实非易事，需要巨大的人力财力投入，故元臣赵天麟称"水陆转运，役人非细"[4]，元诗人艾性夫亦称安南贡象"半年传舍劳供亿，德色中朝动搢绅"[5]。而且在贡象入京的途中不只是有"乡邻空屋蔽垣，诸女郎僵走邀看"[6] 的盛景，更有着巨大的危险性，如王恽《哀老殷赋》中提及"至元十七年三月二十日，南诏进象过安肃州，军户老殷为象鼻束而死"[7] 的惨剧。

元帝频繁的索象和乘象行为，引起了众多朝臣和士人的不满，至元年间吏部尚书刘好礼进谏："象力最巨，上往还两都，乘舆象驾，万一有变，丛者虽多，力何能及。"[8] 元臣赵天麟亦多次上书进谏，他在《却贡献》中指出包括驯象在内的珍奇贡物

---

1 明《云南通志》卷十六《羁縻志》记载贡象道路，上路：腾冲—南甸—干崖—蛮哈山—天马关—猛密—宝井—瓦城—蒲甘—白故。下路：景东—普洱—西双版纳—老挝、泰国、下缅甸白古。参见（明）陈元阳《云南通志》卷十六《羁縻志·贡象道路》，万历刻本；蓝勇《明代贡象考述》，《古代交通生态研究与实地考察》，四川人民出版社，1999。

2 蓝勇：《明代贡象考述》，《古代交通生态研究与实地考察》，四川人民出版社，1999，第573页。

3 （元）姚燧：《潞国忠简赵公神道碑铭》，李修生主编：《全元文》（第9册），江苏古籍出版社，1999，第731页。

4 （元）赵天麟：《宣八令以达天下之恩威·却贡献》，陈得芝辑点：《元代奏议集录》（上），杭州古籍出版社，1998，第324页。

5 （元）艾性夫：《安南贡象》，杨镰主编：《全元诗》（第19册），中华书局，2013，第157页。

6 （元）许有壬：《亡室高阳郡夫人赵氏志》，李修生主编：《全元文》（第38册），凤凰出版社，2004，第490页。

7 （元）王恽：《哀老殷辞》，（元）王恽：《王恽全集汇校》，杨亮、钟彦飞点校，中华书局，2013，第318页。

8 （明）宋濂：《元史》卷一六七《刘好礼传》，中华书局，1976，第3925页。

有三大危害,"异物荡心,其害一也。使外国闻之,而以国家为有嗜好,其害二也。水陆转运,役人非细,其害三也。有三害而无一利"[1]。在《屏尤物》中,赵天麟指出:"夫牛马鸡犬之类,中国之所常有,上下之所共育,畜之无失其时,则所谓得实利而壮吾国之基。彼斑斓之兽,粲错之鸟,有之不足以增光,无之不足以为欿者,尽力而求之,则所谓受虚名而招外方之议也"[2],因此应该"凡犀象鸟兽、珍馐异味之献,不在贡典者一皆却之"[3]。元臣王恽在目睹驯象杀害军户老殷的惨状后亦指出:"我闻白传引驯象,为君讽谏何忠勤。禽珍奇兽贵不畜,此虽至驯安用云,伟哉乐天古良臣。"[4] 元代诗人艾性夫在《安南贡象》一诗中亦称"半年传舍劳供亿,德色中朝动搢绅。粉饰太平焉用此,只消黄犊一犁春"[5]。综上所述,我们可以发现朝臣士人认为驯象的数量不宜过多,归纳其主要理由有三:第一是驯象用处不大且具危险性;第二是贡象入京不仅劳民伤财,而且易引起藩属不满;第三,驯象属于奢侈之物,过多拥有和利用,有害朝廷和社会风气。史料中虽没有明确记录元帝对于这些反对声音的回应,但君主没有减少驯象需求,大量制造象舆,和频频乘象出行的行为其实已经表达了元帝并没有听从朝臣的意见。

综上所述,元帝与部分朝臣士人之间对于驯象的态度明显不同。对于元帝来说,驯象不仅是礼仪性动物,更是生活中的必需品,因此它和其他一般珍宝明显不同,故元帝对于驯象的需求和利用明显多于前代,甚至如元仁宗宁愿退却其他贡物,也不舍驯象。但这种行为并不能被大部分深受中原传统文化影响的朝臣士人们所理解,他们将元帝对驯象的喜爱与乘骑,看作与贪喜异域宝物等"异物荡心"行为同一性质的不良举动。在他们的观念中驯象用处十分有限,仅是崇典礼、壮声威之物,"有之不足以增光,无之不足以为欿"[6],因此认为驯象数量仅满足基本需求即可,不宜过多,以"化天下以德,示天下以无欲"[7]。元帝与朝臣之间对于驯象的不同认识的背后,反映着游牧民族统治者与信奉儒家思想的朝臣士人间的观念差异,元代君主喜驯象与冒险乘象的行为是有着其深刻的地理环境认识、生产生活经验以及宗教文化等因素的影响,而这些并不

---

1 (元)赵天麟:《宣八令以达天下之恩威·却贡献》,陈得芝辑点:《元代奏议集录》(上),杭州古籍出版社,1998,第324页。

2 (元)赵天麟:《屏尤物》,李修生主编:《全元文》(第28册),凤凰出版社,2004,第218页。

3 (元)赵天麟:《屏尤物》,李修生主编:《全元文》(第28册),凤凰出版社,2004,第218页。

4 (元)王恽:《哀老殷辞》,(元)王恽:《王恽全集汇校》,杨亮、钟彦飞点校,中华书局,2013,第319页。

5 (元)艾性夫:《安南贡象》,杨镰主编:《全元诗》(第19册),中华书局,2013,第157页。

6 (元)赵天麟:《屏尤物》,李修生主编:《全元文》(第28册),凤凰出版社,2004,第218页。

7 (元)赵天麟:《宣八令以达天下之恩威·却贡献》,陈得芝辑点:《元代奏议集录》(上),杭州古籍出版社,1998,第324页。

能被广大深受汉地传统文化影响的臣属士人所完全理解认知。

三 君主、菩萨与牧人：元代君主喜象、乘象原因探析

中国历史上，亚洲象最北的分布范围并没有突破黄河流域。因此，蒙古民族及其先辈长期并没有见过真正的大象。王颋先生根据《长春真人西游记》中丘处机一行人在邪米思干"观孔雀、大象，皆东南数千里印度国物"[1]的记载为依据，认为"元将臣最早见识这种巨兽，盖在合罕铁木真乘胜破灭花刺子模沙国之时"[2]。这与《史集》中成吉思汗释放撒马尔罕驯象的时间大致吻合。但从成吉思汗放象的举动可以看出，这一时期蒙古民族对于大象这种生物属性与功能的认识还相对有限。窝阔台时期，大象的形象已经开始在蒙古地区广为流传，如"他下令让著名的金工匠用金银为沙卜哈纳打造象、虎、马等兽形膳具"[3]。元代君主真正开始大规模引进并乘骑驯象是从忽必烈时期开始的，笔者认为

元代君主喜爱驯象，并频繁乘象的原因是多元的，这与汉地传统文化影响、元朝君主游牧民族身份与观念、宗教文化思想等均有关系。

首先是汉地传统文化的影响，在中国传统文化中，大象一直被视为祥瑞象征，这种观念早在汉代时就已广泛流行，"很多汉代画像中描绘驯象的画面，被赋予的主要是祥瑞的寓意"[4]，汉墓中频出的大象与骆驼画像亦"具有浓厚的升仙意味"[5]，这一意象也得到后代继承，并逐渐形成"太平有象"观念认知。元朝统治者虽为游牧民族，但对大象的祥瑞文化是认可和接受的，如在大驾卤簿等重大仪式典礼中，元帝依照中原传统制度使用驯象，在场合次数和规模头数上都超过前代。这种继承驯象礼仪作用的背后，蕴含着蒙古统治者对传统中原文化中驯象祥瑞思想的一种认可和继承。这一时期也出现众多以驯象等职贡动物为题材的艺术作品，"虽然将远方职贡的动物绘制为图亦非元代之首创，早在唐、宋时就有过很多此方面之先例，不过这种事例出现在元代的次数远比以往朝代明显要多"[6]。如元仁宗喜象，不仅在画家

---

[1] （元）李志常：《长春真人西游记》，党宝海译注，河北人民出版社，2001，第60页。

[2] 王颋：《轿象示尊——马可孛罗所记"大汗乘象"补释》，《驾泽抟云——中外关系史地研究》，南方出版社，2003，第78页。

[3] ［波斯］拉施特：《史集》（第二卷），余大钧、周建奇译，商务印书馆，1985，第69页。

[4] 参见黄剑华《汉代画像中的骑象图探讨》，《长江文明》2015年第2期。

[5] 参见王煜《汉代大象与骆驼画像研究》，《考古》2020年第3期。

[6] 杨德忠：《元代皇权意识下的书画活动及其政治意涵研究》，博士学位论文，南京艺术学院，2015，第165页。

李衎"适以考绩入觐,又命作《洗象图》"[1],而且更亲自"画大象图,赐皇太子"[2]。而在元代的众多诗词中,驯象作为元朝国家实力和祥瑞吉兆的象征,成为一种频繁出现的意象,如袁凯的"火鸡驯象时时贡,不数周家白雉来"[3];杨维桢的"睬舆服象,赂辇驯犀"[4];李齐贤的"越裳白雉黄支犀,眩人驯象能言鸟"[5] 等通过各地进贡驯象来展现元朝强盛的国力。又如王沂的"云端驯象扶雕辇,仗外明驼络宝珠"[6];吴浩的"高驼载宝氍毹丽,驯象腾车翡翠重"[7];周伯琦的"驯象宝辂鸣,紫驼锦幪鲜"[8] 等更是展现了元帝出行时的盛景。值得注意的是,如上所示元代诗词中所描绘的元帝出行仪仗中,驯象与骆驼常常是并列对应出现的,而大象与骆驼并行引路的景象在汉代的各种画像中就已频频出现[9],成为想象世界中的升仙吉兆,而这种景象在元代皇帝的每年频繁出行中却已真实出现。此外,"太平有象"也成为常用吉祥意象,如刘壎称元朝"太平有象,车同轨而书同文"[10];袁桷亦赞"方今伟绩无前,太平有象"[11];等等。

元帝对于驯象的喜爱和特殊利用在一定程度上也与这一时期藏传佛教在蒙古上层的盛行有一定关系。佛教在元代统治者中极受推崇,虞集称:"皇元混一海内,崇尚象教,度越前代"[12];黄溍亦指出:"佛灭度后,像教东传,而至我朝而益盛"[13];揭傒斯亦称:"圣主隆象教,金书开宝坊"[14],历代元帝更是以佛教高僧为师,可见佛教在这一时期之盛。在佛教中,象特别是白象是极为尊贵的动物,众多佛经中均有描述,如《过去现在因果经》载:

---

[1] (元) 张雨:《息斋道人传》,李修生主编:《全元文》(第34册),凤凰出版社,2004,第378页。

[2] (元) 虞集:《大象图赞》,(元) 苏天爵编:《元文类》(上),商务印书馆,1936,第233页。

[3] (元) 袁凯:《南京口号六首》,杨镰主编:《全元诗》(第46册),第393页。

[4] (元) 杨维桢:《飞车赋》,李修生主编:《全元文》(第41册),凤凰出版社,2004,第136页。

[5] (元) 李齐贤:《道见月支使者献马归国》,杨镰主编:《全元诗》(第33册),第344页。

[6] (元) 王沂:《送苏伯修侍郎扈跸之上京》,(清) 钱熙彦编次:《元诗选补遗》,中华书局,2002,第385页。

[7] (元) 吴浩:《二月八日驾幸柳林》,杨镰主编:《全元诗》(第40册),第214页。

[8] (元) 周伯琦:《入居庸关》,杨镰主编:《全元诗》(第40册),第395页。

[9] 参见王煜《汉代大象与骆驼画像研究》,《考古》2020年第3期。

[10] (元) 刘壎:《圣节启建祝香》,李修生主编:《全元文》(第10册),江苏古籍出版社,1999,第511页。

[11] (元) 袁桷:《谢阁学士》,(元) 袁桷:《袁桷集校注》,杨亮校注,中华书局,2012,第1730页。

[12] (元) 虞集:《断崖和尚(了义)塔铭》,(元) 虞集:《虞集全集》(下),王颋点校,天津古籍出版社,2007,第998页。

[13] (元) 黄溍:《衢州大中祥符寺记》,李修生主编:《全元文》(第29册),凤凰出版社,2004,第350页。

[14] (元) 揭傒斯:《送陈讲主奉诏校经罢归余杭》,杨镰主编:《全元诗》(第27册),第304页。

"尔时菩萨，观降胎时至，即乘六牙白象，发兜率宫无量诸天，作诸伎乐，烧众名香，散天妙花，随从菩萨，满虚空中，放大光明，普照十方。"[1]《摩诃止观》载："言六牙白象者，是菩萨无漏六神通，牙有利用如通之捷疾，象有大力表法身荷负，无漏无染称之为白。"[2]《六度集经》载："昔者菩萨，身为象王。"[3] 此外，佛生于天竺时，"假形于白净王夫人，昼寝梦乘白象身有六牙欣然悦之，遂感而孕"[4]。因此，在佛教观念中，白象是菩萨的化身，有着极为尊贵的地位。在佛教造像与绘画中，象的形象更是频频出现，如文殊菩萨所乘六牙白象，东方不动如来像底座动物造型为八只大象，等等。此外，各大护法神亦有乘象者，而"象的大小经常被比喻成雪山崩裂的大块"[5]。这些佛家造像与绘画中象的形象，在一定程度上也是多数蒙古贵族与民众最早接触到的大象形象。与此同时，自忽必烈等蒙古上层接受藏传佛教后，蒙古统治者是菩萨化身的观念开始广为流传。如在八思巴致忽必烈的新年吉祥祝词中，称忽必烈为"皇子菩萨"[6]（1255、1256）、"人主皇子菩萨"[7]（1258）。1330年抄本蒙古史料《十善福经白史》中首先称成吉思汗为瓦其尔尼（菩萨）之化身，并且载："圣雄成吉思罕向大萨斯贡嘎宁卜喇嘛乞请曰：'欲俾吾子孙世代成至上菩提斯特种属'……因得天命，延至三代诞生满珠希里·菩提斯特化身——忽必烈皇帝"[8]，其中的菩提斯特即菩萨之意。由此可见，在元代，蒙古统治者已经有了自己即菩萨化身的意识。

"一切菩萨入母胎时作白象形"[9] 以及象王是菩萨化身的观念，使元代君主、菩萨以及驯象紧密相连。在一定程度上，拥有众多驯象以及频频乘象的行为本身就是彰显元代皇帝菩萨转世身份的重要象征。此外，在蒙古统治者所信奉的藏传佛教中，转轮王的"七政宝"中就有大象宝，它是

1　（南朝宋）求那跋陀罗译：《过去现在因果经》，《中华大藏经》编辑局：《中华大藏经（汉文部分）》（第34册），中华书局，1988，第517页。

2　（隋）智顗：《摩诃止观》，《中华大藏经》编辑局：《中华大藏经（汉文部分）》（第94册），中华书局，1995，第705页。

3　（三国吴）康僧会：《六度集经》，蒲正信注，巴蜀书社，2001，第135页。

4　（梁）僧祐编撰：《弘明集》卷一《理惑论》，刘立夫、胡勇译注，中华书局，2011，第18页。

5　[奥地利]内贝斯基·沃杰科维茨勒内·德：《西藏的神灵和鬼怪》，谢继胜译，西藏人民出版社，2000，第15页。

6　（元）八思巴：《八思巴致元世祖忽必烈的新年吉祥祝辞》，陈庆英译，《西藏研究》1987年第2期。

7　（元）八思巴：《八思巴致元世祖忽必烈的新年吉祥祝辞》，陈庆英译，《西藏研究》1987年第2期。

8　鲍音译：《〈十善福经白史〉浅译》，《蒙古学资料与情报》1987年第2期。

9　[古印度]世友菩萨：《异部宗轮论》，（唐）玄奘译，上海影印宋版藏经会：《影印宋碛砂藏经》（第422册），民国二十四年涵芬楼影印长安卧龙寺开元寺藏宋元间刊本，第87页。

转轮王的坐骑，"心有灵犀地追随着其主人的精神指引"[1]，不仅"代表了佛陀的四神足：欲定断行具神足、心定断行具神足、勤定断行具神足和观定断行具神足"[2]；也"代表了转轮圣王的权力和力量，同时也代表了善良、智慧和自我控制"[3]。由此可见，宗教因素在一定程度上亦是蒙古贵族喜象、乘象的重要因素之一。

中国历代王朝均有崇佛君主，但无有元代君主那样喜象、频繁乘象者。王颋先生"赞叹蒙古君主的无畏精神，特别是乘坐'驯象'跋山涉水以克靖内乱的壮举"[4]。这种独特行为与蒙古统治者游牧者的身份密切相关。在游牧生产中，需要频繁的长距离移动，而保证这种移动的就是各类牲畜，人可以借助马、驼等牲畜的移动能力，牛羊等牲畜可以凭借自身的移动能力来保持长距离移动，从而形成所谓"逐水草而居"的局面。在这种移动节奏中，中原汉地常用的车（不同于牧民移动时的勒勒车）很难发挥其作用，特别是在放牧过程中，马等牲畜的移动能力相对更强，更为灵活，而且相对于车舆的维修与保养，马的饲养与更新换代均较为容易。因此，蒙古民族对于乘骑牲畜的需要远大于对汉地车舆之需求。故元朝建立后，传统社会宫廷的各类车舆多被淘汰，而骑乘比重却极大增加。其中，驯象就是使用较为频繁的一种。在有游牧者背景的蒙古统治者视角下，象与其他五畜一样，亦是有相当移动性的物种。而且象体型大、力量巨，既有马的速度，又有牛等大型牲畜的力量与耐力，既能保证移动性，又有战斗力与威慑性，平时可用于骑乘，战时则可化为武器，且象易驯化，可谓是极佳的骑乘。

关于象易驯化且行走速度快的特点，其实早已被中原地区民众所认知，早在商代，可能就有贵族将象用于骑乘[5]。之后通过与西南民族的战争，象的作用更为人所知，王安石甚至"以为自前代至本朝，南方数以象胜中国"[6]。关于象及象制品的利用更是不绝于书，可见汉地民众对于象的认识是较为全面的。但汉地农业生产并不需要长距离的移动，其移动性的需求与能力远低于牧民，一般的车舆即可满足。象的快速与巨力，在农民视角下，更多的是一种威胁与恐惧。虽然古时曾有利用大象巨力进行耕作的事例，但随着农业人口的增加，在极为有限的田亩使用如此大型的

---

1 ［英］罗伯特·比尔：《藏传佛教象征符号与器物图解》，向红笳译，中国藏学出版社，2007，第45页。
2 扎雅·罗丹西饶活佛：《藏族文化中的佛教象征符号》，丁涛、拉巴次旦译，中国藏学出版社，2008，第75页。
3 扎雅·罗丹西饶活佛：《藏族文化中的佛教象征符号》，丁涛、拉巴次旦译，中国藏学出版社，2008，第74页。
4 王颋：《轿象示尊——马可孛罗所记"大汗乘象"补释》，《驾泽抟云——中外关系史地研究》，南方出版社，2003，第89页。
5 参见王敏《商人服象用途研究》，《文物世界》2016年第2期。
6 （元）脱脱：《宋史》卷一百九十七《兵十一》，中华书局，1977，第4914页。

力畜是不经济、不现实的。在后世"象耕"也仅成为帝舜王化、道德的象征，而不具有实际的农业指导意义。故在中原视角下，象首先是不同一般的可怖异兽，是只有重大礼仪中才可出现的政治性动物，更是国家力量的象征，不可能随便出现与利用。

综上所述，元代君主不同以往的驯象需求和利用方式，是由汉地传统文化影响、元朝君主游牧民族身份与观念、宗教文化思想等多种原因造成的。作为大一统王朝的君主，元代统治者在一定程度上继承了传统中原文化中关于大象祥瑞乃至谶纬思想，并将其广泛用于重大典礼和实际生活中，以彰显强盛国力及正统性。作为佛教观念中菩萨的转世，元代统治者更加重视驯象的地位和价值。大象在一定程度上兼具了政治与宗教的正统性与崇高性，成为元帝至高政治身份与宗教身份的双重象征。而作为草原牧人，元代统治者对于力量的崇拜以及移动性的需求远大于重视仁礼、经营农桑的汉地君主。在此视角下，驯象不是可怖的异域野兽，亦不是用处有限的"摆设"，而是与蒙古五畜一样的可以在生活中频繁利用的优秀物种。君主、菩萨、牧人的三重身份和视角使得元代君主对于驯象的认识与利用自然不同于传统中原王朝统治者和深受儒家思想影响的朝臣与士人。

四 结论

民谚曰："南人不梦驼，北人不梦象"[1]，意为"骆驼生活在北方，南方人不会梦见；大象生活在南方，北方人也不会梦见。借喻人不能离开生活经验而去凭空想象"[2]。而作为来自蒙古草原的元代蒙古统治者，不仅没有排斥这种之前从未见过的远方异兽，反而对其喜爱有加，在利用规模和方式上亦不同于其他王朝。元代统治者首先继承了之前历代王朝对于驯象在重大典礼中的利用，使驯象在礼仪、政治上的作用得到延续与发展。与此同时，元代统治者结合自己民族思想文化，将驯象的使用范围进行了扩大，使其不仅是一种礼仪性动物，更成为现实生活中的必需品。如元代驯象不仅在宫廷筵席上用于搬运，在打猎、军事演习乃至战争中作为武器和临时指挥所，更在每年两都之间的巡行中频频作为乘骑的交通工具。元代君主不同以往的用象规模和方式是多数深受汉文化影响的臣僚和士人难以理解的，在他们的观念中，驯象与异域珠宝一样是可有可无的"荡心之物"，君主亲自频繁骑乘驯象容易发生危险，而大量驯象的引进不仅劳民伤财，更影响朝廷在藩属中的形象，因此

---

[1] 此民谚出自宋代戏曲剧本《张协状元》第四出，原文为："南人不梦驼，北人不梦象。若论夜间底梦，皆从自己心生。"参见（宋）九山书会编撰《张协状元》，胡雪冈校释，上海社会科学出版社，2006，第23—24页。

[2] 耿文辉：《中华谚语大辞典》，辽宁人民出版社，1991，第690—691页。

频频上书劝诫，但收效甚微。

  元帝与部分臣僚士人关于驯象认识与利用的矛盾根源在于二者在经济、文化、宗教等方面的不同。元代统治者不仅是大一统王朝的统治者，更有转世菩萨和草原牧人的身份。作为王朝统治者，他们重视驯象传统的礼仪作用和祥瑞象征意义；作为转世菩萨，驯象在其观念中就不再简单是一种礼仪用物，而是兼具政治和宗教双重意义，是元帝至高政治和宗教地位及正统性的象征；作为牧人，其对移动性的需求与对力量的崇拜远高于农业人群，故驯象在其视野中，是与其他五畜一样可以在生活中利用的"大牲畜"，而非农民眼中仅具国家礼仪性质的可怖之兽。总之，元代君主对于驯象的巨大需求和特殊利用不能仅以崇礼仪、壮声威的理由简单解释，其背后实则蕴含着元帝多元的身份与思想文化观念，这也是元代特殊政治文化和时代特征的一种体现，值得我们继续深入研究。

晚明《程氏墨苑》中《周易》图像考论*

■ 陈居渊（安徽大学徽学研究中心　复旦大学哲学学院）

《程氏墨苑》是明代万历年间（1573—1620）由徽州墨商程大约编写的一部墨谱，共收录500余幅制墨图像。这些图像绘制精美，内容丰富，编纂形式独特，深受文士缙绅的推崇，被誉为晚明徽州四大墨谱之一，在当时和后代都产生了广泛的社会影响。对此，中外学者纷纷从文化价值、中西艺术、宗教传播等视角，对这些图像中所涉及的山水风光、戏曲小说、宗教神话等内容进行了有益的探讨，成果斐然。该墨谱中绘有27幅以《周易》为题材的图像以及四十余篇题赞，不仅形式多样，寓意新颖，而且对《周易》卦象的基本属性作出了生动的展示与解读，表达了晚明学人对《周易》新的认识与理解，体现出很高的学术个性和《周易》研究的多途面向。由于这些《周易》图像较为罕见，又不见著录于传世的各类易学著作之中，所以每每被易学研究者所忽视。本文尝试对这些《周易》图像作一些初步的考察，以求正于专家学者。

一　程大约其人其书

程大约（1541—？）字幼博、君房，号筱野、独醒客、玄玄子、玄居士等，晚明徽州歙县岩镇人。早年入北京国子监学习，希望进入仕途；后多次参加科举考试，但是屡屡名落孙山，不得已在北京捐得一个鸿胪寺序班的官职，所以人们又称他为"程鸿胪"。作为晚明的制墨大师，程氏不仅制墨精良，而且一生勤于著述，计有《程氏墨苑》《程幼博集》《圜中草》《徽郡新刻名公尺牍》等多种著作传世，其中最为人们称道的就是《程氏墨苑》。现存《程氏墨苑》有多种版本。据《徽州文献综录》所载达十二种之多，其中常见的则有十二卷本与十四卷本2种。《程氏墨苑》中的图像，分为《玄工》《舆地》《人官》《物华》《儒藏》《缁黄》六大类，从天文到地理，从自然物到人造物，从儒学到佛

---

* 本成果得到国家社会科学基金重大招标项目"周易图学史研究"（编号17ZDA011）资助。

学、道学以及西学（天主教），几乎包括了当时社会的方方面面。晚明著名画家董其昌曾经给予高度赞誉："百年以后，无君房而有君房之墨；千年以后，无君房之墨而有君房之名。"[1]

将《周易》图像融入墨图，并不是程大约的首创，稍早于《程氏墨苑》出版的方于鲁的《方氏墨谱》，其中就载有"乾之大有""乾之同人""革""鼙鉴图"等四幅涉及《周易》内容的图像，遗憾的是这四幅《周易》图像尚未配有题赞这类的文字解读，从而流于为制墨图形的多种点缀，直到程氏的《程氏墨苑》才具有图文并茂的《周易》图像。其中与《周易》相关的图像则分见于该墨谱中的《玄工》、《物华》与《儒藏》三类。《玄工》载有"太极图""根阴根阳图""易有太极图""河图""洛书图""飞龙在天图""时乘六龙以御天图"等7幅。《物华》载有"丛蓍图"一幅，《儒藏》载有"伏羲八卦图""伏羲六十四卦方位图""龙行雨施图""牝马之贞图""明两作离图""坎水洊至图""随风申命图""洊雷主器图""兼山艮止图""丽泽为兑图""君子解小人退图""鼎黄耳图""鸿渐于仪图""鸣鹤在阴图""中浮鸣和图""三变大成图""天地人三才图""墨卦图""东斋注易图"等19幅，共计27幅《周易》的图像，在其灵巧的线条与动态中分别凸显了《周易》的起源、乾、坤、离、坎、巽、震、艮、兑、解、鼎、渐、中孚十二卦的基本卦象属性以及自拟卦象、占筮。为了便于当时读者了解这些《周易》图像的基本卦象属性和寓意，每一幅《周易》图像都配有篇幅不一、字数不等、不拘形式的题赞，从而表述个人对此图像的不同理解与解说。据粗略的统计，其中有朱之蕃、程涓、焦竑、乐元声的"太极图赞"和汪良桢的"太极图说"，焦竑、沈谐、汪良桢的"河图赞"，焦竑的"洛书赞"，于若瀛、项德棻、汪圣修的"丛蓍图赞"，洪自宽的"伏羲四图说"，顾秉谦的"龙行雨施"（乾卦题赞），常道立、沈淮的"牝马之贞"（坤卦题赞），沈淮、王衡的"坎卦赞"，焦竑的"巽卦赞"，陈子龙的"洊雷主器"（震卦题赞），汤宾尹的"兼山艮"（艮卦题赞），焦竑的"丽泽为兑"（兑卦题赞），朱之蕃的"解退颂"（解卦题赞），许獬的"鼎黄耳"（鼎卦题赞），赵世显、程大约、朱宗吉的"鸿渐羽仪"和"鸿渐于陆"（渐卦题赞），张敉、程大约的"鸣鹤在阴"和"中孚鸣和"（中孚卦题赞），赵世显的"虎豹其文"（革卦题赞），程涓的"墨卦"（墨卦说），程辅父的"东斋注易有引"和汤宾尹的"东斋注易铭"等达四十篇之多。如此集中的题赞，这在《程氏墨苑》的各类图像中也是绝无仅有的。同时，这些被约请题赞的人物，都是万历一朝的社会精英和著名学者。其中赵世显、乐元声、于若瀛都是万历十一年（1583）

---

[1] （明）董其昌：《程氏墨苑序》，《程氏墨苑·诗文》卷二，《续修四库全书》1114册，子部，谱录类，上海古籍出版社，2002，第302页。

的进士，常道立是万历十三年（1585）的举人，万历十四年（1586）联捷三甲进士。焦竑是万历十七年（1589）的状元，明代著名学者。沈潅、朱化孚都是万历二十年（1592）的进士，朱之蕃是万历二十三年（1595）的状元，顾秉谦是万历二十三年（1595）的进士，汤宾尹是万历二十三年（1595）的榜眼，王衡是万历二十九年（1601）的榜眼，许獬是万历二十九（1601）的进士，唯有陈子龙是崇祯十年（1637）的进士。也正因此，这些图文并茂的《周易》图像，不仅使墨图具有浓厚的儒家思想色彩，而且具有较高的学术品位。歙县知县彭好古曾经这样描述他见到《程氏墨苑》图像的感受："墨苑者，程氏君房署其所制墨图，暨海内名士之搦管品题者也。以其儦也，故称苑也。"[1] 试想，一个从事于制墨的商人为了营销而出版制墨图像集，在古代本属常见之事，然而《程氏墨苑》何以能得到如此之多的社会名流和学者不遗余力地追捧和认同，这在中国历史上是也是不多见的，其中原因值得玩味。

首先，晚明在中国历史上是一个引人注目的历史时期。它与历史上任何一个王朝末世的"天崩地解""纲纪凌迟"的衰败景象不同，处处呈现出去朴从艳，好新慕异的社会风尚，心学、狂禅以及市民文化的兴起，艺术个性得到了前所未有的张扬，呈现出一派繁荣的景象。明末清初江西学者徐世溥曾经有这样的一种观察："当神祖时，天下文治向盛。若赵高邑、顾无锡、邹吉水、海琼州之道德风节，袁嘉兴之穷理，焦秣陵之博物，董华亭之书画，徐上海、利西士之历法，汤临川之词曲，李奉祠之本章，赵隐君之字学，下而时氏之陶，顾氏之冶，方氏、程氏之墨，陆氏攻玉，何氏刻印，皆可与古作者同敝天壤。"[2] 文中的"神祖时"，即指明代万历时期，所谓"程氏之墨"，即指程大约的制墨工艺，这表明他的制墨工艺水平在当时不仅已经得到社会的认同，而且已成为一种社会时髦，甚至可以与赵南星、顾宪成、邹元标、海瑞、袁黄、焦竑、董其昌、徐光启、利玛窦、汤显祖、李时珍等社会名流与学者比肩了。也正因此，制墨家为了迎合文士缙绅在赏墨、藏墨的过程中对墨之铭文、图案及形状新的要求，促使程大约制墨图像偏重于文化内涵，选择了具有学术性格的《周易》图像，从而适应当时一般读书人的文化需求与学术期待。

其次，制墨工艺不仅被当时读书人视为弘扬儒家文化的一种重要媒介，而且更被理解为学问与技能相得益彰的体现，甚至将其比喻为形而上与形而下的道（学问）艺（技能）相生关系。如江苏学者管志道在《题程君房墨苑》一文中说："今儒者类曰：道成而上，艺成而下云尔，乃孔子论学，志于道而游于艺，然则艺亦道中物

---

1 （明）彭好古：《墨苑叙》，《程氏墨苑·诗文》卷三，《续修四库全书》1114册，子部，谱录类，第310页。

2 （清）黄宗羲：《明文海》卷二百五十四《序》四十六《莲须阁集序》，清涵芬楼钞本。

也，故道至于御天立极，必传艺。"[1]《周易》是中国传统思想文化中自然哲学与人文实践的理论根源，是中华民族思想、智慧的结晶，被誉为"大道之源""群经之首"，内容极其丰富，对中国古代的政治、经济、文化等各个领域都产生了极其深刻的影响。《易·系辞》："形而上者谓之道，形而下者谓之器。"在中国文化中，形上与形下是统一而不可分的，强调"以道统艺，由艺臻道"，将求道作为最根本的指归。也正因此，《程氏墨苑》中绘有众多《周易》的图像和题赞，也正是这种儒家道艺观念在墨谱中的具体反映。

最后，明代是一个非常注重图像的时代。英国学者柯律格说："明代的世界中，充满了图画；墙上的、纸上的、丝绢上的图画，书本中的，过年时门上贴的印制图画，信笺和契约文书上的图画，富人们吃饭用的碗，用以纪念重要节日和过渡礼仪的屏风上的图画，陶瓷上绘制的图画，漆器上雕刻的图画，制成衣物的丝绸上的图画。"[2]"差不多无书不插图，无图不精工"，反映在《周易》研究领域的，就是以图像为主体的"图书"易学成为易学界的领头羊，学者们热衷于创作各类《周易》图像。如绘制"河图""洛书""太极图""先天图""伏羲八卦方位图""文王八卦方位图"等追溯《周易》的渊源，甚至还被尊崇为理学的渊源所在。如学者耿介就指出："太极之说，……至朱子表彰而发明之。由是太极一图，遂为天命源头、圣教统宗，理学真传。学者须先识此。"[3] 有所谓"舍图书无以见易""专以图书为作易之由"一说。因此，在"文房四宝"之一的墨面上画入《周易》图像，成为墨商新的选择，也印证了这一时代特征。

二 《程氏墨苑》中《周易》中的图像的基本特点

《程氏墨苑》中的《周易》图像，传承宋儒解读《周易》的"河图""洛书""伏羲八卦方位图""六十四卦图"等图像，改造宋儒解读《周易》的"太极图"图像，是其基本特点。

（一）传承和解读宋儒《周易》中的河图、洛书图像

"河图""洛书"之名，首见于《易·系辞》，云："河出图，洛出书，圣人则之。"此后，"河图""洛书"作为《周易》语境中的关键词，频频出现于历代各类研究《周易》图像的著作中，成为从业《周易》研究的学者绕不开的话题，人们在醉心于探索其图像的同时，对它的认识，往

1　（明）管志道：《题程君房墨苑》，《程氏墨苑·诗文》卷二，《续修四库全书》1114 册，子部，谱录类，第 297 页。

2　[英] 柯律格：《明代的图像与视觉性·导论》，北京大学出版社，2011，第 12 页。

3　（清）唐鉴：《国朝学案小识》卷五《守道学案·登封耿先生传》，《四部备要》本，第 7 页。

往往局限于"龙马负之于身,神龟列之背"这一模糊的历史陈述。至于河图与洛书的具体而又清晰的图像,则始见于北宋学者刘牧根据《尚书·洪范》的内容推衍而绘制出黑白点子的"河图""洛书"二图,从而证明《周易》的起源与河图、洛书之间的内在联系。此后朱震的《汉上易传》、杨甲的《六经图》、程大昌的《易原》、林栗的《周易经传集解》、朱元升的《三易备遗》、雷思齐的《大易象数钩深图》等都纷纷效仿刘牧之图而拟制图式不一的河图、洛书,尤其是朱熹将此二图冠以《周易本义》卷首加以尊崇,由此黑白点子的"河图""洛书"的图像得到了广泛的传播与认同,元明两代成为《周易》图像中的首选。《程氏墨苑》中的"河图""洛书"图像,则在朱熹所绘制的"河图""洛书"二图的图式上面各增饰了二层圆圈,同时将原来独立的黑白小圆点个体连串为一幅整体图形,并且标上篆体的河图、洛书字样。(见图1)

与朱熹二图不同的是,河图画面背后镌有晚明学者焦竑所作的题赞:"景龙呈文,易数斯显,四十有九,厥名大衍,环

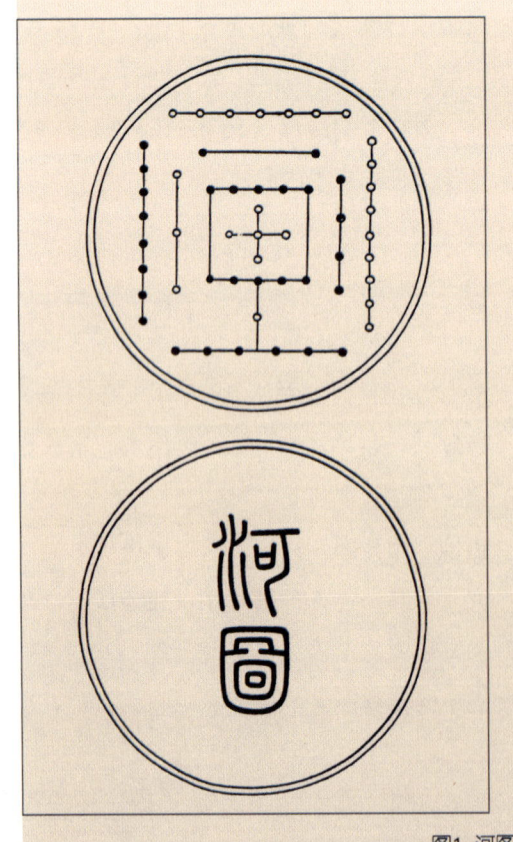
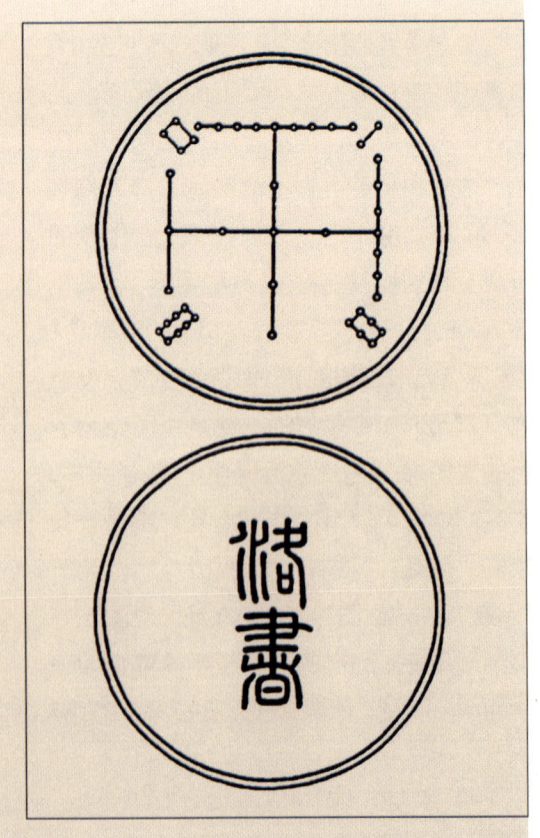

图1 河图、河书

中无穷，一焉常虚，畴能演之，载茗一车。"洛书画面背后亦镌有焦竑所作的题赞："洛有龟书，易象所祖，天苞欲开，地符斯吐，如綦斯布，道乃有常，君子体之，立不易方。"[1] 焦竑对河图、洛书的题赞，显然是袭用了汉代纬书《春秋纬》"河以通乾出天苞，洛以流坤吐地符"的观念而加以引申。这一观念虽然在宋初便遭到了刘牧、欧阳修、程颐等学者的质疑与抑制，认为这纯粹是一种荒诞之说，南宋学者陆九渊更直言"《河图》属象，《洛书》属数，《先天图》非圣人作《易》之本旨，有据之以说《易》者陋矣"。[2] 但却是宋元以来学者解读河图、洛书的一种普遍认知，如朱熹就坚信不疑。他说："以'河图''洛书'为不足信，自欧阳公以来，已有此说。然终无奈《顾命》《系辞》《论语》皆有是言，而诸儒所传二图之数，虽有交互而无乖戾，顺数逆推，纵横曲直，皆有明法，不可得而破除也。"[3] 又如元代学者吴澄也认为："河图者，羲王画卦之前，河有龙马出，而马背之旋毛有此数也。"[4] 就是明证。

事实上，《周易》的所谓象即是图，所谓辞即为书，伏羲所作一奇一偶的八卦，就是图像；文王、周公所作的卦爻辞，实质皆是书。伏羲当时在"陈河"建都，周朝兴于"雍洛"之洛，"河""洛"都系地名，而"图"与"书"都出自这两个地方，所以说"河出图，洛出书"。清代有学者就认为："所谓图者，易之图也，爻画奇偶之象也，包牺氏作也。所谓书者，易之书也，系象之辞也，文王周公作也。羲皇出于河，周家宅于洛，故曰河出图，洛出书也。图书未作，圣人则神物、效变化、象吉凶而作图书，图书既作，则图书也。"[5] 从实证的角度确认产生河图洛书的地理位置，并不是严格意义上的历史证据，而是一种假设的文化意义上的出处，所以福建同安学者许獬不无感慨地说"河洛事已远，圯桥迹亦虚"，[6] 否认了河图、洛书的正当性。近代学者章太炎则认为河图、洛书是一种地图，是伏羲之前的贤者所画，所谓"河图者，括地者也""禹之洛书，其犹是图"。[7] 不过，从《程氏墨苑》所绘制的"河图""洛书"的图像与题赞来看，显然是传承了宋儒解读《周易》有关河图、洛书的图像，传递出晚明学人对宇宙本源

---

[1] （明）焦竑：《河图赞》《洛书赞》，《程氏墨苑·墨谱》卷一上，《续修四库全书》1114 册，子部，谱录类，第 4、6 页。

[2] 《陆九渊集》卷三十六《年谱》，中华书局，1980，第 503—504 页。

[3] 《晦菴先生文集》卷三十八《答袁仲机》，影印上海涵芬楼藏明刊本。

[4] （元）吴澄：《易纂言外翼》卷七，清文渊阁四库全书本。

[5] （清）赵继序：《周易图书质疑》卷十三《参两倚数图》，清文渊阁四库全书本。

[6] （明）许獬：《石室观书》，《程氏墨苑·墨谱》卷三上，《续修四库全书》1114 册，子部，谱录类，第 108 页。

[7] 章太炎：《訄书》二十三《河图》，《訄书详注》上，上海古籍出版社，2017，第 347、384 页。

的感知，从而为后人追溯《周易》的源头留下更多的想象空间。

（二）传承与解读宋儒《周易》中的"伏羲八卦方位图""伏羲六十四卦方位图"图像

伏羲八卦方位图，亦称小圆图。北宋学者邵雍据陈抟以乾坤坎离为四正卦的先天图像，以《易·说卦》"天地定位，山泽通气，雷风相薄，水火不相射，八卦相错"的理论，进一步说明八卦所居方位，即乾一居南，坤八居北，以水火不相射为离三居东，坎六居西的图像。伏羲六十四卦方位图，也称小圆图，是北宋邵雍提出的先天图式之一。据朱熹的《周易本义》解说，圆图代表天体运行周期，即阴阳流行的时间过程。圆中的方图代表四方，即以阴阳所定之方位，整个图式所表达的是邵氏对宇宙时间和空间模式的想象。邵雍、朱熹之后，"伏羲八卦方位图""伏羲六十四卦方位图"混充于各类《周易》著作中，成为论《易》者的必选图像。《程氏墨苑》则在宋儒绘制的原图基础上重饰以圆圈，取消了原图所标明的卦名与方位的名称，将原图中心圆所标明的"太极"字样改为"八卦方位"，尽管内容基本一致，但是给人以更为简洁明了的视觉效应。（见图2）

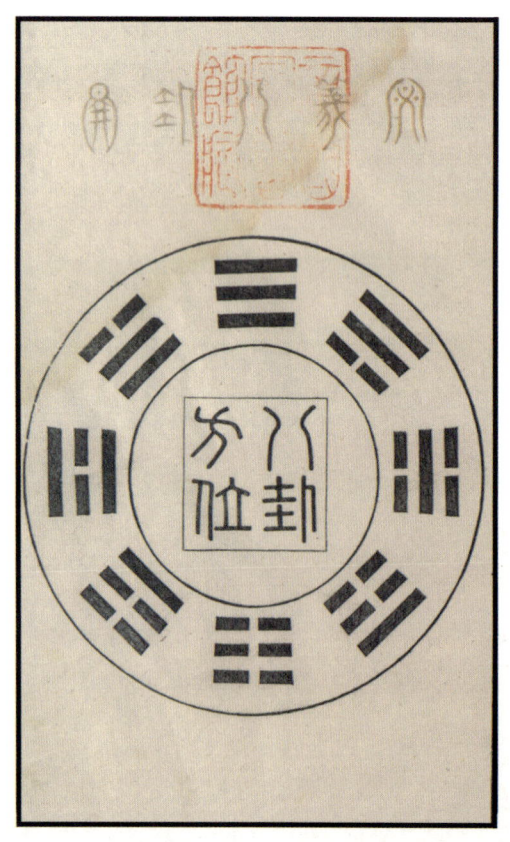
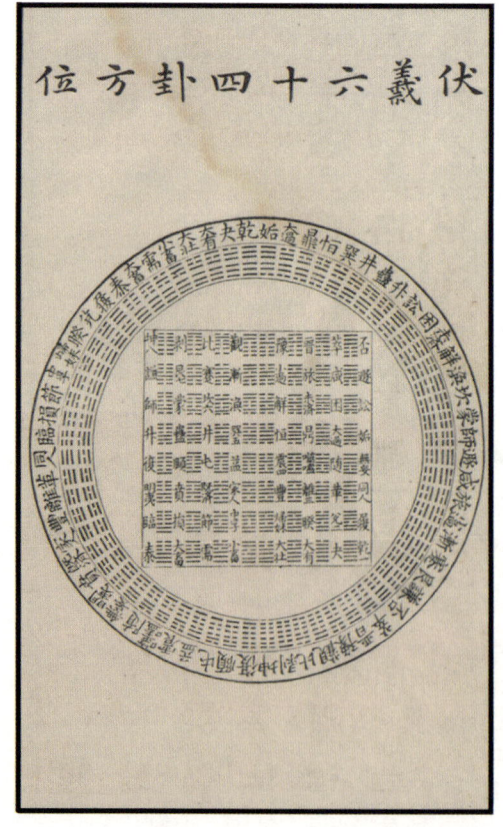

图2 伏羲八卦方位图、伏羲六十四卦方位图

由此可见，《程氏墨苑》中的《周易》图像，虽然重饰了邵雍、朱熹拟定的"伏羲八卦方位图""伏羲六十四卦方位图"二图图式，但是同样具有认同该图像的象征性意义。洪自宽的《伏羲四图说》云："此图圆布者，乾尽午中，坤尽子中，离尽卯中，坎尽酉中，阳生于子中极于午中，阴生于午中极于子中，其阳在南，其阴在北方。布者，乾始于西北，坤尽于东南，其阳在北，其阴在南，此二者，阴阳对待之数。圆于外者，为阳。方于中者，为阴。圆者，动而为天。方者，静而为地者也。"[1] 细考洪氏对八卦与六十四卦对应方位的论述，不难发现，全文正录自朱熹《周易本义》卷首"伏羲八卦次序""伏羲八卦方位""伏羲六十四卦次序""伏羲六十四卦方位"四图总体论述的"后序"。朱熹借助《易传》提供的庖牺氏"仰则观象于天，俯则观法于地"的话来论证八卦与六十四卦卦象起源与产生，然而对其由来则语焉不详。于是通过画图结合爻辞内容进行观察总结，再加上个人的比附发挥，虽然带有明显的牵强附会的痕迹，但是终究提升了人们探索易学象征宇宙自然在阴阳化育沟通中生生不息的古代宇宙图式演化的思维，这也是古代易学家的惯例。因此，《程氏墨苑》的"伏羲八卦方位图""伏羲六十四卦方位图"不仅传承了宋儒的《周易》图像，而且对这些图像的解读也是传承了宋儒之说。

（三）改造和解读宋儒《周易》中的"太极图""根阴根阳图"

"太极图"相传由北宋道士陈抟所传。据史书记载，陈抟曾将"后天太极图"、"八卦图"、"河图"以及"洛书"传给其学生种放，种放又分别传给穆修、李溉等人，后来穆修将"太极图"传给周敦颐。周敦颐著《太极图说》加以解释。现在我们看到的太极图，就是北宋学者周敦颐所传，由朱震保存。宋元明以来，太极图成为易学研究领域的一时之选，清代学者全祖望曾经指出："自先天、太极之图出，儒林疑之者亦多，然终以其出于大贤，不敢立异。即言之，嗫嚅莫能尽也。至先生而悉排之，世虽未能深信，而亦莫能夺也。"[2] 不过，由于学者对"太极"一词内涵的不同理解，导致其图式也随之纷繁多变，虽然仍名其为"太极图"，但是其图形与内容已大相径庭，先后有所谓的"空心圆"图形的"太极图"、"阴阳鱼"图形的"古太极图"等，又有所谓的"太极后图""太极河图""太极自然图""循环太极图"等，可谓不一而足。考之《程氏墨苑》所画的"太极图"图式，事实上与周敦颐的

---

[1] （明）洪自宽：《伏羲四图说》，《程氏墨苑·墨谱》卷五上，《续修四库全书》1114 册，子部，谱录类，第 194 页。

[2] （清）黄宗羲：《宋元学案·濂溪学案》下，全祖望"按语"，中华书局，1989，第 518 页。

"太极图"图式有了很多新的改变：

（1）舍去了周敦颐"太极图"五种分图中的四种图式，即最上一层的空心圆圈图式、第三层的五行变合图式、第四层的阴阳交感图式和第五层的万物生化图式，仅取第二层的黑白对半的三轮圆圈图式，外加一大圆圈为"太极图"。

（2）将周敦颐"太极图"的第二层黑白对半的阴静阳动三轮圆圈图式，改变为象征阳含于阴黑白相间的三轮圆圈图式。

（3）将周敦颐"太极图"的第三层黑白对半的阴静阳动多层圆圈的中心小白圆圈，改变为黑白对半的阴静阳动多层圆圈的中心黑白对半的小圆圈。

（4）将宋中叶出现的"龙马图"改变为"根阴根阳图"。（见图3）

这些对周氏《太极图》图式的简化，事实上否定了周敦颐所绘制的有关表示混沌未分的世界本源（最上一层的空心圆圈图式）、象征阴阳变化而产生水火木金土的五行（第三层的五行变合图式）、象征阴阳二气与五行交感而成事物（第四层的空心圆圈图式）和生生不已、变化无穷的宇宙的生成论（第五层空心圆圈图式）等图式，从而凸显以内涵阴阳动静为特征的（第二层黑白对半的阴静阳动三轮圆圈图式）为"太极图"，而图式中的空心小圆圈仍以黑白分判，以彰显"太极图"所蕴含的阴阳

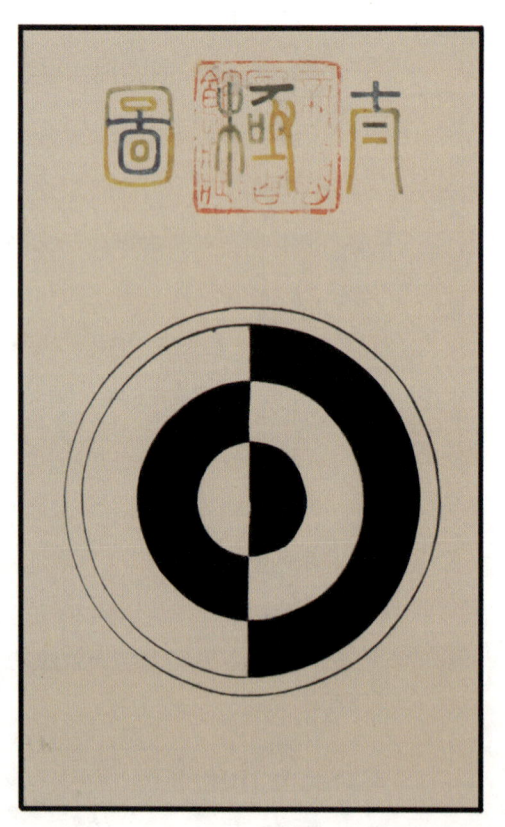 

图3　太极图、根阴根阳图

互动之义。同时，又根据周敦颐《太极图说》一文中所说的"太极动而生阳，动极而静；静而生阴，静极复动。一动一静，互为其根"的论证而拟制看似为阴阳鱼的"根阴根阳图"，加强阴阳互动的视觉效应。事实上，这也是当时学者的共识。如徽州学者汪良桢《太极图说赞》云：

> 太极何名也，而夫子著之。何象也？而周子图之。然分阴分阳之义显，而根阴根阳之义微矣。今始更之，顾不于书而于墨，何也？示两不尽之旨焉。且具于质而还于虚，不昭于此矣。宝玩好者，不当与天球、河图并埒耶。[1]

又据徽州学者程涓《太极图赞》云：

> 逸史氏曰：太极仿于《易》，而周子始图焉，分阴分阳之义也。图始于周子而今始更焉，根阴根阳之义也。阴阳图而显晦，象矣。是造化大冶之墨也。余固图之入墨品，赏鉴家嚬顣而鄙开道，将无台口实焉。[2]

在汪氏、程氏看来，当时的《周易》研究中，如何认知周敦颐的"太极图"，已偏向一端，由于学者过分强调太极图阴阳对立与五行变合的一面，从而忽略了阴阳之间互相转换的客观规律的另一面，这不符合《周易》的基本诉求，更不能视其为天球、河图那样的假想图像。可见，汪良桢、程涓所谓的"根阴根阳"，实际上是指阴阳互藏，互相发生作用。从哲学上讲，即指相互对立的事物之间的相互依存、相互依赖，互为根据和条件，任何一方都不能脱离另一方而单独存在，阴阳所代表的性质或状态，如天与地、上与下、动与静、寒与热、虚与实、散与聚等，不仅不互相排斥，而且互为存在的条件，即所谓"一阴一阳，乾坤是也。根阴根阳，姤复是也。阴阳互藏，坎离是也"[3]。

事实上，如何界定"太极"一词的内涵？如何解读"太极图"的含义？又如何对其作出客观的评价？这是《周易》研究史上一个长期聚讼不决的议题。这个议题之所以引起历代学人争议，不仅因为它关系《周易》一书性质的归属，而且还涉及中国古代哲学史核心概念的判定。据笔者的观察，历史上虽然有多种视域界定"太极"一词的内涵，但是宇宙学、象数学和理学三种视域是其学术常态。所谓宇宙学视域，是对宇宙整体包括其本源、生成的研究，并且延伸探讨至人类在宇宙中的生存。所谓象数学视域，即以筮法（揲蓍）的推衍过程界定"太极"的内涵。所谓理学视域，即指宋儒以理学的理论或概念，

---

[1] （明）汪良桢：《太极图说赞》，《程氏墨苑·墨谱》卷三，《续修四库全书》1114册，子部，谱录类，第5页。

[2] （明）程涓：《太极图赞》，《程氏墨苑·墨谱》卷三，《续修四库全书》1114册，子部，谱录类，第4页。

[3] （明）潘士藻：《读易述》卷五《离》，清文渊阁四库全书本。

重新界定"太极"新的内涵。[1] 在这三种视域中,以理学视域最具影响。如朱熹认为"人人有一太极,物物有一太极","盖统体是一太极,然又一物各具一太极"。按照朱熹的理解,太极统体万物,万物各得一太极,太极为万物共有之理。按此逻辑推断,易有太极,太极即全是易。所以太极生两仪,两仪即全是太极;两仪生四象,四象亦即全是两仪;四象生八卦,八卦亦即全是四象。也正因此,任何一卦,任何一爻,亦无不全是八卦,全是四象,全是两仪,全是太极,全是易理者。这显然是朱熹用月亮映照万川、万川各得一月亮的理学比喻来界定"太极"内涵,成为明清以后易学研究者界定"太极"内涵的不二法门,并且一直影响到今天我们探索"太极图"含义的主要理论。

与任何《周易》图像一样,"太极图"自它产生之后,便有了自己的学术生命,随着时代的演进,它被赋予多种不同的内涵,而其内涵的转向所表现出来的各种不同图式与诠释视域,并不以思想家的个人意志为转移,它不是凝固不变的,而是发展的、变化的,甚至脱离了它原来的诠释视域。也正因此,比照汪良桢、程涓等学者的《太极图说赞》《太极图赞》所言,他们显然没有接受宋儒特别是周敦颐、朱熹的理学观念解读"太极",而是自出机杼,通过图像和题赞的展示,巧妙地回应了理学家对"太极图"的种种理解和诠释,较为成功地化解了人们对"太极图"的迷

思和困惑。如果说周敦颐的"太极图"及其诠释,生动形象地绘制了一整套宇宙演化的图像模式的话,那么《程氏墨苑》中的"太极图"图式和解读,无疑是对其宇宙演化图像图式的改造与内涵的丰富。

三 《程氏墨苑》中《周易》图像的重塑与创新

就《程氏墨苑》中的《周易》图像而言,无论是传承河图、洛书、伏羲八卦方位图与伏羲六十四卦方位图,还是改造太极图与根阴根阳图,虽然在一定程度上能够给人以生动的视觉向导,但是仍然处于一种静态的固定态势。仅仅凭借图像所提供的画面,判定其蕴含的《周易》性格,尚属一种想象或臆测的过程,要达到理想的社会效应或者成为一种学术资源,即能够在传承与改造的画面上去解读它并成为其图像文本,关键还是取决于能否跳出《周易》传统的取象框架而寻觅一条创新之路,从而为读者提供比较翔实的学术信息。我们知道,《周易》的基本卦象,都源自《象传》与《说卦传》。如乾卦可象天、象头、象父、象马,坤卦可以象地、象腹、象母、象牛,等等。然而仅有言辞而都没有提供相应的图像,终使象对意的象征模糊而不明确。因此,开示出新的《周易》卦象,重塑《周易》取象的图像,以图明义,是《程氏墨苑》中最为亮眼、数量最

---

[1] 有关"太极"一词内涵的详细分述,可参见拙作《易有太极义新论》一文,《中国哲学史》2019 年第 5 期。

多的《周易》图像。根据笔者的观察，大致有以下几种形式。现略举数例，以窥全豹。

（一）取《彖传》为卦象图像

如"龙行雨施图"，其画面为天龙腾云造雨之势的图像。（见图4）

"龙行雨施"取象于《乾·彖传》"云行雨施，品物流形"。乾通健，取象于天，体现万物生长养育，夏天云气流行，雨水施布，万物得以畅茂生长，各自成形，各类品类，畅达亨通。孔颖达《周易正义》云"云行雨施，品物流形者，此二句释亨之德也，言乾能用天之德，使云气流行，雨泽施布，故品类之物，流布成形，各得亨通，无所壅蔽，是其亨也"。程氏将"云"字改为"龙"字，不仅与《周易》中乾卦取象为龙相吻合，而且相传龙能显能隐，能细能巨，能短能长。春分登天，秋分潜渊，呼风唤雨，比喻万物的形体由此像流水那样流畅变化，所以顾秉谦《赞》云："龙德正中，当位以时，乘彼玄云于墨之池，天下文明，谱乃德施，吁嗟乎龙兮。""龙德正中"即《乾·文言》："龙德而正中者也。"将龙比喻为君德，又将君德比喻为墨，于是天下谱照文明之光。借图颂扬墨具有龙的德性和守着中正法则的人。这也正是《程氏墨苑》将"云行雨施"改为"龙行雨施"的意图，不仅使主题更为鲜明，图像更为生动，也使人更容易理解《彖传》所说"云行雨施"的含义。此外，"兼山艮止图"，画面为二座高山并列对峙入云端，其取象来于艮卦的《彖传》"艮其止，止其所也"，寓有君子以思不出其位之意。

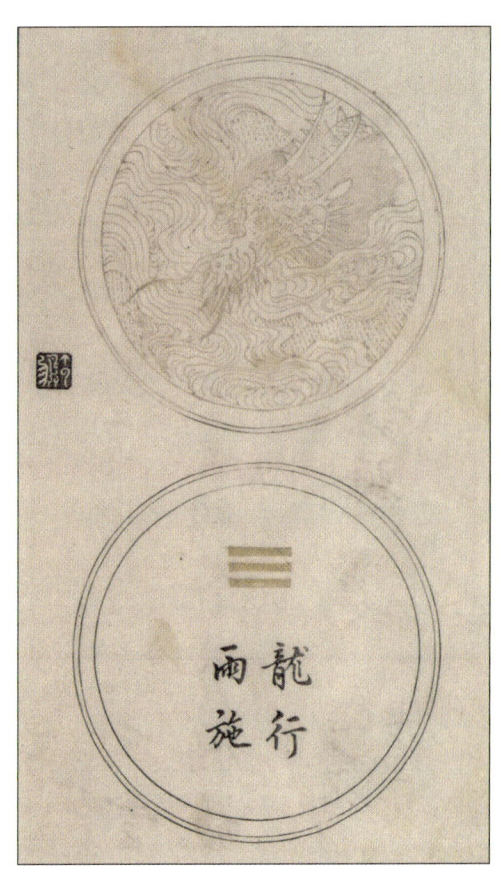

图4 龙行雨施图

（二）取《象传》为卦象图像

如"明两作离图"，画面为天上两个太阳，地下烈火熊熊的图像。（见图5）

"明两作离"取象于《离·象》"明两作，离。大人以继明照四方"。离卦二阴四阳，上下一体，中间阴虚，外方阳实，奇实阴中，奇离成偶，偶分阳中，偶两成离，离火中虚，中虚外光，附物而燃。意思是光明连续兴起，表征圣人相继现世。郑玄

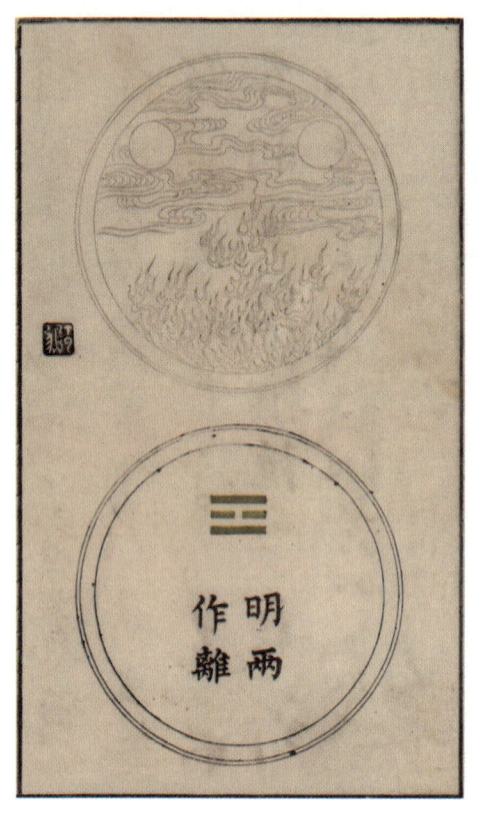

图5 明两作离图

",寓君子正道小人背道之意等。革卦的取象为"大人虎变",画面为猛虎与猎豹,取象于《革·象》九五"大人虎变,其文炳也",上六"君子豹变,其文蔚也",寓文章光辉灿烂之意。震卦的取象为"洊雷主器"图,取象于《震·象》"洊雷,震。君子以恐惧修省",画面为主仆两人抚琴吟咏,寓惊恐畏惧时修身反省之意。巽卦的取象为"随风申命图",画面为武士手持兵器驻守城头,取象于《巽·象》"随风,巽。君子以申命行事",寓君子以申命行事之意。兑卦的取象为"丽泽为兑图",取象于《兑·象》"丽泽,兑。君子以朋友讲习",画面为水流湍急,寓共翊文明之意,等等。这里不一一枚举。

(三)取卦辞为卦象图像

如"牝马之贞图"(见图6),其画面

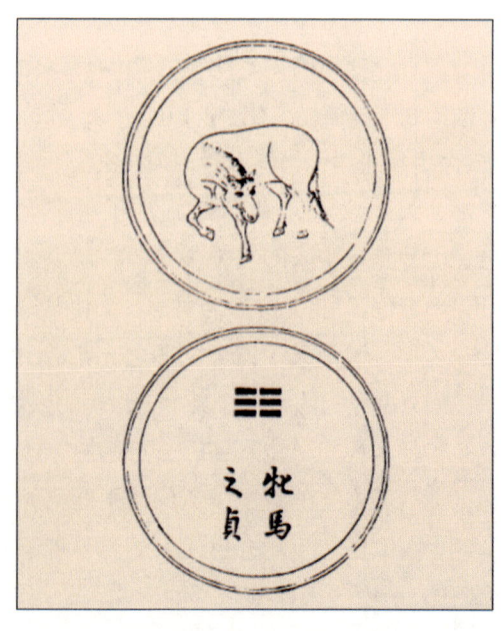

图6 牝马之贞图

《周易注》:"作,起也。明两者,取君明,上下以明德相承,其于天下之事,无不见也。明明相继而起,大人重光之象,尧舜禹文武之盛也。"孔颖达《周易正义》:"离为日,日为明。今有上下二体,故云明两作离也。"因此,图像以两太阳悬空照明四方,十分形象地诠释了该卦象传递出盛世再现的意象。

此外,取《象传》为卦象图像的还有:坎卦的取象为"坎水洊至图",画面为波涛汹涌,取象于《坎·象》"水洊至,习坎",寓天一生水之意。解卦的取象为"君子解,小人退图",画面为蓝竹与小草,取象于《解·象》六五"君子有解,小人退

为一幅雌白马的图像。"牝马之贞"取象于坤卦卦辞"元亨,利牝马之贞"。牝马即雌马,雌马是温顺、善良的象征。王弼《周易注》:"坤贞之所利,利于牝马也。马在下而行者也,而又牝焉,顺之至也,至顺而后乃亨,故唯利牝马之贞。"孔颖达《周易正义》:"牝对牡为柔,马对龙为顺。借此柔顺以明柔道。不云牛而云马者,牛虽柔顺,不能行地无疆,无以见坤广生之德。"常道生《牝马之贞赞》云:"我马调良,行地无疆,得神忘象,牝牡骊黄,至柔珐静,动刚德方,维玄维漠,闇然曰章。"事实上,牝马之贞是对乾卦元亨利贞之贞而言。乾之贞不受任何条件的制约,然而坤之贞必须是牝马之贞,那是坤对乾有守柔顺道的义务,犹如牝马对于牡马的遵循顺从,这是对坤具有生育万物特性的进一步说明。正因为如此,选择雌马为坤卦的图像,其渲染三纲五常的喻义不言自明,也迎合了晚明学人身处的儒家思想背景。

(四) 取爻辞为卦象图像

如"鼎黄耳图"(见图7),其画面为一只大鼎的图像。"鼎黄耳"取象于鼎卦六五爻辞与《象传》"鼎黄耳,金铉,利贞"。鼎卦的六五爻辞是阴爻,在鼎口之上,所以有鼎耳之象。黄为中色,六五爻辞居上卦中位,所以称其为黄耳。王申子《大易辑说》:"黄,中色,谓五之中也。"鼎耳处于整个鼎的重要部位,在鼎移动时发挥主要作用。六五居尊位,为阳明阴柔之主,在卦中正充当着鼎耳的角色。程颐

图7 鼎黄耳图

《易传》云:"五在鼎上,耳之象也。鼎之举措在耳,为鼎之主也,五有中德,故云黄耳。"事实上,"黄耳"象征大富大贵。桓宽《盐铁论·散不足》:"今富者银口黄耳,金罍玉钟。"因此,墨为文人雅士用品,饰上大鼎的图案,在一定程度上迎合了文人雅士慕贵羡富的心理。

又如"鸣鹤图"(见图8),其画面为两只白鹤足踩古松上,其中一只扬脖朝天放鸣,一只弯脖俯视古松下,背景为黄昏时蓝天白云的图像。

"鸣鹤在阴,其子和之"取象于中孚卦九二爻辞"鸣鹤在阴,其子和之,我有好

252　器物与图像

图8　鸣鹤图

爵，吾与尔靡之"。鹤习惯于夜半鸣叫。《诗·小雅·鹤鸣》："鹤鸣于九皋，声闻于野。"《三国志·魏志·管辂传》注引《辂别传》曰："家鸡野鹄犹尚知时，况于人乎？"王引之《经义述闻》："鹄亦鹤之假借，谓鸡知将旦，鹤知半夜也。"朱熹《周易本义》："九二中孚之实，而九五亦以中孚之实应之，故有鹤鸣子和之象。"此图像恰如其分地展示了鹤在幽隐不见处啼鸣，其子在远处感而和之的场景。寓意个人不求闻达，不慕富贵，人的纯朴至诚之心，无论在自然界还是人类社会，同类相召，互相感应，不受空间距离的限制，如

同白鹤在幽隐处啼鸣，其子在远处应和一样。

值得指出的是，其中还绘有一幅题为"东斋注易"的图像（见图9），足以引发浮想联翩。图中讲述的是一个发生在曹魏易学家王肃书房中的故事。画面是某日夜晚，王肃的书房里，一个女子从地而出，面对着王肃，两人似乎正在讨论什么，场面甚为温馨，至黎明临别之际，女子送给王肃一锭墨。当时王肃正在聚精会神地为《易经》作注释，自从用此墨书写之后，竟文思如泉涌，千言不能休。这个故事出自南朝顾野王的《舆地志》："汉时王朗为会

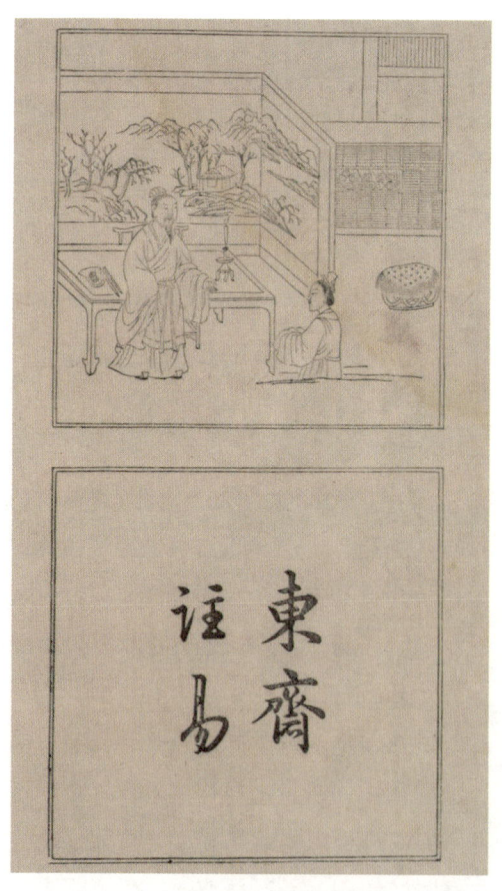

图9　东斋注易图

稽太守，子肃随之郡，住东斋中，夜有女子从地出，称赵王女，与肃语，晓别赠一丸墨，肃方欲注《周易》，因此便觉才思开悟。"

这幅图像看似不当列入《周易》之内，但是内容仍属《周易》之域，能使读者在轻松会意的微笑中为图像作者的机智所折服，并由此而产生共鸣，从而提高了人们对《周易》的关注与兴趣。这从一个侧面反映了晚明学人对《周易》所持有人文关怀的真实态度，传递了晚明《周易》取象图像的重塑正趋向于营造浓厚的《周易》图像文化的信息。

不过，古代学人对于《周易》的理解，也并不完全一致，甚至存在较大的差异。虽然图像在一定程度上解释了卦象的意义，但是还不足以揭示其全卦完整的意义，于是直接模仿《周易》的卦名、卦辞、彖辞、象辞等，在《周易》六十四卦之外创拟新卦与图像，也就成为《程氏墨苑》中又一个令人瞩目的亮点。如程氏自拟"墨卦"图像，其正面画面书有"墨卦""滋兰堂"字样，背后画面则取自《易传》的"三才之道"，分别书写"立天地之道阴与阳""立人之道仁与义""立地之道柔与刚"等字样。（见图10）

为了对墨卦图像作出合理的解读，又自拟"墨卦"卦爻辞：

　　墨，元亨利贞，利用书，可贞，无咎。

　　《彖》曰：墨，晦也。体刚而用柔，内实而外虚，石得水而顺行，是以元亨利，用书而天下顺也。治百官而察万民，墨之时用，大矣哉。

　　《象》曰：烟煤合作墨，君子以论世辨物。

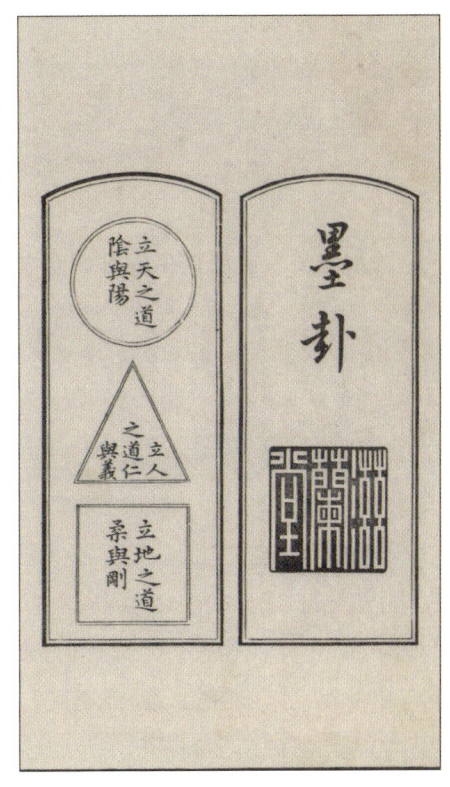

图10　墨卦图

　　初九，肇于石，濡于毫，可贞，吉。

　　测曰：肇石濡毫，贞，初试也。

　　六二，麋角斯膠，麋脂斯膏，以利书，大吉。

　　测曰：麋角麋膏，品毋淆也。

　　六三，毋或戕之，慎宝藏之，终吉。

　　测曰：慎宝藏之，用可竟也。

　　九四，玄如苍如，白楮翰如，即

墨封吉。

　　测曰：封之即墨，不亦吉乎？

　　六五，天下文明，王用书于上当，大吉。

　　测曰：天下文明，化行也。王用上当，用晦明也。

　　上九，磨顶放踵，以利天下，凶，无咎。

　　测曰：虽凶，无咎，天下利也。

就"墨卦"卦象所取的卦体而言，即取自《周易》第二十一卦《噬嗑》的卦体。《噬嗑》上卦为离，为明；下卦为震，为动，为雷，寓有利于断案决狱的含义。而此时的程大约也正因被人诬陷而入狱，自己正在不断地申诉冤情，故取义于《噬嗑》卦体。诚如其族人程涓所言"先生以诬居囹圄者垂七载，余时时过从与论《易》，属工人以墨进，因画此卦同忧患焉"。[1] 事实上，墨在古代也是巫人的一种占卜方法，即先用墨画在龟甲上，然后用火灼烧，根据裂纹而定吉凶的"墨龟"之法。《周礼·春官·卜师》："凡卜事，眡高，扬火以作龟，致其墨。"郑玄注："扬，犹炽也。"《礼记·玉藻》则说"卜人定龟，史定墨"，可见程氏之所以创拟"墨卦"也是渊源有自。

就"墨卦"卦爻辞所取的语言而言，多直接袭用、模仿、拼合《周易》的卦体与各卦爻辞的词句而成。"元亨利贞"，出自《乾》卦辞。"可贞无咎"，出自《无妄》九四爻辞。"治百官而察万民"，则改写了《系辞下》"百官以治，万民以察"的文字。"君子以论世辩物"来自《同人·象》"君子以类物辨物"。"墨之时用，大矣哉"，套用了《坎·象》"坎之时用，大矣哉"。"玄如苍如，白楮翰如"，则仿自《贲》卦九四爻辞"贲如皤如，白马翰如"。"天下文明"，出自《乾·文言》"见龙在田，天下文明"。因此联系他所创拟"三才之道"的图像，"墨卦"本身更具有易学的意蕴，容易被大众接纳。

就"墨卦"上述卦爻辞基本内容而言，从墨的取材、质料、烧制工艺、墨色、款式、社会意义到文教昌明等作了易学的发挥，充分体现了墨的历史文化内涵，恰似一部浓缩的墨史，诚如程大约在为《程氏墨苑》卷三的《三台石墨》一图所作的诗跋中提到的："松煤桐液法转盛，此墨遂诎无由伸。我修墨史聊载尔，不教异物委埃尘。"不仅彰显了墨在中国古代文明史中发挥的不可或缺的作用，而且所创拟的图像也引发了读者的学术期待，并由此而产生共鸣，从而加强了图像的感染力，表现出"以图明义"的易学观。王思任在为《程氏墨苑》所作的序中不无感慨地说："古人左图右书，未尝以书废图也。书主义，图主象，象则形模，备轨式彰。按而索之，其故可求。披而玩之，其感易入。故义所

---

[1] （明）程涓：《墨卦跋》，《程氏墨苑·墨谱》卷五下，《续修四库全书》1114 册，子部，谱录类，第 214 页。

不能详与所不能发者，且将借径于图矣。"[1] 这也就不难理解程大约为什么直截了当地说他创拟的《周易》图像具有"可勒之墨苑，羽翼斯文"的学术取向了。他是想走出宋元以来图书易学"以说释图，而非以图明义"的传统，[2] 同时也昭示了历经宋元以来占易学主流地位的晚明图书易学研究，正渐渐地走向创作通俗易懂、图文并茂的《周易》新读本。

需要指出的是，模仿《周易》的体裁，书写有别于《周易》的著作或者创拟新卦，并不始于程大约。如汉代学者扬雄为了阐述他编制的宇宙生成图式、探索事物发展规律，撰写《太玄》一书，就是模仿《周易》体裁而作。又如宋元明以来，为了配合渲染"三纲五常"的儒家伦理思想，便有邵桂子、何乔新等学者模仿《周易》体制而创拟的《忍》《默》《恕》《退》《忠》《勤》《廉》《慎》等题材的新卦，此举被学者评价为"皆拟《周易》体制以教人，正无不可"。[3] 然而"墨卦"的书写形式，事实上脱胎于元末明初人宇文材模仿《周易》而创拟的"笔卦"。所不同的是变换了语言与文字，又将"象曰"改为"测曰"。为了便于读者与"墨卦"相比较，兹将"笔卦"全文摘录如下：

笔，元亨，利用书，贞吉。

《彖》曰：笔，聿也，刚柔合而成，内虚而外健，柔得中而顺行，应乎刚而文明，是以元亨。上用书，贞吉。书契笔而天下治也。《春秋》笔而乱臣贼惧也。笔之时用，大矣哉。

《象》曰：天下文明，笔。先王以作书契代结绳。

初九，田于林皋，获兔拔毛，以其汇征吉。

《象》曰：获兔拔毛，大有得也。

六二，淇园伐竹，用资简牍。

《象》曰：淇园之竹，虚利直也。用资简牍，言有实也。

九三，秉笔濡其墨，王用亨于三画，大吉。

《象》曰：三画之吉，其文立也。

九四，陨笔不利，入而场屋，有悔。

《象》曰：陨方有悔，其行塞也。

九五，利见大人，天下同文。

《象》曰：利见大人，居君侧也。天下同文，小人黜也。

上九，笔颠剥不资录，其形秃，终凶。

《象》曰：笔颠形秃，任之极也。[4]

在中国古代，笔与墨、纸、砚并称文

---

1 （明）王思任：《墨苑叙》，《程氏墨苑·诗文》卷三，《续修四库全书》1114 册，子部，谱录类，第 313 页。
2 陈荣捷：《朱子之图解》，《朱子新探索》，华东师范大学出版社，2007，第 238 页。
3 （清）朱尊彝：《经义考》卷二百七十二"文子隐卦"按语，清文渊阁四库全书影印本。
4 （明）曹昭撰、王佐增：《新增格古要论》卷十三《笔卦有序》，清《惜阴轩丛书》本。

房四宝。笔是人们生活中不可缺少的文化用品。笔既是书写的工具，也可以用来学习文化科学知识、交流信息、宣传思想、联络感情等。同时，笔也可以视其为卦象。考之宇文材《笔卦有序》一文中云：

> 笔之行事，昌黎伯《毛颖传》可考已，予复何言哉？然予尝读孔子《易》，至十三卦之制器尚象，若罔罟、耒耜、弧矢、杵臼、舟楫之利，与夫宫室、衣裳、棺椁、书契之制，皆古圣人取诸卦而作也，何独于笔而遗之邪？况笔之为器，上而帝王之典谟训诰，下而官府之簿书期会，四海之同文殊译，莫不赖以篆录，其功不下于罔罟、耒耜、弧矢、杵臼、舟楫、宫室、衣裳、棺椁、书契也，何独于笔而遗之也邪？或曰：笔之名始于秦氏，其不见称于孔子《易》也固宜。予曰：不然。笔不始古乎？则包牺氏之八卦、夏后氏之九畴，凡蝌蚪、鸟迹、钟鼎、籀篆之文，亦将何以施其巧哉？若然，则笔之名虽始于秦氏，其所由来则远矣。乃不见称于孔子《易》者，其在夫缺之书契也与？吴兴笔士陆君索予文以衔其技，窃谓包羲画卦之物，即笔之所由兆也。因着是说，并作笔卦以贻之。[1]

由此可知，程氏因袭"笔卦"而创拟"墨卦"也是顺理成章的。事实上，程氏也非常赞同与肯定宇氏创拟的"笔卦"。程涓在其"墨卦"后跋中写道："昔宇文材作《笔卦》，谓人言笔始于秦，其不见称于孔子《易》也……笔之用，则古与墨俱无先后论也。"清初学者朱彝尊在《经义考》中批评宇文材的《笔卦》为"难乎免于侮圣人之言矣"而"故置不录"，但是又称："若宇文材之《笔卦》，犹不失《毛颖传》之遗。"[2]《毛颖传》是唐代著名学者韩愈创作的一篇散文，考察了毛笔的产生、发展历史，并将之拟人化，取名为"毛颖"，被誉为"设虚景摹写，工极古今""以史为戏，巧夺天工"的佳作，而朱彝尊将《笔卦》比喻为《毛颖传》，也就是视《笔卦》为具有创新意义的易学作品而加以肯定，因此程大约模仿"笔卦"而创拟"墨卦"也同样具有《周易》图像创新的学术价值。

四 结论

《程氏墨苑》对《周易》图像的传承、改造、重塑与创新，在晚明学人中产生了巨大的反响，并赢得了广泛的赞誉和高度的评价，常道立说："海内荐绅不徒脍炙之已也。则又更相扬诩，随制品题，累牍连

---

[1] （明）曹昭撰、王佐增：《新增格古要论》卷十三《笔卦有序》，清《惜阴轩丛书》本。

[2] （清）朱彝尊：《经义考》卷二百七十三《拟经》，清文渊阁四库全书本。

篇,并垂不朽。"[1] 金士衡说:"或者曰:小道可观,终局于艺,安所不朽者?不知道无上下,要于极致。既造其极,则前无古人,后无作者,当与宇宙俱无穷矣。昔孔子大圣,其自名以射御,射御独非艺也乎哉?……故谓幼博明察物理而巧夺天工也,可谓幼博翼赞斯文而有功名教也,可宁与籍一艺以博名高者比哉?"[2] 视《程氏墨苑》中的《周易》图像为"不朽",又将其比喻为圣人的"六艺"之学,当然失之夸张,但是其意义也是显而易见的。

第一,《程氏墨苑》的《周易》图像,是对《周易》的一种自由解读。《程氏墨苑》既非通常意义上的经学著作,亦非专门诠释《周易》的读本。其中的《周易》图像与题赞,与宋元以来的图书易学也有着明显的差异,在整个易学研究领域并不占有重要的地位。但是在这些图像与题赞中,都带有个人学术倾向性的暗示,也包含学术理想化的成分。通过图像画面既可以表现过去,也可以来概括时代精神,这种潜力十分明显。这些《周易》图像并非仅是对传统的回溯,而是通过不同取象图像的变化,解构它们和文本间关系的联系,并且在它的不断再现过程中予以摒弃。在这些传承、改造、重塑与开新的种种图像中,同样渗透着图像因素的话语因素。由于图像因素并没有固定的生成语法,所以也就描绘出了形形色色的图案,为研究传统易学打开了一个崭新的图像之窗。

第二,《程氏墨苑》的《周易》图像,是在象数易学遮蔽下的一种易学形态。它虽然在《周易》学理研究方面的价值有限,但却是"圣人立象以尽意,设卦以尽情伪,系辞焉以尽其言,变而通之以尽利,鼓之舞之以尽神"的外化,是中国古代象数易学发展史上一个不可或缺的重要环节。它既有传承、整合,又有扬弃、拓展,其表现出来的思想倾向和价值取向并非千篇一律和毫无学术价值。与其说它是对宋元明以来图书易学的传承,还不如说是对传统象数易学的一种回应与挑战,凸显出象数易学衍化过程中的一种自我创新、自我肯定的新的象数易学话语,为传统象数易学注入了新的时代因素和美学因素。从而彰显出晚明《周易》图像文化的真实面貌和多元的易学生态,有利于我们今天重新思考和评估古代象数易学的哲学蕴义与学术价值。

第三,《程氏墨苑》的《周易》图像,是《周易》取象的新方式。在中国古代,《周易》与图像并存。《易·系辞》说:"天垂象,见吉凶,圣人象之";又说:"是故夫象,圣人有以见天地之赜而拟诸其形容,象其物宜,是故谓之象",还说:"易者,象也;象也者,像也。"孔颖达《周易正义》:"言象此物之形状也。"《说文解字·人部》:"像,象也。"万历时期

---

[1] (明)常道立:《墨苑序》,《程氏墨苑·诗文》卷三,《续修四库全书》1114册,子部,谱录类,第312页。

[2] (明)金士衡:《题程幼博墨苑》,《程氏墨苑·诗文》卷二,《续修四库全书》1114册,子部,谱录类,第300页。

的汪道贯在《墨书》一文中说："古之为墨者，为螺、为丸、为饼，皆象也。自罗秘书饰象以衒观者，而墨象兴矣。"[1] 陶望龄也说："古之为墨者，象此而已。"[2] 这表明《程氏墨苑》提供的《周易》图像具有"象"和"像"的双重属性。一方面，"象"为表象、卦象。如天地日月、水火星辰、飞禽走兽、自然变化、人事休咎等图像都可以由阴阳八卦所"象"化。另一方面，"像"作为最为直观的视觉功效，不仅可以用生动具体的形象准确反映"象"所传递的各种信息，甚至可以和"象"相互对话与印证。如同类之象、时空之象、方位之象、数理之象、变化之象等，在一定程度上成为共通象征，不仅拓宽和丰富了《周易》"象"的内涵，而且表达了其特有的义理。

第四，《程氏墨苑》的《周易》图像，也是一种《周易》图像文化现象。这些《周易》图像无论是表现名山大川，还是历史典故，或是喜庆祥瑞，都具有一个共同的特点，那就是恰如其分地表达了晚明学人对《周易》图像的审美倾向、精神需求和伦理道德取向。在中国古代，图书出版往往又是观察社会、学术走向的多棱镜与风向标。从图像形式上看，《程氏墨苑》中的《周易》图像与题赞，取代了学术界那种陈陈相因较为严肃的笺注，也取代了追寻本义探讨的活力，经典性的训释趋向艺术的鉴赏。从图像实质上看，《程氏墨苑》中的图像与题赞，唤起了与原作者之间的心灵对话或情感共鸣，以情感取代了理性，以灵悟取代了知识，以个性取代了历史，以印象取代了分析，将原文的意义淡化，甚至搁置。从崇尚意义的阐释，整体上让位于尚味、尚趣、尚情的诠释，体现了很高的学术个性和晚明《周易》图像文化研究的多个面向，为我们今天的易学研究，提供了一个非主流的文本题材，拓展了易学史研究的新视域。

---

[1] （明）汪道贯：《墨书》，《方氏墨谱》卷首，《续修四库全书》1114 册，子部，谱录类，第 431 页。

[2] （明）陶望龄：《墨杂说七章》，《歇庵集》卷十，明万历乔时敏等刻本。

地理图像

卫匡国《中国新图志》的山川绘制*

■ 林 宏（上海师范大学人文学院历史学系）

一 学术史回顾

《中国新图志》（*Novus Atlas Sinensis*）（以下简称《新图志》），耶稣会士卫匡国（Martino Martini）编绘，于1655年在阿姆斯特丹由当时欧洲最重要的制图家约翰·布劳（Joan Bleau）出版，是近代欧洲刊行的第一部西文中国分省地图集，此后被陆续翻译成多种欧洲语言，不断再版，影响深远。《新图志》的主体内容包括1幅总图、15幅分省图、1幅日本与朝鲜地图、171页拉丁文地理图说、1份中国聚落经纬度表。《新图志》的地图在出版后八十余年间成为欧洲制图业绘制中国图示的典范，书中系统详尽的中国地理图说则在更长时段中广泛影响欧陆知识界，19世纪德国地理学家李希霍芬（F. von Richthofen）将卫匡国比作西方"中国地理知识之父"的赞语并非过誉[1]。

关于《新图志》地图上对自然地理的绘制，前人有所研究。李希霍芬评论称卫匡国缺乏足够的山志学（Orographie）知识，但未做具体分析[2]。高泳源在1982年发表的文章中以较多笔墨探讨了相关问题，认为全国图上将中国主要水系"大部表示得比较完整、准确"，"分省图也因水系表现得比较完善而富有特色"，诸图中"尤以江西、浙江、福建三幅为突出"，并指出其他分省图上一些河湖的错误。关于山文，高泳源认为"如与水系相比，就显得相形见绌了"，总体上未能将复杂的山文系统准确地展现出来。并推测原因，"除了卫匡国本人的学术素养以外"，"中国古代，一向对水系了解得比较清楚，而对山文就模糊

---

* 本文为国家社科基金青年项目"早期西文中国地图制图方法与谱系研究（1500—1734）"（项目编号：19CZS078）、国家社科基金重大项目"中国国家图书馆藏山川名胜舆图整理与研究"（项目编号：19ZDA192）阶段性成果。

1 F. von Richthofen. *China. Ergebnisse Eigener Reisen und Darauf Gegründeter Studien*, Vol. 1, Berlin, 1877, p. 676.

2 F. von Richthofen. *China. Ergebnisse Eigener Reisen und Darauf Gegründeter Studien*, Vol. 1, Berlin, 1877, p. 677.

不清了",但未做进一步阐发[1],言下之意应指卫匡国的山川绘法受其所参照的中国本土地理资料的影响。

1983年意大利出版的论文集中有几篇相关论文。巴尔达齐（Osvaldo Baldacci）简要分析了《新图志》对山岳的表现技法及对河流的分级[2]。哈曼（Günther Hamann）对《新图志》图说中的自然景观记述做了分类梳理,讨论了卫匡国的山文、水文知识[3]。斯塔卢比（Giuseppe Staluppi）指出《新图志》图说所记山名中有一些出自道书对洞天福地记载[4]。

上述研究颇具启发性,但仍有很多深入分析的余地,如受高泳源高度评价的三幅分省图上的水系绘法,粗看之下确实形神兼备,但若仔细核对中小河道的方位与注记,又可发现许多错误,远非完善。卫匡国1643年进入中国内地,1651年返欧,8年之中,只造访过广东、江西、浙江、南直隶、山东、北直隶、福建七直省[5],且仅踏足这些省份内的少数区域,因此他在《新图志》上对大量山川的绘制显然主要依靠对中文资料的借鉴。然而,20世纪80年代时中、外学者对卫匡国究竟具体使用了哪些资料尚不明确。

20世纪末起,白佐良（Giuliano Bertuccioli）在梅文健（Giorgio Melis）早期工作的基础上,花费3年时间对《新图志》拉丁文地理图说进行意大利文翻译,并添加大量译注,可惜白佐良去世时尚未全部完成,经其他意大利学者整理后,2002年译本终于出版[6]。译本出版时,马西尼（Federico Masini）总结白佐良的工作称,卫匡国是以《广舆记》为《新图志》正文的主要参考书的,同时又参考了其他多种

---

[1] 高泳源:《卫匡国（马尔蒂尼）的〈中国新图志〉》,《自然科学史研究》1982年第4期。高泳源认为卫匡国对长江江源的绘法是参考了徐霞客游记资料,此说最早由裴化行（Henri Bernard）提出、方豪进一步补正,但经辨析无法成立,参见拙作《卫匡国〈中国新图志〉制图方法研究》,博士后出站报告,上海交通大学科学史与科学文化研究院,2018,第21—22页。

[2] Osvaldo Baldacci. "The cartographic validity and success of Martino Maritni's Atlas Sinensis". In: Giorgio Melis (ed.). *Martino Martini: geografo cartografo storico teologo*. Trento: Museo Tridentino di Scienze Naturali. 1983, p. 76.

[3] Günther Hamann. "Nature and landscape in the descriptions of Martino Martini". In: Giorgio Melis (ed.). *Martino Martini: geografo cartografo storico teologo*, pp. 128 – 135.

[4] Giuseppe Staluppi. "Problematic questions on geography revealed by an examination of the Novus Atlas Sinensis". In: Giorgio Melis (ed.). *Martino Martini: geografo cartografo storico teologo*, pp. 146 – 152.

[5] 卫匡国未具体记述所至省名,裴化行最早做出准确推断。Henri Bernard. "Les Etapes de la Cartographie Scientifique Pour la Chine et les Pays Voisin: Depuis le XVIIe Jusqu'a la fin du XVIIIe Siecle", *Monumenta Serica*, Vol. 1, No. 2 (1935), p. 47.

[6] [意] 马西尼:《第三卷引言》,张西平等编:《把中国介绍给世界:卫匡国研究》,华东师范大学出版社,2012,第264页。

中文地理书[1]。但卫匡国主要依据《广舆记》的观点可能是在白佐良注释工作后期才逐渐形成的，在2002年译本中为《新图志》图说中部分山水名做注释时，白佐良仅在少数情况下明确指出资料来源为《广舆记》，多数情况下认为卫匡国同时参考了《广舆记》与《大明一统志》，或仅参考了《大明一统志》[2]。此外，白佐良等学者的工作仅限于《新图志》正文（且注释远未覆盖正文中所有山川名），未对地图上的山川地名做出分析。

马西尼指出，卫匡国亲笔批注的《广舆记》现存于梵蒂冈图书馆，伯希和（Paul Pelliot）1922年在整理梵蒂冈图书馆藏中文文献时曾提及此本[3]。但中外学者此前尚未利用梵蒂冈藏本对《新图志》的地图展开深入研究。2015年，笔者在澳门科技大学与梵蒂冈图书馆联合举办的地图文献珍藏展上见到这份《广舆记》之部分复制图像，包括"舆地总图"与"广东省图"，在广东图上可见卫匡国添加的许多与制图过程有关的批注，故可将梵蒂冈藏本称作"工作本"。笔者以广东省为例，确证《广舆记》地图正是卫匡国制图的最主要底本，对卫匡国的制图过程进行初步还原，其中指出卫匡国制作《新图志》地图的总体步骤为：先布设政区、聚落定点，再绘制山川等其他地理要素[4]。2016年，笔者通过梵蒂冈图书馆东亚馆藏负责人余东博士得知，该馆已将所藏《广舆记》工作本全书高清扫描公布，使得更细致、系统的研究得以展开[5]。

本文为笔者《新图志》系列研究中的一环，经由对《新图志》与《广舆记》工作本图、文的全面比对，争取阐明卫匡国在《新图志》地图上山川绘制的主要问题。限于篇幅，本文仅讨论《新图志》分省图的绘法[6]。

1　[意]马西尼：《第三卷引言》，张西平等编：《把中国介绍给世界：卫匡国研究》，华东师范大学出版社，2012，第264页。然而，2004年马西尼再度介绍白佐良研究结论，却与2002年之说截然不同："这些中文著作根据其重要性排列为：《广舆考》、《广舆图》、《图书编》、《三才图会》、《皇舆考》和《明史》。这最后一部书，特别在第七省湖广和第八省江苏中，在那些最难以解释的地方，曾多次被引用"（马西尼：《关于〈卫匡国全集〉第三卷〈中国新地图集〉的几点说明》，《国际汉学》2005年第1期）。此说竟全然不提《广舆记》，而特意强调的《明史》成书于卫匡国返欧近九十年后，不可能用到。

2　参见拙作《卫匡国〈中国新图志〉制图方法研究》，第113—115页。

3　[意]马西尼：《第三卷引言》，张西平等编：《把中国介绍给世界：卫匡国研究》，华东师范大学出版社，2012，第264页。伯希和编、高田时雄校订、郭可译：《梵蒂冈图书馆所藏汉籍目录》，中华书局，2006，第16页。

4　参见拙作《卫匡国〈中国新图志〉的绘制方法——基于梵蒂冈藏卫匡国批注本〈广舆记〉之〈广东省图〉的研究》，戴龙基、杨迅凌主编：《全球地图中的澳门》，第二卷，社会科学文献出版社，2017，第347—397页。

5　《广舆记》工作本高清图像见于梵蒂冈图书馆网站，网址为：http://digi.vatilib.it/view/MSS-Barb.or.135，检索时间：2020年8月3日。

6　《新图志》总图主要是在分省图基础上拼合而成的，关于总图的各省山川拼合及域外山川绘法问题将做另文讨论。

图1 《中国新图志》江西图(上)、贵州图(下)

二 《广舆记》图、文中的山川

《广舆记》是一部地理著作，陆应阳编撰，1600 年初版，24 卷，无地图，主要内容来自对《大明一统志》的缩写，删去部分栏目，对剩余栏目也删减大量文字，并补充了陆应阳从其他史地文献中搜集的资料。《广舆记》版本众多，凝香阁刻本是初版后最早的内容有明显更改的版本，由阎子仪改编，最显著差别是补入 16 幅地图，包括总图与 15 幅分省图，还对正文做少量添改。凝香阁本出版时间在 17 世纪前期，不晚于 1626 年[1]。

凝香阁本《广舆记》诸图源自对罗洪先《广舆图》的转摹，但省去边防、域外诸图及黄河、海运、漕运等专题地图。《广舆图》自嘉靖三十四年（1555）左右初刊后产生多种翻刻本，《广舆记》地图摹自《广舆图》的某种早期版本，但转摹不精，特别是因略去可辅助定位的计里画方网格，导致线条、定点、注记等要素的方位发生不同程度改变。

《广舆记》（下文均指凝香阁本）"舆地总图"上绘有全国干支水系，长江、黄河、淮河干流双线勾勒，其他河流一律单线绘出，标注河名很少，并绘主要湖泊，标注湖名。山岳绘得更简，仅以形象符号标五岳。总图的山川标绘较简，无法为卫匡国提供太多参考。

《广舆记》分省图中对不少中小河湖有明显较总图详细的描绘（但如下述，限于图幅，所绘水体总量仍有限），河流均用双线勾勒流路，总体上沿承原图水系面貌，但线条较《广舆图》简化、平滑，有时个别河湖形态、方位发生较明显讹变，如南直隶图上练湖、白马湖面积被夸大，浙江图上苕溪下游流路不清晰，且与西湖脱离关系等。图上并非对每条河道均有注名，如广东图大陆部分绘有二十余条干、支河流，但河名注记仅 8 处。部分图幅上的少数跨省河流边有简短文字注记描述源流信息（广西图上最多）。

《广舆记》分省图上标出不少山名，配以简略山形符号，也有少数情况下山岳符号边未标山名。《广舆图》《广舆记》山岳绘法的显著特征是通常仅将山岳绘作独立山丘，符号近似，无法展现山岳的规模差异，且对连绵山脉鲜有展现，有时虽罗列数个相同山名，但因均标注在孤立山丘符号边，完全无法展示山脉的连贯性。如图 2 所示的山西图西南部，分别写有两处"中条"、一处"条山"（《广舆图》原作"中条"，《广舆记》抄误），皆指绵亘晋西南的中条山，但从图上全然看不出山势，东侧两处"王屋"注记也呈类似效果。通观《广舆记》各分省图中标出的数百座山岳，仅三处绘作连绵山脉状，一是山西图雁门关注记南侧的大和岭，二是江西图南端与

---

[1] 对凝香阁刻本年代的分析，参考［日］海野一隆《地图文化史上的广舆图》，东洋文库论丛第 73 种，东洋文库，2010，第 194—195 页。

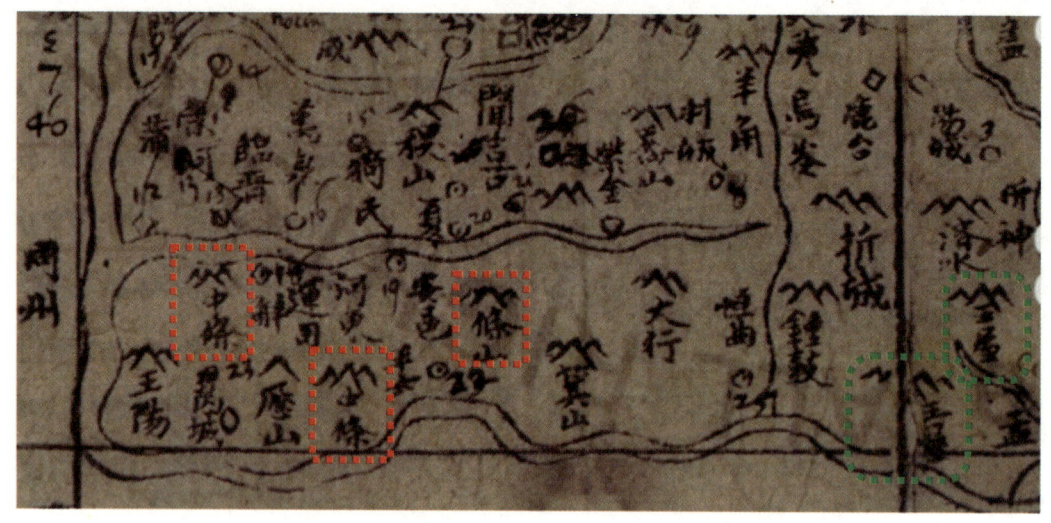

图 2 《广舆记》山西图上的中条山、王屋山标绘
(底图为梵蒂冈藏《广舆记》工作本，Barb. or. 135© 2021 Biblioteca Apostolila Vaticana)

广东交界处的九连山，三是陕西图北部贺兰山。而秦岭、太行、祁连、武夷等重要山脉均未在《广舆记》之图上清晰地展现出来。

另需指出，《广舆记》各分省图对山岳的绘制多寡不均，不与各省自然地理实际状况吻合。有些多山省份图上确实山丘密布，如江西、福建、广西、四川等；而有些省份全境或局部本为山区，但《广舆记》所绘山丘却寥寥，最典型的是云南、贵州二省及陕西省西半部等地区。此外，《广舆记》在转摹《广舆图》时还遗漏一些山岳符号或其注记，以四川图最多，漏标不下十余处，应与原图注记过于密集有关。此外还有一些符号、注记在转摹时发生较明显移位，如四川七盘、蜀高两山注记方位颠倒等。

《广舆记》正文的分省地理记述有大量内容涉及山川，各省内通常以府、直隶州、实土卫等直属于都、布二司的政区分节[1]，节内相关记述主要见于"山川""形胜"二门。

"山川"门内体例整齐，先载山类、再载水类，山类中，除诸山外，还记岭、岗、谷、岩、峰、峒、峡、嶂等山区地物，另记一些山岛，水类中，除江、河、湖、海、溪、渎、濑、涧、泉、潭、池等各级自然水体外，还记陂、堤、渠、井等人工水体或水利设施，并附记河湖中淤积的洲、滩。类型远较《广舆记》地图所绘出者丰富。但需注意《广舆记》"山川"门内所记地物数量明显少于《一统志》，已是经过陆应阳择取的结果（并补充少量得自它书的条目）。

1　万全、辽东都司及陕西、四川行都司未以直属诸卫所分节，而以都司、行都司分节作整体记述。

在用大字登载的山名下的双行小字志文起首处，通常以政区为参照记载位置信息。其中位于直属政区治所附近的山岳通常注明方位，或记作在城内，或记作在城外某方向上（采用八向描述），如"府城内""州城东南"等（部分府城有双附郭县，偶尔会以其中一个附郭县名为方位基准），亦偶有笼统记作"×城外"者。另有少量以衙署为基准、对城内山丘的更具体记载，如"府治东北"等。坐落于属州、县等下层政区的山岳，则仅在小字志文中记所在政区名，无相对方位，仅有极少数例外（如熊耳山记作"陕州西南"，天封山记作"唐县界"等[1]）。

大字水名下小字志文起首处，多数水体也以政区为参照记载总体方位，其中大部分记法同山名类似，以单个政区名为基准，小部分则用辖境内多个下层政区名为方位基准，如在南直隶凤阳府记淮水"颍上、寿州、怀远界"，汴河"自宿州入虹县"[2]。

除起首处所记政区定位的基本方位外，"山川"门小字志文中还包含如下几类可能为卫匡国编制《新图志》时提供帮助的信息（但如下文所述，卫匡国只利用了其中部分信息）：

①山岳别名，河湖别名或河流上下游河段之名，如富春江记"即浙江上流也"。

②方位信息的补充表述，如记浙江杭州府石甑山在"西湖北"，嘉兴府分湖记"半为吴县地"，四川酉阳山"酉阳、黔江以此为界"。

③河流源流信息，如浙江杭州府苕溪记"源出天目"，"浙江"记"其源发自徽州"，湖州府广苕山记"苕水出焉"，河南汝宁府记潢河"出南阳分水岭，达光州界"，溱水"自青衣山入淮"。又如南直隶苏州府内对"三江"的较详细解说[3]。

④河流形态信息，如记宁波府东湖"受七十二溪之流"，温州府瓯江"即海之支流也"。

⑤描述山岳形态的信息，有记山岳范围者，如台州府天门山"绵亘三百余里"，衢州府泉山"周数百里"。有笼统记山岳高度或地位者，如宁波府蓬岛山"兀然众山之表"，建昌府凤凰山"郡之主山"，九江府高良山"峻拔为诸山之长"。有记山峰数量者，也可显示其高大，如记广信府灵山"上有七十二峰"，赣州府香山"上有九十九峰"。有的条目更详细，如浙江括苍山"周三百里，东跨仙居，南控临海，高一万六千丈，棠溪、赤溪、管溪三水环绕其下"，卫匡国在《广舆记》工作本正文此页上方手书拉丁文中便包含"16000 cham（丈）"之数，《新图志》成书图说中也有

1　（明）凝香阁本《广舆记》，卷八，陕西省；卷十，浙江省。

2　（明）凝香阁本《广舆记》，卷二，南京。

3　（明）凝香阁本《广舆记》，卷二，南京。

换算后的数字[1]。浙江省内绍兴府四明山、台州府天台山也记有高度，亦均被《新图志》成书图说转述。

⑥指出部分名山位于道教"洞天福地"序列中，并记录其排名。如杭州府天目山"道书第三十四洞天"，绍兴府沃洲山"道书第十五福地"。

⑦对于山岳植被景观的描写，如广信府灵山"多珍木奇卉"，黎州安抚司笋箄山"多林木，樵者衣食于此"等。

逐省比对《广舆记》分省图与正文"山川"门的文字记载，可知《广舆记》分省图中所绘河湖（包括许多未注名者）总数远少于《广舆记》正文所记，图上注名者大多包含于"山川"门的名单中（见表2）。

分省图上所绘山岳总数虽同样明显少于正文所记，但二者山川名单有显著出入，二者同记之山名仅占小部分，大量山名仅出现于正文中，也有许多地图标出、却不见于正文记载的山岳（见表1的B、D栏）。后一种现象仅部分情况下可用前述《广舆记》"山川"门相对《一统志》的删减来解释，多数山名同样不见于《一统志》，故知《广舆记》图文所载山名传承自迥异的文献系统。

《广舆记》各直属政区"形胜"门文字通常以数句连缀的排比对本地自然、人文地理情势加以概括，不但是卫匡国撰写《新图志》图说各节地理总述时的重要知识源泉，还不时为他绘制《新图志》地图之山川提供灵感，下文将有详细分析。

《一统志》"形胜"门汇聚古代诗文中关于当地地理形势描述的名句，并注明出典，如应天府"钟山龙蟠石头虎踞（汉诸葛亮云）；经营四方此为根本（晋王导云）；东以赤山为成皋，南以长淮为伊洛，北以钟山为曲阜，西以大江为黄河（《艺文类聚》）；长江天堑（陈孔范疏）；长江千里，险过汤池（《南唐书》）；外连江淮，内控湖海（《系年录》）；东南形势，莫重建康（宋张浚云）；有三吴为东门，有荆蜀为西户，有七闽二广为南府（宋胡安定文集）"，《广舆记》大加简化作"钟山龙蟠，石城虎踞，长江天堑，王气所钟"，略去出典，拼接整合，末尾四字则为陆应阳所添。

陆应阳有时甚至将《一统志》中"风俗"门的描述（《广舆记》删去此门）与"形胜"门合并至《广舆记》"形胜"门中，似多施于偏远地区，如广西省太平府，《广舆记》作"峻岭长江，接壤交趾，其俗椎髻蛮音，少事畎亩，多务山园，以强凌弱，一言不顺，父子相仇杀"，此句实为连缀《一统志》"形胜"门中"峻岭拱朝、长江环绕（新志）""壤连交趾（郡志）"，与"风俗"门中的夹注"元志，五寨溪洞……椎髻蛮音，衣冠不正，饮食亦殊，多务山园，以强凌弱，虽父子兄弟之间，言稍不顺，亦相仇杀""郡志……少事畎

---

[1] 因误读《广舆记》原文，卫匡国不知"临海"为地名，误译为括苍山"绵延三百里，一直延伸到海边"。Martino Martini. *Novus Atlas Sinensis*, Amsterdam, 1655, p. 117.

亩"诸句而成[1]。

三 《新图志》山川资料来源的统计与分析

《新图志》分省地图中所绘山川有两项最重要的资料来源——《广舆记》分省地图与正文"山川"门，笔者将相关信息进行全面比对统计，制成表1、表2，据之可见资料来源的总体情况。

表1为对山类的统计，B栏计数时包括《广舆记》正文所载各种山类地物，在下述这种特殊情况下扣除计数：同一省内、

表1　《中国新图志》山类地名来源统计

直省名	A.《新》地图山名数	B.《广》正文山名数	C.《新》地图得自《广》正文数	D.《广》地图山名总数（括号内为同时见于《广》正文者）	E.《新》与《广》地图同标 E1.方位一致（括号内为同时见于《广》正文者）	E2.方位不一致（括号内为同时见于《广》正文者）	F.《新》地图标出，未见于《广》图、正文山名者	G.《新》正文登载，地图上未绘山名数
北直隶	45	93	42	6（3）	1（0）	1（1）	2	12
南直隶	36	213	34	40（17）	7（5）	4（4）	0	17
山西	56	123	56	48（23）	4（4）	7（7）	0	3
山东（附辽东）	34	111	33	36（18）	3（2）	4（4）	0	13
河南	69	118	59	48（5）	11（1）	4（4）	0	3
陕西	71	208	67	76（29）	6（6）	8（8）	4	15
浙江	62	236	60	47（17）	7（5）	5（5）	0	11
江西	70	203	65	122（37）	13（8）	9（9）	0	8
湖广	75	255	72	105（30）	7（4）	7（7）	0	6
四川	98	236	94	58（11）	2（0）	7（7）	2	15
福建	45	165	44	58（15）	1（1）	7（7）	1	10
广东	32	147	32	66（21）	4（4）	2（2）	0	14
广西	41	149	33	48（10）	6（3）	2（2）	5	19
云南	74	173	73	17（5）	1（1）	1（1）	1	31
贵州	45	70	44	2（0）	0（0）	0（0）	1	10
总计	853	2500	808	777（241）	73（44）	68（68）	16	187

---

[1]（明）天顺《大明一统志》，卷八十五，太平府。

记在不同直属政区下、同名且同指，且被卫匡国准确识别为同一山岳并在《新图志》地图上绘出，如下文所述，符合此类情形的案例很少。

由 C、A 两栏比对可知，《新图志》中绘出的山名绝大多数可见于《广舆记》正文"山川"（94.7%），不过《广舆记》"山川"所记山类地名总数巨大，无法逐一标出，卫匡国选取其中约 32% 标注于《新图志》上（C、B 两栏总数比值，对卫匡国择取标准的分析详下文）。D、E 两栏括号中的计数为同时见于《广舆记》图、文中的山岳数，E 栏计数对象为同时见于《新图志》与《广舆记》地图的山名，又分两类：第一类 E1，《新图志》所标山名方位与《广舆记》图一致，卫匡国很可能就是据《广舆记》图定位的。第二类 E2，虽山名见于《广舆记》图，但卫匡国却将山岳画在不同方位上。E2 总数与 E1 类接近，且 E2 中山岳名均同时见于《广舆记》正文。具体比对可知，其中绝大多数情况下，卫匡国应是据"山川"门中的一些方位信息重新定位的。卫匡国绘制山岳时着重参考《广舆记》地图的案例仅占《广舆记》原图所绘山岳的 9.4%（E1∶D），也仅占《新图志》绘出山岳的 8.6%（E1∶A）。卫匡国绘出的山岳中，仅见于《广舆记》正文的有 764 处（808-44），此数值与 E1 栏总数之比为 10.5∶1，远高于《广舆记》正文、地图分别登载山岳总数之比 3.2∶1

（B∶D）。

综上，卫匡国绘制山岳时的首要参考资料为《广舆记》正文"山川"门，次要资料为《广舆记》分省图。

卫匡国更为倚重《广舆记》正文，可能与正文中所记山岳总数多于分省图有关。但是如前述，从《广舆记》正文中所能提取的山岳具体方位信息有限，相关信息包括直属政区治所城附近山岳的相对方位、个别山岳与相邻水体间位置关系、少量大山的跨政区方位（如前引括苍山文句）等几种，它们是卫匡国对 E2 类山岳重新定位的主要依据，也为仅得自《广舆记》正文、图上未标的山名提供定位基础，但仅能对应少量此类山名，因为有定位信息的条目为数不多。《广舆记》正文中对多数山岳则仅记所在下层政区名，全无山、城位置关系信息。卫匡国在《新图志》上绘出这些山岳时，除有时或受图上已绘地物间留白空间的制约外，将山岳置于相关城址的哪个方位上基本是随机的。

笔者另文指出，卫匡国在绘制《新图志》时对一些城址进行了位移，城址间相对方位并不完全与《广舆记》原图对应。据笔者的研究，卫匡国制作《新图志》时，基本步骤是先绘城址，再绘边界、山川等其他地物[1]。因此，卫匡国依据《广舆记》正文布设山川时，定位基准是已经过部分位移的城址方位。

---

[1] 参见拙作《卫匡国〈中国新图志〉的绘制方法——基于梵蒂冈藏卫匡国批注本〈广舆记〉之〈广东省图〉的研究》，戴龙基、杨迅凌主编：《全球地图中的澳门》，第二卷，社会科学文献出版社，2017，第 347—397 页。

另有少数情况未列入 C 栏统计中，卫匡国很可能同样依据《广舆记》"山川"门，在《新图志》上与《广舆记》所记方位相符处绘山丘图形，但未标名，或是制版时遗漏所致。G 栏中，各省均有一些山类地名记在《新图志》正文分省地理描述中，但未在地图中展现，多寡不均。这些山类地名基本来自《广舆记》"山川"门，其中多数在"山川"门原文内有关于奇异景色、宗教建筑、传说故事等描述，引起卫匡国注意，将原文对译记入《新图志》中，但或因卫匡国认为重要性不足而未标在图上。相反，C 栏中卫匡国在图上标出的山名中，也有一些未记入《新图志》正文中，《新图志》图、文呈互补关系。

F 栏中为《新图志》图上标出，却不见于《广舆记》图、文所载山名者，数量很少，仅出现于不到半数省份中。其中部分可解释其渊源。有些源自卫匡国对《新图志》地图的误读。如《新图志》陕西图汉中府有"Tung M."，对应于《广舆记》原图的"通关"注记，但卫匡国误将首字读作山名而转译。又如《新图志》广西图在庆远府、泗城州各有一处"Lang M."，核对原图对应位置确实标写"狼"，但非山名，而是对当地为"狼兵"源地这一人文现象的标注，卫匡国不知此节，误译为山名。《新图志》山东图登州府标有"Tasung M."，因将《广舆记》原图大松所所名误读为山名而标出。另有一些山名并非源自误读原图，而是由其他地名附会而成。如《新图志》贵州图在平越卫西侧有"Pingyue M."，《广舆记》图、文中皆无对应记载，推测是由卫名衍生的山名，类似的附会还有四川图上顺庆府的"Ylung M."，对应仪陇县等。又如《新图志》广西图梧州、浔州二府交界处绘有"Tienmuen M."，源自《广舆记》正文梧州府节内"关梁"门"天门关"条目，但"天门山"之名为卫匡国生造[1]。另有几处山名尚未能解明其资料来源，有待进一步查考。

直省名	a.《新》地图水数	b.《广》正文水名数	c.《新》地图得自《广》正文数	d.《广》地图水名总数（括号内为同时见于《广》正文者）	e.《新》与《广》地图同标（括号内为同时见于《广》正文者）	f.《新》地图标出水名，未见于《广》图、文者	g.《新》正文登载，地图上未绘水名数
北直隶	77	74	40	5（4）	4（4）	3	7
南直隶	43	139	38	15（12）	12（12）	5	16

表 2　《中国新图志》水类地名来源统计

---

[1] （明）凝香阁本《广舆记》，卷二十，广西。此为特例，是全图唯一一处源自"关梁"门的山岳地名。

续表

直省名	a.《新》地图水数	b.《广》正文水名数	c.《新》地图得自《广》正文数	d.《广》地图水名总数（括号内为同时见于《广》正文者）	e.《新》与《广》地图同标（括号内为同时见于《广》正文者）	f.《新》地图标出水名，未见于《广》图、文者	g.《新》正文登载，地图上未绘水名数
山西	29	59	28	4（4）	4（4）	1	6
山东（附辽东）	34	67	29	8（8）	8（8）	5	7
河南	37	88	34	17（14）	12（11）	2	20
陕西	49	130	46	18（11）	11（11）	3	12
浙江	42	95	39	6（5）	4（4）	3	4
江西	36	123	35	12（4）	3（3）	1	23
湖广	63	166	63	12（7）	5（5）	0	27
四川	42	128	41	10（7）	2（2）	1	19
福建	20	65	20	3（2）	1（1）	0	5
广东	40	97	39	4（3）	3（3）	1	12
广西	39	90	38	6（5）	5（5）	0	3
云南	53	90	50	8（4）	5（4）	2	2
贵州	32	64	29	1（0）	1（0）	2	7
总计	636	1475	569	129（90）	80（76）	29	172

表2为对水类的统计，表格总体设计思路与表1一致，b栏中统计《广舆记》"山川"门各省所记水名时，将各节内所记相同水名扣除（但保留同一河流不同段落的异名，各节所记"海"亦不计数），e栏较表1E栏简化，不再区分为两个分栏比较《广舆记》、《新图志》标注位置的一致性，因为在为河流线条标注河名时标写方位的自由度较山名更高，且《新图志》河流线条常在转摹《广舆记》原图基础上有所改动（详见下文）。同理，本表各栏中只统计水体名称的数量对应关系，以展现卫匡国绘制河湖的总体资料来源。

与山名相仿，卫匡国标绘水名的最主要来源也是《广舆记》正文，《新图志》地图有89.5%的水名可见于《广舆记》"山川"门（c、a两栏总数比值），卫匡国选取"山川"门中约38.6%的水名标注于《新图志》上（c、b两栏总数比值）。相比之下，《新图志》地图所标水名中，仅有12.6%的水名见于《广舆记》原图（e、a两栏总数比值），且这些水名中绝大多数均可同时见于"山川"门中,可知《广舆记》地图只是《新图志》水名的次要知识来源。不过,《广舆记》地图中标出的河湖名总数虽远少于"山川"门所记水体数(d、b两栏总数比值,约1:11.4),但标注者基本为主要河湖,因此在卫匡国对中国水系基本骨架的认识中仍起重要作用。

相反,卫匡国制图时依据《广舆记》"山川"门添绘的大量河湖(各省添绘十余乃至数十处),则因原文所记方位、形态、面积等信息严重不足而错误百出,其中最惹眼者是各省图上添绘的若干湖泊,多数远大于实际面积[1]。有时卫匡国误读原文文字或含义,又会造成另一重错绘。此外,《广舆记》原图上还有不少未注名称的河湖图形,卫匡国将它们赋以采自"山川"门的水体译名,却常张冠李戴。下文将以浙江图的水系绘制为例进行具体分析。

与山名类似,也有为数不少的水名仅出现在《新图志》正文中(g栏),基本得自"山川",除河湖外,还包括一些泉、池、井、潭,因体量过小不宜绘在图上,其中不少在《广舆记》原文的叙述中具备故事性或传奇性。另外,由于省际河流的连通性,《新图志》分省图上某些河名在《广舆记》本省图、文中难觅对应者,却可从邻省图、文中求得。

《新图志》的水类标名中也有少量不见于《广舆记》图、文(g栏),其中部分可能得自卫匡国本人见闻,如在浙东南添绘的运河记衢州的"Changyo"河(详下文)。有些需逐一深入探究方能解明原委。

四 卫匡国绘制山河的一些具体问题探讨

(一)"山脉"(Montes)的认定

《新图志》分省图的山名标注分作两类,绝大多数记作"山名 M.",如北直隶天寿山作"Tienxeu M.","M."是拉丁文 mons 的缩写,少量山名记作"山名 Montes",如北直隶燕山作"Yen Montes"。并且将山名拉伸书写,与图上所绘连绵山岳图像相配合,是对山脉的展现,与普通山丘区分[2]。通检各图,标作"山脉"者共计18处[3],列为表3。

---

[1] 卫匡国多是依据"山川"门中对湖泊粗略而时有夸大的幅员描述(如云南抚仙湖记"一碧万顷"、异龙湖记"周百五十里"等)绘制的,造成许多湖泊增大。

[2] Hamann 研究了《新图志》正文图说中自然地理的书写,概述称卫匡国在正文中使用通名时并未严格区分山与山脉,但那些被他描述为包含六十、八十乃至二百多座山峰的山通常记作山脉(Hamann 前揭文,p. 134)。此说不确,复查可知山峰数量并非卫匡国分类的依据。此外,Hamann 也未研究《新图志》地图的标注。

[3] 部分在《新图志》图上标作"山脉"者在《新图志》正文图说中记作"山",如燕山。Martino Martini. *Novus Atlas Sinensis*, p. 32.

表3　《中国新图志》中的"山脉"及其资料来源

直省	北直隶	北直隶	山西	山西	陕西	陕西	浙江	浙江	浙江
《新》山名	Yen Montes	Heng Montes	Golung Montes	Chungtiao Montes	Poching Montes	Tunglung Montes	Tienmo Montes	Monte Tungpe	Tientai Montes
《广》正文山名	燕山	恒山	卧龙山	中条山	嶓冢山	东陇山	天目山	东白山	天台山
《广》正文有无具体描述	有	无	有	有	有	无	有	有	有
《广》地图有无标注	无	有	有	有，多处	无	无	有	无	无
《新》图说有无记述	有	有	有	无	无	有	无	无	无
直省	四川	四川	四川	四川	四川	四川	福建	广东	广西
《新》山名	Cingsing Montes	Min Montes	Cung tung Montes	Quenlun Montes	Fiyue Montes	Queichen Montes	Montes Kinyao	Kiun Montes	Hoeisien Montes
《广》正文山名	青城山	岷山	崆峒山	昆仑山	飞越山	无	金铙山	琼山	无
《广》正文有无具体描述	有	有	有	有	有	无	无	无	无
《广》地图有无标注	无	有	有	有	无	无	无	无	有
《新》图说有无记述	有	有	有	有	有	无	无	无	无

　　18处卫匡国认定的"山脉"中，有16处可见于《广舆记》正文记载中，其中多数在"山川"门中有具体文字描述，对卫匡国的山脉认定起到帮助。

　　"山川"门中有时直接记山体长度、范围信息，如记青城山"连亘千里"，记燕山时引用苏轼之诗，称此山似"长蛇"而有"千里"，卫匡国据之识别为山脉，并在《新图志》正文图说中介绍其长度[1]。但有时卫匡国对原文的理解有所偏差。"山川"门记天台、天目山均为"周八百里"，金铙山"周四百里"，应指山区外围周长，卫匡国在《新图志》正文中误译为长度（金铙山译作"绵延四十里"，应是笔误）。

　　"山川"门中有时以跨越之州县，或衔续之邻山的名目显示其范围（其中一些同时记前类信息），如记卧龙山"南接翼城、曲沃，北接临汾、浮山界"，东白山"层峦叠嶂，接会稽、天台"。四川崆峒山记作"接番界"，飞越山记作"两面与羌夷接界"，也是对范围的较特殊表述。卫匡国参考上述几种描述认定山脉。

　　但需指出，"山川"门中的文字描述并非山脉认定的明确标准。《广舆记》文字记载中可见不少占地广阔的山岳，如江西武功

---

[1] Martino Martini. *Novus Atlas Sinensis*, p. 32.

山记作"根盘八百余里,跨吉袁二郡",庐山(匡庐山)记作"周五百余里",湖广天岳山记作"周五百里",浙江括苍山记作"东跨仙居,南控临海"等,但卫匡国均未将它们识别为"山脉",仅标作"山"。

恒山、岷山、蟠冢山、昆仑山、琼山在"山川"门中也有条目,但并无关于范围、规模的语句,故卫匡国的识别并非仅据"山川"门。《广舆记》真定府"形胜"门中描述此府总体地势为"面滹水,背恒山,左瀛海,右太行",《广舆记》北直隶图上用此图中、南部分唯一山形符号绘出"恒岳"[1],非常显眼,且恰又绘在省界上。可能正是综合参考"形胜"门与地图,使得卫匡国充分重视乃至高估了恒山的重要性。《新图志》正文北直隶总叙中描述边界,称北直隶"西部与山西接壤,由恒山山脉隔开"[2],《新图志》地图中也绘出恒山山脉。相反,实际上作为北直隶与山西界山的太行山则未被卫匡国认作山脉,可能与《广舆记》北直隶、山西图在两省交界处未绘太行山有关("山川"门同样无明确描述太行山规模的文字)。此外,北直隶曲阳恒山虽在当时贵为北岳,但五岳的身份在卫匡国的山脉认定中应不起作用,因为其余四岳皆未被认作山脉。岷山、蟠冢山、昆仑山应是因《广舆记》图、文中记三山分别位于江、汉、河源头处,故标作山脉而崇其地位。关于昆仑山,卫匡国在《新图志》中多处称此山即当时西人所称"Amasæos"山[3]。此山名似可对应于西人早期远东地理知识中的意貌山(最常见的拼写为 Iamus)[4],在同时代欧洲地图中通常绘作连绵山脉,这也促成卫匡国将昆仑山认作山脉。《新图志》广东图在海南岛中部标有几个山名,但仅"琼山"同时载于"山川"门,可能因此卫匡国将"琼山"认作山脉,指代海南中部群山。

东陇山仅见于"山川"门,但无具体描述,会仙山仅见于《广舆记》地图,二山被认作山脉的理据不明。标在四川南端"Queichen Montes"应可对译作"贵州山脉",南邻贵州界,山名不见于《广舆记》图文,为卫匡国臆造,或仅为填补此处无甚注记的空白。

《新图志》中的山岳以当时欧陆制图业通行的"鼹鼠丘"(Mole hills)形式绘制[5],所有山丘均采用西侧光源、东侧阴影的立

1　(明)凝香阁本《广舆记》北直隶图已遗失,此据由凝香阁本刻本精细翻刻的素水堂本《广舆记》(法国国家图书馆藏)北直隶图判断。

2　Martino Martini. *Novus Atlas Sinensis*, p. 27.

3　Martino Martini. *Novus Atlas Sinensis*, pp. 2, 14, 23, 70.

4　Cucagna 指出卫匡国在《中国上古史》中对此有所论述。Alessandro Cucagna. "The geographical contents in the historical works of Martino Martini", In: Giorgio Melis (ed.). *Martino Martini: geografo cartografo storico teologo*, p. 105. 关于"意貌山",参见王永杰《西方地理文献中"意貌山"概念的演变》,《中国历史地理论丛》2021年第3期。

5　Osvaldo Baldacci. "The cartographic validity and success of Martino Maritni's Atlas Sinensis", p. 76.

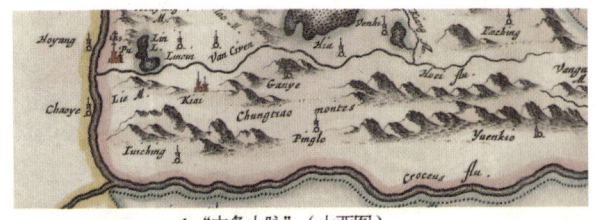
1. "中条山脉"（山西图）

2. "燕山山脉"（北京图）

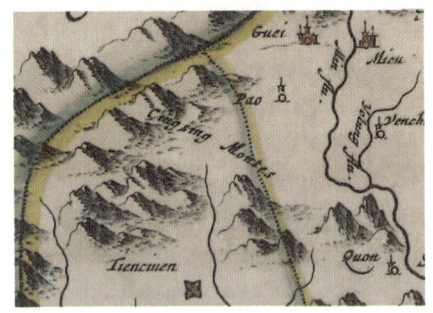
3. "青城山脉"（四川图）

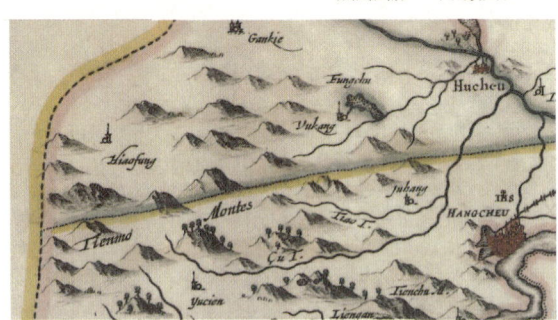
4. "天目山脉"（浙江图）

图3 《中国新图志》地图所绘"山脉"图示举例

体绘法修饰，山形生动美观。在前述依照"山川"门识别者中，有些较忠实依据原文在《新图志》上绘出山脉图形。如山西图标注"中条山"山名，其图形大体符合原文所述"跨平陆、芮城、安邑、夏县、解州界"，但山形中断，似又同《广舆记》原图相关（见图3：1）。多数情况下卫匡国在图上绘出的山脉图形同"山川"门所述走向并不相符，如山西卧龙山脉就绘得过于偏西，北直隶燕山也未能展现"首衔西山麓，尾挂东海岸"的走势，甚且山形散漫，几无山脉之像（见图3：2）。四川青城山显然亦远不足千里（见图3：3）。总体上看，卫匡国在进行文字、图形间的转化时并不严谨。

与前述直接在某山名下描述所跨越州县名目的记法不同，《广舆记》"山川"门中还有另一类记载本可帮助对山脉的识别，可惜卫匡国未能充分利用。只需通览各省"山川"全文，可见同一山名同时出现在省内二三个相邻直属政区分节内的情形，差可说明此山占地较广，例如南直隶宁国府太平县、徽州府（"府城西"）均记黄山，山西代州、应州均记五台山。去除同省同名但异指的情况，再去除其中已据"山川"门文字识别为山脉的天目山，此类记载共计70条，对应33个山名，其中多有体量不逊于前述18座"山脉"者，但卫匡国却未能利用此类记载，在《新图志》地图中标出其中部分山名，均仅译作"山"。

可顺便指出卫匡国对这些跨界之山的处理方式，分为三类。

①利用"山川"门文字，绘在相关政区定点之间，共计10山：吕梁山（山西），蒙山（山东），太白山、陇山（陕西），四明山、括苍山（浙江），武功山（江西），

九疑山（湖广），罗浮山（广东），盘江山（贵州）。

②绘在"山川"门所系其中一个政区城址边，与其余政区方位无关[1]，未能充分利用原图方位信息，共计16山：茅山、黄山（南直隶），雁门山、石楼山（山西），陶山（山东），太行山（河南），西倾山、五丈原、秦岭（陕西），大洪山（湖广），西阳山、大匡山（四川），镆铘山（广西），蒙乐山、高黎共山（云南），铜鼓山（贵州）。

③未绘出，共计7山：钟山（南直隶），摩云岭、梁山（陕西），华林山（江西），青石山、汉阳山（四川），七台山（福建）。

由上述统计可见，卫匡国不仅未将"山川"门跨政区同名山岳认定作"山脉"，且由第②类绘法看，他可能经常未能注意到"山川"门中的这类记载情形。另外，《广舆记》"山川"门所记山名总数本就相对于《大明一统志》有显著削减，对同名山岳的记载亦有减损，也会影响卫匡国的识读与定位。

（二）卫匡国对《广舆记》"山川"门所记山岳的部分择取偏好

如前所述，卫匡国主要从《广舆记》"山川"门记载中择取部分山名标注在《新图志》地图上，那么他是随机选取的，抑或是有所偏好？通过对《新图志》所标山名的统计，目前可初步发现卫匡国的部分择取偏好，数据统计见表4。

斯塔卢比已指出卫匡国特别重视标注那些列入道书三十六洞天、七十二福地的山岳[2]，表4的统计可以更直观地展现此点。《广舆记》"山川"中共记50座列入洞天福地的山岳，并附具体文字说明，如记江西贵溪龙虎山为"道书第三十二福地"（前述《广舆记》编撰时的削删是洞天福地记载不全的原因之一），卫匡国图上将其

表4	《中国新图志》标名所见卫匡国部分山岳择取偏好							
	《新》标出、得自"山川"的山名总数	"山川"所记山名	图上标出的"洞天福地"山名	"山川"所记"洞天福地"山名	图上标出的"大"字山名	"山川"所记"大"字山名	图上标出的"雪"字山名	"山川"所记"雪"字山名
总数	808	2500	38	50	37	71	10	14
两分栏比值	32.3%		76%		52%		71%	

---

1 如《广舆记》南直隶"山川"应天府节记茅山在句容县，镇江府节记茅山在金坛县，但《新图志》上茅山绘在句容县西侧，而金坛在句容东，与此山完全无关。

2 Giuseppe Staluppi. "Problematic questions on geography revealed by an examination of the Novus Atlas Sinensis", pp. 146–152.

中 38 座山名标出，占《广舆记》录入者之 76%[1]，远高于《新图志》地图标注时对"山川"山岳名的总体择取率 32.3%。此外，山名中带"大""雪"二字者似也容易引起卫匡国的注意，两类山名分别有 52%、71% 的选用率。本部分初步分析了卫匡国择取山名时的部分偏好，此问题还可做后续统计分析。此外，当"山川"文字中对某座山岳出现一些关于山形高大或峰峦众多的描述时（如记山东东昌府鸣石山"山岩高百余仞"、山西泽州韩王山为"邑之主山"、江西吉安府秋山"上有七十二峰"等），也会增加它们在卫匡国眼中的重要性，增加标名于图的概率。

（三）依据《广舆记》"形胜"门绘制区域地形

《新图志》分省图上还绘有大量未标山名的山岳图形，总数远超标注地名的山或"山脉"。这些无名山岳中除少数如前述是据《广舆记》"山川"绘出而未标名者，其余多数应是笼统参考《广舆记》"形胜"门中的"定性"描述而绘出的。

《广舆记》"形胜"门文字简略，但其中对自然地理的概述却为卫匡国在《新图志》图文中的地形描写与绘制提供参考。《新图志》正文的各直属政区分节叙述中，在各节起首处均有对本区域的总体地理描述，比对可知撰写时着重参考了"形胜"门文字。《新图志》中对各直属政区的地形绘制也基本同《广舆记》"形胜"门原文及《新图志》正文的对译相呼应。

举例言之，《广舆记》贵州图上所绘山丘极少，远不能展现该省地理实情，相反，《广舆记》正文贵州各节"形胜"门内通常都会描述多山地形。如永宁州的"形胜"记作"山崖险阻，林菁蓊郁"，卫匡国在《新图志》正文永宁州小序中相应记作"多山的区域"，而在《新图志》地图中也将此州绘作山岳密布（见图 4：1）。各直属政区所绘图形加总，使得贵州的崎岖地形跃然纸上。《广舆记》"形胜"门内，河南东部开封府记作"咽喉九州，阃域中夏，龙盘虎伏，水陆都会"，归德府作"面淮负河，其地广衍"，均不涉及山岳，故《新图志》图上二府地域总体绘作平原，仅零星绘出由"山川"门记载中择取的山岳。相反，中西部各府，如怀庆府作"负山带河"，南阳府作"山水盘迂"，汝州作"山水秀拔"，故《新图志》图上山丘起伏。由此可展现出河南全图西高东低的地势，与实际地形大体相仿。

不过，卫匡国有时也会被"形胜"的不确切文字所误导，如四川省潼川州"形胜"作"沃野千里，水陆要冲"，卫匡国未到过四川，《新图志》正文潼川州小序中介绍此州"境内河流众多，特别肥沃，几乎平坦，山地很少"，显受"形胜"的影响。在《新图志》地图中也将此州大部分绘为平地，只有几座孤山点缀（见图 4：2）。

---

[1] 斯塔卢比前揭文统计《新图志》正文中提及的洞天福地名山共计 45 处，较地图标出者更多。

1. 永宁州（贵州图）　　　　　　　　　　　2. 潼川州（四川图）

图4 《中国新图志》据"形胜"门绘制区域地形举例

然而实际上潼川州为丘陵密布的山区，仅有穿流而过的涪江造成串珠状小片河谷平坝，绝非"沃野千里"。

限于"形胜"门文字表述的简略、抽象，缺乏具体定量信息，卫匡国据之转绘出的地形也仅能勉强做到总体"神似"，在山岳数量、方位、走向等方面皆为随意绘制，必定无法完全保证细部的准确性。此外，对于中东部省份中那些踏足过的府州，卫匡国绘制总体地形应是融入了自身的见闻，不必拘泥于"形胜"门的文字。

（四）《新图志》分省图上的林木图形也几乎源自《广舆记》"山川"门

《新图志》分省图上不时可以见到林木图形，绝大多数绘在山岳上，也有极少数绘于平地（罨画溪、惠嫋湖），林木的添绘使得全图生机盎然，更增美观（见图5）。不过，这些图形并不只是出于装饰目的，详细核对全图71处林木图形所在方位，可发现它们并非随机配置，其选址几乎都是基于《广舆记》正文"山川"门中的信息。

这些添绘林木之处多数可见卫匡国标注的地名（此点可作第2小节所论卫匡国标注地择取标准的补充，但有一些地点与第2小节统计对象重复），少数未标名者也可据其方位在《广舆记》原文中找到对应的山岳。

卫匡国绘制林木图形可总结为如下七种情形：

①《广舆记》"山川"记载有林木之地。又可细分为两小类，一小类是明确记载林木茂密之地，如记北直隶都山"林木蓊郁"，浙江罨画溪"古木夹岸，阴森蔽天，可十里许"，另一小类是出产特殊树种之山，如河南王屋山"古松数株，皆千百年物"。此类地点共计38处，除上文提及者还包括：大松山（北直隶），龙门山

280　地理图像

1. 千顷山（浙江图）

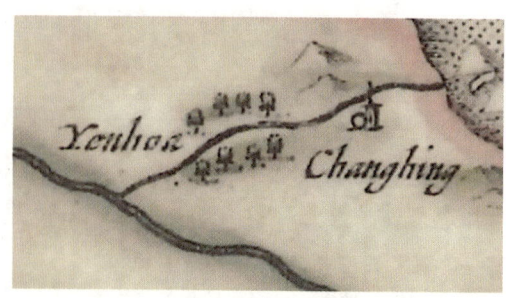
2. 罨画溪（浙江图）

3. 武夷山（福建图）

4. 惠嫋湖（云南图）

图5　《中国新图志》林木图形举例

（南直隶），香山、发鸠山、白彪山（山西），朝阳山、嵩山、白牙山（河南），雪山（陕西），千顷山、万松山（2处）、石门山（浙江），灵山（江西），木陵山、东山、万阳山（湖广），龙安山、文城山、果山、缙云山、西山、笋箕山（四川），高盖山（福建），高良山（广东），桂山、南山、白乐山（广西），木容山、东山、绿罗山、惠嫋湖、罗生山（云南），南望山、广武山（贵州）。

②"山川"所记环境优美之地。如记福建龙首山"水光山色，映带城郭"，翠华山"春日邑人冶游之所"。在地图上添绘林木确能引发其地风景秀美的观感。此类地点共计11处，除上文提及者还包括：凤山（山东），首山（河南），麻姑山、阁皂山、米山（江西），宝山（广东），都峤山（广西）。

③部分洞天福地。还有些山岳在"山川"中并无关于植被或风景的描述，但均位列道书洞天福地，为卫匡国所特别瞩目，故添绘林木符号。这些胜地通常风景清幽，恰可同上述两类相应，但需注意并非所有图上标出的洞天福地名山均添绘林木。此类地点共计10处，包括：天目山（浙江），始丰山、玉笥山（江西），洞阳山、云山、绿萝山（湖广），蕉源山、武夷山（福建），陶公山（广东），勾漏山（广西）。

④望文生义地添绘。陕西大松山在"山川"门条目内则找不到对应文字描述，应是仅因山名便添绘林木。另有一特殊情形为山东"tasung"山，此山名在"山川"门内找不到对应，得自《广舆记》山东图上的"大松"注记。但此注记本指大松所，

非山名。卫匡国先误作山，再加绘山林图形。

⑤因误读中文引起的添绘。卫匡国在多处似乎将实际应是高大之意的"秀"字误读为"秀丽"，如南直隶鸡山，"山川"原文作"峰峦秀起"，卫匡国在《新图志》正文图说中就误作风景优美解。又如南直隶冶父山，原文作"山势峻厉，峰峦森密"，应指山峰高耸且密布，卫匡国可能误解其中"森密"之意，在《新图志》图说中曲解作"树林茂密"。四川蟠龙山，原文"气色葱蔚"是指唐代候气者所见之"王气"，卫匡国在《新图志》图说中曲解为"树木茂盛"。此类地点共计 9 处，除上文提及者还包括：灵山（河南），凤游山（江西），太和山（湖广），凤翥山、九峰山（福建），谢公山（广东）。

⑥少数山岳，"山川"只是记其高大，卫匡国添绘树木。计 2 处：七盘山（四川），龙门山（福建）。

⑦不明原因添绘者 1 处：虎牙山（湖广）。

（五）《中国新图志》上水系添绘的具体分析，以浙江图为例

高泳源认为浙江图为《新图志》中三幅水系绘得最完善的分省图之一，本部分即以此图为例，具体分析卫匡国对河湖的绘制方法。

《广舆记》图上[1]，河流均用双线勾勒，主、次区分不明确。《新图志》制作精良，用图形区别河道规模，细小河道绘以细线，重要河道在中下游逐渐展宽，用双线勾绘，并在展宽处岸边施以阴影装饰，使河形突出。《新图志》中的湖泊则在水域中施加点状装饰，湖岸也加绘阴影，使湖形一目了然。《新图志》分省图图例说明中记有图上各级河流通名缩写，"fl."或"F."对应 fluvius，指大河流，通常对应《广舆记》图、文中的通名"江""河"，"A."对应 Amnis、"T."对应 Torrens，均指小河流，但二者间区别不太严格。

由于《广舆记》地图水系绘制较简，绘出的水体边也有不少河湖未曾注名（浙江图此点尤甚），卫匡国在阅读《广舆记》"山川"门时见读大量不见于地图的水体名，决意在《新图志》地图中主要依据"山川"门的记载对河湖进行补订。最主要的补订体现在两个方面：第一，在图形总体上转摹自原图、而原图本未标名的河湖上添加名称；第二，新绘河湖并注名。

现存《广舆记》工作本上即可见到卫匡国的一些初步添改，包括添写名称及少量图形改绘（工作本上基本无山岳添改痕迹），标名数量明显少于成图，具体内容也与成图不尽相同，因此本小节将工作本上的笔迹也纳入分析，可更完整地展现卫匡国的制图步骤（见图 6）。

---

1 梵蒂冈藏《广舆记》工作本浙江图高清图像地址为：https://digi.vatlib.it/view/MSS_Barb.or.135/0733，检索时间：2020 年 8 月 3 日。

282　地理图像

1. 钱塘江曲流的改绘
及富阳县附近河道的添加

2. 宁波府东湖
及河道的添绘

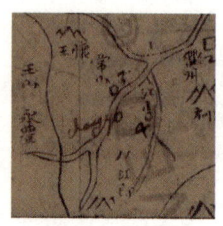
3. 衢州府江山县
河道添绘

4. 温州府温瑞塘河
河道添绘

图6　卫匡国在《广舆记》工作本浙江图上的河湖添改笔迹
（Barb.or.135 © 2021 Biblioteca Apostolica Vaticana）

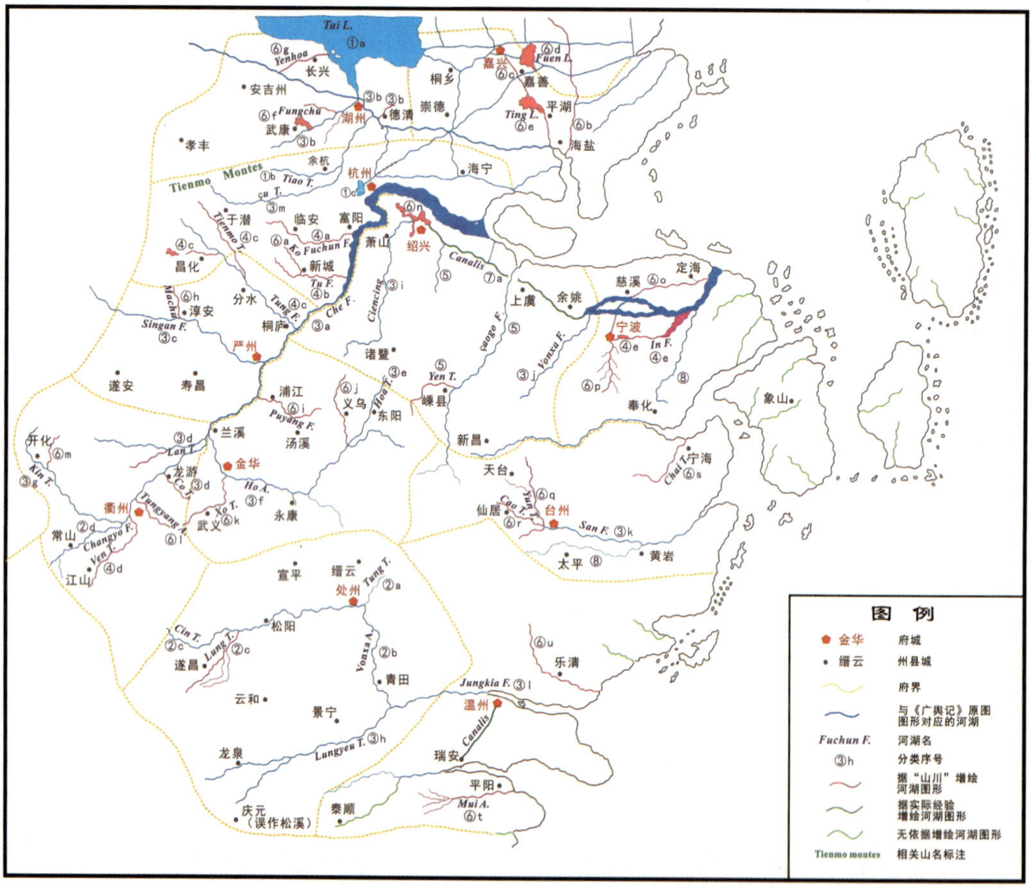

图7　《中国新图志》浙江图水系绘法资料来源示意图（笔者依据《中国新图志》改绘）

　　从资料来源与绘制过程的角度分析，可将全图的河湖绘制归纳为下述 9 种情形（见图7）：

　　①《广舆记》本有图形与名称，卫匡国沿用，将名称对译。

　　《广舆记》浙江图原图河湖注记有 6 处，卫匡国在《新图志》中译出 2 处。其一是浙江与南直隶交界的太湖（a），《新图志》上绘出其南半，注出湖名。其二是《广舆记》原图标出的苕溪（b），原图"苕溪"上游有两支河道汇合，注记标在汇合后的河道边，但其下游锐角转折，南流至杭州府城。《新图志》改绘下游河道，东北流入湖州东侧另一河道。《新图志》的"Tiao T."标在上游两分支河道的偏北一支上，从图上的天目山脉流出，应是参考了《广舆记》"山川"门杭州府"苕溪"条"源出天目"的文字，《广舆记》原图上游两支河道的偏北一支也恰从原图所绘天目山流出。此外，原图绘有西湖并注名，《新图志》图中绘出西湖图形（c），但未标名，但正文中对西湖有大段描写[1]，图上或因空间不足而未标名。

② 《广舆记》只绘线条，无名称，卫匡国在工作本上添加名称，《新图志》中大体沿用，个别有所修改。

a. 处州府城东北侧，《广舆记》原图绘有短小河道，工作本添加"tung"，成图沿用，标注"Tung T."，是据"山川"门"东溪"条"府城东"之语添绘。《广舆记》此条未标名河道确指东溪，但是实际河道要比《广舆记》《新图志》所绘者长许多。

b. 处州府城至青田县间的原图河道，工作本添加"Vonxa"，成图沿用，记作"Vonxa A."。"山川"门记"浣沙溪"在青田县，故做此添写。实际原图此河道指大溪（又名南溪、青溪）。卫匡国的添注不确切。

c. 工作本在处州府西南侧经遂昌、松阳二县的河道源头处添注"Lung"，"山川"门记处州府有"龙溪"在遂昌县，卫匡国据此标注。《新图志》转摹原图河道，复又在上游处添绘一条流经遂昌县南的支流，改将"Lung T."标在添绘河道上，原图河道则改标作"Cin T."，得自"山川"门所"秦溪"（在遂昌县）。实际上原图河道应指松溪，在明代龙溪或秦溪是否为其别名，待查考。

d. 《广舆记》原图有两条河道在衢州府上游汇聚，其中偏南一条自西南方流出，卫匡国标注"changyo"，《新图志》沿用此名。此河名在"山川"门中无法找到对应，河名似对音"常玉"，但明清及今日地图上未见此河名，有待确证。卫匡国曾亲至衢州，或为在当地闻知的河名。

③ 《广舆记》只有线条，无名称，工作本上未添写名称，《新图志》成图上总体转摹原图河道，但有局部改动，大多数据《广舆记》"山川"门添加名称。

a. 杭州府节"山川"门记"浙江"在"府城东南"，"其源发自徽州"，即指今钱塘江。《广舆记》原图未标名，《新图志》将"Che F."标在杭、严、绍三府交界处的江道边，对应准确，但实际杭、绍二府在萧山西南方并非以钱塘江为界，这是《新图志》沿用《广舆记》图形对府界标绘的不确切处。另外，工作本上虽未标名，但卫匡国可能是根据自己在杭州一带的见

1　Martino Martini. *Novus Atlas Sinensis*, p. 113.

闻（杭州为卫匡国首次来华期间的主要活动据点，且多次往返于钱塘江流域上下游间），在工作本上对富阳县至杭州府城一带的钱塘江下游河道进行改绘，增添了惟妙惟肖的"之"字形弯道，《新图志》沿用工作本上的改绘，此局部图形较《广舆记》原图有显著改进。

b. 《广舆记》原图湖州府城上方有一条西来河流，其上游由南北两条支流汇集，北侧一条自南直隶广德州流入，南侧一条由府境西南部发源，在安吉东侧交汇东流。湖州府"山川"门记"苕溪"，"府治西，出自天目"，实指出自天目山北麓的西苕溪，而前述杭州府的"苕溪"实指出自天目山南麓的东苕溪，但卫匡国不明有二"苕溪"，在《新图志》中将唯一"Tiao T."标在前述杭州府河道上，更进一步改动河道方位，将在原图中实指西苕溪的河道东移至武康县城东南。此改动也是依据"山川"门文字，"山川"门中未记安吉有河流，而记"府治南"有"霅溪"，"合苕溪、前溪、余不溪诸水"。卫匡国的绘法参考了上述文字，在《新图志》上所绘湖州府东侧下游河道（由原图的南流改作东南流）应即对应"霅溪"，但图上未注名，杭州府的"Tiao T."东北流注入此"霅溪"。另在德清县西侧添加小河道，表示"余不溪"（"山川"记余不溪在德清），也未注名。而由安吉东移至武康的那条未注名河道则对应"前溪"（"山川"记前溪在武康），二溪同样注入"霅溪"。这些据文改、添绘的河道均与实际不符。

c. 《广舆记》原图有一河道自南直隶流入，经淳安县、严州府联通钱塘江河道，未标名，《新图志》将转摹河道注为 Singan F. 即新安江，是准确的，依据严州府"山川"门记"新安江"在"淳安"。

d. 《广舆记》原图中，钱塘江由两条主要上游河道汇聚，一为前述新安江，二为自西南来的河道。位于此西南来河道上游处的金华府兰溪县与衢州府龙游县间有一条支流自东南方汇入。金华府"山川"门记有"瀫水"，在"府城西南，至兰溪界"，又记"兰溪"，"兰阴山下，即瀫水"。衢州府"山川"门记"榖溪"在龙游县。实际上"瀫水"或"榖溪"应即指兰溪、龙游间的大河道，金华府"山川"门"瀫水"条表述不确，瀫水实际与府城无关。《广舆记》本身表述错乱，导致卫匡国也做出错误标注，将"Lan T."（兰溪）标在对转摹的东南来支流上，又在龙游县城处添绘小河流，标作"Co T."（瀫水），易一为二，且均不确切。另可注意，在工作本上，卫匡国曾在金华府城南侧添绘一条短小河流，西流至兰溪县，或即据"山川"之"瀫水"条添绘，成图未采用。

e. 处州府"山川"门记"画溪"在东阳县，卫匡国将"Hoa T."标注在转摹的义乌、东阳间河道上，其实画溪应指原图东阳县南侧的河道，添注不准确。

f. 金华府"山川"门记"花溪"在永康县，卫匡国将"Ho T."标注在转摹的金华府、永康县间河道上，此河道实指南溪（永康溪），添注错误。

g. 衢州府"山川"门记"金溪"在开化县，卫匡国将"Kin T."标注在转摹的绕行开化县西侧后东南流的河道上，实则金溪流经开化县东侧，添注错误。

h. 处州府"山川"门记"庐栖溪"在景宁县，卫匡国将"Lungyeu T."（可能原记作Luyeu，将"栖"误读作"酉"，成图标写时复将"Lu"误作"Lung"）标写在转摹的流经景宁县南侧的河道上，实际原图河道应指今龙泉溪，景宁县应在此溪南方，《广舆记》绘法本不确切，卫匡国的添注也不准确。

i. 绍兴府"山川"门记"钱清江"在"府城西"，卫匡国将"Ciencing"标写在转摹的流经诸暨、绍兴西侧的河道上，此标注错误，原图此河指浦阳江。且《广舆记》原图本有"钱清江"注记，标在绍兴府城西北方，可惜卫匡国未能注意到。钱清江实指浦阳江穿过浙东运河后的下游出海河道，《广舆记》原图虽未将浙东运河准确绘出，但钱清江的标注方位准确。《新图志》添绘浙东运河，但误将原图钱清江出海河道删去而未转摹，故图形本身亦不准确。

j. 绍兴府"山川"门记"浣纱江"在"苎萝山下，一名浣浦"，又记"苎萝山"在诸暨，"下有浣纱江"，卫匡国却将"Vonxa F."标在转摹的余姚、宁波间河道上，原图河道实指奉化江，卫匡国的标注不确切，且远离诸暨，应是仅匆匆据"浣纱江"文字随意标注，而未参考"苎萝山"条文字。

k. 台州府"山川"门记"三江"在"府城西"，"一自天台关岭，一自仙居永安，二溪至此合为零江，故名"，本指上游两条溪水汇合后形成零江，三水合称"三江"，卫匡国则将"San F."标注在转摹的台州南侧河道上，且标在府城下游，可知是误以"三江"为河道名称，不确切。

l. 温州府"山川"记"永嘉江"在"府城北"，另记"瓯江"亦在"府城北"，卫匡国将"Jungkia F."标写在转摹的府北河道上，实际"永嘉江""瓯江"为一江之二名，标注可算确切。

m. 杭州府"山川"记紫溪在于潜，"源出天目山"，《广舆记》原图在于潜东侧绘有东流河道，流入原图苕溪，卫匡国将"çut."标注于此河道，并略将上游延长至图上天目山，以符合正文。实则紫溪在于潜西侧，南流至分水县，卫匡国标注错误。

④卫匡国在工作本上已做出添改的河道，《新图志》成图中沿用，有时添加或修改名称。

a. 工作本上，在富阳一带添绘短小河流，上游绘在临安县南侧，但未标名，另需注意工作本上富阳县城方位向北移动，位于此添绘小河北侧。《新图志》在类似方位也绘小河，标作"Fuchun F."。杭州府"山川"门记"富春江"在富阳县，为添绘的依据，不过"山川"门原文夹注又云"即浙江上流也"，"富春江"应是对富阳县一带的今钱塘江河段的命名，而非钱塘江支流，卫匡国未准确识读原文夹注，做此误绘。

b. 工作本上，在富阳添绘河道南侧另添一小河道，流经新城县注记北侧，但未标名，《新图志》图中也有短小河流流经新城县（改经南侧），标作"Tu F."，杭州府"山川"门记"鼍江"在新城县，似为添绘依据（对音关系待考），但流经新城县的河道应是葛溪，添绘不准确。

c.《广舆记》原绘图形有一处明显疏误：昌化、分水注记一带绘有河道，但在分水县城处起双线变为单线，河道似断流，至东南侧复为表示河道的双线，后注入钱塘江河道。这是《广舆记》摹绘《广舆图》时的疏误造成的，《广舆图》此处河道因被表示杭、严二府府界的黑色粗线叠压而未绘出，但《广舆记》上的府界线条远较《广舆图》为细，却未补出河道。工作本上可见卫匡国先将中断河道补全，又在补全河道下方新绘另一条河道，将分水县城符号下移，新绘河道由新址北侧经过，补全的旧河道则绘有删除笔迹。此外，《广舆记》桐庐县方位标注错误，误绘在钱塘江东岸（《广舆图》本准确标在西岸），卫匡国在工作本上准确移至应有方位，置于上述新绘河道与钱塘江交汇处。

《新图志》成图上分水、桐庐二县取新址，并采用工作本上的新绘河道。卫匡国在工作本上改动流路的目的应是将流经昌化、分水、桐庐的这条河流与东侧的杭、严府界分离开来，比照实际，卫匡国的这番处理准确。工作本上的补改河道未标名，《新图志》图上在分水、桐庐间的河道上标注"Tung F."，应是参照严州府"山川"门"桐江"在桐庐县的记载，且符合实际，"桐江"上游较工作本图示又有补充，添绘

两条分支河道，注入"桐江"右岸的短小支流未标名，注入左岸的长支流标作"Tienmo T."，依据严州府"山川"门所记"天目溪"在分水县。但实际上，天目溪即为桐江别名，卫匡国受"山川"门分记两条目的影响误增一溪。注入右岸的短小支流也可释其由来，杭州府"山川"门记千顷山在昌化县，"上有龙潭，广数百亩"[1]，卫匡国据之在昌化县西绘制一山，山腰绘有一湖，但未注山名，或为遗漏，短小支流便是从此山流出的，因是卫匡国平添的，故无河名。

尽管不乏瑕疵，但卫匡国对此区域城址、水系的绘制较《广舆记》原图高明不少，他个人的见闻应起到一定帮助。

d. 工作本上，在前述衢州府上游添注"Changyo"的河道右侧，卫匡国添绘一条支流，经江山县东侧北流汇入"Changyo"河，但未注名。《新图志》沿用此添绘，标注为"Ven T."，依据是衢州府"山川"门记"文溪"在江山县，此添绘大体准确。

e. 工作本在宁波府城处添绘河道，向东连至东侧原图纵向河道，在南侧另添绘一个湖泊，均未标名。《新图志》在宁波府城东绘有相应河湖，横向河道标注"In F."，对应宁波府"山川"门所记"鄞江"在"府城东"，但湖泊图形不显著，未标名，应指"山川"门中同样记作位于宁波"府城东"的"东湖"。但"鄞江"添绘实乃画蛇添足，《广舆记》原图上本就绘有起

---

[1] 凝香阁本《广舆记》，卷十，浙江。

自奉化、经宁波东侧至定海县出海的河道，对应鄞江，因未标名，且河道绘得离宁波府过远，故未被卫匡国准确识别。

⑤《广舆记》原图本有线条与名称，《新图志》中转摹河道，卫匡国未沿用原名，以得自《广舆记》"山川"门的新名称替代。

此种情况在浙江省有两处。《广舆记》原图绘一条河道源自台州府境内，中下游经绍兴府嵊县、上虞县北流出海，在源头处标注"剡溪"。《新图志》图上转摹此河道，改注名作"çaogo F."，对应于绍兴府"山川"门所记"府城东南"的"曹娥江"，显系误标，剡溪则被误拼作"Yen T."，改标在"çaogo F."的一条添绘的短小支流上，流经嵊县之北（"山川"门记"剡溪"在嵊县）。实际上原图本也有"曹娥江"注记，标在紧贴绍兴府东侧的一条小河流上，《新图志》转摹此河，略有改动，因添绘运河，故此河流不入海，而是北入运河，但无标名。绍兴府"山川"门记有"投醪河""风泾"在"府城东南"，其中之一或与卫匡国心目中此河道名称对应。需注意，剡溪、曹娥江两处注记在卫匡国使用的凝香阁本《广舆记》图上印制模糊，很可能因此造成卫匡国未能识读、利用原图信息而做臆改。

⑥依据《广舆记》"山川"门所记河湖在《新图志》上做全新添绘，多数注名，工作本未绘。

此类情形在前述几类中为便于叙述已附记几例，如"Co T.""Tienmo T.""Ven T."等，本小节中不再重复罗列。

a. 杭州府"山川"门，"葛溪"在新城县，卫匡国城西添绘河道，标注"Ko"。

b. 嘉兴府，"澉浦"在海盐县，卫匡国在城西添加竖直河道，未标名。

c. 嘉兴府，"长水塘"在"府城南"，卫匡国在相应位置添加竖直河道，未标名。

d. 嘉兴府，"分湖"在嘉善县，"半为吴县地"，卫匡国在城东北浙江、南直隶交界处添绘"Fuen L."。

e. 嘉兴府，"当湖"在平湖县，卫匡国在城西添绘"Ting L."。

f. 湖州府，"风渚湖"在武康县，卫匡国在城东北添绘湖泊，标注"Fungchu"。

g. 湖州府，"罨画溪"在长兴县，描述其风景"古木夹岸，阴森蔽天，可十里许"，卫匡国在城西北添加斜向河道，并添绘林木图形，展现"山川"门描述的风景。

h. 严州府，"轩驻溪"在淳安县，卫匡国在城西添绘小河，标注"Machu"。

i. 金华府，"浦阳江"在浦江县，卫匡国在城南添绘小河，标注"Puyang F."，西流注入钱塘江上游南支河道，实则浦阳江自浦江县东北流，至绍兴府出海，规模不小，《广舆记》原图绘有对应浦阳江的河道，未注名，如前所述被"Ciencing"（钱清江）注记错误占据。

j. 金华府，"五云溪"在义乌县，卫匡国在城西添绘小河流，未注名。

k. 金华府，"熟溪"在武义县，卫匡国在城北添绘小河流，标注"Xo T."。

l. 衢州府，"定阳溪"在"府城东"，卫匡国相应添绘河道，标注"Tingyang A."。

m. 衢州府，"白虾池"在开化县，卫匡国误读为河流，在城东添绘小河，未注名。

n. 绍兴府，"鉴湖"在"府城西南"，卫匡国在城西、北侧绘制湖泊图形，未标名，应指鉴湖，与"山川"门原文不尽契合，可能是依照自身观感对绍兴城一带河湖密布之景观的抽象表现。

o. 宁波府，"慈溪"在慈溪县，可能对应卫匡国在城东南添绘的河道，未标名。

p. 宁波府，"东湖"条内称"受七十二溪之流"，因此卫匡国在府城南添绘奇特梳状水系，与文字相应，未标名。

q. 台州府，"楢溪"在天台县，卫匡国在城东添绘河道，标注"Yun T."。

r. 台州府，"曹溪"在仙居县，卫匡国在城北添绘河道，标注"Cao T."。

s. 台州府，"柴溪"在宁海县，卫匡国在城西添绘河道，标注"Chai T."。

t. 温州府，"梅溪"在平阳县，卫匡国在城南添绘河道，标注"Mui T."。

u. 温州府，"梅溪"在平阳县，卫匡国在城南添绘河道，未标名。

《广舆记》"山川"门文字中的信息量严重不足，所以此类中卫匡国对河湖的方位、流向、轮廓等方面的绘制具有很大的随意性。

⑦运河的添绘。

a. 浙东运河。《广舆记》原图对浙东运河全无展现，正文"山川"门中也无记述，卫匡国在绍兴、上虞、余姚一线添绘运河河道，标注"Canalis"（运河），流向较为准确，应是得自实际的观察。卫匡国多次造访浙东，《新图志》正文图说中，绍兴、宁波府节内卫匡国较具体地描述了运河及沿岸的桥梁、石岸、闸堰、宝塔、牌坊等设施与景观。

b. 温瑞塘河。《广舆记》图、文也无记述。卫匡国在工作本中已添绘温州至瑞安间的运河河道，在成图上也明确绘出，标注"Canalis"。应同样是基于卫匡国本人的亲身经验，卫匡国在1646年时曾由闽北进入浙东南活动[1]。

⑧《广舆记》原绘图形，无标名，在"山川"中找不到对应记载，《新图志》沿用原图图形，亦未标名。

这种情况出现在少数支流图形中，展现卫匡国绘制水系时相对于原图只增不减的原则：即便无法通过核对"山川"确认河道所指，也将图形保留。这些河道中有两条较长，一条经过台州府黄岩、太平县南，另一条由宁波府奉化县北流。

⑨不见于《广舆记》图、文，为美观而任意添绘。

此类河流图形多出现在沿海地带与海岛上，河流短小，仅起装饰作用，全无实据。

综上，卫匡国在《新图志》浙江图上结合《广舆记》原图、正文"山川"门文字描述及少量个人经验绘制复杂水系。经由对《广舆记》原图所绘河道的转摹，多

---

1 参见拙作《卫匡国〈中国新图志〉制图方法研究》，第1—2页；Martino Martini, *Novus Atlas Sinensis*, 书首。

数主干河湖的图形被总体写实地绘制出来，构成全省水系的骨架，加之成图绘制时区分主次的工艺，因此粗看之下水系绘制颇为得当。

可是，由于《广舆记》原图所绘河道（特别是中小河流）数量有限、标注（包括一些主干河道）缺漏、《广舆记》正文记载过简、个人游历不充分等原因，《新图志》浙江图上的水系标绘其实远非完善，经不起详细推敲。全图所绘四十余处标名河湖中，图形及注记基本准确者只有"Tai L."（1a）、"Tiao T."（1b）、"Che F."（3a）、"Singan F."（3c）、"Jungkia F."（3l）、"Tung F."（4c）、"Ven T."（4d）6处自然河道及两条运河（7a、7b），准确率非常低。须知浙江已是卫匡国最熟悉的省份之一，其他省份图上的水系绘制自然无法超出这一水准。不过，本文限于篇幅仅以浙江省为例展开分析，卫匡国对其他诸省的水系绘制过程中也有许多细节可做钩沉索隐，有些河湖的由来超出本小节归纳的9个类型，待另文详解。

五　余论

《中国新图志》书首"皇室特许状"（Privilegium Cæsareum）中，以神圣罗马帝国哈布斯堡王朝皇帝费迪南三世的口吻宣扬地图之学要义，"不仅要描述区域、省份、城市、要塞、海洋、河流、湖泊、山丘、海角及其他重要地方的面貌，也要通过天文观测确定它们的位置。如此才能使得观图者犹如身临其境"，宣称在此标准下为作为约翰·布劳（Joan Bleau）《新地图集》（Atlas Novus）第六册出版的《新图志》颁发出版及版权的特许状[1]。据之，似乎卫匡国对图上所绘的山川方位进行过大量实测。

根据本文的分析，可知"特许状"中的辞令并非事实，卫匡国本人的实地探查对《新图志》上山川绘制的助力非常有限。实际上，在《新图志》地图上绘出巨量山川所需之知识远非卫匡国通过个人直接经历所能获取，甚至远超出同时代所有入华传教士直接地理知识之总和。运用本文研究方法，对《新图志》与《广舆记》工作本图、文进行深入比对，可以知其所以然地探明《新图志》上几乎所有山川图形、注记的来历。由总体定量研究可知，从地名知识来源的角度，卫匡国绘制山川的首要参考资料是《广舆记》"山川"门的文字记载，次要参考资料为《广舆记》分省图上的注记。对地物方位的比较分析可知，绘制山类地物时，除上述两种主要资料外，《广舆记》"形胜"门有助于对各直属政区区域地形的描绘，绘制水类地物时，对《广舆记》分省图原绘图形的转摹构成了水网的基础骨架，由"山川"门文字生成的大量河湖图形、注记添绘则附丽其上。

《新图志》中的山川图像主要是据

---

[1] 参见拙作《卫匡国〈中国新图志〉制图方法研究》，第222—223页；Martino Martini, *Novus Atlas Sinensis*, 书首。

《广舆记》图、文编绘而成的，在此基本认识之上可做两方面进一步分析。

第一，《新图志》的山川绘制深受《广舆记》本身的结构、内容、质量的影响。本文具体探讨了《广舆记》图文记载的完整性与准确性、文字中地物方位的表达方式与信息量、地图印制清晰度、卫匡国对文本的误读等因素对卫匡国制图造成的影响。

可再补充分析《广舆记》正文记述体例的区域性对卫匡国绘制山岳的影响。《广舆记》正文体例以府、直隶州等直属政区为单位，各省分作一二十节，各节"山川"门文字内记载本区域内的山川名。此种体裁有利于记载的丰富详尽，却失于琐碎，使卫匡国难以据之建立起对更大尺度山岳地貌的认识。如本文所指出的，卫匡国对跨越府州地域的"山脉"识别并不完备，且《新图志》图、文中全未涉及对更高层级的"山系"（由相互关联的山脉组成）的表述，实则中国古人对"山系"早有一定程度的认识，晚明不少地理书、堪舆书、类书中都有诸如"三大干龙"的系统性叙述（虽以今日眼光不尽"科学"），但卫匡国未能参考这些书籍。与此类似，当卫匡国依据"形胜"门补充绘制未注名山岳地形时，他同样是在直属政区内进行"据文绘图"工作的，无法对跨直属政区，乃至省际的山地通、断关系做出更准确的图形表现。相比之下，《新图志》图的水系因有转摹自《广舆记》原图的图形为骨架，天然地具备整体性。

第二，由于《广舆记》原文中地理方位信息严重不足，卫匡国据文添绘的山川有很大的随意性，造成大量山川与城址间、山川之间相对方位的显著错误。特别是呈线状的河流，源头、流路、流向等要素大多无据可依，使得卫匡国据文添绘中、小河道图形的做法恰符"画蛇添足"成语本义，随意添绘对全图水系的准确性造成严重损害。卫匡国本人自然清楚这些后果，却仍然做出大量添绘，不惜付出"科学性"方面的代价，可能出于如下理由：

卫匡国预设的主要读者为欧洲人，他们中的绝大多数并无机会远涉重洋亲临东土，因此《新图志》的主要目的并非地理指南，而是尽可能丰富地展现中国地理知识。《新图志》的体例图文并茂，为了与主要通过摘译《广舆记》正文撰成的《新图志》图说中的大量山川记载相配合，也有必要将它们在地图上表现出来。关于大量河流的添绘，或许还受16世纪上半叶以来入华西人（包括早期航海者与16世纪晚期入华的耶稣会士等）著述中时常描述中国境内河网密布、水路交通发达的写作传统影响。此外，卫匡国返欧之行肩负向罗马教廷解释"礼仪之争"中在华耶稣会士立场及为在华教团招募新生力量的重任，在《新图志》地图上布满山水、点缀风景（如前述林木图形），有望向教廷展示在华耶稣会士对中国了解之深入，增添裁决者的信任度，也有望用生机勃勃的画面引起读者的兴趣与向往。另外，在图面布满山川风物的绘法还与布劳家族地图集的整体风格，乃至当时欧陆商业制图学的流行品味相符合。

随着大航海时代欧人东来，自16世纪上半叶起，一些经由直接、间接经验获取的全新中国地理知识逐步展现在欧人绘制的世界地图、远东地图上，但很长时期内，这些新知识与源自古代、中世纪的旧知识混处于西文地图上。16世纪80年代耶稣会士进入中国后，罗明坚（Michele Ruggieri）、卜弥格（Michal Boym）、卫匡国主要经由对中文图志、地图的深入解读与较充分利用，分别制作了三种西文中国地图集，使得西文地图上中国地理信息的总量与时效性在数十年内取得跃升。然而，相对于广袤的中国境土，来华西人的人数、地理经验仍极其有限，西法天文经纬度实测所得城址数据尚且远非充足，对于中国的千山万水自然更无法经由大地测量获取其经纬度方位，只能依赖中文图志中山川与城镇间相对方位的图示或文字记载进行标绘，又因各家提取、运用中文图志信息的方法不同，造成西文各图间山水绘法的显著差异[1]。

另外，从欧陆地图学史的角度分析，《中国新图志》出版的17世纪中叶，恰逢转折年代。芝加哥大学出版社的《地图学史》丛书是当代西方学界的集大成著作，新近出版的丛书第四卷题为"欧洲启蒙时代的地图学"，写作的起始年份即为17世纪50年代，十余年前出版的第三卷则题为"欧洲文艺复兴时代的地图学"[2]。欧陆"启蒙时代"地图学成就的一项重要组成部分是，早在16世纪就已在理论上被提出的大地测量方法终于在一系列政治、社会、技术条件成熟的前提下逐步付诸实施，经过前赴后继的努力，使得欧洲地图上的山川方位愈发具备实测基础。前引《中国新图志》"特许状"中的夸饰辞令正可透露出新的标准即将竖立的时代氛围，但卫匡国等早期传教士的作品却终究只能归于地图学史的"欧洲文艺复兴时代"[3]。

1　此问题需做另文比对分析。

2　*The History of Cartography*, Vol. 3, *Cartography in the European Renaissance*, edited by David Woodward. Chicago & London：The University of Chicago Press, 2007. *The History of Cartography*, Vol. 4, *Cartography in the European Enlightenment*, edited by Matthew H. Edney and Mary Sponberg Pedley. Chicago & London：The University of Chicago Press, 2020.

3　芝加哥大学出版社《地图学史》中对卫匡国地图的相关介绍见于第三卷第1441、1880页。

浙江图书馆藏《万里海防图》绘制年代新探[*]

■ 贾富强（忻州师范学院五台山文化研究中心）
  吴宏岐（暨南大学历史地理研究中心）

一 问题的提出

明嘉靖年间郑若曾编绘的系列《万里海防图》，在明代的海防图籍中居首要位置[1]，对后世海防地图以及沿海地图的编绘有着十分深远的影响[2]。目前，国内外各种反映明末以来海防形势的系列《万里海防图》，大多以文献插图的形态存世，且均为黑白刻本。同时，还有部分《万里海防图》是以单幅或卷轴形态存世，数量较少，但均为彩色绘本，显得更加珍贵，分别收藏于美国国会图书馆、中国国家图书馆、浙江图书馆。值得注意的是，虽然《万里海防图》存世版本较多，但学界一直以来关注不够，既有成果多为评述简介[3]，细致、系统的专题研究尚不多见[4]。就单幅地图而

---

[*] 本成果得到国家社科基金冷门绝学研究专项学术团队项目"明清广东海防地理史料的整理与研究"（项目编号：20VJXT004）资助；本文在"2017年复旦大学历史系'海与帝国'博士生论坛"会议上进行过交流，感谢与会同人以及《形象史学》审稿专家提出的宝贵意见，谨致谢忱。

[1] 曹婉如：《郑若曾的万里海防图及其影响》，曹婉如等编：《中国古代地图集·明代》，文物出版社，1995，第69—72页。

[2] 席会东：《中国古代地图文化史》，中国地图出版社，2013，第308—312页。

[3] 如《中国古代地图文化史》一书对《筹海图编》中的《沿海山沙图》进行了简要介绍和评价（参见《中国古代地图文化史》，第308—312页）；《中华舆图志》一书对美国国会图书馆藏《万里海防图》的地图内容和绘制时间进行了简要梳理（参见"中华舆图志编制及数字展示"项目组编著：《中华舆图志》，中国地图出版社，2011，第136—139页）。

[4] 曹婉如：《郑若曾的万里海防图及其影响》，曹婉如等编：《中国古代地图集·明代》，文物出版社，1995，第69—72页；李新贵：《明万里海防图初刻系研究》，《社会科学战线》2017年第1期；李新贵：《明万里海防图之全海系探研》，《史学史研究》2018年第1期；李新贵：《明万里海防图筹海系研究》，《文献》2019年第1期；李新贵：《明万里海防图之章潢系探研》，《史学史研究》2019年第1期；钟铁军：《明清传统沿海舆图初探》，李孝聪主编：《中国古代舆图调查与研究》，中国水利水电出版社，2019，第262—286页；成一农：《明清海防总图研究》，《社会科学战线》2020年第2期。

言，学界也只是对美国国会图书馆藏《万里海防图》（简称"美藏《万里海防图》"）涉及较多[1]，其他版本尚缺少充分的关注。

就浙江图书馆藏《万里海防图》（下文简称"浙藏《万里海防图》"）而言，学界尚未有专文对其进行研究，仅有《浙江古旧地图集》一书的编者对该图做过简短的介绍和推断，认为："从图上反映的内容看，是表现明嘉靖九年至四十二年（1530—1563）的海防形势，指陈现存弊端，提出更臻完善的海防措施。但图内避清道光皇帝名讳'宁'字而改字，故推断此图大约是清道光之后的摹绘本。"[2] 该书的编者限于该书性质和体例，并未就此问题进行详细阐述。此外，周运中在《正说台湾古史》一书中亦引用到该图，但他仍是因循《浙江古旧地图集》的推断，他说："据考证是表现嘉靖九年到四十二年（1530—1563）的情况，但是图上避道光帝旻宁的讳，所以是清代的摹本。"[3] 但是，通过梳理其他《万里海防图》和相关文献记载以及解读该图所载信息，可知《浙江古旧地图集》的编者关于该图绘制时间的论断较为牵强，证据比较单薄而且所据证据本身也不能成立，所以其研究结论并不足以让人信服，相关问题仍有继续探讨的必要。

二 浙藏《万里海防图》之概况以及谱系问题

（一）浙藏《万里海防图》之概况

浙藏《万里海防图》，纸本彩绘，图幅纵30厘米，横约450厘米。折叠装裱，锦缎套封[4]。作者、绘制时间、方位、比例尺等信息图上均未标注说明。

该图卷首右上方墨书题以图名"万里海防图"，图名的四周圈以棕色纵向长方形闭合直线，内细外粗。该图内容采用"图说合一"的方式呈现，上为图说，下为地图。其中，图说部分为配合地图的说明性文字，其最初来源为郑若曾《万里海防图论》和《筹海图编》等著述，历陈沿海各地的地理险要和海防形势；地图

---

[1] 李孝聪：《美国国会图书馆藏中文古地图叙录》，文物出版社，2004，第164页；钟铁军、李孝聪：《美国国会图书馆藏〈万里海防图〉》，《地图》2004年第6期；李新贵：《美国国会图书馆藏〈万里海防图〉年代及其版本探析》，中国明史学会：《第十五届明史国际学术研讨会暨第五届戚继光国际学术研讨会论文集》，会议未刊稿，2013，第635—646页。

[2] 浙江省测绘与地理信息局编：《浙江古旧地图集》，中国地图出版社，2011，第74页。

[3] 周运中：《正说台湾古史》，厦门大学出版社，2016，第226—227页。

[4] 浙江省测绘与地理信息局编：《浙江古旧地图集》，中国地图出版社，2011，第74页。

部分，上为海洋，下为陆地，不考虑实际方位，图幅从右向左展开。该图所描绘区域起自广东海南、钦州，止于辽东义州鸭绿江，是对明末沿海地区海防形势的全程描绘。

该图采用传统形象画法，以中国山水画形式来表现陆地、河流、湖泊、山脉、海洋、海湾、岛屿、沙礁、波涛、城市、卫所、港口、关隘、营寨、驿站、盐场等自然景观与人文景观，尤其着重表现沿海的山川、岛屿、省府州县及卫所的分布形势。该图内容主要包括图形、色彩和注记等三大类，其中注记的格式皆为上下书写。该图的图形和注记主要使用黑色墨笔进行描绘和书写，有时亦会根据制图对象的不同进行二次色彩处理。如海洋和波涛，用弧形线绘制，呈波纹状连续分布；河流，用双曲线表示，通过调整曲线间距来表示河流的大小；陆地山川和海洋岛屿，用不规则曲线表示，绘成山峰形状，并会用蓝色、棕色进行晕染，以增强其立体感。陆地山川的名字外或圈以黑色纵向椭圆形边框，或不圈边框。海洋岛屿的名字外则圈以蓝色纵向椭圆形边框；"省"级政区名称，圈以棕色横向长方形边框；"府""州"级政区名称，圈以棕色纵向长方形边框；"县"级政区名称，圈以棕色纵向椭圆形边框；卫、所、巡检司等军事、治安建置，只是墨书名称，不加边框。此外，该图还配置有海湾、湖泊、港口、关隘、营寨、驿站、地名、盐场等名称注记以及其他说明注记若干。

（二）浙藏《万里海防图》之来源问题

如前文所述，《浙江古旧地图集》的编者认为该图中的"宁"字是为避清道光皇帝名讳"宁"字而改，进而"推断此图大约是清道光之后的摹绘本"。笔者认为，推断该图是一种摹绘本地图，大概不错，却不一定是清道光之后的摹绘本。通过梳理已知系列《万里海防图》中的注记文字，即可发现"宁"字在更早的《万里海防图》中亦被大量使用。所以，"宁"字能否成为判定该图摹绘年代的重要依据，则还需要再做讨论。然而，关于"宁"字的讨论就必然会牵涉系列《万里海防图》的版本问题，所以笔者认为有必要先对浙藏《万里海防图》的来源过程做一简要梳理，进而再对"宁"字进行讨论。

众所周知，在中国古代缺乏规范的制图、印刷和复制技术，地图的传播大多是通过对底图的重印、翻刻或摹绘进行，加之后人对底图信息的简化、删汰、补正、臆改以及简、繁字体的混合使用，使得最后成形的地图会与底图存在较大出入，由此往往会产生一个新的地图版本，而这一特点在各种《万里海防图》的流传过程中则表现得更为明显。

通过比较已知系列《万里海防图》[1]的图文形式、图形符号和注记文字等地图内容，大致可以将这些地图分为三大类（见图1）。

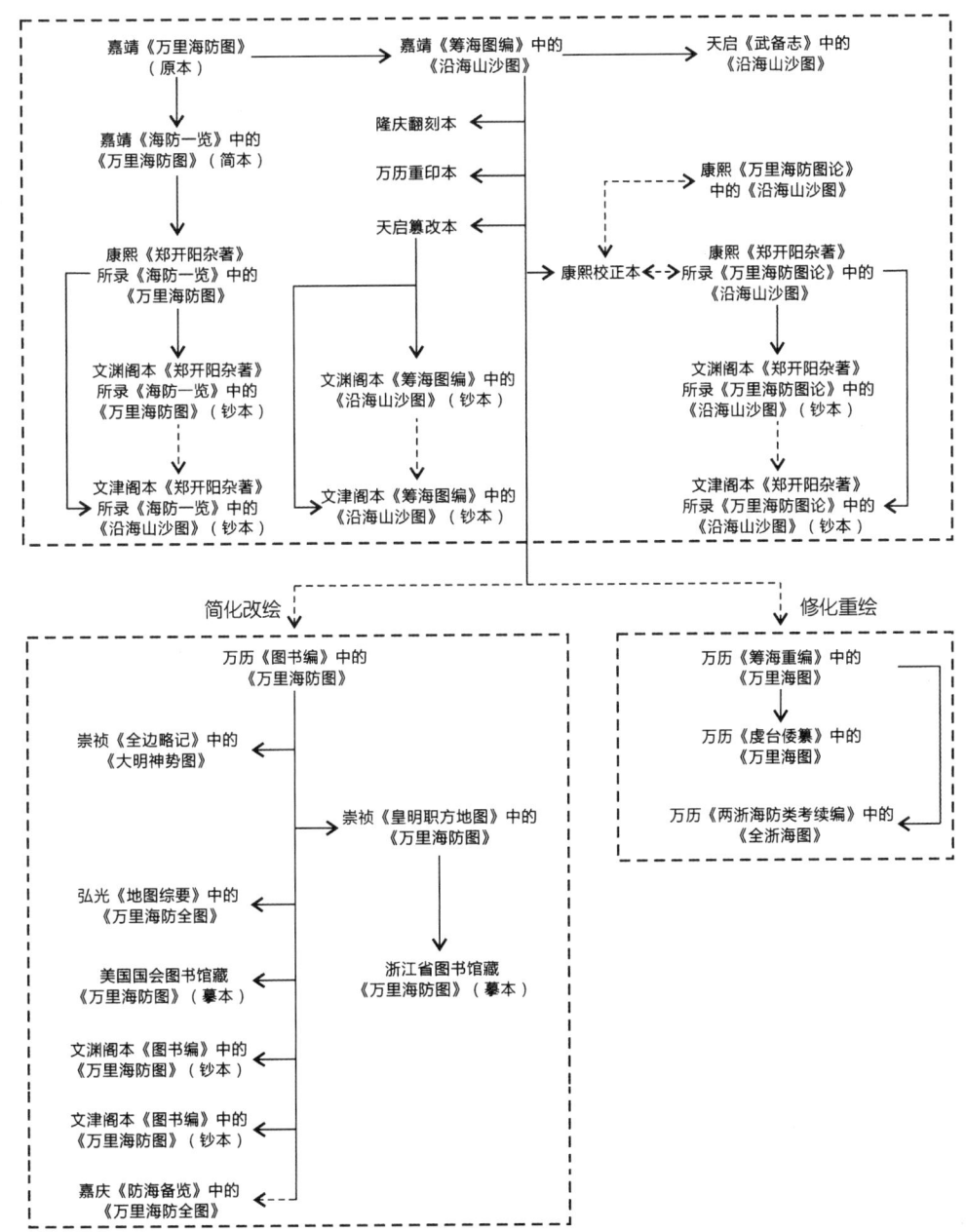

图1 《万里海防图》谱系示意图

---

1 出于简练文字的考虑，在下文各节中，地图首次出现时将用全称并指出其出处，如《筹海图编》中的《沿海山沙图》；第二次出现时则简称作某某文献插图，如《筹海图编》插图。

第一类地图主要有明人郑若曾《海防一览》中的《万里海防图》[1]、《筹海图编》中的《沿海山沙图》[2]、《万里海防图论》中的《沿海山沙图》[3] 以及茅元仪《武备志》中的《沿海山沙图》[4] 等图。

其中，《海防一览》插图，又名《海防一览图》，共 12 幅。此图系简本，其原本由郑若曾、唐顺之共同缮造，亦是 12 幅，且为郑氏系列海防图之初稿，今已不存。《筹海图编》插图又是在原本 12 幅《万里海防图》的基础上扩充而来，无论是图幅数量还是地图信息都得到进一步丰富。此后，茅元仪在编纂《武备志》时，亦将《筹海图编》插图摹绘在内。

至于《万里海防图论》的编制时间，学界存在分歧。曹婉如先生认为《万里海防图论》的编制时间要早于《筹海图编》[5]，而李新贵先生则认为现存康熙《万里海防图论》插图是《筹海图编》插图的重刻本[6]。由于嘉靖《筹海图编》开篇的范唯一、胡松之二人的序，并未提到郑若曾在进入胡宗宪幕府之前还另绘有 72 幅地图，故本文更倾向于李新贵的观点，认为康熙年间重刻的《万里海防图论》是郑氏后人在校正《筹海图编》时析出来的。

然而，上述地图的图形符号和注记文字均存在不少的疑误之处，其中又以《筹画图编》中的一处倒误最为明显。在《筹海图编》插图中，浙江部分的《浙江七》和《浙江八》两幅图的位置发生颠倒，在这两幅图中卫所自南而北的顺序依次为："海门前所""桃渚所""健跳所""新河所""海门卫"。通过梳理《中国历史地图集》[7] 等资料所载浙江卫所建置信息，可知上述四处守御千户所均归"海门卫"统辖，而且实际上这些卫所自南而北的顺序应该为："新河所""海门卫""海门前所""桃渚所""健跳所"，其倒误情况不言自明。究其缘由，则可能是编撰者或刻印者在整理地图时误将二图错乱放置所致。而且，这一倒误情况直接被《万里海防图论》插图沿袭，而且也被后世许多以《筹海图编》插图为绘制蓝本或受其影响的各类地图沿袭，由此这一倒误情况成为判别不同

---

[1] （明）郑若曾：《郑开阳杂著》卷八《海防一览》，《景印文渊阁四库全书》史部第 584 册，（台湾）商务印书馆，1986，第 621—627 页。

[2] （明）郑若曾：《筹海图编》卷一，李致忠点校，中华书局，2007，第 4—147 页。

[3] （明）郑若曾：《郑开阳杂著》卷一、二《万里海防图论上、下》，《景印文渊阁四库全书》史部第 584 册，（台湾）商务印书馆，1986，第 444—504 页。

[4] （明）茅元仪辑：《武备志》卷二百十、二百十一、二百十二，《四库禁毁书丛刊》子部第 26 册，北京出版社，1997，第 317—354 页。

[5] 曹婉如：《郑若曾的万里海防图及其影响》，曹婉如等编：《中国古代地图集·明代》，文物出版社，1995，第 69—72 页。

[6] 李新贵：《明万里海防图筹海系研究》，《文献》2019 年第 1 期。

[7] 谭其骧主编：《中国历史地图集》（元·明时期），中国地图出版社，1982，第 68—69 页。

地图版本关系的重要依据。

另外，关于上述地图的分类，学界也有分歧。李新贵先生将此类地图细分为"明万里海防图初刻系"[1]和"明万里海防图筹海系"[2]。成一农先生则将李新贵的初刻系、筹海系地图重新命名为"郑若曾12幅《万里海防图》谱系""郑若曾72幅《万里海防图》谱系"[3]。虽然《海防一览图》地图与《筹海图编》插图区别很大，但二图均系郑若曾编绘而成，且存在明显的因袭关系，故本文将二图以及受其直接影响的地图分为一大类。

第二类地图主要有明人邓钟《筹海重编》中的《万里海图》[4]、谢杰《虔台倭纂》中的《万里海图》[5]、范涞《两浙海防类考续编》中的《全浙海图》[6]等图。

这类地图对郑氏地图中的疑误之处进行了修改，并重新绘制了地图。万历二十年（1592），倭寇入侵朝鲜，海上传警，邓钟取嘉靖年间郑若曾所撰《筹海图编》，删其烦冗，订其疑误，重辑成书。就地图而言，邓钟对《筹海图编》插图的众多疑误之处进行了修订，特别是将郑氏地图中《浙江七》和《浙江八》两幅图的前后位置进行了更正，而且还对存在讹误、衍误、脱误、倒误等疑误情况的注记文字进行了修改。可见，较之郑氏前图，邓钟修改重绘的《万里海图》更为可信、准确。此后，谢杰编绘的《虔台倭纂》插图和范涞编著的《两浙海防类考续编》又是以《筹海重编》插图为绘制蓝本，因而这两部著述中的地图也就没有再因循郑氏地图中浙江部分的倒误情况。

关于此类地图的分类，学界也有分歧。李新贵先生认为《筹海重编》《虔台倭纂》插图是受《全海图注》影响而绘制成的，并将这三种图命名为全海系[7]。成一农先生则将"《筹海重编》各省海图"划入72幅《万里海防图》系统，又将"《虔台倭纂》'万里海图'"划入72幅地图的子类，且认为"《虔台倭纂》'万里海图'比较特殊"，"就图画内容看应当更接近于72幅的《万里海防图》，而不是像李新贵认为的受到中

---

[1] 李新贵：《明万里海防图初刻系研究》，《社会科学战线》2017年第1期。

[2] 李新贵：《明万里海防图初刻系研究》，《社会科学战线》2017年第1期。

[3] 成一农：《明清海防总图研究》，《社会科学战线》2020年第2期。

[4] （明）郑若曾撰，邓钟重辑：《筹海重编》卷一《万里海图》，《四库全书存目丛书》史部第227册，齐鲁书社，1996，第10—49页。

[5] （明）谢杰撰，柳邦奇等辑：《虔台倭纂》下卷《万里海图》，《北京图书馆古籍珍本丛刊》史部第10册，书目文献出版社，1990，第315—324页。

[6] （明）范涞撰：《两浙海防类考续编》卷一《全浙海图》，《中国方志丛书·华中地方》第482号，成文出版社有限公司，1983，第37—114页。

[7] 李新贵：《明万里海防图之全海系探研》，《史学史研究》2018年第1期。

国国家图书馆藏《全海图注》的影响"[1]，并指出《全海图注》"与12幅和72幅的《万里海防图》都存在较大差异"。但是，通过对地图内容以及疑误情况的异同之处的比较分析，本文发现《筹海重编》插图更多的是受《筹海图编》插图的影响，并非《全海图注》，而且《虔台倭纂》插图又是受到《筹海重编》插图的影响。同时，《筹海重编》插图对《筹海图编》插图进行了大量修订，尤其是将其浙江部分的错误进行了更正，使《筹海重编》插图与其明显区别开来，又构成了一个新的地图系统。因此，本文将《筹海重编》插图以及受其影响的地图分为另一大类。

第三类地图主要有明人章潢《图书编》中的《万里海防图》[2]、方孔炤《全边略记》中的《大明神势图》[3]、陈祖绶《皇明职方地图》中的《万里海防图》[4]、朱国达《地图综要》中的《万里海防全图》[5]和清人薛传源《防海备览》[6]，以及美藏《万里海防图》[7]、浙藏《万里海防图》等图。

这类地图在沿袭郑氏地图内容的同时，亦将郑氏地图的疑误之处一并沿袭下来，如前述郑氏地图中的浙江部分的倒误情况。但是，不同于郑氏地图的是，这些地图的编绘者对郑氏地图进行了简化、改绘，不仅图幅数量大为减少，而且地图内容也被大量简化、删除，如烽堠巡司、军营堡寨、聚落地名、山川城池等地物信息。当然，后世地图的编绘者在简化郑氏地图内容的同时，也对新绘地图的内容信息进行了大量更新，主要是以添加注记文字的方式来对地图内容进行补充或修正，如"硇洲旧设巡司以卫高州后废今当复之""南澳在饶平巨海中二百余里最为要害之处""南日水寨旧设于海中及迁吉了是自撤其险要矣须议复之而后可"等注记文字。此外，《皇明职方地图》中的《万里海防图》和浙藏《万里海防图》的图文形式、图形符号和注记文字又与此类其他地图有所不同，所以自成一个小类。

在第三类地图中，《图书编》插图的出现年代最早。章潢辑录的《图书编》，初名

---

[1] 成一农：《明清海防总图研究》，《社会科学战线》2020年第2期。

[2] （明）章潢：《图书编》卷五十七《万里海防图》，《明代舆图综录》第2册，星球地图出版社，2007，第538—559页。

[3] （明）方孔炤：《全边略记》卷十二《大明神势图》，《四库禁毁书丛刊》史部第11册，北京出版社，2005，第140—145页。

[4] （明）陈祖绶：《皇明职方两京十三省地图表》卷下《万里海防图》，《原国立北平图书馆甲库善本丛书》第286册，国家图书馆出版社，2013，第140—145页。

[5] （明）朱国达等辑：《地图综要》外卷《万里海防全图》，《明代舆图综录》第6册，星球地图出版社，2007，第2308—2329页。

[6] （清）薛传源编纂：《防海备览》卷一《万里海防全图》，《清代军政资料选粹》第8册，全国图书馆文献缩微复制中心，2002，第69—90页。

[7] "中华舆图志编制及数字展示"项目组编著：《中华舆图志》，中国地图出版社，2011，第136—139页。

《论世编》，是编肇始于嘉靖壬戌（即嘉靖四十一年，1562），成书于万历丁丑（即万历五年，1577），刊刻于万历四十一年。这也就是说，《图书编》插图最晚也应于万历五年之前出现。通过对比《筹海图编》和《图书编》插图的图文形式和注记文字，笔者发现《图书编》插图是以郑氏《筹海图编》插图为蓝本简化、改绘而来，而且《图书编》插图后面的说明文字大多也是辑录自郑氏《筹海图编》等著述，当然也有部分说明文字系章潢本人见解，如"海上有三山，彭湖其一也……"等文字。

此后问世的《全边略记》《地图综要》《防海备览》等文献插图和美藏《万里海防图》，虽然图题名称不一，但这些图文形式、图形符号和注记文字均与《图书编》插图保持高度一致。更重要的是，这几种地图连错误的地方都完全一样，即福建漳州府以及福建都指挥使司所辖镇海卫和永宁卫等相关信息存在疑误情况。由此，推测《图书编》插图应为第三类地图之初稿，其后问世的地图应该也是以《图书编》插图为直接或间接母版，而《筹海图编》插图当为其最初母版。

较之《图书编》等文献插图，《皇明职方地图》插图和浙藏《万里海防图》的图文形式、图形符号和注记文字又发生不小变化。这两种地图采用"图说合一"的方式展现明末海防形势，而且它们在沿袭所依地图旧有内容的同时，亦对旧有内容进行了一定程度的修正、更新。如将福建漳州府以及福建都指挥使司所辖镇海卫和永宁卫等相关信息的疑误之处进行了修正；

将嘉靖四十四年（1565）新设海澄县、天启二年（1622）红夷（即荷兰人）占据澎湖、崇祯六年（1633）刘香进逼广东省城等新情况添加到图中。但是，这样的改动只是局部的，如嘉靖四十二年新设澄海县、嘉靖四十五年新设广东五水寨、万历元年（1573）新设新安县等新情况则没有在地图中得到反映，由此造成地图内容所反映的时间出现前后矛盾之处。正因如此，使得这两种地图又与前述地图明显区别开来。

此外，通过对比已知系列《万里海防图》中的说明文字，笔者发现《皇明职方地图》插图中的说明文字大多直接取材于《图书编》，依据就是《皇明职方地图》插图中的一段说明文字只见于《图书编》，而非《筹海图编》以及其他文献，即"海上有三山，彭湖其一也……"等文字。当然，《图书编》中的说明文字又多取材于《筹海图编》。此外，《皇明职方地图》插图亦有部分说明文字辑录自其他文献，但数量较少。

同样，通过对比已知系列《万里海防图》中的说明文字，笔者发现浙藏《万里海防图》中的说明文字又全部取材于《皇明职方地图》插图，依据就是浙藏《万里海防图》中的一段说明文字只见于《皇明职方地图》插图，而不见于《筹海图编》《图书编》等文献，即"按：柘林寨其冲有三，波联南澳，为闽、粤之交……"等文字。据此，笔者认为《皇明职方地图》插图应该是在《图书编》插图的基础上改绘而来，而浙藏《万里海防图》又是在《皇明职方地图》插图的基础上改绘而来。

另外，对于上述地图谱系的命名，学界也存在争议。李新贵先生将《图书编》插图等文献命名为章潢系[1]，但并未展开讨论《皇明职方地图》插图与《图书编》插图的不同；成一农先生则将上述地图应是"郑若曾 72 幅'万里海防图'谱系之章潢《图书编》'万里海防图'子类"[2]。这两位先生均认为《图书编》插图等地图与之前的 72 幅地图存在明显不同，只是命名方式有所区别。但他们均未注意到还有浙藏《万里海防图》的存在，自然也未就浙藏《万里海防图》的谱系归属问题进行讨论。

笔者用大段篇幅来阐述浙藏《万里海防图》的谱系问题，看似烦琐，实则必要，由此我们便可清理出从原本 12 幅《万里海防图》，到《筹海图编》中的《沿海山沙图》，到《图书编》中的《万里海防图》，又到《皇明职方地图》中的《万里海防图》，再到浙藏《万里海防图》这样一条清晰的地图沿革脉络。

三 "寕"字不足以成为判定浙藏《万里海防图》摹绘年代的依据

在厘清浙藏《万里海防图》的谱系问题之后，就可以对该图中的"寕"字问题作更系统的研究。在古代，"寕"又作"寧"，今简化字皆作"宁"。笔者拟对相关《万里海防图》中的宁字使用情况略作整理、分析，以便确定浙藏《万里海防图》中的"寕"字，究竟是由来已久，还是其特有现象。现据之列表如表 1 所示：

表 1			部分《万里海防图》中的"宁"字一览			
相关信息	郑若曾《海防一览》中的《万里海防图》	郑若曾《筹海图编》中的《沿海山沙图》	章潢《图书编》中的《万里海防图》	陈祖绶《皇明职方地图》中的《万里海防图》	浙江图书馆藏《万里海防图》
海安所	——	海寕所	海口所	海口所	海寕所
寕川所	（一）寧州所 （二）寕州所	寕川所	寕州所	口州所	寕州所
新宁县 新宁所	（一）新寧县 （二）新寕县	新寕县、所	新寕县、所	新口县、所	新寕县 新寕所

---

[1] 李新贵：《明万里海防图之章潢系探研》，《史学史研究》2019 年第 1 期。
[2] 成一农：《明清海防总图研究》，《社会科学战线》2020 年第 2 期。

续表

相关信息	郑若曾《海防一览》中的《万里海防图》	郑若曾《筹海图编》中的《沿海山沙图》	章潢《图书编》中的《万里海防图》	陈祖绶《皇明职方地图》中的《万里海防图》	浙江图书馆藏《万里海防图》
望岗嶴近新宁	——	——	望岗嶴近新宁	望岗嶴近新□	望岗奥近新宁
永宁卫	（一）永宁县 （二）永宁县	永宁卫	永宁卫	永宁卫	永宁卫
宁德县	（一）宁德县 （二）宁德县	宁德县	宁德县	□德县	宁德县
福宁州	（一）福宁州 （二）福宁州	福宁州	福宁州、卫	福□州、卫	福宁州
福宁卫	——	福宁卫	福宁州、卫	福□州、卫	福宁卫
宁村所	（一）宁村所 （二）——	宁村所	宁村所	□村所	宁村所
宁海县	（一）宁海县 （二）宁海县	宁海县	宁海县	□海县	宁海县
宁波府	（一）宁波府 （二）宁波府	宁波府	宁波府	□波府	宁波府
海宁县 海宁所	（一）海宁县 （二）海宁县	海宁所、县	宁海县、所	宁海县、所	海宁县 海宁所
海宁卫	——	海宁卫	海宁卫	海宁卫	海宁卫
宁津所	（一）宁津所 （二）宁津所	宁津所	□津所	宁津所	宁津所
宁海卫	——	宁海卫	宁海卫	宁海卫	宁海卫
广宁卫	（一）广宁卫 （二）广宁卫	广宁卫	广宁卫	广宁卫	广宁卫
版本来源	（一）文渊阁本 （二）文津阁本	嘉靖四十一年刻本	万历四十一年刻本	崇祯九年刻本	浙江图书馆藏本
备注	"□"：根据字形判断此处为"宁"字，但究竟是"宁"还是"宁"，则因字迹不清而无法判断				

资料来源：取自上述地图的图上注记文字。

如上文所述，《海防一览》插图系原本
12幅《万里海防图》的简本，而《海防一
览》又早于《筹海图编》问世，但嘉靖版
本的《海防一览》早已不存。庆幸的是，
清代康熙年间，郑若曾的五世孙起泓及其
子定远将其所著图、论（说），删汰编为
《郑开阳杂著》一帙，《海防一览》亦被收
录其中。乾隆年间，清廷编纂《四库全
书》，又将《郑开阳杂著》收录于内。目
前，《海防一览》插图主要见于已刊文渊阁
和文津阁《四库全书》文献之中。

从表1可知，文渊阁本《海防一览》
插图中的宁字多写作"寧"，部分写作
"寜"，而文津阁本则全部写作"寜"。但
是，由于二阁本《海防一览》插图又是依
据康熙本《郑开阳杂著》改绘而来，而非
依据嘉靖原本，所以我们不能简单依据这
一情况就断定嘉靖本《海防一览》插图中
的宁字主要写作"寜"，而非"寧"。至于
二阁本《海防一览》插图中的词汇差异，
笔者认为很有可能是因为后世编者个人用
词习惯不同的缘故。

要想清楚《万里海防图》的"宁"字
使用是否由来已久，还应根据更接近史源
的地图版本进行考索，才能得出更为可靠
的研究结论。

郑若曾编著的《筹海图编》初刊于嘉
靖四十一年（1562），之后便闻名于世。其
后不久，章潢在编绘《图书编》中的《万
里海防图》时，就是以嘉靖本《筹海图
编》插图为其绘制蓝本。如表1所列，嘉
靖本《筹海图编》也存在"寧"和"寜"
字混用的情况，且"寧"字较之"寜"字

使用更为频繁。即便如此，这一情况还是
能够说明《万里海防图》中的"寜"字早
在明代嘉靖年间就已出现，这也就意味着
后世以《筹海图编》插图为绘制蓝本的其
他地图，很有可能直接会将"寜"字沿用
到新绘地图之中。

较之《筹海图编》插图，万历本《图
书编》插图中的宁字，则主要写作"寧"，
个别写作"寜"。其中，"海□所""□津
所"的宁字，因字迹不清，无从判断；"寧
波府""廣寧卫"的"寧"字与《筹海图
编》插图保持一致；"寧海卫"的"寧"
字则不同于《筹海图编》插图；其他注记
信息中的宁字则一律写作"寧"，大部分是
编者个人改写而来，但也有部分是沿用
《筹海图编》插图的原字。同时，由于
《图书编》插图是后世第三类《万里海防
图》的直接或间接母版，其对于后世各种
地图的影响无疑会更为显著，当然后世地
图中的用字风格也自然会受《图书编》插
图影响。

崇祯八年（1635），兵部职方司主事陈
祖授主持编绘《皇明职方地图》，于次年编
辑刻印完成，其收录的《万里海防图》就
是在万历本《图书编》插图的基础上重新
绘制而成的。然而，由于年代久远以及刻
本质量问题，崇祯本《皇明职方地图》字
迹漶漫严重，以致图中很多宁字不能被识
别。如表1所列，在《皇明职方地图》插
图中，除因字迹漶漫不能识别的宁字外，
仍有六处注记信息写作"寧"，而其中二处
还是编者改写而来。考虑到《图书编》插
图和《皇明职方地图》插图前后之间的版

本关系，笔者推测《皇明职方地图》插图中那些不能被识别的宁字被写作"寗"的可能性最大。同样，浙藏《万里海防图》又是摹绘自《皇明职方地图》插图，笔者认为浙藏《万里海防图》中的"寗"字也应是沿袭《皇明职方地图》插图而来，而非其本身的特色。而且，无论是《筹海图编》，还是《图书编》，或是《皇明职方地图》，它们的成书时间远远要早于道光即位时间，所以《浙江古旧地图集》编者所持"'寗'字是为避清道光皇帝名讳'宁'字"一说自然也就没有根据。

综上可知，浙藏《万里海防图》的"寗"字由来已久，而且"寗"字为孤证，并无其他证据可以证明该图是道光以后的摹绘本，所以"寗"字不足以成为判定该图摹绘时间的依据，自然《浙江古旧地图集》所作推断也就不能完全成立。正是由于该图集的编者没有对系列《万里海防图》中的注记文字加以仔细梳理，才导致其判断失误。

四 "江南"与浙藏《万里海防图》绘制年代的新推断

既然浙藏《万里海防图》并非清道光以后的摹绘本，那该图到底摹绘于何时呢？通过梳理系列《万里海防图》中的注记文字，笔者发现浙藏《万里海防图》与其他版本的《万里海防图》注记文字绝大多数是相同的，却有一处有较大的区别，即在"金山卫"上方位有这样的注记文字："淡水门后为江南"，而包括《皇明职方地图》插图在内的其他《万里海防图》在同样的位置均注曰："淡水门后为南直隶"（见图2、图3以及表2），这一点应当引起特别的注意。

如表2所列，《筹海图编》插图中的沿海各省或地区的分界文字较为简单，只是冠以"某某界"字样。其中，冠以"直隶"或"直"字样的地图，南接浙江省，北到山东省，可知此处"直隶"或"直"当为明代南直隶之简称。有明一代，由于实行两京制度，直隶于北京的地区被称为"北直隶"；直隶于南京的地区被称为"南直隶"。值得注意的是，明代的南、北直隶虽然不是一个正式的政区名称，但其与地方省级政区建置相去无几，其所辖地域范围较为固定，少有调整。

在《图书编》插图中，沿海各省或地区的分界说明文字发生了较大的变化。较之《筹海图编》插图，《图书编》插图的图幅数量大为减少，其将郑氏地图的72幅地图简化为11幅，从而将沿海各省或地区的地图连缀起来。在此过程中，《图书编》插图亦将郑氏地图的图幅序列注记文字一并删除。与此同时，《图书编》插图为了说明沿海各地的分界情况，又采用图上注记文字的方式在各地的分界位置注明界线所在。如表2所列，从淡水门以北至五龙王河以南这一地域范围，当为南直隶的辖区范围。而且，此后问世的《皇明职方地图》插图将《图书编》插图中的这一改动完全沿袭下来。

图2 《皇明职方地图》插图(局部)　　图3 浙藏《万里海防图》(局部)

表2　《万里海防图》（部分）分界注记文字一览

地域分界	《筹海图编》中的《沿海山沙图》（嘉靖四十一年刻本）	《图书编》中的《万里海防图》（万历四十一年刻本）	《皇明职方地图》中的《万里海防图》（崇祯九年刻本）	浙江图书馆藏《万里海防图》
安南与广东省交界	自此接安南界	自此入安南界	自此入安南界	自此入安南界
广东省与福建省交界	福建界	大京山，廣東止此	大京山，廣東止此	大京山，廣東止此
福建省与浙江省交界	浙江界	福建、浙江相接	福建、浙江相接	福建、浙江相接
浙江省与南直隶交界	直隶	淡水门后为南直隶	淡水门后为南直隶	淡水门后为江南
南直隶与山东省交界	山东界	五龙王河下为山东	五龙王河下为山东	五龙王河下为山东
山东省与辽东交界	辽东界	自此属辽东	自此属辽东	自此属辽东
辽东与朝鲜交界	自此入朝鲜界	自此入朝鲜界	自此入朝鲜界	自此入朝鲜界

资料来源：取自上述地图的图上注记文字。

如前所述，由于浙藏《万里海防图》摹绘自《皇明职方地图》插图，所以浙藏《万里海防图》中的分界注记文字大体上同《皇明职方地图》插图保持一致，只是将"淡水門后为南直隸"改写作"淡水門后为江南"。正是这一条重要的信息，使笔者对浙藏《万里海防图》的绘制年代有了新的推断。如表2所列，浙藏《万里海防图》中的"江南"，仍然是南接浙江省，北到山东省，位于淡水门以北至五龙王河以南之间，其所示范围与明之南直隶无异，可见此处的"江南"一词应当特指明之南直隶，而非地域泛称。那么，作为特指地域的"江南"究竟是于何时取代"南直隶"？

通过梳理文献记载，笔者发现这一转变发生在顺治二年（1645）闰六月之后。顺治元年十月，清廷"命和硕豫亲王多铎为定国大将军"[1]，统兵进征江南。顺治二年五月，多铎率清军占领南京，并俘获弘光帝朱由崧，消灭南明弘光政权。是年闰六月，"九卿、科、道会议江南设官因革裁并事宜"，意见分歧，待汇疏奏入后，清廷下令："南京著改为江南省。设官事宜，照各省例行。但向来久称都会，地广

---

[1] 《清世祖实录》卷十"顺治元年十月己卯"，中华书局，1986，第103页。

事繁，诸司职掌，作何分任，听总督大学士洪承畴到时酌妥奏闻。"[1] 顺治三年二月，吏部议覆洪承畴所奏江南省设官事宜，疏上允行。另外，乾隆《江南通志》亦载："顺治二年平定江南，改置江南承宣布政使司，驻省城。"[2] 由此可见，清廷改明之南直隶为江南省一事发生在顺治二年闰六月，这也就意味着此后江南省才作为正式的政区出现，进而亦可将浙藏《万里海防图》的绘制年代上限定在顺治二年闰六月之后。

至于浙藏《万里海防图》的绘制年代下限，本文则不能给出明确时间范围。由于江南省幅员过于辽阔以及地方军政事务繁杂，自顺治十八年（1661）起，清廷开始对江南省的行政职官进行分置和调整，至乾隆二十五年（1760）时，江南省行政分治基本完成，分成安徽、江苏两个省。但是，需要注意的是，在江南分省完成之后，"江南"仍常见于此后历朝官方史料之中，其不仅可以指江苏一省，还可以指安徽、江苏两省[3]。鉴于"江南"一词作为政区名称直到清末仍为时人所用，所以笔者建议将该图的摹绘年代定在清代，其中清初的可能性比较大，虽然这样的时间范围较为宽泛，但可避免过度解读地图信息。

五 支持浙藏《万里海防图》为清代摹绘本的其他佐证

浙藏《万里海防图》应为清代摹绘本，还有其他的一些旁证，主要有陈祖绶《皇明职方地图》的刊刻时间近于明亡、浙藏《万里海防图》的地图内容不同于其他地图。现分别略考如下。

（一）陈祖绶《皇明职方地图》的刊刻时间近于明亡

陈祖绶主持编绘的《皇明职方地图》，肇始于崇祯八年（1635），刻印于次年。由于浙藏《万里海防图》又是摹绘自《皇明职方地图》插图，所以该图的绘制时间肯定晚于《皇明职方地图》插图的刊印时间，这也就是说该图的绘制时间应在崇祯九年（1636）之后。而且，在明代"江南"始终未曾作为正式政区存在，它更多的是作为一种地域泛称出现，所指地域亦广狭不一。此时，距离明王朝覆亡只有八年时间，在这短短八年时间之内就改变南直隶这一官方用语而称呼江南的可能性并不是很大，由此亦可间接说明浙藏《万里海防图》应为清代摹绘本。

---

[1] 《清世祖实录》卷十八"顺治二年闰六月乙巳"，中华书局，1986，第164页。

[2] （清）黄之隽等编纂：《江南通志》卷四《舆地志·建置沿革总表》，广陵书社，2010，第146页。

[3] 段伟：《泛称与特指：明清时期的江南与江南省》，中国地理学会历史地理专业委员会、《历史地理》编辑委员会编：《历史地理》第23辑，上海人民出版社，2008，第76—87页。

（二）浙藏《万里海防图》的地图内容不同于其他地图

通过对比《皇明职方地图》插图和浙藏《万里海防图》的图形符号和注记文字，即可发现二图的主体内容虽然保持高度一致，但在形态色彩、制作方式、图形符号和注记文字等方面却有着很大的不同。笔者拟以二图的起始部分为例（见图4、图5），就其具体情况略作说明。

首先，就形态色彩而言，《皇明职方地图》插图为文献插图，黑白色；浙藏《万里海防图》则为单幅地图，彩色。

其次，就制作方式而言，《皇明职方地图》插图为刻本墨印地图，采用传统形象画法绘制，并用方格进行定位；浙藏《万里海防图》则为纸本彩绘地图，同样采用传统形象画法绘制，但没有使用方格定位。

再次，就图形符号而言，浙藏《万里海防图》在"五指山"右侧绘有山峰一座，在"高嶺東路營"左、右两侧各绘有山峰一座；《皇明职方地图》插图在这些位置则没有绘制山峰。此外，浙藏《万里海防图》将府、州级政区名称用纵向长方形闭合直线圈注，县级政区名称用棕色纵向椭圆形闭合曲线圈注；《皇明职方地图》插图只将府级政区名称用纵向长方形闭合直线圈注，州、县级政区名称则未加圈注。另外，虽然二图均采用弧形线来表示海洋和波涛，但浙藏《万里海防图》绘制得更为形象生动，而《皇明职方地图》插图则略显生硬。

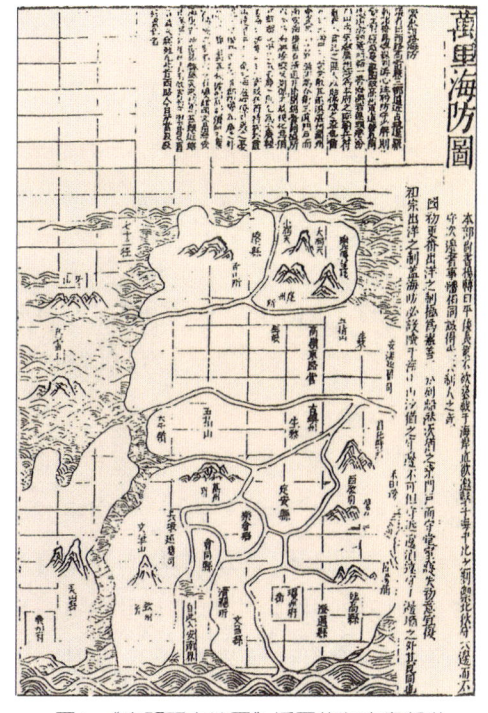

图4 《皇明职方地图》插图的海南岛部分

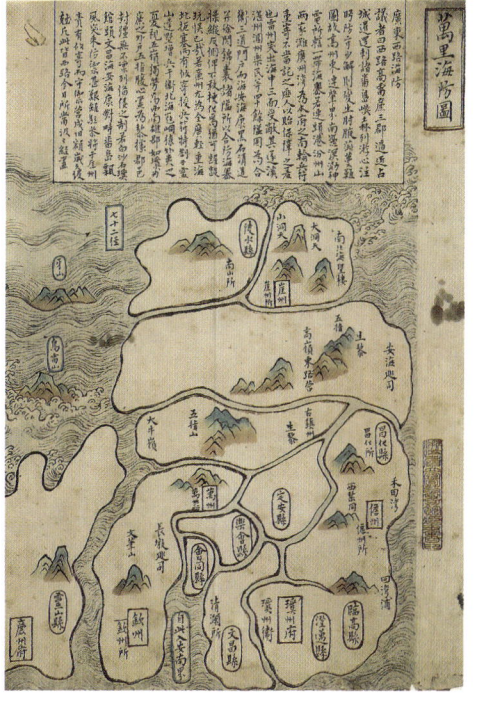

图5 浙藏《万里海防图》的海南岛部分

表3 《皇明职方地图》中的《万里海防图》和浙藏《万里海防图》部分注记文字对比

文献出处 / 正确注记	《皇明职方地图》中的《万里海防图》	浙藏《万里海防图》	文献出处 / 正确注记	《皇明职方地图》中的《万里海防图》	浙藏《万里海防图》
南北博望楼	南北博望楼	南北海望楼	儋州、儋州所	儋州、所	儋州、儋州所
崖州、崖州所	崖州、所	崖州、崖州所	吕湾浦	吕湾浦	回湾浦
生岐	生岐	□□	琼州府、琼州卫	琼州府、卫	琼州府、琼州卫
五指山	五指山	五指□	万州、万州所	万州、所	万州、万州所
安海巡检司	安海巡简司	安海巡□司	长墩巡检司	长墩巡简司	长墩巡□司
昌化县、昌化所	昌化县、所	昌化县、昌化所	钦州、钦州所	钦州、所	钦州、钦州所
西黎洞	西黎同	西黎同	廉州府	濂州府	廉州府

资料来源：取自上述地图的图上注记文字。

最后，就注记文字而言，浙藏《万里海防图》直接将《皇明职方地图》插图开头的一段说明注记文字删除，使其图上的文字信息少于《皇明职方地图》插图。除这一最显著的不同之处外，两图的图上注记文字也有着诸多不同（见表3）。其中，既有因浙藏《万里海防图》的绘制者简化、删汰、补正或臆改前图信息而造成的异文现象，也有因绘制者疏忽而造成的疑误情况。

综上可知，除"江南"一词与其他《万里海防图》不同外，浙藏《万里海防图》的形态色彩、制作方式、图形符号和注记文字等地图内容亦与包括《皇明职方地图》插图在内的各种《万里海防图》有所不同，这也就意味着该图不是注记文字略有修改的旧地图，而是后人重新摹绘的新地图。又如前述，浙藏《万里海防图》晚于《皇明职方地图》插图问世，且明末改称南直隶为江南一事可能性并不大，大抵可以间接证明浙藏《万里海防图》为清代的摹绘本。

六 几点结论

通过以上论述，关于浙藏《万里海防图》的绘制年代问题大致可以得出以下结论：

其一，通过梳理系列《万里海防图》的图文形式、图形符号和注记文字等地图内容，发现浙藏《万里海防图》应该是以《皇明职方地图》中的《万里海防图》为摹绘蓝本。至于《皇明职方地图》中的《万里海防图》，则又与《图书编》中的《万里海防图》、《筹海图编》中的《沿海山沙图》、《海防一览》中的《万里海防图》等图之间存在直接或间接的版本关系。

其二，浙藏《万里海防图》的"宁"字应该是沿袭自《皇明职方地图》等文献插图，而非该图所特有的现象。同时，该图的"宁"字是孤证，并无其他证据可以证明该图是道光以后的摹绘本，所以"宁"字不足以成为判定该图摹绘时间的依据，而《浙江古旧地图集》编者所持"'宁'字是为避清道光皇帝名讳'宁'字"一说也就不能成立。

其三，浙藏《万里海防图》的"江南"一词应当特指清代江南省，而非地域泛称。清顺治二年闰六月改明之南直隶为江南省，此后江南省正式作为政区出现，据此推断浙藏《万里海防图》的绘制年代上限在顺治二年闰六月之后。至于该图的绘制年代下限，则由于江南一词作为政区名称直到清末仍为时人所用，不能明确限定时间范围，所以笔者建议将该图的摹绘年代粗略定在清代。而且，该图不是注记文字略有修改的旧地图，而是后人重新摹绘的新地图，由此亦可间接说明该图应为清代摹绘本。

"大清万年一统"系地图研究
——以地图特征、性质及功用的渐变为核心[*]

■ 陈　旭（云南大学历史与档案学院）

引　言

受研究视角影响，全国总图的研究对象集中于少量体现"科学、准确"和绘制精美的单幅地图，以地图本身的考证及绘制技术的发掘为主要研究内容[1]，康熙《皇舆全览图》、乾隆《内府舆图》即典型代表。[2] 对于以《大清万年一统天下全图》[3] 为代表的传统技法绘制的地图却研究甚少。以《大清万年一统天下全图》为例，除各类图版对该图基本信息的介绍外，仅有鲍国强[4]、王耀[5]、周鑫[6]、石冰洁[7]

---

[*] 本文为国家社会科学基金重大项目"中国国家图书馆所藏中文古地图的整理与研究"（16ZDA117）阶段性成果；云南大学第十二届研究生科研创新项目"知识史视角下的'大清万年一统'系地图研究"（2020J05）阶段性成果

[1] 成一农：《中国古代全国总图研究的展望》，《云南大学学报》（社会科学版）2018年第5期。

[2] 此类研究主要是针对康乾舆图本身所体现的内容、绘制经过、测绘技术的应用以及相关史实的考辨，成果颇多，不做赘述。近年来，随着地图学史研究方向的转型，考证性研究不再是研究主流，而以地图为史料切入到历史学主流研究问题成为当下趋势，这方面代表性成果有孙喆：《〈中俄尼布楚条约〉与〈康熙皇舆全览图〉的绘制》，《清史研究》2003年第1期；《浅析影响康熙〈皇舆全览图〉绘制的几个因素》，《历史档案》2012年第1期；《康雍乾时期舆图绘制与疆域形成研究》，中国人民大学出版社，2003。韩昭庆：《康熙〈皇舆全览图〉与西方对中国历史疆域认知的成见》，《清华大学学报》（哲学社会科学版）2015年第6期；《康熙〈皇舆全览图〉的数字化及意义》，《清史研究》2016年第4期。

[3] 这一系列地图名多为《大清万年一统天下全图》《大清万年一统地理全图》《舆地总图》等，为行文方便，简称"大清万年一统"系地图。参考石冰洁《从现存宋至清"总图"图名看古人"由虚到实"的疆域地理认知》，《历史地理》第33辑，上海人民出版社，2016，第363页。

[4] 鲍国强：《乾隆〈大清万年一统天下全图〉版本辨析》，《文津学志》第2辑，北京图书馆出版社，2007，第17页；《清嘉庆拓本〈大清万年一统地理全图〉版本考述》，《文津学志》第8辑，国家图书馆出版社，2015，第245页。

[5] 王耀：《清代彩绘〈天下全图〉文本考述——兼释海内外具有渊源关系的若干地图》，《中国国家博物馆馆刊》2016年第10期。

[6] 周鑫：《汪日昂〈大清一统天下全图〉与17—18世纪中国南海知识的生成传递》，《海洋史研究》第14辑，社会科学文献出版社，2020，第226页。

[7] 石冰洁：《清代私绘"大清一统"系全图研究》，硕士学位论文，复旦大学，2017。

等少数学者对版本、作者、绘制内容、知识来源等方面进行深入研究。其中,石冰洁《清代私绘"大清一统"系全图研究》是目前唯一系统性的研究,该文对存世的"大清万年一统"系地图做详尽收集,首次梳理了该谱系各版本之间的源流与嬗变,并探讨了图中海陆地理表现方式和知识来源,以社会文化史角度,考察产生该系列地图的社会需求与国内外流通情况。

总体而言,现有研究主要侧重于图面内容的考证性研究,对于以地图为史料,探索地图背后文化内涵的阐释性研究则刚起步。基于此,本文拟从以下三方面进行深化与创新。第一,根据绘制内容的不同,对"大清万年一统"系地图进行分类,以明晰不同类型的特征;第二,通过对地图文本的分析,探讨该谱系地图的性质与内含;第三,以知识史视角下地图功用的演变为思路,通过时代背景、绘制者生平、文本内容、载体形式等多角度分析不同时代"大清万年一统"系地图的功用,并由此透视该谱系地图的兴衰及原因。

一 "大清万年一统"系地图的阶段特征

笔者从目前国内出版的图录等资料中共辑录27幅地图(如表1所示)。[1] 对27幅"大清万年一统"系地图进行谱系认定的方法是基于地图绘制内容的相近性,进而以整体框架和典型特征来明确不同地图之间有某一共同祖本。[2] 在此基础上,分析表格所列各图所绘内容等方面差异,笔者认为该谱系地图的发展可以分为以下几个阶段。

表1　"大清万年一统"系地图基本情况[3]

编号	图名	绘制年代	作者	版本信息	收藏地	备注
1	舆地全图	康熙十二年(1673)	黄宗羲	不详		已佚

---

[1] 这并非流传至今所有的"大清万年一统"系地图,石冰洁曾统计,该谱系地图至少有63幅为世界各地所藏。该图因深受时人喜好而流传甚广,曾一再刊印,部分版本按语也提及"此图久经镌版行世"。因此,同一版本、绘制内容一致的地图散见于海内外。从目前国内出版的有关海内外藏图机构的藏品中辑录,其广泛性与代表性在很大程度上也能反映该谱系地图的流变及特点。

[2] 成一农:《中国古代全国总图研究的展望》,《云南大学学报》(社会科学版)2018年第5期。

[3] 本表根据目前国内出版的图录、图目及相关文章进行辑录,最终纳入本表的资料如下:国立北平故宫博物院文献馆:《清内务府造办处舆图房图目初编》,国立北平故宫博物院文献馆,1936;北京图书馆善本特藏部舆图组编:《舆图要录》,北京图书馆出版社,1997;李孝聪:《欧洲收藏部分中文古地图叙录》,国际文化出版公司,1996;李孝聪:《美国国会图书馆藏中文古地图叙录》,文物出版社,2004;孙靖国:《舆图指要:中国科学院图书馆藏中国古地图叙录》,中国地图出版社,2012;王耀:《清代彩绘〈天下全图〉文本考述——兼释海内外具有渊源关系的若干地图》,《中国国家博物馆馆刊》2016年第1期;周鑫:《汪日昂〈大清一统天下全图〉与17—18世纪中国南海知识的生成传递》,《海洋史研究》第14辑,社会科学文献出版社,2020,第226页。

续表

编号	图名	绘制年代	作者	版本信息	收藏地	备注
2	大清一统天下全图	康熙五十三年（1714）	阎咏、杨禹江增补	墨印纸本，110×110厘米	不详	
3	大清一统天下全图	雍正三年（1725）	汪日昂编绘	不详	韩国首尔大学奎章阁	
4	大清万年一统天下全图	康熙六十一年（1722）	孔培五修订，吕抚辑	木刻墨印，竖条幅，143×80厘米	英国图书馆、荷兰莱顿汉学院	吕抚辑《三才一贯图》内含"大清万年一统天下全图"
5	大清万年一统天下全图	康熙六十一年（1722）	孔培五修订，吕抚辑	木刻墨印带套红，竖条幅，145×89厘米	美国国会图书馆	吕抚辑《三才一贯图》内含"大清万年一统天下全图"
6	大清万年一统天下全图	乾隆三十二年（1767）	黄千人	刻印本，百里方，107.5×107.5厘米	中国国家图书馆	
7	地舆全图	乾隆年间	不详	木刻墨印，12块横印张拼合，115×117厘米	法国国家图书馆	
8	大清万年一统天下全图	乾隆三十二年（1767）以后绘制	不详	纸本单幅，墨刻设色，115.8×107.5厘米	中科院图书馆	
9	大清万年一统天下全图	嘉庆五年（1800）	黄千人原绘，晓峰摹绘增补	摹绘本；1幅，彩色，112.8×108厘米	中国国家图书馆	
10	大清万年一统天下全图	嘉庆十六年（1811）	不详	刻本，墨印着手彩；分切八条幅挂轴，每条幅：148×31厘米，全图拼合整幅134×235厘米	美国国会图书馆	

续表

编号	图名	绘制年代	作者	版本信息	收藏地	备注
11	大清万年一统天下全图	嘉庆十九年（1814）	不详	福州府闽县凤池堂镌刻藏版，木刻墨印上色；32块印张拼合，绢绫裱装，140×240厘米	牛津大学图书馆	
12	大清万年一统地理全图	嘉庆二十一年（1816）	不详	嘉庆十九年初刻，二十一年古吴墨林堂重镌，石刻蓝黄双色套印；24块印张拼合，裱成8条挂幅，每挂幅132×30厘米，全图132×240厘米	欧洲	
13	大清一统天下全图	嘉庆二十三年（1818）	朱锡龄编绘	木刻墨印上色；挂幅，177×64厘米	欧洲	
14	大清万年一统天下全图	嘉庆年间	朱锡龄编绘	木刻墨印上色；4块条幅拼合，第2幅缺，绢绫裱装，每幅126×55厘米，拼合为126×220厘米	法国国家图书馆地图部	
15	大清万年一统地理全图	嘉庆年间	不详	重刻本，蓝色套印，134.5×236厘米	中国国家图书馆	
16	大清万年一统全图	嘉庆年间	黄千人原绘，朱锡龄增补	刻印本，1幅分切8条，彩色，129×230厘米	中国国家图书馆	

续表

编号	图名	绘制年代	作者	版本信息	收藏地	备注
17	大清万年一统地理全图	嘉庆年间	黄千人	石刻本，蓝色印刷；八块印张拼合，每块67×60厘米，全图128×228厘米	美国国会图书馆	
18	舆地全图	嘉庆（1797—1800）	马俊良（兼山）编制	刻印本，上色；挂幅，142×73厘米	美国国会图书馆	马俊良辑《京板天文全图》内含"舆地全图"
19	舆地全图	嘉庆（1797—1800）	马俊良（兼山）编制	刻印本，上色；装裱挂幅，102×78厘米	美国国会图书馆	马俊良辑《京板天文全图》内含"舆地全图"
20	舆地全图	嘉庆年间	马俊良（兼山）编制	刻本上色；色绫装裱，111×73厘米	欧洲	马俊良辑《京板天文全图》内含"舆地全图"
21	舆地全图	嘉庆年间	马俊良（兼山）编制	刻本上色；色绫装裱，148×71厘米	英国图书馆印度事务部	马俊良辑《京板天文全图》内含"舆地全图"
22	舆地全图	嘉庆年间	马俊良（兼山）编制	静电复印本，1幅，122×65.5厘米	中国国家图书馆	马俊良辑《京板天文全图》内含"舆地全图"
23	舆地全图	嘉庆年间	不详	刻印本，着手彩，轴裱，80×68厘米	美国国会图书馆	
24	天下总舆图	清后期	不详	木刻本，蓝墨刷印，20幅地图册装，27×30厘米	美国国会图书馆	
25	天下总舆图	清后期	不详	彩绘本地图集，折页装，20幅	社科院民族所	《天下全图》图集内含"天下总舆图"一幅
26	天下总舆图	清后期	不详	彩绘本地图集，折页装，20幅，31×31厘米	中科院图书馆	《清分省地图集》内含"天下总舆图"一幅
27	天下总舆图	清后期	稿云女史画	彩绘本地图集，20幅图册装，木板封面，25×30厘米	英国皇家地理学会	

（一）承继阶段——以明代底图为主

"大清万年一统"系地图源头为康熙癸丑年（1673）黄宗羲绘制的舆图。如盛百二言："一统舆图，余所见者有五本：一为阁中书咏所刊；一为黄梨洲先生所定，其孙证孙刊之于泰安；一为新安汪户部日昂本；一为山阳阮太史学濬重订阁中书本；又有湖南藩库所藏本，不知何人所刊。凡此五本虽有小异，然大约梨洲本，其权舆也。其误处不少，惜未有能取武英殿开方铜板图一订正之。"[1] 黄宗羲之孙黄千人（字证孙）刊印《大清万年一统天下全图》时，图中按语亦言，"康熙癸丑，先祖梨洲公旧有舆图之刻"。[2] 然而，黄宗羲原图已佚，《黄宗羲全集》[3]及《黄宗羲年谱》[4]亦无相关记载。据黄千人版文字注记，"顾其时，台湾、定海未入版图，而蒙古四十九旗之屏藩，红苗、八排、打箭炉之开辟，哈密、喀尔喀、西套、西海诸地及河道、海口新制犹阙焉"。[5] 由此推断，除去这些未入"版图"之地，黄宗羲舆图的绘制范围应以明代两京十三省为主，是以明代舆图为基础进行改绘的。

值得注意的是，康熙六十一年（1722）吕抚所辑《三才一贯图》中的《大清万年一统天下全图》可能是黄宗羲原图的摹本。[6] 据图上信息所示，修订者为"孔培五"。图为木刻墨印，计里画方，"每方五百里"。图幅所绘，东北至鸭绿江一带，北至河套、阴山，西至河源，南至琼州，未标识该谱系后期普遍出现的东南亚诸国、"大、小西洋""荷兰"等西方地名，仅在图下和图左列举了"海中朝贡"和"西域朝贡"诸国国名。细部特征方面，以闭合双曲线和象形画法分别代表河道和山脉，黄河河源似葫芦状，标识以"星宿海"，河套附近以圆圈状标识"红盐池""黑盐池"。图例方面，以不同标志区分府、州、招讨宣慰宣抚司、卫所，而"县及州属府者不载"，又根据各府征收赋税与粮食数量的差异以不同符号表示。[7] 就图幅范围和细部特征而言，与《广舆图》之《舆地总图》类似。[8]

据图中所绘行政区划而言，"台湾"置

---

1 （清）盛百二：《柚堂笔谈》卷四，乾隆三十四年潘莲庚刻本。转引自周鑫《汪日昂〈大清一统天下全图〉与17—18世纪中国南海知识的生成传递》。另，阮学濬和湖南藩库本已佚。

2 据中国科学院图书馆藏黄千人初刻板翻刻之作。

3 （清）黄宗羲：《黄宗羲全集》，沈善洪、吴光编校，浙江古籍出版社，2012。

4 （清）黄炳厚：《黄宗羲年谱》，王政尧点校，中华书局，1993。

5 据中国科学院图书馆藏黄千人初刻板翻刻之作。

6 李孝聪《欧洲收藏部分中文古地图叙录》《美国国会图书馆藏中文古地图叙录》两文在介绍《三才一贯图》中的《大清万年一统天下全图》时，认为其摹自康熙十二年黄宗羲所刻清朝疆域图。

7 虽然图例中有相关介绍，但图中并未显示。

8 成一农：《"实际"与"概念"——从古地图看"中国"陆疆疆域认同的演变》，《新史学》第19辑，大象出版社，2017，第254页。

于"圆圈"之内,符合图例中的"府用圆圈",而台湾设府是康熙二十三年(1684)。其次,康熙年间重要的府、州调整是康熙三十二年(1693)裁撤宣府镇,改置宣化府,并将延庆直隶州、保安直隶州降为散州,隶属宣化府。[1] 然而,图中仍标识"宣府""延庆""保安",并以不同符号区分。按此,则孔培五应是在康熙二十三年(1684)至康熙三十二年(1693)之间修订。但地图又反映了雍正元年(1723)因避雍正名讳,将"真定"改为"正定"的史实,又超出了《三才一贯图》编绘于"康熙六十一年岁次壬寅暮春之月上巳"的时间下限。综上,笔者推断,目前所见《三才一贯图》应是雍正年间翻刻之作,因吕抚本人生前担心受文字狱牵连,其著述流传甚少,直至民国时期也仅见"三才图、四大图及廿四史通俗演义"。[2] 吕抚生性谨

图1 《三才一贯图》[3] 之《大清万年一统天下全图》

---

1 牛汉平编,《清代政区沿革综表》,中国地图出版社,1990,第9—10页。
2 欧阳楠:《中西文化调适中的前近代知识系统——美国国会图书馆藏〈三才一贯图〉研究》,《中国历史地理论丛》2012年第3期。
3 美国国会图书馆,索图号:G7820.L8。

慎，所以在重刻之时，一定会根据当时最重要的时事加以修订，以免沾惹是非，而最重要的时事莫过于避雍正名讳，至于当时的府州升降，则没有再做修改。这也解释了为什么图中仅显示避讳名讳的史实，而对于雍正二年（1724）及其以后的府州调整未作修订。[1] 后因吕抚死后受文字狱牵连，《三才一贯图》于乾隆中期被毁版并限制流通，所以此图虽是黄宗羲舆图早期修订版，但对于后世影响较小。

（二）拓展阶段——绘制范围的拓展与文本内容的丰富

相较于黄宗羲舆图及《三才一贯图》所收录的《大清万年一统天下全图》，康熙末年至乾嘉时期"大清万年一统"系地图最大的特点在于绘制范围的拓展和文本内容的扩充。

康熙五十三年（1714），阎咏、杨开沅在黄宗羲舆图基础上，采用计里画方之法，根据《政治典训》《平定罗刹方略》《会典》等官方档案资料，增补黄宗羲舆图中没有的蒙古四十九旗、红苗、西藏等新辟之地以及俄罗斯、荷兰等国家，并根据当时政区变动修订完成《大清一统天下全图》。此图虽然汲取了当时官方资料中的最新地理知识，但未吸收明末清初时的新南海知识，仍以《广舆图》中各省图、海夷图进行编绘。[2]

雍正三年（1725），汪日昂以阎咏版《大清一统天下全图》为基础，根据雍正初年政区变动、施世骠《东洋南洋海道图》、张燮《东西洋考》以及官方档案奏折中的见闻，重新编制彩绘本《大清一统天下全图》，其体现的新南海知识为后世各版"大清万年一统"系地图沿用。[3]

乾隆三十二年（1767），黄千人以黄宗羲舆图为底本，吸收阎咏版与汪日昂版所绘地理知识，结合乾隆年间开拓新疆、政区变动、卫所裁撤后的实际情况，编绘成新的《大清万年一统天下全图》。

至此，乾嘉时期"大清万年一统"系地图臻于成熟，形成较为稳定的绘制内容和风格特征。其绘制范围北至瀚海，以文字标注蒙古诸部的山川信息；东至朝鲜、日本，简介其历史沿革、地域范围等内容；南至东南亚诸国，西至伊犁，于伊犁西侧标注"荷兰国""大、小西洋""干丝腊"等欧洲地名。细部特征方面，东西向长条状的"瀚海（沙漠）"横亘于图幅顶端，并于"乌鲁木齐"处出现分叉；紧邻"瀚海"西侧以水波纹表示海洋，上标"大西洋""小西洋"等；"瀚海"以北标识蒙古诸部以及"俄罗斯""阿尔泰山"。此外，

1　如雍正二年（1724）六安等升为直隶州则未能显示。

2　周鑫：《汪日昂〈大清一统天下全图〉与17—18世纪中国南海知识的生成传递》，《海洋史研究》第14辑，第226页。

3　周鑫：《汪日昂〈大清一统天下全图〉与17—18世纪中国南海知识的生成传递》，《海洋史研究》第14辑，第226页。

318 地理图像

图2 美国国会图书馆藏清嘉庆十六年《大清万年一统天下全图》
（美国国会图书馆，索图号：G3200 T3）

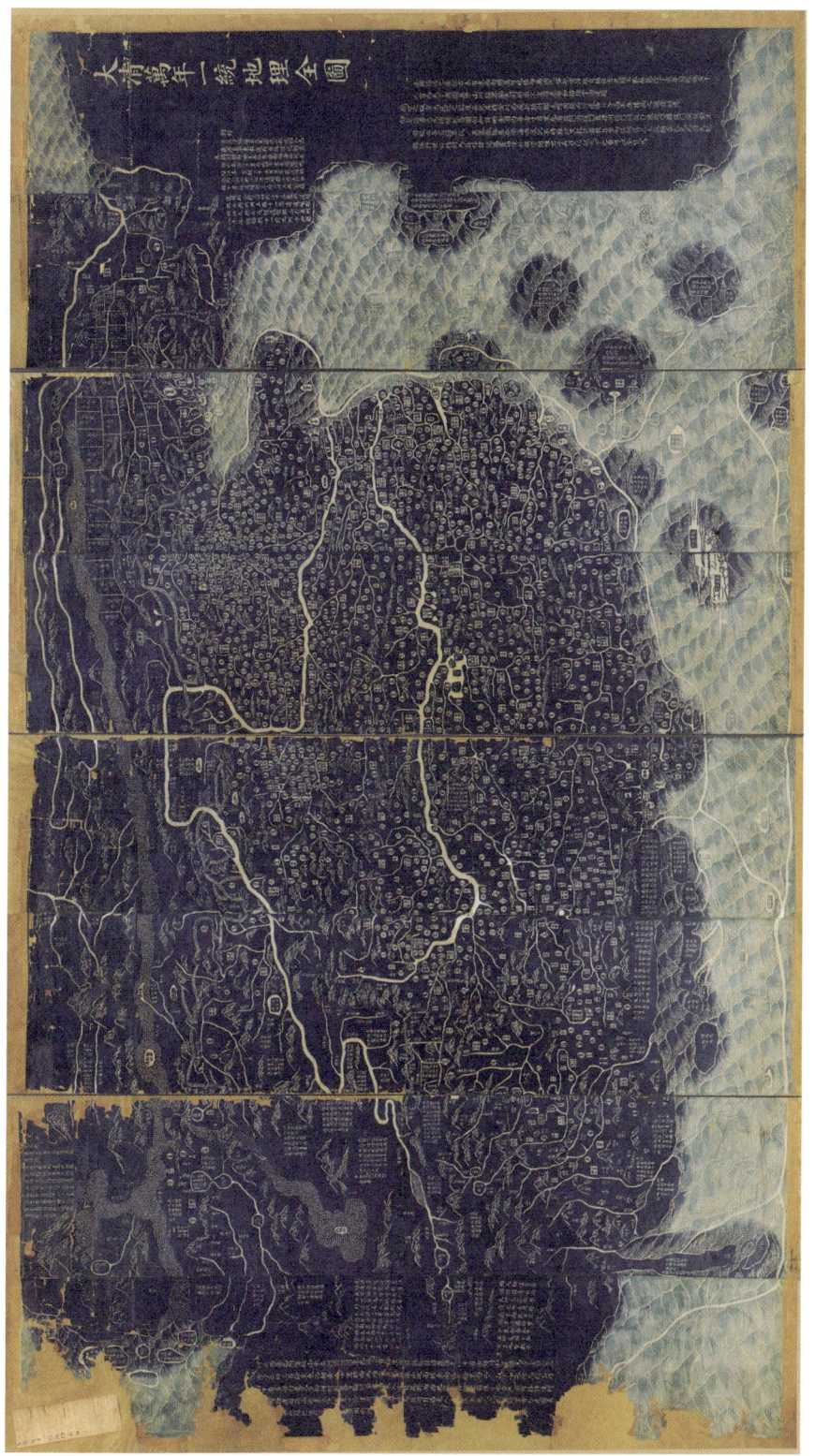

图3 美国国会图书馆藏清嘉庆《大清万年一统地理全图》
（美国国会图书馆，索图号：G7820 T3）

图4 马俊良编制《京板天文全图》[1] 之《舆地全图》

是其显著特征。除绘制风格大体相近外，文本内容的一致性也是该阶段一大特点，如乾嘉时期各版中关于日本、朝鲜、暹罗、安南、俄罗斯等国的介绍完全一致。

概言之，这一阶段"大清万年一统"系地图以标识内地行政区划为核心内容，次之介绍朝贡诸国的历史沿革、贡道等简要信息，最外部则以部分已知域外地区或国家点缀其上。同时，全图辅之以重要的山川信息，最终形成一幅由内而外、古今并重、山川详绘的"天下"全图。

因黄千人版全面吸收与继承以往版本的优点，同时契合了乾隆盛世时的社会景象，其或以不同载体、形制独立成图，或与其他地图组合为一图[2]，在当时社会广泛流传。[3]

（三）简化阶段——整体框架的保留

由表1所见，"大清万年一统"系地图后期以《天下总舆图》[4]为名在坊间流传。据王耀研究，社科院民族所藏《天下总舆图》地图集与美国国会图书馆藏《天下总舆图》地图集"同样由20幅相同图题的地图组成；山川河流、海洋、长城等地物的

由玉门关附近南向延伸，至河源附近结束，绘制出一个倒置的"玉如意"，即"大流沙"，而左下角细长形半岛的"暹罗"也

---

[1] 美国国会图书馆，索图号：G7820.Y81。

[2] 如马俊良编制的《京板天文全图》，便是以《内板山海天文全图》、陈伦炯《海国闻见录·四海总图》、《舆地全图》（即《大清万年一统天下全图》）三者合为一竖条幅。

[3] 席会东：《中国古代地图文化史》，中国地图出版社，2013，第116页。

[4] 石冰洁认为清末这批图源自雍正二年《清直省分图》，虽然与汪日昂版相似之处颇多，但通过部分细节比对，存在详略、体例等方面差异，判定其与汪日昂版地图分属不同系统，但同时也承认这类官绘地图的制图理念对汪日昂版的增绘有所启发。因此，笔者认为他们的关系应是有着共同祖本下的不同支脉，总体仍属一个脉络。另外，石冰洁也提出另一重要的支脉，即"大清万年一统"系地图在清末还以《古今地舆全图》为名，以版画、年画的形式在民间流传，同样存在"同系退化"的特点。

图 5 嘉庆二十三年朱锡龄版《大清一统天下全图》

表现方式一致；图幅文字注记一致，且字迹几近相同。可以确定具有同源性，出自相同的摹刻本"。同时，经过图幅尺寸、绘制内容、技法、风格的比较，王耀认为社科院民族所藏《天下全图》、美国国会图书馆藏《天下总舆图》、中国国家图书馆藏《清直省分图》、英国皇家地理学会藏《天下总舆图》、中科院藏《清分省舆图》之间存在着较强的关联性与一致性，其主要差异是有无着色。[1] 在此基础上，以美国国会图书馆藏《天下总舆图》为例，与乾嘉时期的《大清万年一统天下全图》进行比对，可以明显发现，《天下总舆图》的绘制内容是对《大清万年一统天下全图》的简化。其删去大量文字注记，仅保留省、府级行政建置，绘制技法也较为粗糙。但细

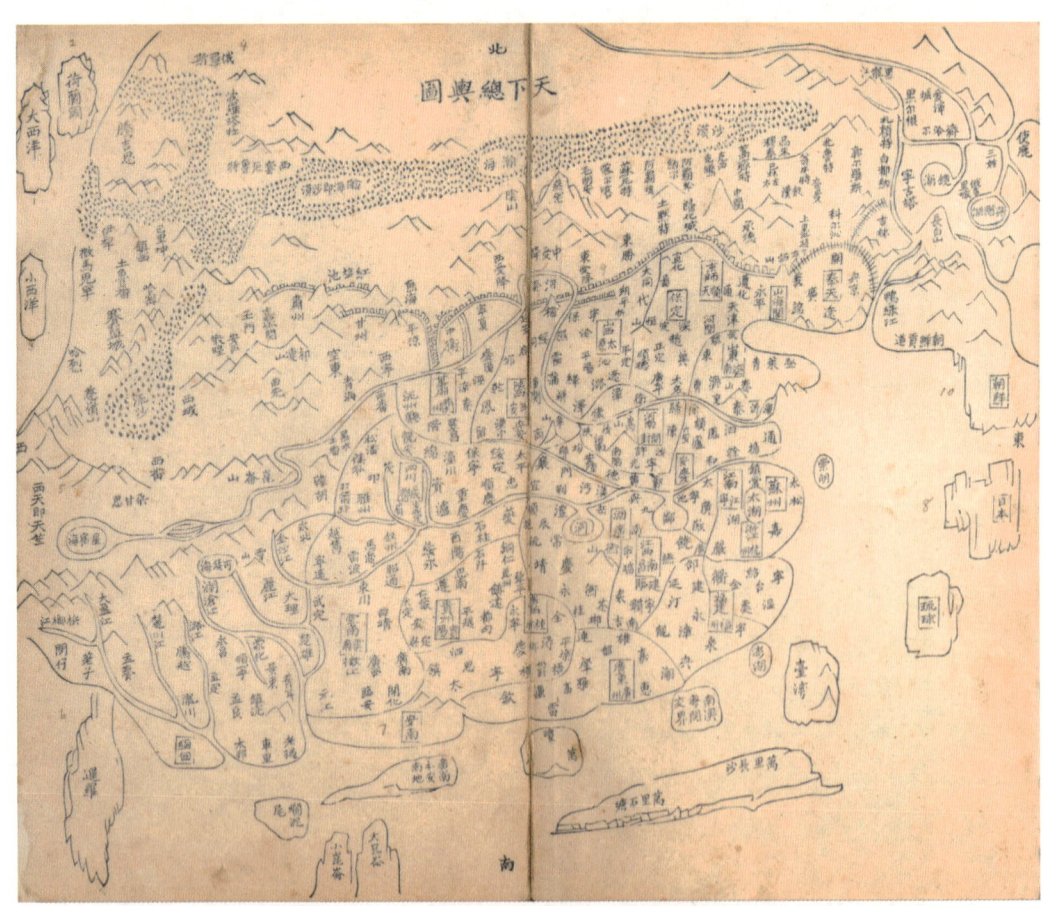

图 6　美国国会图书馆藏《天下总舆图》[2]

---

[1] 王耀：《清代彩绘〈天下全图〉文本考述——兼释海内外具有渊源关系的若干地图》，《中国国家博物馆馆刊》2016 年第 10 期。

[2] 美国国会图书馆，索图号：G2305. T46。

图 7　社科院民族所藏《天下全图》[1] 之《天下总舆图》

部特征和整体框架仍属"大清万年一统"系，如整个图幅的四至依然是东至朝鲜，西至西洋，北至沙漠，南至东南亚；标志性地物如"大西洋、小西洋、荷兰国、日本、琉球"，左下角细长形的"暹罗"，条带状的宽大沙漠等，都与前一阶段地图一致。因此推断，《天下总舆图》是《大清万年一统天下全图》在清末的简化版。

二　"大清万年一统"系地图的知识类型与图本性质

当下常见的"大清万年一统"系地图多为乾嘉时期所绘，这一时期形成的相对统一的绘制风格和文本内容，是区别于其前后的主要特征。通过对这一时期图面文

---

[1] 转引自王耀《清代彩绘〈天下全图〉文本考述——兼释海内外具有渊源关系的若干地图》，《中国国家博物馆馆刊》2016 年第 10 期。

字内容的归类分析，有助于进一步认识"大清万年一统"系地图的性质与内含。现以美国国会图书馆嘉庆十六年（1811）版为例，将图面文字内容归纳如下。

（一）行政区划类

康乾时期，清代疆域逐步拓展并达到极盛，形成满洲、直省、藩部三大区域，并实施各不相同的行政制度。满洲地区实行八旗驻防城制度，由盛京、吉林、黑龙江三将军分辖；直省则承袭明制，实行行省制度，至雍正初年直隶形成省制，终成内地十八省；藩部为内外蒙古、新疆、青海、西藏等少数民族聚居区，总体设将军、大臣管辖，但各藩部地区内部的行政制度又不尽相同。[1] 而《大清万年一统天下全图》对于行政建置的绘制是以内地为主，通过不同色块或界线区别十八省，使用不同符号对应不同层级行政单位。满洲地区因盛京设立奉天府，八旗驻防城与府州县制度并存，所以标注方式与内地相同；吉林、黑龙江将军所辖地域则标注"吉林乌喇""宁古塔""白都纳""齐哈尔城""墨尔根城"等。藩部地区以瀚海以南、长城以北的蒙古地区标注相对较细，密集地标注了蒙古诸部名称，如"扎鲁特左""扎鲁特右""苏尼特左""苏尼特右"等；而新疆、青海、西藏则相对较少，仅附有"高昌""哈密""西番""后藏"等地区的

历史沿革。

总体而言，因不同地域所实行的行政制度不同，各区域表现方式也不同，但毫无疑问的是，全图以内地直省绘制为主，对省属各级行政单位也以不同符号标注，而满洲、藩部地区则多以纯文字标识。分析这种重内轻外绘制方式出现的原因大致有以下两点：一是古已有之的"华夷观"，华夷虽为一体，但重华轻夷、华夷有别的观念始终留存于士人文化传承中；二是对于内地以外区域缺乏了解。以黑龙江为例，受康熙朝《南山集》案牵连，贬谪到黑龙江卜魁城（齐齐哈尔）的内阁中书方式济在《龙沙纪略》言道，"方隅边荒沿革，传闻异辞，黑龙江尤为绝域，古史书而不详……余备极搜讨，得梗概焉"。[2] 东北地区为清代龙兴重地，筑柳条边以防流民进入，甚至一度曾是清代流放、贬谪之地，直至清末方才彻底解禁，人烟罕至绝非夸大其词。方式济"备极搜讨"仅能得其梗概，也绝非谦辞，而是当时绝大多数人对内地以外偏远地区认知的真实写照。知之甚少，当然也就不能绘制详细。

（二）域外地区及国家

《大清万年一统天下全图》对清朝所属区域以外的地区，以记述国家和地方地名为主，整理此类信息，发现绝大多数与文

---

[1] 傅林祥等：《中国行政区划通史·清代卷》（第二版），复旦大学出版社，2017，第 3 页。
[2] （清）方式济：《龙沙纪略》，中华书局，1991，第 1 页。

献记载类似（见表2）。[1]

显然，图中简述内容主要是历史沿革、距离、贡道、地域范围等，无固定介绍格式；所载地区和国家主要是处于清朝周边，与历代中原王朝来往较多，且名称也常出现于中国史籍文献当中以及传统的以中原王朝为中心的"世界地图"中。

表2 部分域外地名及来源

部分域外地区的地名	文本内容	记载类似内容的文献
朝鲜	古箕子之国，汉置元菟、乐浪二郡，后陷入高丽，唐置安东都护府，自后历代朝贡。本朝封朝鲜国王，其地东西南濒海，北抵长白山，东西两千里，南北四千里，由王城过鸭绿江至京师三千五百里。京畿道，领郡三、府三、州七、县三；江源道，领郡七、府五、州四、县十；黄梅道，领郡三、府三、州五、县八；全罗道，领郡三、府三、州四、县二十三；庆尚道，领郡七、府六、州五、县十一；忠清道，领郡四、州九、县七；咸镜道，领郡三、府五、州八；平安道，领郡十一、府九、州十六、县六	《续文献通考》《明一统志》《海防纂要》《读史方舆纪要》《东西洋考》等
日本	古倭奴国，唐始改名其地，直会稽之东，贡道旧由宁波入。分五畿、七道、三岛，附庸之国九百余岛	《诸番志》《续文献通考》《海防纂要》《东西洋考》《明一统志》等
琉球国	明初归附，分国为三，中山、山北、山南，后惟中山来朝，本朝因之受封	《使琉球录》《文献通考》《岛夷志略》《皇明通纪法传全录》《明一统志》等
南澳氣	水至此趋下不回，船不敢近	《海国闻见录》
喽古城	舟误入不能出	
咖留吧	系荷兰互市之地，亦称红毛	《玉芝堂谈荟》《东西洋考》等
吕宋	今为干系腊所属之国，一名敏林腊	《海国闻见录》《钦定续文献通考》《明史》等
下港	古阇婆，元名爪哇	《东西洋考》《玉芝堂谈荟》等
安南国	本古南交地，秦象郡，汉交趾、九真、日南三郡地，历吴、梁、陈、隋，俱置郡置府，唐曰交州，后改为安南都护府，宋封安南王。明永乐初，置交趾布政使司，宣德后，封安南国王。本朝因之。每岁朝贡，入交道有三，一由广西，一由广东，一由云南；由广西之道亦有三，一由冯祥州，一由思明府，一由龙州。安南自置东西二京十一承政司	《殊域周咨录》《东西洋考》《明一统志》《续文献通考》等

---

[1] 部分国家或者地区的记载可追溯至汉唐时期，如朝鲜、日本，但因时代不同，记述重点有所不同。因此表中所列文献主要是文本内容相似，而非最早对该地有记述的源头。表3同。

续表

部分域外地区的地名	文本内容	记载类似内容的文献
广南	本安南地,汉为日南郡,随唐欢州,明义安府,与交趾东京隔一水	《东西洋考》
占城	即林邑,古越裳氏之界	《明一统志》《广舆记》《殊域周咨录》等
烂泥尾	船不可近	《海国闻见录》
八百大甸	按八百馆考,土酋有妻八百名,领一寨,因名八百媳妇。东北去布政使司三十八程	《明一统志》《广舆记》《续文献通考》《殊域周咨录》《登坛必究》《文武诸司衙门官制》《图书编》等
木邦	按百译馆考,原名猛都,又名孟邦,种类甚繁,故以百译称	《明一统志》《广舆记》《咸宝录》《登坛必究》《文武诸司衙门官制》《续文献通考》等
缅甸	按馆考,南至南海,东北至云南省三十八程	
暹罗	即古赤土,明始合暹与罗斛为一。本朝因之,受封朝贡	《东西洋考》
西天	即汉身毒国。按馆考云,西天即天竺,在葱岭之南,去月余抵。东南数千里,地方三万余里,分东、西、南、北、中五印度国,国各有王,地皆数千里	《通典》《太平寰宇记》《唐会要》《图书编》《读史方舆纪要》等
回回	其先默得那是其祖国。按馆考云,与天方国邻,天方在笃冲之地,旧名天堂,又名西域	《续文献通考》《图书编》《皇明通纪法传全录》等
荷兰国	在西海之北,谨按《政治典训》载,荷兰国使称伊国与俄罗斯接壤,言语相通	《政治典训》
干系腊	今为吕宋祖国	《钦定续文献通考》
俄罗斯	东连罗刹,迤西直北俱其地界。谨按《平定俄罗斯罗刹方略》云,俄罗斯贡献,想从古未至。其国距京师甚远,从此陆路可直达,彼处自嘉峪关十一二日至哈密,自哈密行十二三日至吐鲁番,吐鲁番有五种部落,过吐鲁番,即俄罗斯之境,其国辽阔,有二万余里	《平定罗刹方略》

(三) 山川信息

图中山川信息主要以西域地区为主（详见表3），其中黄河、河源的记载主要源于元代潘昂霄《河源志》及《元史》，而康熙朝关于河源实地探索的最新资料则未能体现。

(四) 各省总目与道路里程

部分嘉庆时期的摹本新增"各省总目"及道路里程。该类型记载主要以表头形式存于以"舆地全图"为名的单幅地图或《京板天文全图》所收的《舆地全图》中。

表3	部分山川信息及来源	
山川名称	文本内容	记载类似内容的文献
黄河	河出今西蕃巴颜喀拉山东，名阿尔坦河，东北流三百余里，合鄂敦塔拉诸泉源，大小千百泓，错列如星，汇为查灵、鄂灵二海子，各周三百余里，东西相去五十里，折而北，经蒙古托罗海山之南，转东南流千余里，南北受数十小水，经乌兰莽乃山，下有多母打秃昆多伦河，多拉昆多伦河自东南来入之，自此而西，北流三百余里折，前后小水奔注不可胜计，绕阿木你马勒产母孙山之东北流百五十余里，有齐普河、呼呼乌苏阿自西来入之，又迤东北流三百余里，会哈克图衮俄罗济诸水，历归德堡，经积石山，至兰州府河州入中国界	《五礼通考》
河源	元潘昂霄《河源志》曰："吐蕃朵甘思西鄙有泉百余泓，方可七八十里，履高下瞰，灿若列星，故名火敦脑儿，火敦译言星宿也。"朱思本云：河源在中州西南，直四川马湖蛮部之正西三千余里，云南丽江宣抚司之西北一千五百余里	《河源志》
鄂敦塔拉诸泉	《元史》云火敦脑儿	《元史》
昆仑	绵连五百里，在朵甘东北，四时积雪不消。阿木尔马勒产母孙山即昆仑	
多母打秃昆多伦河	《元史》云纳邻哈剌，即细黄河	《元史》
阿尔太山	译言金山，谨按亲征《平定朔漠方略》云，西北金山距嘉峪关两月程，古大宛国	《平定朔漠方略》
二泽	《元史》名阿剌脑儿	《元史》
葱岭山	按《水经注》葱岭山，东、南、北有山，相距千里，东西六千里	《水经注》

如美国国会图书馆藏《舆地全图》，图题两则标注"各省总目"，分列盛京、直隶、江南、安徽、江西、浙江、福建、湖北、湖南、河南、山东、山西、陕西、甘肃、四川、广东、广西、云南、贵州19省[1]所辖府、直隶州、州、厅、县的数目。而朱锡龄版《大清一统天下全图》则在"各省总目"之下，增加各省至京师里程，东西、南北距离以及周边临界省份，如"江苏，在京师南三千四百里。东西距一千六百三十里，南北距一千七百里。东界海，西界河南，南界浙江，北界山东。领府八，直州三、州三、厅二、县六十二"。

（五）识语

各版识语表述内容大同小异，其主旨包括：一述清代疆域辽阔，万国来朝的盛世局面；二述前人版本虽条理清晰，但对今天而言已有"挂漏"之处，需要及时增补；三述有关符号所表示内容；四述绘制者或摹绘者的谦辞。

总体而言，乾嘉时期"大清万年一统"系地图的特点是对传统经典知识的吸收与继承。一方面，地图绘制内容继承了以中原王朝为中心兼述周边国家的绘制传统。这种传统上可溯至宋代《华夷图》，下及明代《华夷古今形胜图》《皇明大一统图》《古今形胜之图》《天下九边万国人迹路程全图》等，这类地图均以中原王朝为图幅中心，内容详细且面积广大，而域外地区则逼仄狭小，通常以文字标识其历史沿革及与中国关系。如《华夷图》在朝鲜半岛上，东北注"沃沮"，西北注"高丽平壤"，西南注"百济"，东南注"新罗"等字，并附文字言，"辽海之东，周封箕子于朝鲜，汉置乐浪等四郡。高丽在辽东之东千里，东晋以后居平壤，世受中国封爵，秉正朔"。乾嘉时期"大清万年一统"系地图的绘制即与此相同。另一方面，从文本内容的来源看，既引述《河源记》《水经注》等经典史地著作，又原文抄录《平定罗刹方略》《政治典训》等清代官方典籍。同时，吸收传统经典著作中长期流传的域外知识以及时人较新的的认知，如"西天"的注文类似于唐代杜佑《通典》当中的描述[2]，而"南澳气"的注文显然来源于清代陈伦炯《海国闻见录》。[3] 因此，从图、文特点所反映出的性质看，《大

---

[1] 乾隆十二年（1747）改镇守奉天等处将军为镇守盛京等处将军，盛京将军辖地被视为盛京省。牛汉平编：《清代政区沿革综表》，中国地图出版社，1990，第79页。

[2] 图中注文："西天，汉身毒国。按馆考云，西天即天竺，在葱岭之南，去月余抵东南数千里，地方三万余里，分东、西、南、北、中五印度国，国各有王，地皆数千里。"《通典》："天竺，后汉通焉，即前汉时身毒国……在葱岭之南，去月氏东南数千里，地方三万余里，其中分为五天竺，一曰中天竺，二曰东天竺，三曰南天竺，四曰西天竺，五曰北天竺，地各数千里……有别国数十，国置王。虽各小异，而俱名身毒。"（唐）杜佑：《通典》卷一百九十二《边防八·天竺》，王文锦等点校，中华书局，1988，第5260页。

[3] 图中注文："南澳气，水至此趋下不回，船不敢近。"《海国闻见录》："南澳气……湾有沙洲，吸四面之流，船不可到，入溜则吸搁不能返。"（清）陈伦炯：《〈海国闻见录〉校注》，李长傅校注、陈代光整理，中州古籍出版社，1984，第73页。

清万年一统天下全图》仍是传统"天朝上国"观念下，华夷两分且重华轻夷的产物。[1]

三 "大清万年一统"系地图功用的转变

地图作为一种实用工具，其价值不仅体现在山川风物、地理信息等图面内容，其背后所隐含的作者观念以及使用价值同样值得深入探索。如李孝聪先生曾言，"研究和使用过去时代编绘的地图，不但需要注意地图带给我们的史料价值，而且不应忽视编图者、绘图人当时对地理空间的认知，以及编图人和使用者的目的"[2]。事实上，地图本身的功用直接影响地图的流传，一幅没有实际使用价值的地图必然会被抛弃。"大清万年一统"系地图自康熙时期延续至清末，说明在相当长的一段时间内，其功用得到社会认可。因此，笔者试图通过解析时代背景、图面内容、载体形制等，来探讨不同阶段"大清万年一统"系地图的功用。

(一) 研读史书或用于教学

"大清万年一统"系地图源头为黄宗羲于康熙十二年（1673）所绘舆图，考察此时黄宗羲的活动经历及相关著作，在对待清廷的态度上，体现出颇为复杂、矛盾的心态。

黄宗羲于顺治十年（1653）撰写的《留书》充溢着"华夷之辨"的思想，认为"自三代以后，乱天下者无如夷狄矣"，称明朝为"皇明"，明军为"王师"，斥责清朝为"伪朝"。《海外恸哭记》中则称呼清军为"虏"，清帅为"虏帅"，清帝为"虏主"。于这一时期所撰写的墓志铭当中也不见清代的年号。可见，顺治及康熙初年的黄宗羲具有强烈的反清意识。[3] 但随着清廷统治的逐渐稳固，抗清斗争日渐低迷，黄宗羲的反清思想也逐步消减。康熙元年（1662），吴三桂于云南勒杀永历帝，南明政权灭亡，同年，郑成功去世，鲁王亦死于金门。彼时黄宗羲已五十三岁，不仅目睹了鲁王政权内部争权夺势，又历经屡次抗清活动的失败，知大势不可违，转而专心著述。虽然黄宗羲最终承认了清朝政权，但直至去世，黄宗羲作为明代遗民的气节仍存。如康熙朝屡次召见其入朝为官或编修《明史》，黄宗羲均以侍奉母亲或"老病疏辞"为由拒绝。同时，随着清廷怀柔政策的相继实施，黄宗羲抱着"国可亡，

---

[1] 法国国家图书馆藏嘉庆版《大清万年一统天下全图》是比较特殊的，增补了部分西方传入的地理知识，如"意大里亚""亚非利加""大秦国（天主降于此）"等，但多以文字形式标注于图中边缘处，并未绘出其轮廓，石冰洁也认为作者只是罗列地名而已，对于实际地理认知则几无概念。因此笔者认为并不能影响整幅地图的性质。参见石冰洁硕士学位论文第 81 页。

[2] 李孝聪：《古代中国地图的启示》，《读书》1997 年第 7 期。

[3] 赵连稳：《论黄宗羲反清思想的演变》，《河北大学学报》（哲学社会科学版）2006 年第 4 期。

史不可灭"的复杂心态，令其子黄百家代修国史。

从黄宗羲自身的遗民心态及对清廷的矛盾态度不难看出，其所绘舆图绝不是要展示清朝广袤疆域。据黄炳厚《黄宗羲年谱》载，康熙十二年癸丑（1673），"适甬上，范友仲引公登天一阁，发藏书，公取其流传未广者，钞为书目，遂为好事者流传"[1]。就黄宗羲当时心境而言，纵览天一阁群书，结合当时明清鼎革后的政区变动，以明代地图为基础绘制新图，更多应是用于自身研读史书了解地理形势，或教授学生。

（二）以彰盛世

清廷定鼎中原后，一方面推行严厉的镇压政策，另一方面深谙怀柔之道，注重收买民心，特别是士人之心。清朝开国重臣范文程于顺治二年（1645）即提出，"治天下在得民心，士为秀民，士心得，则民心得矣。请再行乡、会试，广其登进"[2]。此后，清廷又进一步提倡尊祭孔子，发展程朱理学。至康熙即位以后，全国形势发生重大改变，永历政权灭亡，郑成功病逝，浇灭了抗清活动的最后希望。康熙十七年（1678），三藩之乱即将平定，康熙于此时开博学鸿词科。此次开科有着重要的政治意义和象征意义，赵刚认为，"康熙十八年，是清朝历史的一个重要转折点，它上承顺治、康熙初年的战乱局面，下启康乾盛世的到来。在这样关键的时期举行博学鸿词科，其政治作用和功效显然超出了粉饰太平的寻常意义"[3]。进一步而言，此举不仅在于吸纳人才、招揽遗民、争取士大夫阶层的认可，对于一个以少数民族身份入主中原的新王朝而言，更深层的目的在于确立其政权的合法性，以承继以往中原王朝的治统和道统。

此后，清廷又推出一系列政策以构建其政权的合法性，继续收揽人心。在此大环境下，明末清初遗民群体的气节观念发生重大变化。戴名世言："自明之亡，东南旧臣，多义不仕宦，而其家子弟仍习举业，取科第，多不以为非。"[4] 这种理性认知逐渐在遗民群体中形成"遗民不世袭"，遗民后代可以出仕清廷的社会风气。[5] 因此，对于之前未食明禄的士大夫而言，清廷怀柔政策的感召以及士林气节观念的转变，不仅使他们摆脱了不仕清廷的心理桎梏，而且增强了其对清廷的认同感。阎咏、杨开沅、汪日昂、黄千人[6]正是在此背景下走向

---

1 （清）黄炳厚：《黄宗羲年谱》，王政尧点校，中华书局，1993，第38页。

2 赵尔巽等：《清史稿》卷二百三十二《列传十九·范文程》，中华书局，1977，第9353页。

3 赵刚：《康熙博学鸿词科与清初政治变迁》，《故宫博物院院刊》1993年第1期。

4 （清）戴名世：《南山文集》卷八《朱铭德传》，光绪二十六年刻本。

5 赵连稳：《论黄宗羲反清思想的演变》，《河北大学学报》（哲学社会科学版）2006年第4期。

6 四人生平可参考鲍国强、周鑫的论文以及杨大业《明清回族进士考略（二）》，《回族研究》2005年第2期。

仕途，并借由地图表达出对清廷的态度，如：阎咏、杨开沅版按语，"绘为全图，以志圣代大一统之盛"；[1] 汪日昂版按语，"以昭四表广被之象……交庆皇舆之大迈于禹迹，诚万世承平之极致也"；[2] 黄千人版按语，"余不揣固陋，详加增辑，敬付开辟，以彰我盛朝大一统之治"。[3]

他们所处时代正是清代中前期励精图治之时，王朝外部疆域不断开拓，内地则推行"永不加赋""摊丁入亩"等政策，百姓安居乐业，四海承平，盛世之象初显。对于身处时代洪流同时又居庙堂之上的士大夫而言，对整个社会的态势最为敏感。因此，他们在绘制地图时都表达出同一个目的——彰显清代统治之盛。

（三）以图考证

前文已述，《大清万年一统天下全图》实质是中国传统经典知识以及明末清初以来中国人所见所闻的域外知识的结合。此外，早期增订者如阎咏等又有机会参阅官方档案文献，如阎咏所言，"咏幼奉先征君指示，近承乏各馆收掌、纂修，谨按《典训》《方略》《会典》《一统志》诸书，又与同里杨编修禹江共参酌之"。[4] 因此，兼具经典性与权威性的阎咏版《大清一统天下全图》一经问世，就为士人群体所接纳，如《蜀水经》《行水金鉴》均以此图为证：

> 又阎咏《天下全图》曰：金沙江南流，自共龙牦牛石下分枝，南流至剑川、浪穹、大理、太和，为西洱河。又东至宝川、定远，又东南至南安，合澜沧、漾備二江，又南经点苍山、打牛平、茶山、元江，为九龙江，即澜沧江，入安南界，入于南海……[5]

> 吾友阎中书咏刊《大清一统天下全图》，据云，本之《政治典训》、《方略》、《会典》、《一统志》诸书，其山川位置自无苟且。按图，金沙江一源自阿六江，一源自乌思藏，皆南流至共龙牦牛石，下枝分东流为金沙江……[6]

将两者所言与图 8、图 9 对比，发现文献记载与图中绘制内容吻合，一方面说明士人群体对该图的认可，另一方面也反映了该图的使用价值，即作为可信的材料用以考证。进一步而言，乾隆年间官方编修《钦

---

[1] 阎咏：《大清一统天下图》按语。转引自周鑫文。
[2] 汪日昂：《大清一统天下图》按语。转引自周鑫文。
[3] 黄千人《大清万年一统天下全图》按语。中科院图书馆版。
[4] 阎咏：《大清一统天下图》按语。转引自周鑫文。
[5] （清）李元：《蜀水经》卷九《泸水》，姚乐野等编《中国西南地理史料丛刊》第四十册，巴蜀书社，2014，第152页。
[6] （清）傅泽洪：《行水金鉴》卷九十一《运河水》，沈云龙主编《中国水利要籍丛编》第一集，文海出版社，1969，第3196—3197页。

定续文献通考》中关于"吕宋"的记载："臣等谨按《一统全图》：吕宋，今为干系腊所属之国，一名敏林腊。又干系腊在西北绝境，今为吕宋祖国云"[1]，与地图也完全吻合（见图10、11）。说明通过汲取传统经典知识与权威知识而成的《大清一统天下全图》，在乾隆时期成为民间乃至官方学者用以考证河道、域外国家的资料。此时的《大清一统天下全图》，不仅传播了传统经典知识，一定程度上，又通过地图的形式巩固了原有知识体系。

（四）悬壁纵览与装饰门厅

随着"大清万年一统"系地图的广泛流传，其受用人群逐渐扩展，对地图的使用也不再局限于考证，得此认知主要基于以下两点反推。

一是文字的错漏。如美国国会图书馆藏嘉庆十六年版中关于日本诸岛的介绍，"凡百余岛"误为"九百余岛"；阿尔泰山的介绍引《亲征平定朔漠方略》，"西北金山距嘉峪关两月程，古大宛国"，误为"古大定国"；关于安南的历史沿革，将"隋"误为"随"。《京板天文全图》所收《舆地全图》的识语中，"近更安西等处扩地两万余里"误为"近更西安等处扩地两万余里"。而据鲍国强研究，乾隆时的初刻本、后印本就已出现较多讹误的地名。[2]

二是按语中的史实错误。以美国国会图书馆藏嘉庆十六年版为例，按语中载：

乾隆丁亥年二月间，余姚黄千人曾为天下舆图，其中山川、疆界、都邑、封圻，靡不星罗棋布，如指诸掌洵足，瞻盛世之版章，为远游之观度矣，然其时金川、西藏、新疆、州郡未经开辟，而河道、海口等尚不无挂漏之讥。兹刻遵御纂诸书，悉为增补，较旧图似加详晰。

乾隆丁亥为乾隆三十二年（1767），而在此之前，康熙五十九年（1720）清兵入藏，驱逐准噶尔军，西藏遂入版图，清廷设驻藏大臣监督；乾隆二十年（1755）清军西征，进取伊犁；乾隆二十二年（1757），平定准噶尔部，统一天山北路；乾隆二十四年（1759），平定天山南路回部大小和卓之乱，统一南疆。至此，清代疆域达到极盛。除去川西地区绵延二十几年的金川之战于乾隆三十二年（1767）尚未完全结束，西藏、新疆均于乾隆三十二年之前纳入版图。而乾隆帝对平定大小金川、南疆叛乱深以为傲，将其收入自身"十全武功"之中。对当时的士大夫阶层而言，如此重要且清晰的史实应不会不知。

试想，一幅文字讹误、史实混淆的地图是否能为士大夫群体所接受？是否能作

1　（清）嵇璜等：《钦定续文献通考》卷二百三十八《四裔考·吕宋》，乾隆四十九年刻本。

2　鲍国强：《清乾隆〈大清万年一统天下全图〉版本辨析》，《文津学志》第2辑，第17页；《清嘉庆拓本〈大清万年一统地理全图〉版本考述》，《文津学志》第8辑，第245页。

"大清万年一统"系地图研究 333

图8 金沙江发源地

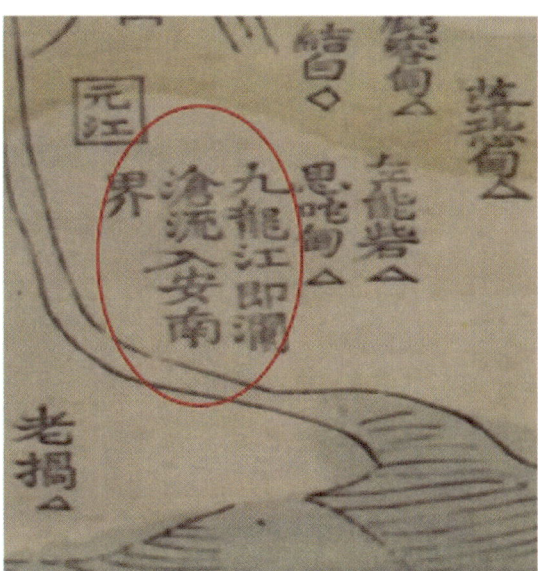

图9 澜沧江入海口处

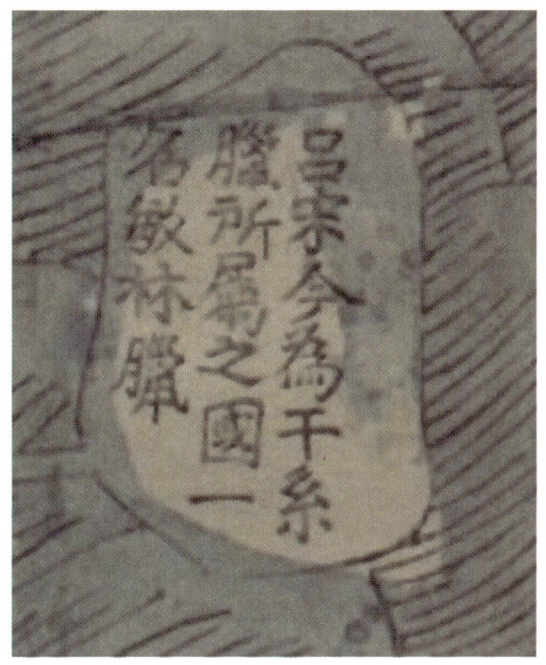

图10 吕宋

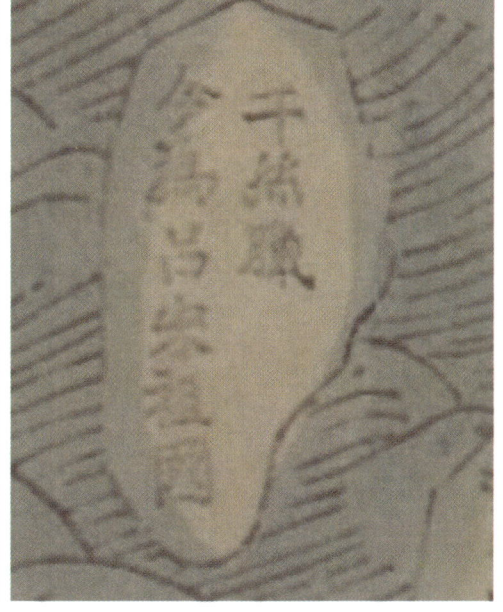

图11 干丝腊[1]

---

1 干系腊、干丝腊、干丝蚋为卡斯蒂利亚（Castilla）的闽南语译音，明清史书及地图中常混用。参见龚缨晏《国外新近发现的一幅明代航海图》,《历史研究》2012 年第 3 期。

为官方编纂《钦定续文献通考》时所引用的对象？答案应是否定的。但此时的《大清万年一统天下全图》依然盛行于世，这说明，其受众群体可能已经不在乎这些文史疏漏，而在意的是其作为地图的另一功用——观赏或装饰。

进一步而言，表1中康熙至乾隆中期的地图多是纸本墨印，尺寸为1米见方左右。乾隆后期至嘉庆时期，不仅彩绘地图增多，尺寸也大为增加，部分地图长度甚至超过2米，多以分切条幅、绢绫裱装的屏风形制出现。这种屏风形式的出现，一方面，出于实用性的角度，一些版本按语中谈道，"兹特刻为屏幅，俾途寓书箱，便于携带"；另一方面，从美术史的角度讲，明清时期因商品经济发展，促使屏风向商品化发展，屏风不再是一种简单用于遮挡视线与隔断的实用性家具，而演化为宫廷、官宦、富商人家室内具有装饰功能的艺术品。[1] 灵石王家大院厅堂中屏风样式的《大清万年一统天下全图》即其中的典型。王家并非传统的耕读世家，而是依靠清廷政策起家的商业大家[2]，道光以后，家族中的读书风气就已日渐颓靡。[3] 因此，这样的富商大户家中悬挂一幅《大清万年一统天下全图》，其目的或在于凸显对清朝的认同，或用于装饰厅堂并加以观赏，但若是推断其用于读史考证则不大可能。

除去"大清万年一统"系地图形制转变反映出地图功用转变外，地图中的按语也同样表达出用于赏玩的目的。雍正时汪日昂版谈道，"俾志在游览者同申其瞻玩"，而嘉庆版时亦有言，"盛世之版章为远游之观度矣"，"博雅君子，悬壁纵观，天下之广可以全览焉"。因此，"大清万年一统"系地图以屏风样式出现，一方面是出于实用性，另一方面也在于观赏性，满足了更多群体悬壁纵览、附庸风雅的虚荣心。从这个角度讲，通过地图获取地理知识以及用于考证的功用已退居其次，而以屏风形制进行装饰或赏玩作用则成为此时"大清万年一统"系地图的主要功用。

（五）或以盈利

按前文所述，"大清万年一统"系地图流传至清末时，图面文本内容大幅删减，形制由挂图、屏风转为手绘或印本地图集中的前页。是何原因造成如此巨大的落差？笔者认为，"大清万年一统"系地图创制者、曾经的拥护者即士大夫群体对地图的认识至关重要。一定程度而言，士大夫群体的态度和认知决定了以"大清万年一统天下"为代表的传统地图的命运。观念上，清末西学东渐中，地理学作为先行学科，引导先进的中国人开眼看世界，从了解世界地理开始，逐渐打破了传统观念下中国

---

[1] 欧阳丽萍、彭金波：《传统屏风艺术由"礼制象征"向现代装饰艺术形态的演变》，《美术大观》2019年第7期。
[2] 张鹏：《明清民国灵石商人与商业研究》，硕士学位论文，河北大学，2015。
[3] 张国华：《灵石静升〈王氏族谱〉札记》，《沧桑》1999年第3期。

与四夷之间尊卑有序的天下观。[1] 政治上，列强不断入侵，尤其在领土争端中，清朝往往因传统舆图标绘不清而导致谈判被动或失利。对部分熟悉时务的士人群体而言，已产生对西方精准地图的迫切需求，开始注重收集西式地图并留意到西式制图技术。[2] 因此，在观念认知和实际政治生活当中，包括"天下观"在内的传统文化知识在清末逐渐走向烂熟，其地位也逐渐开始动摇。

作为传统文化的传承者，"大清万年一统"系地图不仅面临革新地图的呼声，也要面对新的"全国总图"带来的"威胁"。因为嘉道以来，康乾时期的测绘地图经过董祐诚、李兆洛等摹绘修订，以《皇清地理图》《皇朝一统舆地全图》等为名开始流传于世。至同治时期，在康乾内府舆图、李兆洛摹绘版基础上，由胡林翼监制，邹世诒、严树森等编制的经纬网与计里画方并用的《皇朝中外一统舆图》（又名《大清一统舆图》）广泛流传，成为后世编制清代总图的蓝本。因此，在清末剧变的时代背景下，对地图实际使用功能的需求成为影响地图发展、流传的关键因素，以《皇朝中外一统舆图》为代表的相对准确的地图在一定程度上因为能够满足这种需求而得以广泛流传。但也需注意，以西方地理知识为代表的新知识体系的传播、接纳本身是一个知识碰撞、阶层交往、地域互动的结果，其最终为所有群体接受也是一个漫长的过程，尤其在以图书为主要传播媒介的年代。因此，这也为传统知识体系留下一息尚存的空间，前期盛行一时的《大清万年一统天下全图》隐匿于相对粗糙的手绘本、刻印本地图集中，或许正是当时这种社会背景的一种表现。而此类地图集，显然已不是为士大夫群体、官宦、富商所准备，其目标人群应该是民间粗通文墨的普通百姓。对改绘者而言，大幅简化不仅能便捷省事，又可以适应版面尺寸，从而能贩卖盈利[3]；对于购买者而言，此类地图集既符合其知识水平，也能满足日常需求。总之，清末"大清万年一统"系地图已不复往日辉煌。

四 结语

"大清万年一统"系地图自康熙时起，历经数次增绘，因其对传统经典、官方典籍、时下见闻的传承与吸收，符合传统士人的知识结构与阅读习惯而大受欢迎。同时，契合了康乾时期王朝疆域拓展的盛世氛围，因而能在更为广泛的社会群体之间流传。在此过程中，"大清万年一统"系地

---

1 周振鹤：《一度作为先行学科的地理学——序〈晚清西方地理学在中国的传播和影响〉》，《书屋》2000 年第 8 期。

2 郭丽萍：《绝域与绝学——清代中叶西北史地学研究》，生活·读书·新知三联书店，2007，第 291—298 页。

3 目前这些版本多收藏于海外图书馆，推测这些地图中的一些可能是针对当时西方人偏好搜集中国的图集、文献而准备的。

图不仅承载了传统的知识体系，又在使用过程中强化了原有的知识体系。但是，随着清末时代变革，知识体系发生巨大转变，引领社会风气的先进群体对于西式精准地图的需求与《皇朝中外一统舆图》的广泛流传，使得传统绘制体系下的"大清万年一统"系地图及其所包含的经典知识因不能适应新时代的需求而逐渐退隐。

地图功用自地图创制完成后就叠加了绘制者、使用者的双重观点，二者对于地图功用的看法可能各不相同，在流传过程中也会不断交流往复、互相掺杂。对绘制者而言，其功用由个人教学、读史，演变为彰显盛世，最后成为民间用以盈利的工具；就使用者而言，早期为士人用于考证，后逐渐演变为观赏品或装饰品，最后成为底层民众了解国家概貌的工具。

最后，从这种功用的转变可以认识到，地图的功用不仅是承载、获取地理知识，更可以用于装饰、观览等其他用途。而决定地图流传的因素也不仅仅是绘制精准、内容丰富，还在于是否契合某种心态，是否符合某一时代某一群体的需求，用作家毛姆的话讲，"一本书很可能由于涉及当时正巧使公众感兴趣的某个问题而畅销；它很可能错误百出，但还是使普通读者趋之若鹜。只是，当公众不再对那个特殊问题感兴趣，这本书也便被彻底遗忘了"[1]。

1　[英]毛姆：《毛姆读书随笔》，刘文荣译，上海三联书店，1999，第29页。

《形象史学》1—18辑目录

2011年（总第一辑）

专题论文

同律度量衡，稽当前人——从实物材料看先秦至西汉时代"同律度量衡"的实践活动 王艺；3–17

西汉铜镜铭文流变举例 曹菁菁；18–29

陶弘景与萧梁王朝 刘永霞；30–41

我国古代早期目录类例的演变——以《别录》、《七略》、《汉志》、《隋志》为考察中心 刁勇；42–51

孟浩然"年四十来游京师"考辨 梁岩华；52–64

唐五代茶宴述论 沈冬梅、李涓；65–74

敦煌文书与唐五代宋初尼僧史研究——以法藏敦煌文书P. 3556为例 杨宝玉；75–97

试论宋代书斋空间的精神性建构 张蕴爽；98–110

黄公望试吏、入道二题琐议 刘中玉；111–124

明代祭服略论 赵连赏；125–144

论明清时期外销瓷与世界各国瓷业的互动 刘明杉；145–166

中国蝗虫名称变迁考 刘举鹏、胡振宇；167–175

古筝流变刍议——兼论汉京房"五音准"与古筝形制之关系 王燮；176–184

中国民族服饰之解读 杨源；185–201

---

* 本目录由编辑黄若然和编务高程、高高盈整理。

域外汉籍整理与研究

汉文化整体研究：回顾与前瞻 陈庆浩；205–211

俄国汉学家 K. A. 斯卡奇科夫的汉籍医学类藏书 李民；212–221

近三十年来域外汉籍整理概况述略 徐林平、孙晓；222–241

域外有书香——域外汉籍整理与出版之书评三则

　书香天下 传承文明 周安平；242–244

　坚持好方法 多出各类域外珍本 白化文；245–246

　怎样看待"英国皇室在鸦片战争中从中国所获中国图书"——写在《1877 年版大英博物馆馆藏中文刻本、写本、绘本目录》出版之际 白撞雨；247–249

2012 年（总第二辑）

专题论文

青铜器夔纹与器形的对应性研究 苏辉；3–13

商周铜器双身龙纹图像辨析 张翀；15–24

汉画像中的免冠叩拜图 马怡；25–38

《洞玄灵宝真灵位业图》研究 刘永霞；39–55

唐人宴饮程序概观——以《游仙窟》为中心 高启安；57–73

陆羽《茶经》的历史影响与意义 沈冬梅；75–92

唐五代宋初敦煌女性出家申请的审批 杨宝玉；93–103

试探敦煌佛教理想世界中的衣食住行 胡同庆；105–117

蒙元前期佛道之争下全真教图像志的建构 刘中玉；119–133

赐服在明代的作用与影响 赵连赏；135–146

从项元汴的鉴藏生涯看晚明社会的收藏世情 刘明杉；147–177

乾隆朝宫廷纪实花鸟走兽画研究 郑艳；179–205

试论规矩的符号化和神秘化 董涛；207–216

《白蛇传》故事探源 王艺；217–229

浙南蓝夹缬考察报告 张琴；231–244

《中国文化史稿》读后 胡振宇；245–252

域外汉籍

美国柏克莱加州大学东亚图书馆中文古籍善本文献的整理与研究 周欣平；257–266

中山大学图书馆藏域外汉籍书志（一）267–282

项羽在国外——域外汉籍中有关项羽的文献记录 赵凯；283－299

试论《高丽藏》初刻本与《开宝藏》相关问题 翟金明、孙晓；301－310

高岛千春《舞乐图》读后 范慧华；311－315

2013年（总第三辑）

理论探讨

从历史图像学到形象史学 张弓；3－9

社会文化史中的"观"与视觉性——以柯律格（Craig Clunas）《明代的图像与视觉性》为中心 汪润；10－17

文物、图像与历史

郑州地区新公布韩国兵器汇录 苏辉；21－32

"胡人礼佛"模式与汉代佛教图像的本土化进程 朱浒；33－61

"商山四皓"形象的塑造与演变 邬文玲；62－71

从"握卷写"到"伏纸写"——图像所见中国古人的书写姿势及其变迁 马怡；72－102

汉阙与汉代政治史观——汉阙研究之一 宋艳萍；103－111

宗教艺术与传播模式试探——以中古三夷教等为例 张总；112－131

史实考索与模拟复原：敦煌莫高窟第61窟供养人画像的史学研究 张先堂；132－141

敦煌石窟中佛教圣迹图内容考证 陈粟裕；142－160

《甘露祖师行状》研究 沈冬梅；161－165

日本九州现存的宋风石塔——萨摩塔 刘恒武；166－173

奇冠异服：杨维桢谪仙形象的雅与俗 向珊；174－186

明代文人的砚上题跋 刘明杉；187－198

清代金银首饰的名称与样式 扬之水；199－234

考古、文字与文献

甘肃省白银市平川区黄湾汉代木椁墓清理简报 白银市文物局 平川区文化体育和广播影视局；237－255

中国考古学景观与卫星图片的利用 李旻著；王艺译；256－264

契丹大字《耶律祺墓志铭》补释 康鹏；265－271

《史记》秦代史事辨疑三题 安子毓；272－285

敦煌文书 P. 2942 中重要官称所涉历史人物及相关史事考辨 杨宝玉；286－301
"儿郎伟"中反映的曹议金征甘州回鹘史实——以敦煌文书 P. 3270、P. 4011 为中心 寇骞；302－312
中山大学图书馆藏域外汉籍书志（二）中山大学图书馆特藏部 313－342

2014 年（总第四辑）

理论探讨

从"碎片化"到"形象化"——简论全球化视野下的文化史观 刘中玉；3－8

文物、图像与历史

西周早中期青铜器上的收翼龙纹研究 苏辉；11－18
伏波将军马援的南国民间形象 王子今；19－29
传承与分立：魏晋南北朝墓室壁画中所见胡人形象 朱浒；30－46
敦煌石窟与龟兹石窟供养人画像比较研究——以佛教史考察为中心 张先堂；47－59
"千春永如是日"——泸州宋墓石刻中的生活故事 扬之水；60－81
经咒·尊神·象征——对白伞盖信仰多层面的解析 廖旸；82－105
三教图像所见明代三教观 宋仁桃；106－112
从仇英《清明上河图》看明中期苏州的商业文化生活 刘明杉；113－136

考古、文字与文献

琴书在正史艺文志中的发展——以《汉书·艺文志》为中心 耿慧玲；139－168
基于秘篆文的《灵宝五篇真文》合校及研究 王皓月；169－191
李商隐撰书《王翊元暨妻李灵素墓志》及相关问题 王庆卫；192－202
释智弁与晚唐敦煌门僧 杨宝玉；203－209

2015 年上半年（总第五辑）

理论探讨

从潘诺夫斯基的图像学理论看中国古代叙事画释读的方法论问题 倪亦斌；3－39

文物、图像与历史

从伯懋父簋墨书蠡测商周书法 张翀；43 – 56

胡貌异征：魏晋南北朝考古图像中的胡人外貌 朱浒；57 – 75

"拟古"与"溯古"——论隋唐两京空间设计中的文脉意识 于志飞、王紫微；76 – 88

知白守黑：《中山出游图》的视觉性考察 刘中玉；89 – 106

洛阳历史文物中含绶鸟美术遗迹的文化学考察 张乃翥；107 – 143

祠祀与庙祭——台湾的祖先祭祀与越南的"立后"耿慧玲；144 – 158

关于"罨罳"扬之水；159

考古、文字与文献

《史记》所载秦二世史事辨疑 安子毓；163 – 173

英藏敦煌文书 S. 2199《尼灵惠唯（遗）书》解析 杨宝玉；174 – 184

北宋雪窦重显生平及德藏《祖英集》研究 纪雪娟；185 – 195

《小方壶斋舆地丛钞》越南史地典籍解题 叶少飞；196 – 209

2015 年下半年（总第六辑）

理论动态

2015 年汉代画像石研究述评 纪雪娟；3 – 16

文物与图像

常乐卫士铜量研究拾遗 苏辉；19 – 29

"虎噬人"母题研究 练春海；30 – 58

汉代画像与汉代"厌胜"之风 宋艳萍；59 – 85

敦煌莫高窟"太保窟"考 沙武田；86 – 120

一幅宋画中的名物制度与宋墓出土器具——《春游晚归图》细读 扬之水；121 – 135

福州福寿宫所见摩尼光佛像杂考 杨富学、彭晓静；136 – 157

文献

敦煌文书中所存尼僧祭文校考 杨宝玉；161 – 173

琉球国金石文献述略 翟金明；174 – 182

妈祖文化与海洋史研究

连城四堡邹氏家族的妈祖信仰 陈支平；185 – 192

"香料"辨义——以东西交通为视角 高荣盛；193 – 208

2016 年上半年（总第七辑）

理论动态

早期艺术研究中的文献使用问题 韩鼎；3 – 14

形象史学青年学术沙龙综述 纪雪娟、安子毓；15 – 18

东亚的中国研究之未来——访日本东方学会理事长池田知久教授 朱昌荣；19 – 26

文物与图像

西汉末年"行西王母诏筹"事件考——兼论早期的西王母形象及其演变 马怡；29 – 62

汉魏"鬼灶"上一器名物考索 高启安；63 – 72

麦积山石窟北朝晚期胡人图像及相关问题研究 孙晓峰；73 – 98

狼头纛与古代草原民族的狼裔传说考 尚永琪；99 – 118

麒麟补、狮蛮带与西洋布 徐文跃；119 – 133

越南古代"内帝外臣"政策与双重国号的演变 叶少飞；134 – 166

文献

《白蛇传》故事叙事策略的演变 王艺；169 – 182

妈祖文化与海洋史研究

闽台"黑脸妈祖"信仰起因及文化意涵初探 庄小芳；185 – 203

2016 年下半年（总第八辑）

器物与图像

秦始皇陵陪葬坑出土击筑俑考 胡嘉麟；3 – 16

西汉长安地区宫室建筑壁画考 练春海；17 – 33

《南唐文会图》画者与画题辨 夏小双；34 – 43

浅议"形象史学"于明清思想史研究中的运用 黄铮；44 – 49

宗教文化

敦煌壁画中的翟姓供养人 陈菊霞；53 – 69

外来文士张球与晚唐敦煌汉文化的重建 杨宝玉；70 – 82

五台山欢喜佛造像艺术初探 周祝英；83 – 94

水陆卷轴画的粉本和绘制依据考论 戴晓云；95 – 104

图像传播

三角形——西域史前文化景观中的核心符号及象征意义 吴艳春；107 – 119

天马、龙马的传说与形象建构 董涛；120 – 130

新疆出土民族文字简牍形制简论 孙丽萍；131 – 139

洛阳"格里芬"美术遗迹与西域文明之东渐 张成渝、张乃翥；140 – 172

新疆考古遗址中出现的"牛"形象探讨 叶尔米拉；173 – 183

妈祖文化

第二届国际妈祖文化学术研讨会综述 黄瑞国；187 – 190

《形象史学研究》征稿启事 191 – 192

2017 年上半年（总第九辑）

专题笔谈

关于"形象史学"扬之水；10 – 17

中国古书画艺术中的"别体之作"——谈扇面上的诗书画字 胡振宇；18 – 23

器物与图像

汉代的多角石柱 杨爱国；26 – 43

山东长岛王沟东周墓所出提梁壶壶腹"投壶图"性质考 宁江英；44 – 53

汉代金黄涂竹节熏炉造型考 练春海；54 – 64

北魏平城"一人二龙"图案的渊源与流变 张海蛟；65 – 81

汉晋有翼铜人及其铭文新证 朱浒、段立琼；82 – 97

圣化与魔化：图像与文字中的朱元璋形象 高寿仙；98 – 111

考古与文献

新出郑译墓志所见隋初的乐治与国家 王庆卫；114 – 135

从"昭穆"到长安——空间设计视角下的唐陵布局秩序 于志飞、王紫微；136 – 155
法藏敦煌文书 P. 2942 文本解析 杨宝玉；156 – 169
南越"文帝"宜为赵佗子 张梦晗；170 – 173

妈祖文化与海洋史研究
试论妈祖神格嬗变对于当前妈祖学科构建的意义 黄婕；176 – 179
14 世纪蒙古体系变动下的青花瓷——元青花与伊利汗国伊斯兰转向关系梳论 刘中玉；180 – 205

2017 年下半年（总第十辑）

名家笔谈
敦煌石窟与形象史学 沙武田；8 – 18

理论探讨
早期艺术研究中考古资料的解读问题 韩鼎；20 – 27

器物与图像
汉晋六朝瑞应图录中的白色祥瑞 曾磊；30 – 62
从青铜酒器管窥西汉时期的社会生活 王元；63 – 76
对"释迦乘羊问学图"的探讨 尚永琪；77 – 87
林下与南朝竹林七贤砖画为何无竹 王汉；88 – 98
南京栖霞寺舍利塔佛传图的内容暨所涉南唐建筑规制诸问题 邵磊；99 – 123
博古图画的再考察 张翀；124 – 134
越南会安关圣帝庙——澄汉宫碑铭初探 叶少飞；135 – 149

考古与文献
历史时期河西野生动物及环境变迁 闫廷亮；150 – 158
从周之都——隋唐洛阳城"天下之中"空间设计的创制与播迁 于志飞、王紫微；159 – 172
新材料与北宋韩琦家族的历史"拼接" 仝相卿；173 – 190
高丽时代接受《史记》《汉书》的表现及其影响 翟金明、左全琴；191 – 206

妈祖文化与海洋史研究

试论高校传承和弘扬妈祖文化的意义——以莆田学院的实践为例 宋建晓；208 – 215

清代海路针经中"印礁"之神明因素探析——以"妈祖印（礁）"为主 叶文艳；216 – 225

2018 年上半年（总第十一辑）

动态与综述

2018·形象史学与丝路文化国际学术研讨会综述 张梦晗；8 – 10

近二十年来妈祖文化研究的中英文文献比较分析 罗丹、杨永忠、林明太；11 – 20

器物与图像

半符号化：以汉画像石门扉图像为例的图式探讨 徐志君；22 – 34

海昏侯墓出土多棱形铜缶的一点考察 苏辉；35 – 40

浅析中国古代太阳崇拜与鸟崇拜的实物图像——以乌与三足乌的形象内涵变迁为例 张程；41 – 60

法洪：北齐时期来华传教的天竺僧人 杨爱国；61 – 66

武周"右豹韬卫悬泉府第二"鱼符的发现与考释 朱浒；67 – 73

唐代传奇帝王与伊朗英雄的丝路相会——Or. 8212/81（ch. 00349）和 Pelliot sogdien 13 定名初释 尹磊；74 – 80

《帝鉴图说》与《养正图解》"君道"思想比较——兼论帝王启蒙读本中图像的政治教化意义 常文相；81 – 98

17 世纪外销瓷器中的女性题材和东方"伊丽莎"形象辨考 吴若明；99 – 112

"箫呐"源流初探 杨旻蔚；113 – 122

地理图像与域外汉籍

从地图史透视中国"现代性"问题——从晚清民国川江航道图的编绘谈起 李鹏、于诗琦；124 – 145

文学"正典"的形成以及书籍目录的问题：以 18 世纪燕行录为中心 柳姃旼；146 – 160

越南汉喃研究院藏法国远东学院收集中国历代石刻画拓本初探 阮苏兰、叶少飞；161 – 172

2018年下半年（总第十二辑）

器物与图像

中心－象征：良渚文化琮与璧形而上的思考 徐峰；6－17

唐代"耳衣"考述 林泽洋；18－25

图像证据的证明、诠释与甄别："礼部评验书画关防"印考 李万康；26－54

早期宝卷版本中的插图（15—16世纪）及"看图讲故事"的理论问题 白若思；55－64

《钦定格体全录》的人体骨骼图及其中国化演变 杨奕望；65－74

礼仪与宗教

秦汉社会礼仪中的用色考察——以丧礼和降礼为例 曾磊；76－85

围绕敦煌莫高窟第217窟的开凿与重修之历史——汉语史料中的供养人 [日]菊地淑子；86－109

《张留孙碑》与元中后期的玄教 吴小红；110－135

由儒入巫？——台湾书院的历史变化 耿慧玲；136－166

古建与环境

试论辽代阁楼式佛塔在建筑史与文化史上的意义——以内蒙古庆州白塔、丰州白塔与山西应县木塔为例 张景峰、张旭东；168－183

清代土默特川平原环境印象变迁的历史考察 崔思朋；184－202

2019年上半年（总第十三辑）

金维诺先生学术纪念

图像与样式——佛教美术的两个常识概念 罗世平；6－11

中国藏传美术研究的拓荒者——金维诺先生对藏传美术研究的贡献 熊文彬、谢继胜；12－17

陕西蓝田水陆庵诸圣水陆殿两铺塑像的图像考察——兼论印藏体系星神形象的传播 廖旸；18－42

器物与图像

东汉镇墓文所见道巫关系的再思考 陈亮；44－71

四川东汉墓葬艺术中的家族观念 陈轩；72–83
弋射补证——兼论不同材料的互证与"间性" 徐志君；84–100
日用与博古：张叔珮墓出土兽炉研究 万笑石；101–116

文本与图像

《良臣》《姑成家父》中晋楚书风融合现象 朱友舟；118–124
石刻史料所见徽州郑玉的地域社会像 于磊；125–135
印图中的信仰：从《一乘法界图》到《般心赞》沈寿程、武绍卫；136–146
传承与变迁：妈祖文化"护国庇民"特征与社会发展互动研究 林明太、连晨曦；147–156

地理与图像

民国《申报地图》的编制出版与文化政治 李鹏；158–179
古籍中所见"黄河全图"的谱系整理研究 孔庆贤、成一农；180–202
晚清测绘革新影响下的地方水利积弊调处——以光绪《牟山湖志》《江阴沙洲圩田图》为案例 邹赜韬；203–224

2019年下半年（总第十四辑）

理论与评述

从巫史到图史——小议孔子时代图像功能的嬗变 刘中玉；6–14
从文化重新发现宗藩——柯律格《藩屏：明代中国的皇家艺术与权力》的范式创新 梁曼容；15–25

考古与图像

史前琮、璧上的"鸟立高台"刻符 刘文强；28–36
以考古实物形象补释毛公鼎"▨"字 王一凡；37–43
先秦旗制流变考 邓宽宇；44–68
试论汉代的陶水榭 庞政；69–84

汉画研究

苏鲁豫皖地区汉代画像石椁墓研究 王传明；86－107

现存几种孝子传图之比较 张朋兵；108－121

试论汉代佛教艺术的三个分期或类型及其根本差异性 胡文峻、张海平；122－140

中外交流与图像

从图像看滇文化中的古印度文明因素 俞方洁、李勉；142－155

林邑、女仙、良药与警兆：中古时期的"琥珀"形象——以道教仙话《南溟夫人传》为中心 周能俊；156－167

紫光阁旧藏《新封安南国王阮光平像》考 宗亮；168－185

清末民初国民异域常识的构建 邵小龙；186－197

文本与图像

"辰在斗柄，星在天鼋"考 安子毓；200－213

全真像教的早期历史及其宗教学意义初探 宋学立；214－225

航海活动中妈祖人文事象的探析——以民间《更路簿》中的"妈祖印"为例 周丽妃、周金琰、黄少强；226－237

2020 年上半年（总第十五辑）

前沿动态

2019 年形象史学与燕赵文化国际学术研讨会综述 刘笑月、陈颖；6－9

榆林市汉画馆新入藏墨描汉画像石简述 赵延梅；10－21

造像、文本与图像

印度神祇的格义：神王像研究 朱天舒；22－41

论东汉儒学在社会上的普及 杨爱国；42－50

棺椁形制舍利容器的传播与武则天 [日]大西磨希子；51－66

定州白石双身造像之形成、发展与式微 简佩琦；67－108

赵孟頫传世信札中"德辅教授"考——兼论古书画的作伪 向珊；109－127

清宫绘画中"洋菊"来源考辨 王钊；128－141

汉画研究

汉人灵魂乘车出游的节点与终点——以西汉后期至东汉时期墓室画像为中心 章义和、姚立伟；142－162

山东嘉祥徐敏行墓"宴乐图"再析 周杨；163－174

从图像学论经学——山东汉画像石故事的春秋大义 蔡奇玲；175－194

"阈限"与"舞台"——汉代桥梁图式的功能与意味 杜世茹；195－217

时空转换与体用之辨——从建筑题材看汉晋时期的赋画关系 蒲柏林；218－230

固原地区北周三墓壁画研究 高嘉谊；231－255

地理与图像

"古今形胜之图"系列地图研究——从知识史角度的解读 成一农；256－284

中国人的龙门意象：黄河禹门口两岸的景观、历史和文化符号 裴孟华；285－300

19世纪外文北京城市地图之源流——比丘林的《北京城图》及其影响 郑诚；301－337

2020年下半年（总第十六辑）

理论动态

早期艺术研究中多学科证据的使用问题 韩鼎；6－34

两汉壁画研究的现状、困境与对策 练春海；35－42

魂瓶上飞鸟的意义：二至四世纪江南的宗教形象 南恺时著、韩玄晔译；43－57

燕赵文化笔谈

燕下都新出土"独兽纹"瓦当及其价值 吴磬军；58－64

北福地刻陶假面与史前傩仪 王菁、洪猛；65－74

辽代出土备茶图初探 衣长春、汤艳杰；75－91

文本与图像

麒麟与玄武：北宫象的文化史考察 熊钶；92－116

织妇何太忙——汉画纺织图中的女性角色 宫颖慧；117－136

新出土《赵自慎暨妻阎氏墓志》疏证 卢亚辉；137－146

杨柳、净瓶：观音与太乙救苦天尊之关系研究 赵雅辞；147－158

从汉字、喃字到国语字——越南阮朝《千字文》类蒙书之发展 刘怡青；159－170

《大越史记全书》的成书、雕印与版本 叶少飞；171－198

图文叙事里的童年——近代中国儿童画报的编撰特色 王丽歌；199 – 211

器物与图像
石峁立鸟陶器源流追溯 刘文强；212 – 241
再释仙人龟鹤镜——以上海博物馆藏镜为例 王惠莹；242 – 258
明末清初景德镇五彩瓷中拜寿图像的演变研究 刘乐君；259 – 282
高丽青瓷及高丽所用茶器 刘明杉；283 – 303

地理图像
从边地到胜境：图绘明清山海关地区 杨雨蕾、李欣楠；304 – 315
从濒海水乡到东方大都市：古地图所见松沪地区景观及环境变迁 周妮；316 – 336
宗教时空与科学时空的偶合：从赫里福德地图到现代理论物理假说 刘哲怡；337 – 353

2021年春之卷（总第十七辑）目录

汉画研究
山东汉代石构墓葬形制研究 刘骥；3 – 17
西汉鋗镂再讨论 徐呈瑞；18 – 31
汉代熏炉的功能考察——以海昏侯墓出土铜熏炉为例 权弼成；32 – 42
"祭我兮子孙"：沂南汉墓画像的整体配置与图像逻辑 王煜、杜京城；43 – 64

器物与造像
明堂·禁庭·王城——尺度线索中的东西方圣所空间共性观察 于志飞、王紫微；65 – 101
汉代的金灶与步摇 陈轩；102 – 113
皇兴五年造像再研究 李雯雯；114 – 131
唐宋鱼袋图像考述 高移东；132 – 140
南诏兵器"铎鞘"释考 郭泰宗；141 – 148

地理与图像
《职方外纪》版本补考 王永杰；149 – 157
明代人的海外异国想象——以《天下九边分野人迹路程全图》为中心 刘雪瑽；

158 – 173

再议《松潘边图》中的"黑人"与"白人" 赖锐；174 – 192

文本与图像

北魏《金城赵安妻房夫人墓志》考释 刘再聪、魏军刚；193 – 206

唐瓜州刺史魏远望墓志再研究 黄京；207 – 220

宋墓壁画所见幹人形象初探 孙丰琛；221 – 236

晚明通俗日用类书插图"跪拜现象"探析 刘耀；237 – 253

清代释道信众联袂参拜敦煌佛窟事迹考论 李博雅；254 – 264

古籍所见法律图像辑佚刍议 孙小雨；265 – 280

2021年夏之卷（总第十八辑）

器物研究

兕觥其觫：商周青铜觥之功能小议 韩文博；3 – 15

汉晋时期西南地区鸟负罐形象研究 索德浩 任倩；16 – 35

固原考古所见北魏至隋唐墓葬中的萨珊钱币葬俗 马伟；36 – 53

图像与形象

越南河内白马神祠碑铭与白马大王信仰研究 丁克顺；57 – 86

敦煌本P.2607《勤读书抄》考辨 刘婷；87 – 104

从"瘦娇小"到"白胖妖" 孙晓；105 – 120

尚见女孩的时代 程郁；121 – 154

壁画研究

遮蔽与袒露之间 施尔乐；157 – 174

多元融合：对唐代墓葬壁画"金盆花鸟"图的再思考 曹可婧；175 – 191

行僧神化与图像重构 袁頔、沙武田；192 – 218

西藏昌都元代绘画遗存的调查与初步研究 熊文彬、廖旸、泽巴多吉；219 – 241

地理图像

图像·空间·认同：明清徽州家谱中的村图 祝虻、叶佩；245 – 269

试述清代西湖全景图的谱系 任昳霏；270 – 287

中国国家图书馆藏《陕西舆图》绘制年代的再认识 陈松、成一农；288–302

考古札记
王船山易学思想之"重卦生成说" 刘永霞；305–312
甘肃华亭新发现北宋李永胜墓志发微 王怀宥；313–320

《形象史学》征稿启事

《形象史学》是由中国社会科学院古代史研究所文化史研究室主办、面向海内外征稿的中文集刊，自2021年起每年出版四辑。凡属中国古代文化史研究范畴的专题文章，只要内容充实，文字洗炼，并有一定的深度和广度，均在收辑之列。尤其欢迎利用历史上流传下来的各类形象材料进行专题研究的考据文章，以及围绕中国古代文化史学科建构与方法探讨的理论文章。此外，与古代丝路文化和碑刻文献研究相关的文章，亦在欢迎之列。具体说明如下。

一、本刊常设栏目有理论动态、名家笔谈、器物研究、图像研究、汉画研究、服饰研究、文本研究等，主要登载专题研究文章，字数以2万字以内为宜。对于反映文化史研究前沿动态与热点问题的综述、书评、随笔，以及相关领域国外学者的最新研究成果（须提供中文译本），亦适量选用。

二、来稿文责自负。章节层次应清晰明了，序号一致，建议采用汉字数字、阿拉伯数字。举例如下。

第一级：一 二 三；

第二级：（一）（二）（三）；

第三级：1. 2. 3.；

第四级：（1）（2）（3）。

三、中国历代纪年（1912年以前）在文中首次出现时，须标出公元纪年。涉及其他国家的非公元纪年，亦须标出公元纪年。如清朝康熙六年（1667），越南阮朝明命元年（1820）。

四、来稿请采用脚注，如确实必要，可少量采用夹注。引用文献资料，古籍须注明朝代、作者、书名、卷数、篇名、版本；现当代出版的论著、图录等，须注明作者（或译者、整理者）、书名、出版地点和出版者、出版年、页码等；期刊论文则须注明作者、论文名、刊物名称、卷期等。同一种文献被再次或多次征引时，只须注出书名（或论文名）、卷数、篇名、页码即可。外文文献标注方法以目前通行的外文书籍及刊物的引用规范为准。具体格式举例如下。

（1）（清）张金吾编《金文最》卷一一，光绪十七年江苏书局刻本，第18页。

（2）（元）苏天爵辑《元朝名臣事略》卷一三《廉访使杨文宪公》，姚景安点校，中华书局，1996，第257—258页。

（3）（清）杨钟羲：《雪桥诗话续集》卷五上册，辽沈书社，1991年影印本，第461页下栏。

(4) (唐) 李隆基注, (宋) 邢昺疏《孝经注疏》, 载李学勤主编《十三经注疏》, 北京大学出版社, 1999, 第 3 页。

(5) 金冲及:《二十世纪中国史纲 (简本)》上册, 社会科学文献出版社, 2012, 第 295 页。

(6) 苗体君、窦春芳:《秦始皇、朱元璋的长相知多少——谈中学〈中国历史〉教科书中的图片选用》,《文史天地》2006 年第 4 期。

(7) 林甘泉:《论中国古代民本思想及其历史价值》,《光明日报》2003 年 10 月 28 日。

(8) [英] G. E. 哈威:《缅甸史》, 姚楠译, 商务印书馆, 1957, 第 51 页。

(9) Marc Aurel Stein, Serindia (London: Oxford Press, 1911), p. 5.

(10) Cahill, Suzanne, "Taoism at the Song Court: The Heavenly Text Affair of 1008." *Bulletin of Sung-Yuan Studies* 16 (1980): 23 – 44.

五、(1) 请提供简化字 (请参照国家语言文字工作委员会 1986 年重新发布的《简化字总表》) word 电子版。如有图片, 需插入正文对应位置。(2) 同时提供全文 pdf 电子版。(3) 另附注明序号、名称、出处的高清图片电子版 (图片大小应在 3M 以上), 并确保无版权争议。(如为打印稿, 须同时提供电子版)。(4) 随文单附作者简介 (包括姓名、单位、职称、研究方向)、生活照 (电子版)、联系方式、通讯地址、邮编。

六、如获得省部级及以上项目基金资助, 可在首页页下注明。格式如: 本成果得到××××项目 (项目编号: ××××) 资助。项目资助标注不能超过两项。

七、邮箱投稿请以"文章名称"命名邮件名称和附件名称。请用文章全名命名, 副标题可省略。

八、请作者严格按照本刊格式规范投稿, 本刊将优先拜读符合规范的稿件。

九、来稿一律采用匿名评审, 自收稿之日起三个月内, 将通过电话或电子邮件告知审稿结果。稿件正式刊印后, 将赠送样刊两本。

十、本刊已入编知网, 作者文章一经录用刊发即会被知网收录, 作者同意刊发, 即被视为认可著作权转让 (本刊已授权出版方处理相关事宜)。

十一、本刊地址: 北京市朝阳区国家体育场北路 1 号中国历史研究院 2 号楼 220 房间, 邮编: 100101。联系电话: 010 - 87420859 (周一、周二办公)。电子邮箱: xxshx2011@yeah. net。